系统性金融风险与金融稳定性计量研究

陈守东　刘　洋　孙彦林　著

科学出版社

北京

内 容 简 介

　　本书汇集近年来作者在系统性金融风险防范与金融稳定性计量研究领域的研究成果，深入研究系统性金融风险与金融稳定性的理论基础与计量方法基础。本书采用不同的计量方法，全面、系统、深入地对系统性金融风险、经济增长与金融稳定、外部风险溢出的系统性金融风险贡献、资产价格波动的系统性金融风险贡献、货币政策变动的系统性金融风险贡献及银行体系稳健性变化的系统性金融风险贡献等多个方面的内容进行研究。研究成果对于提高我国金融风险的抵御能力，实现金融稳定并确保经济稳定发展具有重大的理论和实践意义。

　　本书适合从事宏观经济、金融、系统性金融风险防范与金融稳定性计量的研究人员，以及政府相关管理决策部门参考使用，同时也适合高等院校经济、统计、金融、管理等专业的教师与研究生参考。

图书在版编目（CIP）数据

系统性金融风险与金融稳定性计量研究 / 陈守东等著. —北京：科学出版社，2018.7
　ISBN 978-7-03-056164-0

　Ⅰ. ①系⋯ Ⅱ. ①陈⋯ Ⅲ. ①金融风险防范-研究-中国 Ⅳ. ①F832.1

中国版本图书馆 CIP 数据核字（2017）第 317955 号

责任编辑：陶　璇　陈会迎 / 责任校对：王晓茜
责任印制：霍　兵 / 封面设计：无极书装

科 学 出 版 社 出版
北京东黄城根北街 16 号
邮政编码：100717
http://www.sciencep.com
中国科学院印刷厂 印刷
科学出版社发行　各地新华书店经销
*
2018 年 7 月第 一 版　开本：720×1000　1/16
2018 年 7 月第一次印刷　印张：23 1/4
字数：470 000
定价：188.00 元
（如有印装质量问题，我社负责调换）

前　　言

目前，中国经济发展面临的重大现实问题之一，是在经济内生动力不足的同时金融风险有所积聚，且出现了一批金融可能风险点，因此对金融风险的认知与测度、金融监管体系与应急机制的健全显得尤为重要。由于目前中国金融与实体经济间尚未建立起有效的"防火墙制度"及"断路器机制"，系统性金融风险的爆发很有可能造成全局性严重后果，引起实体经济的剧烈波动。特别是自中央2012年倡导金融创新以来，金融改革提速、金融深化持续、金融创新加速，促使以互联网金融为标志的整个金融领域出现了跨越式发展。与此相伴的是金融风险的不断积累，金融市场异常波动的不断出现，市场违法违规行为的不断发生，以及各种金融乱象在银行、证券、保险及资管产品、互联网金融等领域的频繁滋生与蔓延，这些都增加了灰犀牛风险发生的概率。2017年全国金融工作会议强调了"金融是国家重要的核心竞争力，金融安全是国家安全的重要组成部分，金融制度是经济社会发展中重要的基础性制度"，明确了"紧紧围绕服务实体经济、防控金融风险、深化金融改革"三项任务。并且在多个重要会议上，均对整治金融乱象进行了部署，强调要深入扎实整治金融乱象，加强金融监管协调，严格规范金融市场交易行为，坚决惩处违法违规行为，提高金融服务实体经济的效率和水平，同时要注重监控局部与区域性金融风险的生成演化渠道，避免系统性金融风险的发生。

2008年金融危机过后，系统性金融风险的内涵发生变化，我们将其重新认知为"关键性风险因素的积聚扩散及其造成的全局性金融危机"。在这一观点的启发下，我们将存在于关键性风险领域的风险因素称为关键性风险因素，且认为关键性风险因素应当具备以下特征。

(1)数据生成过程为近单位根、单位根或者爆炸性过程，即表现为快速膨胀而非削弱退化。

(2)因可带来普遍性超额收益而具有系统重要性。

(3)具有广泛动态关联性，因此可对金融体系、经济结构形成广泛性、全局性冲击影响。

(4) 在相关领域尚未发生技术进步或已发生的技术进步带来的收益难以覆盖风险。

这些特征基本阐明了关键性风险因素的生成演化过程，即该领域由于普遍超额收益的存在，在资本逐利性的驱使下，吸引了社会资本的广泛参与，风险因素随即滋生且不断膨胀，当超过一定阈值，金融发展重度失衡，经济结构被严重扭曲，局部危机爆发，由于其与全局的多个关键环节具有动态关联性，在"断路器机制"与"防火墙制度"尚未健全的情况下，很容易发展为金融危机，最终波及整个经济系统的稳定运行。对关键性风险因素进行评价的关键在于如何准确识别关键性风险因素的动态演变过程及其转化条件，虽然这一问题的研究牵涉其广，但可以从其自稳定性(即惯性)的角度对这一问题展开分析。例如，某时间序列的自相关绝对水平足够高，则可认为其具有惯性特征，因此负相关时间序列同样可具有惯性特征。以 AR 过程描述时间序列的自相关程度，则 AR 系数和 SC 可作为时间序列惯性行为分析依据的合理表示。尽管自相关函数在理论上是惯性信息的最全面表示，但 SC 以最简洁的方式给出了惯性信息的绝大部分表示，被认为是实践操作过程中更可取的研究路径。

国际金融危机的发生对我国的经济与金融产生了持续冲击影响，但是我国在对金融危机领域的研究不够深入，计量方面的研究比较缺乏的背景下，为了实现我国经济的平稳较快发展，确保我国的金融安全，需要对我国系统性金融风险与金融稳定性展开深入的计量研究。本书是在作者承担的教育部人文社会科学重点研究基地"吉林大学数量经济研究中心"重大项目(编号：14JJD790043)的结项报告基础上整理完成的，本书汇集了近年来作者在系统性金融风险防范与金融稳定性计量研究领域的研究成果，是作者完成的著作《系统性金融风险与宏观审慎监管研究》(科学出版社，2016 年)的姊妹篇。本书深入研究系统性金融风险与金融稳定性的理论基础，以及系统性金融风险与金融稳定性的计量方法基础，采用不同的计量方法，全面、系统、深入地对系统性金融风险、经济增长与金融稳定、外部风险溢出的系统性金融风险贡献、资产价格波动的系统性金融风险贡献、货币政策变动的系统性金融风险贡献及银行体系稳健性变化的系统性金融风险贡献等多个方面的内容进行研究。研究成果对于提高我国金融风险的抵御能力，实现金融稳定并确保经济稳定发展具有重大的理论和实践意义。

本书的特点在于：①深入分析了系统性金融风险与金融稳定性的研究基础，从理论层面刻画系统性金融风险的生成演化机制，研究风险的内生性，识别关键性金融风险因素及其传导机理。②深入研究了系统性金融风险与金融稳定性的计量方法基础，采用不同的计量方法对系统性金融风险、经济增长与金融稳定等内容进行计量分析与研究。需特别强调的是，依托可动态变化的 Dirichlet 分布所生成的 Dirichlet 过程将有限状态拓展为无限状态，并在贝叶斯框架下通过 Gibbs 抽样实现模型参数估计，构建了针对系统性金融风险与金融稳定性的非参数贝叶斯模型，并给出了实现算法。③深入研究了外部风险溢出的系统性金融风险贡献、资产价格波动的系统性金融风险贡献、货币政策变动的系统性金融风险贡献及银行体系稳健性变化的系统性金融风险贡献等多个金融风险管理领域的重大现实问题。④给出了具体模型及其实现算法的应用研究实例。

主要的价值包括：①揭示系统性金融风险与金融稳定性的理论研究基础；从理论层面刻画系统性金融风险的生成演化机制，研究风险的内生性，识别关键性金融风险因素及其传导机理。②给出系统性金融风险与金融稳定性的非参数贝叶斯计量模型及其实现算法，量化分析与评价系统性金融风险及金融稳定性。③度量货币政策变动的系统性金融风险贡献及银行体系稳健性变化的系统性金融风险贡献，对实现金融稳定并确保经济稳定发展具有重要意义。

主要的创新工作有：①从理论层面刻画系统性金融风险与金融稳定性的理论研究基础，研究风险的内生性，识别关键性金融风险因素及其传导机理；②分别计量分析时间维度和截面维度的系统性金融风险；③深入分析系统性金融风险的动态变化及其与宏观经济之间的关联影响；④依托可动态变化的 Dirichlet 分布所生成的 Dirichlet 过程将有限状态拓展为无限状态，并在贝叶斯框架下通过 Gibbs 抽样实现模型参数估计，构建了针对系统性金融风险与金融稳定性的非参数贝叶斯模型，并给出了实现算法；⑤利用 Dirichlet-VAR 模型，通过对方程中滞后项系数的后验无偏中位数估计值，实现了多元时变因果关系的有效检验；⑥探讨了外部风险溢出的系统性金融风险贡献、资产价格波动的系统性金融风险贡献、货币政策变动的系统性金融风险贡献及银行体系稳健性变化的系统性金融风险贡献，研究结论对于国家金融安全与稳定的实现具有参考意义。

全书共 10 章，相应的主要研究如下。

第 1 章为绪论，包括研究背景、研究意义、研究价值、研究内容、创新性，以及研究的主要方法。

第 2 章为文献综述及研究进展。这一章详细地给出目前国内外在相关方面的研究进展：金融风险与金融不稳定性的理论模型研究，金融风险与金融不稳定性的实证计量研究，资本监管、金融周期与金融稳定关联性研究，以及金融系统与宏观经济关联性研究等，通过对文献的梳理，给出相应的评述，明确本书的学术贡献与研究价值。

第 3 至 9 章为本书的主体研究部分。

第 3 章为系统性金融风险与金融稳定性的方法基础。该章从回顾 Kim 和 Nelson（1999）的 Markov 区制转移模型的贝叶斯方法为起点，引入 Fox 等（2011）的 sticky HDP-HMM 分层 Dirichlet 过程，将贝叶斯 MS-AR 模型扩展为无限状态 Markov 区制转移自回归模型（IMS-AR 模型），并通过无限状态 Markov 区制时变自回归模型(简称 RTV-AR 模型)，解决 MS-AR 模型只能给出区制状态的概率测度，并不能给出模型系数后验估计的问题。该章进一步将 RTV-AR 模型扩展到多元，发展为 RTV-VAR 模型，实现多元时变的 Granger 因果关系检验，为多元时变 Granger 因果关系的计量提供了新的框架。该章还研究动态因子模型与符号约束问题。

第 4 章为系统性金融风险与金融稳定性的理论基础。该章对系统性金融风险的内涵和生成原因进行系统的阐述与分析，讨论系统性金融风险特征、系统性金融风险影响因素及系统性金融风险的生成演化有关理论和金融不稳定的内在含义，从理论上对系统性金融风险进行研究。进一步，该章还详细地研究中国金融周期成分与随机冲击，通过贝叶斯框架下的高维动态因子模型构建中国的金融状况指数，并利用 B-N 分解方法对上述问题做出探讨，以期能得到中国金融状况的长期趋势及真实周期成分，为中国金融系统的风险防范提供可靠的理论现实依据。

第 5 章为经济增长与金融稳定研究。该章应用 RTV-AR 模型，设计混合分层结构的 Gibbs 抽样过程以给出该模型的非参数贝叶斯实现算法。在经济增长稳定性测度指标选择上，利用经济增长率与价格指数增长率，从产出波动与价格波动的角度测度经济增长稳定性。进一步，针对双轮驱动与经济增长的关联机制进行经济学解释，并构建经济增长不可观测动力因子的提取模型；度量提取的经济增长不可观测动力因子与新兴和传统增长动力的指标变量之间的关联性，以此评价中国经济是否实现了新兴与传统增长动力的阶段转换。最后，该章从研究金融不稳定性是否包含未来宏观经济表现的重要信息的角度出发，分析金融不稳定性与宏观经济之间的关联关系。

第 6 章为外部风险溢出的系统性金融风险贡献研究。该章首先考察了亚洲区域中国、日本和韩国货币汇率波动特征，然后构建基于 Cholesky 分解的 MGARCH 模型，讨论了三国外汇市场的协同波动性，并检验了货币政策对于外汇市场的干预效应。该章还从中国和美国货币政策冲击的视角出发，通过构建结构动态因子模型，研究比较中国、美国货币政策冲击对汇率变动的影响。

第 7 章为资产价格波动的系统性金融风险贡献研究。该章先从 Fuhrer(2011) 的基于菲利普斯曲线与利率规则的通货膨胀惯性经济理论的模型出发，将通货膨胀率过程扩展为非线性的无限状态 Markov 区制转移的计量经济模型，以实现对通货膨胀惯性的有效度量，检验利率工具对通货膨胀惯性的影响与货币政策的代价。该章还在泡沫的计量方法上，以无限状态 Markov 模型的先验假设扩展 MS-ADF 检验方法为 IMS-ADF 检验，在以 IMS-ADF 检验方法完成对我国 70 个大中城市新建住宅价格的面板数据泡沫计量的基础上，进一步以时变因果关系模型计量房价与工业增加值所代表的经济增长的时变关系，发现房价泡沫对经济增长存在着非对称影响关系。该章最后还进行中国股市泡沫的实证研究，运用 IMS-ADF 模型对我国沪深股市的泡沫存在性问题进行了实证分析。

第 8 章为货币政策变动的系统性金融风险贡献研究。近年来，很多发展中国家及发达国家都或多或少地出现了流动性问题(流动性不足或流动性过剩)，我国等部分经济体也出现了不同程度的"钱荒"，即流动性不足。该章致力于对流动性问题的内生化解释，从数理角度阐明流动性不足及过剩产生的内在机理，通过模型构建及实证结果的经济学解释，得到考察变量间的核心传导结构，分析货币政策的影响路径及流动性去向的动态效应；在货币市场利率和资本市场利率的多元时变传导机制研究中，我们采用基于混合分层结构的 Gibbs 算法的 Dirichlet-VAR 模型对我国的现行利率进行实证分析，从各利率之间的二元时变关系分析出发，得到传导机制的总体结构，通过多元关系的对比提取出我国基准利率(政策利率)与市场利率传导机制的核心结构。通过加入金融市场的资产收益率，确定核心利率对市场的传导机制，以时变分析的角度揭示利率传导机制的动态演变过程，总结动态演变过程的总体趋势。最后，采用二元极值理论 POT 方法研究市场间的风险溢出效应，充分捕捉市场间的极端点的动态相依性，对我国银行间同业拆放市场和资本市场间的溢出效应进行研究。

第 9 章为银行体系稳健性变化的系统性金融风险贡献研究。该章从我国的银行体系的不稳定性，即银行规模分布的严重不均衡、不良资产的累积及信息披露的不完全，以及银行体系受到外部冲击时稳健性的波动出发，从理论和实践层面研究我国银行的稳健性问题。进一步从治理结构特征、激励特征、股权特征三个方面共选择 26 个变量提取银行治理特征的动态共同因子，从资产质量、资本充足性和流动性方面选取度量银行风险的 9 个变量合成银行稳健性指标，并构建 Panel SVAR 模型刻画银行治理特征因子与银行稳健性之间的相互影响关系。

第 10 章为总结与展望。

本书是作者所主持的教育部人文社会科学重点研究基地"吉林大学数量经济研究中心"重大项目(14JJD790043)"中国系统性金融风险防范与金融稳定性计量研究"的部分研究成果的汇总。本书各章的作者、各章相应学术成果的发表刊物、发表时间及改动的情况在各章脚注中给出。尽管如此，还要对参加完成项目研究工作做出重要贡献的已毕业的刘洋博士、王妍博士、谷家奎博士、张丁育博士、章秀博士和在校的博士研究生孙彦林表示感谢，并感谢博士研究生毛志方、林思涵、刘家亦、周彻、谢媛，以及硕士研究生陈开璞、吴萍、齐岳莹、宁心宇对本书的认真校对。

感谢国家社会科学基金重点项目(16AJY024)"新常态下我国系统性区域性金融风险新特征及防范对策研究"对本书出版的资助。

感谢吉林大学数量经济研究中心和商学院为我们的研究工作提供了良好的学

术氛围和环境。

　　有关系统性金融风险防范与金融稳定性研究的文献及研究成果浩如烟海，本书的研究也只是沧海一粟，尽管我们本着严谨的写作态度，运用翔实的资料和数据，力求对我国系统性金融风险防范与金融稳定性研究做出微薄贡献，但是由于水平有限，不足之处在所难免，恳请经济与金融界的专家、同行不吝赐教！

陈守东

2017 年 11 月于长春

目　　录

第1章 绪 论

1.1 写作背景与意义

在经济金融全球化、金融自由化背景的冲击下，金融系统之间的关联性与金融风险传染性日益加大，处于经济核心地位的金融成为一把双刃剑，其在提高经济资源配置的同时也积累了巨大的系统风险。微观审慎监管对系统性金融风险的定义和研究都倾向于考察由个体风险的传染性而引发的整体性风险。监管者是通过对个体的监管，从而有效防范和化解个体风险，实现对系统性风险的防范。在进行风险管理和监管时偏重于微观层面，强调系统性风险引致因素的外部属性；在金融危机爆发以后，监管者对系统性风险的认识有了很大的转变，其开始强调系统性风险的内生性：金融机构的集体行动通过影响资产价格等方式对实体经济产生影响，而实体经济又通过反馈机理对金融系统产生反作用。近年来，国际金融系统发生了重大的变化，各金融机构之间、经济区域之间的关联性逐渐增强，积累了更高的系统性风险。随着先进技术的演变发展，金融衍生工具等金融创新大量涌现，金融虚拟化、电子化的倾向明显。金融衍生工具大大降低了交易成本，提高了交易效率，但同时金融衍生工具的非线性与杠杆效应，给金融系统带来了较高的金融风险。金融系统是一个拥有多层次、多目标的复杂系统，金融系统在结构层次增加的同时，其复杂性不断增加。由于各目标之间存在着矛盾，以及多层次所导致的结构复杂性，金融风险具有跨地区、跨行业的传染性，这使得金融系统难以很好地进行协调，多种因素的联系加大了金融系统的关联性。

近期我国宏观经济金融形势发生了很大改变，金融资产价格波动、利率市场化进程加速、地方政府过度负债、影子银行风险暴露加重及通货膨胀严重、房地产调控力度加大、宏观经济增长速度放缓等因素都将对实体经济和金融领域产生巨大影响，导致系统性和区域性的金融风险不断积聚。防范金融风险、维持金融稳定已经成为我国政府工作的一个重要议题。2012年中央经济工作会议明确提出要"守住不发生系统性和区域性金融风险的底线"。党的十八大和十八届三中全会对金融改革、金融监管更是提出了新的目标、新的部署。然而，在进行利率市场化、金融开放等金融系统内外部改革的同时，金融系统内的风险问题(包括地方债务风险问题)不容忽视。在此背景下，积极防范系统性金融风险，揭示风险的形成、演化、传导机制，量化评价系统性金融风险，识别系统重要性金融机构的风险贡献，研究地方政府债务问题所产生的金融风险与影子银行的风险暴露，分析我国金融系统在风险压力下的变化，构建宏观审慎监管指标体系并测度金融体系压力状况之间的关联性，分析金融体系与实体经济的相互作用，对提高我国抵御经济风险和金融风险的能力、实现金融稳定并确保经济稳定发展具有重大理论与实践意义。

本书将对风险在金融系统内的生成、积聚、实现及向宏观经济传导扩散等方面的研究进行梳理，揭示金融风险的形成过程，以及金融系统与宏观经济之间的关联影响机制；在对风险的生成演化及传导扩散机制清晰认识的基础上，采用多种计量方法对我国金融系统内不同阶段的风险进行计量分析，包括风险生成阶段的金融不稳定性、积聚阶段的金融压力及实现阶段的系统性金融风险，同时进一步研究我国金融系统周期性、稳定性的特征；计量分析金融系统与宏观经济之间的关联影响，从而对风险在我国金融系统内的传播和实体经济的溢出影响有更直观的认识。本书的研究将有助于对我国金融系统中风险的不同表现包括金融不稳定性、金融压力和系统性金融风险的清晰认识；有助于宏观审慎监管工具的开发及有效实施；有助于防范系统性金融风险的发生并维持金融稳定。本书研究的最根本的意义在于，其可以防止金融系统对宏观经济的负向溢出影响，使经济平稳健康增长。

1.2　研　究　价　值

本书的研究价值在于以下四方面。

1. 揭示系统性金融风险的传染性、内生性

金融系统是一个规模庞大的复杂系统，系统性金融风险的产生可能有不同的模式，从复杂、多变的金融现象中探索系统性金融风险的本质特征也将是十分困难的。本书将金融系统作为一个整体考虑，研究系统性金融风险的生成演化机制，分析系统性金融风险的传染性、内生性，从金融体系的特殊性及其与实体经济的互动关系中建立内生性的风险理论，并根据我国金融系统的运行特征，揭示出系统性金融风险的含义、演变过程、成因。从监管的角度出发，对系统性金融风险的理论和实践进行系统的研究。

2. 阐释金融系统与实体经济之间的作用反馈机制

金融系统会受到实体经济的影响，金融系统的风险往往在经济繁荣期形成并逐渐积累扩大，当风险爆发时又会对实体经济产生反向影响，与金融系统的这种顺周期性特征的研究相比，更困难的是研究金融系统与实体经济之间相互作用的渠道和反馈机制，本书将试图对这方面进行研究，并揭示出我国金融体系的周期特征，研究金融周期与经济周期之间的关联，以减少金融体系的顺周期性，弱化金融机构的顺周期行为。

3. 完善系统性金融风险与金融稳定的度量、预警与评价体系

对系统性金融风险进行有效监管的前提是能够准确度量风险，包括时间维度的风险演化度量、截面维度的风险贡献度量，这需要多种风险度量方法捕捉金融风险的特征，并且风险的度量应该是准确、及时并具有可操作性的，这对我们来说将是一个挑战。另外，合理度量风险之后，还要针对系统性金融风险的特征进行风险预警，采取压力测试等方法从整体上评估系统性金融风险的水平及金融系统抵御风险冲击的能力。风险的量化分析与评价对于风险防范至关重要，需要深入研究预警指标体系的选择、模型方法的设计、科学的区域性风险管理体系的建立及债务风险监控预警机制的确立等方面。

4. 给出系统性金融风险的防范对策与金融稳定性的维持建议

深入分析当前的金融风险监管体系，寻找金融风险防范的漏洞和不足，探索系统性金融风险的防范措施是本书重点关注的问题。对系统性金融风险的逆周期操作、防范系统重要性金融机构风险、加强地方政府债务和影子银行业务风险管理、抑制区域性金融风险对金融系统的溢出等方面的研究对于风险防范来说是十分重要的，需要加大研究力度。防范系统性金融风险，需要从微观、中观、宏观三个层面出发，探索宏观审慎监管协调机制与微观审慎监管协调机制，研究审慎监管指标体系与金融体系压力状况的关联性，采用宏观-微观压力测试方法来评估金融体系的风险承受能力，构建多部门监管协调框架，并有针对性地对监管准则、标准或指标进行调整，兼顾我国金融运行机制的实际情况，为我国金融系统防范系统性金融风险和完善宏观审慎监管协调机制提供有价值的参考意见，以达到金融稳定运行的最终目标。

1.3 研究内容及创新性

本书将对风险在金融系统内的生成、积聚、实现及向宏观经济传导扩散等方面

的研究进行梳理，揭示金融风险的形成过程，以及金融系统与宏观经济之间的关联影响机制；在对风险的生成演化及传导扩散机制清晰认识的基础上，采用多种计量方法对我国金融系统内不同阶段的风险进行计量分析，包括风险生成阶段的金融不稳定性、积聚阶段的金融压力及实现阶段的系统性金融风险；同时进一步研究我国金融系统周期性、稳定性的特征，计量分析金融系统与宏观经济之间的关联影响，从而对风险在我国金融系统内的传播和实体经济的溢出影响有更直观的认识。

本书在对金融风险进行深入剖析和准确度量的基础上，对系统性金融风险的防范、稳定性和周期性展开研究。研究主要包括三个方面：一是从识别系统性金融风险的来源出发，研究系统性金融风险生成演化机制的内生性、传染性及周期性；二是从不同的视角对系统性金融风险进行量化分析，从宏观与区域层面研究系统性和区域性金融风险的防范对策，探索宏观审慎监管与微观审慎监管的风险防范协调机制，并提出相应政策建议；三是研究我国的金融周期性、金融稳定性特征，计量分析金融系统与宏观经济之间的关联影响，包括设计一个具有可操作性的金融稳定动态预警系统，并评价我国金融系统的整体稳定性(图 1.1)。

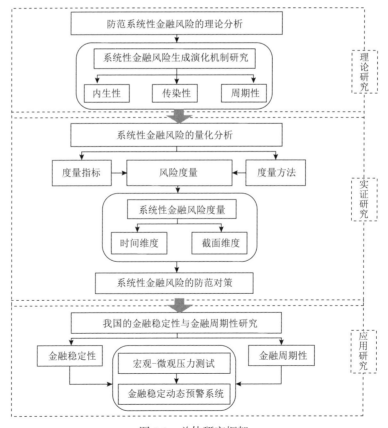

图 1.1　总体研究框架

1.3.1　系统性金融风险的生成演化机制研究

　　理解风险的系统性成分随着时间变化的演化积累，以及研究金融环境和宏观经济之间的内生性关系对于度量并防范系统性金融风险至关重要。本书将从不同方面(如传染性、外部性、金融不稳定性、相关风险暴露、资产泡沫和对实体经济的溢出等)对我国的系统性金融风险进行识别。从微观个体金融机构、中观区域性的集体行为及宏观的经济金融政策三个不同的层次研究系统性金融风险的生成机理。针对银行内部系统、金融市场、支付结算系统等不同的风险传染渠道，从不同角度(如资产负债表实际关联、非对称信息等)研究风险传染机制。分析系统性金融风险的内生性，研究金融系统的内在不稳定性特征及其与系统性金融风险的关联，揭示系统性金融风险周期性变化的深层次原因，分析其周期性特征，即研究风险如何在繁荣的经济环境中形成、积累、扩大，最终在某一时点被触发，并对实体经济产生负面影响。

　　1. 系统性金融风险的生成机制研究

　　将金融系统作为一个整体研究系统性金融风险的生成演进过程，分析系统性金融风险如何内生性地伴随着经济周期的繁荣与萧条而产生，研究风险的传染渠道、扩散机制。系统性金融风险具有内生性，识别内生性风险因素，需要深入探究系统性金融风险的内在生成机理，确保金融体系有能力抵御宏观经济冲击并阻止金融风险向实体经济溢出。系统性金融风险的生成研究，主要考虑两种不同的系统性金融风险生成模型。一种模型将系统性金融风险看作是：首先由单一机构的失败或金融市场的崩溃产生，然后通过一系列的传染机制扩散到更一般意义上的金融系统，传染的主要渠道是资产负债表的内部关联及由于信息不对称而产生的过激行为。另外一种模型中的系统性金融风险主要是通过机构间关于共同宏观经济因素的风险敞口产生的。这种类型的系统性金融风险将产生更重要、更持久的实体经济成本。识别系统性金融风险的不同来源，包括银行体系、金融市场、支付结算系统中特有风险的来源和导致共同风险暴露的宏观经济因素；研究风险如何在不同的部门、市场及区域间扩散传播。

　　研究系统性金融风险的形成基础、表象、层次，以及风险源的差异、风险结构的变化，从部门间或市场间实际暴露和基于信息的角度，研究系统性金融风险如何扩散、传染。分析系统性金融风险在银行体系、金融市场及支付结算系统中的不同演变扩散模式。对货币市场、股票市场、债券市场、房地产市场、大宗商品期货市场等代表性市场的金融风险传导模式进行对比分析，寻求和发现这些市场的金融风险传导特征及领先与滞后的关系，揭示金融风险传导过程中不同市场的内在风险承载能力、风险扩张能力和风险防范能力，给出系统性金融风险的形成原因和传导机制，对金融系统的内生脆弱性、金融衍生产品的风险规避及风险放大的双重性、金融攻击的易发性和灵敏性、国际资本流动性与金融危机传染性等进行分析。采用非线性分析手段刻画和解释开放经济条件下金融危机转移及扩散的基本渠道。

2. 系统性金融风险的层次化研究

系统性金融风险具有较为明显的复杂性。系统性金融风险既可能由单一机构或市场的特有风险通过资产负债表的内部关联性或不完全信息传染、演变而成，也可能由宏观经济变化所带来的金融机构、金融市场普遍的共同风险暴露而产生。由特有风险扩散而形成的系统性金融风险的主要形式包括：银行体系中单一银行破产清算而诱发的系统性金融风险；金融市场中由非对称信息和市场间实际暴露的连锁效应而形成的系统性金融风险；支付结算系统中的系统性金融风险。基于共同风险暴露的系统性金融风险的主要表现形式包括：由国家政策变化而造成的金融机构资产负债管理损失带来的政策风险；由通货膨胀、物价上涨引起的货币贬值而带来的货币风险；由市场利率变动导致的金融机构资产和负债利率变动不一致而给金融机构带来损失的利率风险；由国际收支状况的恶化、汇率变动引起的国际收支风险。

针对系统性金融风险的复杂性，我们将在宏观、中观、微观三个层次上研究不同层次上风险不同的生成演化方式及不同风险要素的冲击影响渠道，以便进一步设计差异化的风险防范措施。研究由宏观层次上的风险所引发的整个金融系统出现严重动荡和不稳定的可能性，如房地产市场波动、汇率急剧变化、恶性通货膨胀等；研究金融体系内生性的宏观金融风险和与经济体系关联的宏观金融风险及国际金融经济传递性的宏观金融风险，考察人民币汇率在不同时间跨度内的波动状况、成因及影响效应，并测度汇率波动对我国宏观经济的影响，分析两次金融危机对我国金融市场的冲击渠道及效应的异同。中观层面风险的研究主要着眼于区域内金融机构的整体或者相互之间在金融交易中产生的给区域金融整体带来的金融风险，研究在这种风险下金融机构的非正当竞争给区域金融体系所带来的效益损失和不安定因素的特征，区域内金融机构整体金融资产规模、结构、质量等方面反映出来的区域金融体系存在的金融风险内在关系，以及金融机构在其结算业务方面存在的问题。微观层面上的风险研究主要考虑一定金融环境下金融机构所面临的风险。要探索并研究信用风险、流动性风险、市场风险和资本风险的微观成因、特征、内在关系及传导机制，并对系统性金融风险形成的微观内生机理与实体经济之间的动态相互作用做出更合乎实际的科学解释。

1.3.2 系统性金融风险的度量与防范对策研究

对系统性金融风险进行防范与监管的前提是对风险进行有效的量化分析和评价。量化分析包括从不同的视角进行准确的风险度量。本书从时间维度对我国系统性金融风险的绝对水平进行度量,研究我国系统性金融风险随时间变化的特征;从截面维度度量我国金融系统中的单一金融机构对系统性金融风险的贡献,识别系统重要性金融机构,并研究影响系统重要性金融机构的主要因素;量化分析地方政府债务、影子银行业务等风险因素,研究金融机构集体行为对系统性金融风险的影响;在系统性金融风险的理论研究与量化分析的基础上,探索防范系统性金融风险与区域性金融风险的措施及对策建议,从政策、法律、制度等具体操作上进行规范,使系统性金融风险得到有效控制和化解,防止区域金融机构、地方政府债务、影子银行等风险传染与恶化,从而防止其引发全国性的系统性金融风险。

1. 系统性金融风险的度量

在金融系统整体性的框架中研究系统性金融风险的动态变化,并利用先进的风险度量模型分析货币风险、债务风险、信用风险和流动性风险等具有代表性的风险形态,度量这些风险的积聚程度,给出金融系统脆弱性和外部冲击共同作用下的金融压力演变,并刻画出极端金融压力状态下的金融危机。设计脆弱指数用以度量系统稳定性,进而刻画其时变状态和极端状态。使用贝叶斯方法刻画线性风险和非线性风险的相依性及其在不同时点的变化,对不同程度、不同时间标度的金融资产价格波动进行理论描述。利用尾部随机变量加权和法、粒度调节法等方法建立新的金融市场风险测度指标,从而研究系统性金融风险动态变化特征。

从金融系统整体性的角度出发,使用相关模型度量我国金融系统中各金融机构对系统性金融风险的贡献程度。使用网络模型、共同风险(common risk,Co-risk)模型、危机依存度矩阵模型、违约强度模型研究影响金融机构风险的因素,给出风险分布特征。结合金融机构债务结构和风险边际分布给出金融机构联合违约概率度量系统风险。从截面维度度量我国金融系统中各金融机构对系统性金融风险的贡献程度,通过预期损失、条件在险价值(conditional value at risk,CoVaR)等方法计算单一机构对系统整体风险的贡献;给出金融机构的在险价值(value at risk,VaR)、相对 VaR 及条件 VaR,识别金融系统中的系统性重要机构;将渐进单风险因子(asymptotic single risk factor,ASRF)模型中的系统风险因子用多因子替代,揭示不同部门系统性金融风险的形成因素,进而建立多元风险度量模型,分析金融机构之间风险贡献度的相依性。

2. 系统性金融风险的防范对策研究

防范和监管系统性金融风险与区域性金融风险是一项系统的社会工程，需要监管部门、金融机构、企业及社会的力量来实行综合治理。防范系统性金融风险从其本身的内生性、传染性及周期性特征展开研究，识别内生性风险因素，确保金融体系有能力抵御宏观经济冲击并阻止金融风险向实体经济溢出，以实现金融系统的整体稳定。

在时间维度上防范系统性金融风险，弱化系统性金融风险内生的顺周期性。系统性金融风险的时间维度与经济周期相关，我们重点关注金融体系的顺周期性，即金融体系的脆弱性和风险是如何随着时间的推移而生成并演化的，以及系统性层面的风险是如何通过金融体系内部运行机制及金融体系与实体经济的相互作用而放大的。系统性金融风险随时间的推移而演变，无法有效测量，导致系统性金融风险在经济繁荣时被低估，在经济衰退时被高估。在今后防范系统性金融风险时，要更准确预测整体经济活动与信贷损失的相关性，着眼于风险的长期防范而不是短期测量，以利于金融机构的稳健性并缓解经济活动中的金融强化作用。针对系统性金融风险的顺周期性问题，建立逆周期的资本要求、拨备要求、信贷政策、金融体系的自动稳定器和相应调整的资本缓冲规模等逆周期的防范政策工具与机制，此外，还可以在杠杆率指标等方面实施政策调整，以缓解金融体系的顺周期性。

抑制系统性金融风险跨行业传染。当今的金融体系已经形成了一个由资产负债表相互关联的网络，市场参与者对市场的风险判断具有同质性特征，造成了对经济走势判断的趋同性。大型金融机构处于支付的中心环节，一旦出现问题，会自然产生某种溢出效应，给其他金融机构带来冲击。错综复杂的金融网络意味着某个金融机构（尤其是具有系统重要性的大型金融机构）受到冲击，则相应风险会通过机构之间的关联性而被逐渐放大，且很可能蔓延到与之相关的其他金融机构并形成系统性金融风险。因此，研究对策的焦点要集中在识别哪些金融机构具有系统重要性及其风险状态，分析风险在金融体系中的分布情况，识别具有系统重要性金融机构的风险主要暴露于哪些行业，开发相关政策工具来舒缓和化解风险的累积与传染，设计危机发生后相应的救助性政策工具，有针对性地防范系统性金融风险。进一步防范系统性金融风险考虑采用压力测试方法，重点关注金融体系最坏情景下的风险状态，以利于经济金融部门提前了解该经济体所面临的主要风险，及时采取相应的经济金融政策，加强对特殊金融机构的差异化监管，制定系统性金融风险防范应急预案。

1.3.3　我国金融系统的稳定性与周期性研究

在系统性金融风险生成演化机制研究、金融风险度量研究的基础上，需要从整体掌握我国金融系统的稳定性状态及金融系统的周期性变化特征，以便对金融系统的风险动态进行预警与监测，防止金融系统风险对实体经济的溢出，影响宏观经济的增长。本书将建立一个我国金融系统稳定性的指标体系，从整体上度量并评价我国金融系统的稳定性状态，掌握风险动态变化的特征和规律；采用周期转折点、滤波分析等方法分析金融系统的周期性特征，包括金融周期的波长、波幅等，分析宏观经济政策、货币政策、金融改革等措施对金融周期的影响；从预警系统思想的构建、监测指标体系的选取和预警模型的集成及其阈值的确定等角度来实现对系统性金融风险预警系统的构建，实现对金融稳定性的预警、监测和评估。

1. 系统性金融风险的顺周期性研究

金融系统的稳定性具有内在的周期性变化的特征。在投资繁荣的环境下，由于经济主体与金融机构的自利行为，以及其对风险的低估，信贷发行量增加、资产价格不断攀升，金融系统的脆弱性不断提高，此时宏观经济环境改变就会给金融系统施加压力，金融风险随之产生，这种风险的持续传播与扩散就会引致系统性金融风险，威胁整个金融体系，甚至会对实体经济产生严重的负面影响。金融系统的顺周期性是内生存在的，金融变量不仅会传播实体经济的冲击，而且由于金融的不完美性，其本身会放大宏观经济周期波动。我国金融机构的经营理念、行为方式和风险暴露具有较高的同质性，风险计量模型的发展与资本监管、会计准则等都强化了金融体系的顺周期性，增加了体系潜在的系统性金融风险。顺周期行为能够从正反馈机制、负反馈机制两种机制中加剧实体经济和金融体系的失衡，这是形成系统性金融风险并触发金融危机的重要根源。

综合分析商业银行信贷活动、资本资产价格波动等对宏观经济的影响，通过引入金融、经济周期理论来探讨金融系统中信贷、股票市场、房地产市场等的周期性变化特征，并研究金融周期对宏观经济周期的影响机制。研究商业银行顺周期性信贷活动中可能引发的风险，揭示在我国商业银行信贷活动及其所面临的信用风险和流动性风险中存在的顺周期性特征，研究其与实体经济的关联性。探讨建立反周期资本监管量化模型，以确定在经济上行期所应要求的银行增加资本额，以及超过最低资本要求的超额资本，用于弥补经济下行期的损失。

首先，研究系统性金融风险顺周期性的特征，包括刻画金融周期的初始形成过程，研究风险如何在繁荣的经济环境、良性的风险评估、外部融资约束的减弱、宽松的信贷环境等背景下产生，以及研究金融风险不均衡积累、扩散的演进过程；

其次，通过对不同金融变量的周期性进行分析，刻画出金融风险周期的转折点，即不均衡过程的反转时刻，寻找可能位于金融领域(如资产价格纠正)或者实体经济(如一个自然松弛的投资繁荣)的不可预测的触发因素，并给出经济周期与金融周期的关联特征。

　　2. 完善宏观审慎监管协调机制与微观审慎监管协调机制

在系统性金融风险与区域性金融风险的监管方面，从微观角度监管单个金融机构对外生性风险的反应，保证微观金融机构的稳健经营，但是微观审慎监管忽视了由单个金融机构本身行为所导致的、需要其他金融机构或者是整个金融体系承担的内生性风险，因此需要在宏观审慎监管框架下，着眼于金融市场参与者之间的相互影响和金融机构的整体行为，关注宏观经济波动和金融体系的互动，防范系统性金融风险，维护金融体系整体的稳定。微观审慎为宏观审慎提供了坚实的基础，宏观审慎则为微观审慎提供了系统性、全局性和前瞻性的视野。因此，需要深入研究系统性金融风险和区域性金融风险的宏观审慎监管与微观审慎监管的协调统一性。

改进金融监管机构对系统性金融风险和区域性金融风险的监控与防范水平，从合规性监管转为审慎性监管。为此，要在正确认识合规监管与审慎性监管关系的基础上，改革现行的监管体系、监管方法和监管手段。按照审慎性监管的要求，构建完善的宏观审慎监管与微观审慎监管的组织架构，使得金融监管从行政式监管转向科学理性方式的监管，从以政策监管为主转向以制度监管为主，从以现场检查为主转向以非现场监管与现场稽核相结合为主，并且加强对金融机构的市场准入和退出的管理。研究对象包括立法合作机制、牵头监管机制、联合行动机制、信息共享机制等宏观审慎监管与微观审慎监管的协调机制，探索建立完善的宏观审慎监管与微观审慎监管的组织架构。同时，为了防范和化解国际金融风险，必须加强金融监管的国际合作机制，并与国际标准接轨，更好地防范和化解系统性金融风险与区域性金融风险。

1.3.4　研究的创新性

近年来，金融系统发生了重大变化，金融机构、金融市场及经济区域之间的关联性逐渐增强，但同时也积累了巨大的风险和不稳定性，系统性金融风险的防范与金融稳定成为各国政府、学术界广泛关注的问题。本书深入研究系统性金融风险与金融稳定性的理论基础、系统性金融风险及金融稳定性的计量方法基础，采用不同的计量方法对系统性金融风险、经济增长与金融稳定进行计量分析研究，研究外部风险溢出的系统性金融风险贡献、资产价格波动的系统性金融风险贡献、货币政策变动的系统性金融风险贡献与银行体系稳健性变化的系统性金融风险贡献。本书的特点主要体现在：深入研究系统性金融风险与金融稳定性的理论基础，从理论层面刻画出系统性金融风险的生成演化机制，研究风险的内生性，识别系统性金融风险因素及其传导机理；还采用不同的计量方法对系统性金融风险、经济增长与金融稳定进行计量分析研究，并给出具体方法的应用研究的范例。

主要创新体现在以下几个方面。

(1)从理论层面奠定系统性金融风险与金融稳定性的理论研究基础，研究风险的内生性，识别系统性金融风险因素及其传导机理。

(2)从实证分析层面分别计量并分析时间维度和截面维度的系统性金融风险。

(3)深入分析系统性金融风险的动态变化及其与宏观经济之间的关联影响。

(4)给出依托可动态变化的 Dirichlet 分布而生成的 Dirichlet 过程，将有限状态拓展为无限状态，并在贝叶斯框架下通过 Gibbs 抽样实现模型参数估计，实现计量系统性金融风险与金融稳定性的非参数贝叶斯模型与相应算法。

(5)可以利用狄利克雷-向量自回归(Dirichlet-vector autoregression，Dirichlet-VAR)模型方程中滞后项系数的后验无偏中位数估计值来检验变量间的多元因果关系。

(6)探讨外部风险溢出的系统性金融风险贡献、资产价格波动的系统性金融风险贡献、货币政策变动的系统性金融风险贡献及银行体系稳健性变化的系统性金融风险贡献。

特别值得一提的是，围绕经济增长转换阶段的中国经济特征，在对经济增长转换阶段的稳定性测度、通货膨胀率动态与通货膨胀惯性度量、价格传导机制、不确定性冲击下的利率传导机制等的研究中，针对时间序列的不稳定性、随机扰动项的不确定性，以及过程中可能存在的结构突变性等方面，创新性地建立和开发了研究时间序列数据非平稳性、动态结构不确定性、价格指数之间多变量因果关系的模型和非参数贝叶斯估计算法。特别是混合分层结构的 Gibbs 抽样方法，基于分层 Dirichlet 过程构建的无限状态 Markov 区制转移(infinite-state Markov switching，IMS)模型及其多元形式，以及为非平稳经济数据与结构不稳定经济数据提供的一元动态结构和多元因果关系的时变分析方法引起了学术界的广泛重视。在方法方面的创新有以下三点。

1. 以 Dirichlet 分布拓展的 IMS 模型

在计量经济领域中，历史上曾经出现了具有开创性的 Markov 区制转移(Markov switching，MS)模型(Hamilton，1989)，在经济研究领域具有广泛的应用。

但 MS 模型在区制状态数量中的先验限制、时变参数估计上的短板、非平稳数据适应上的欠缺,限制了其在处理更多经济问题上的应用。

本书首先以分层 Dirichlet 过程(hierarchical Dirichlet process,HDP)发展了 Kim 和 Nelson(1999)的贝叶斯非参数方法,以混合分层结构的 Gibbs 算法实现了 MS 模型从给定状态限制到无限状态先验、从结构状态突变到惯性度量模型、从区制转换概率测度到区制时变参数估计的提升。

其次,实现的无限状态 Markov 区制转移自回归(infinite-state Markov switching autoregression,IMS-AR)模型为非平稳数据、结构不稳定数据的时变参数分析与动态结构的惯性度量提供了新的计量方法。扩展多元的无限状态 Markov 区制时变向量自回归(regime time varying vector autoregression,RTV-VAR)模型为多元时变 Granger 因果关系的计量提供了新的框架。

2. 施加了符号约束的 BFAVAR 模型

当在大数据环境下对多变量进行回归分析时,因子模型可以通过降维而避免遭受维度灾难,并可进行模型验证与稳健性检验。同贝叶斯向量自回归(Bayesian vector autoregression,BVAR)模型或向量自回归(vector autoregression,VAR)模型相比,贝叶斯因子增强型向量自回归(Bayesian factor-augmented vector autoregression,BFAVAR)模型或因子增强型向量自回归(factor-augmented vector autoregression,FAVAR)模型克服了 BVAR 模型或 VAR 模型在"遗漏变量误差"与"自由度"方面的内生缺陷。BVAR 模型或 VAR 模型只能容纳少部分的数据变量,这显然与大数据多变量联动的现实情况是不相符的,且仅仅依赖单个或某几个指示变量的 BVAR 模型或 VAR 模型,由于信息不完全与指示变量选择不同,并不能准确反映宏观经济整体情况,可能导致结果的有偏估计。应用 Gibbs 抽样方法并结合符号约束的贝叶斯过程,其计算程序十分耗时且烦琐。两步估计程序虽然估计结果较好、实现过程颇为高效,但以滞后多项式形式并不能探索出完全的因子参数结构,其他估计程序也面临着类似的问题。引入状态空间模型框架,不仅可以尽可能减少对状态方程动态效应的约束,还可以进一步施加先验约束,以更为精确地捕捉公共因子与经济驱动力的内在联系,即各个宏观经济变量间的联动关系。符号约束下的模型实现,既具有显著的统计学意义,又代表鲜有争议的经济学共识,即符号约束很好地将长期以来经济学家所追求的模型实现下的统计学显著性与参数所代表的经济含义相统一,极具应用价值与学术意义。最终采用状态空间模型下的贝叶斯过程进行模型参数估计,并在此基础上施加"较弱"的符号约束,可从"残差带"中对结果进行观察,因而结果的不确定性大大降低,可以得到更为合理的结果。

3. LT-TVP-VAR 模型

传统的 VAR 模型的常系数假定不能很好解释经济变量间的结构性变动特征，而时变参数向量自回归(time-varying parameter vector autoregression，TVP-VAR)模型由时变性产生过多的待估参数易导致模型估计结果的无偏性下降。因此，以逆周期资本监管问题为例，与基本的 TVP-VAR 模型相比，具有潜在门限的时变参数向量自回归(latent threshold time-varying parameter vector autoregression，LT-TVP-VAR)模型能很好地刻画时变监管资本在 0～3%区间内的微小波动特征，而且参数的时变性能很好地体现我国银行稳健性状况对资本监管响应的动态结构特征，从而使得分析结果具有更强的稳健性。

1.4 研究的主要方法

本书遵循如下的技术路线。

理论分析：运用金融理论、经济理论刻画系统性金融风险的生成演化机制，研究系统性金融风险及金融稳定性→度量系统性金融风险与金融稳定性→研究金融稳定性和周期性→进行金融风险预警与监管，以期达到金融稳定，并确保经济平稳发展的最终目标。在研究中重视理论分析、模型推演、证据收集、事实归纳、规律总结和决策建议。

具体研究方法如下。

(1)将理论分析与规范分析相结合，把金融系统作为一个复杂系统，以金融理论、经济理论与复杂性理论为指导，从金融体系的特殊性及其与实体经济的互动关系中建立内生性的风险理论。采用最优化方法在一个连续的时间维度中考察资本与资产在时间和空间上的配置动态、经济行为在个人与群体之间的转换动态，以及市场预期与市场表现的反馈动态，以揭示系统性金融风险的内生性，识别内生性风险因素，深入研究系统性金融风险的内在生成机理，确保金融体系有能力抵御宏观经济冲击并阻止金融风险向实体经济溢出。从系统性金融风险的含义、演进过程、成因、防范监管等角度出发，对系统性金融风险的理论和实践进行系统的研究。同时兼顾我国金融运行机制的实际情况，侧重对我国系统性金融风险演进的市场特征进行研究，并揭示出我国金融体系的周期特征，以减少金融体系的顺周期性，弱化金融机构的顺周期行为。

(2)将经验分析与实证分析相结合，运用经济计量方法、统计方法和时间序列方法等构建风险测度指标与模型，使用不同的测量结论并相互比较，相互印证以有效地度量系统性金融风险。从时间和截面两个维度识别系统性金融风险因素，揭示系统性金融风险的动态变化特征和评价系统重要性金融机构。从微观、中观和宏观三个层次研究系统性金融风险的传染性、内生性。构建反映金融体系稳定性的指标体系，采用多变量 Granger 因果关系检验、状态空间模型，面板 VAR、时间序列协整和误差修正模型与广义自回归条件异方差(generalized autoregressive conditional heteroskedasticity，GARCH)类模型分析系统性金融风险的传导机理、溢出路径，采用 Markov 区制转移及周期转折点分析等研究我国金融体系的内生性、稳定性和顺周期性。

(3)将预测分析与模拟分析相结合,建立符合我国金融系统性与区域性特征的风险预警系统,使用整合的微观-宏观模型对金融风险与实体经济之间的作用反馈机制进行研究,采用状态空间模型、向量区制转移方法来计量逆周期资本监管与货币政策调控的一致性。分析逆周期宏观审慎监管政策通过缓解金融体系顺经济周期性风险累积来降低系统性金融风险的机制。

(4)政策研究与对策建议相结合,从系统性金融风险的时间维度和截面维度,探索系统性金融风险防范及金融稳定的对策。深入分析当前的金融风险监管体系,兼顾我国金融运行的实际情况,探究金融参与主体内部风险控制的自律体制,为我国系统性金融风险防范机制提供有价值的参考意见,以期达到金融稳定运行的最终目标。

第 2 章　文献综述及研究进展[①]

　　研究金融不稳定现象的主要原因是它会对实体经济造成严重的负面影响。在金融不稳定现象出现的过程中，资产价格失调将对消费和投资决策产生极大的影响，并且会导致资源跨部门和跨期的错误分配。金融机构和金融市场的困境将破坏从资金提供者到使用者的融资渠道，从而破坏由金融体系所产生的信用能力和作用，最终对实体经济造成强烈且持久的影响。当前，我国宏观经济形势和金融形势已经发生了巨大的改变，银行体系流动性风险显现，影子银行风险暴露加重，地方政府过度负债及房地产市场波动等因素导致我国的金融不稳定性增强，风险积聚现象明显。同时，我国的金融改革政策和金融开放政策也对金融系统的稳健运行提出了更高的要求。

　　然而，设计可操作的金融稳定监管框架的一个最大挑战就是对金融不稳定的实时和准确度量。只有明确地度量金融不稳定程度，才能进一步将金融稳定的目标转变成可操作的标尺，将维持金融稳定的策略转变成具体的金融监管工具，也才能确定各职能部门的监管职责安排和监管内容。因此，迫切需要在我国的宏观经济和金融背景下，分析风险在我国金融系统中的生成演化过程及其对实体经济的溢出影响，设计一套切实可行且行之有效的金融不稳定度量方法，从而量化分析我国的金融不稳定现象并识别金融周期特征，为设计符合我国实际情况的宏观审慎监管工具及实施金融监管政策提供依据。

　　本书将对风险在金融系统内的生成、积聚、实现及向宏观经济传导扩散等演变机理进行梳理，揭示出金融不稳定现象的动态演变过程，厘清金融不稳定性与宏观经济之间的关系，为准确度量金融不稳定性提供前提条件。对我国的金融系统内不同阶段的金融不稳定的计量分析包括对金融风险生成阶段的金融脆弱性、积聚阶段的金融压力及实现阶段的系统性金融风险的计量分析，可以更直观地认识到我国金融系统不同阶段的金融不稳定状态及特征，有助于准确掌握金融风险的动态变化，实现金融风险的监测和预警，并为设计宏观审慎监管工具提供依据；

---

① 本章由陈守东、王妍、张丁育及孙彦林完成。

对金融周期进行分析，从而可以识别出我国金融不稳定的周期特征，并为选择合适时机有效地实施监管政策以减轻金融周期波动幅度提供支持；对金融不稳定性与宏观经济之间的关联分析，有助于掌握风险在我国金融系统内的传播路径和对实体经济的溢出影响，及时地采取措施，避免金融风险给宏观经济带来严重的负面影响。

本书对金融不稳定及其与宏观经济之间的联系的理论研究和计量分析的最根本意义在于，其有助于经济参与者和决策者准确把握金融风险的动态演变，制定符合我国实际情况的金融监管和调控政策，在适当的时机运用有效的金融稳定监管工具，防范系统性金融风险的发生，达到维持金融稳定并保持经济平稳健康增长的政策目标。目前的研究主要集中在以下方面。

2.1　金融风险与金融不稳定性的理论模型研究

度量金融不稳定性并设计审慎监管工具和监管政策的前提是对金融不稳定概念的准确认识。然而，虽然目前维持金融稳定受到各国政府和学术界的广泛关注，但对金融不稳定概念的界定仍然存在很大分歧。

Crockett(1997)定义金融不稳定为金融资产价格波动或金融中介债务违约等损害经济发展的情况。Mishkin(1999)从信息不对称的角度认为，当金融体系的冲击与信息流一起作用，并导致金融体系不能够为生产性投资机会提供资金融通时，即出现了金融不稳定。如果金融不稳定性进一步加重，这将导致金融市场功能的全面崩溃，出现金融危机。Chant(2003)认为，金融不稳定指那些通过对金融体系运行产生影响以损害或可能损害经济表现的金融市场环境。主要包括损害家庭住户、企业和政府等非金融个体或机构的金融环境，限制他们的融资；扰乱金融机构和金融市场的运行，使它们不能为经济体提供资金等。Ferguson(2003)则从潜在的损害实体经济活动的市场崩溃的角度或者从外部性的角度来定义金融不稳定。Borio 和 Drehmann(2009b)首先定义金融困境或金融危机为出现金融机构重大损失或这些金融机构的倒闭将造成或可能造成实体经济的严重混乱的事件，这里实体经济的混乱由产出来衡量。进而定义金融不稳定为一系列足以导致在正常大小的冲击下出现金融困境或金融危机的条件。

相关文献从反面即金融稳定的角度定义的有：Duisenberg(2001)、Large(2003)、Padoa-Schioppa(2002)及 Schinasi(2004)等的著作。Duisenberg(2001)认为，虽然金融稳定没有一个统一的定义，但其通常指那些组成金融体系的关键元素能够正常发挥功能。Schinasi(2004)定义金融稳定为金融体系的一系列稳定状态，包括促进经济的运行，以及消除内生的或显著的负面的未预期事件引起的金融不均衡。更详细的关于金融不稳定和金融稳定的定义的文献回顾同样可参考 Schinasi(2004)的研究。

金融不稳定的理论方面的研究主要有两种不同的类型。

第一类关于金融不稳定的研究将金融困境或金融危机看成由外生冲击产生的自我实现的均衡结果。这类金融不稳定的研究主要基于传统的银行或金融模型，这些模型通常对金融资产和金融合约的状态依赖属性进行分析，如 Diamond 和 Dybvig(1983)及 Diamond 和 Rajan(2001)，并且认为金融合约受到可能导致违约的信息不对称、承诺和激励等问题的影响。关于金融不稳定的这一观点将系统性金融风险的产生归因于一个冲击-放大机制，外生的特有冲击导致单一金融机构倒闭或金融市场崩溃，进而通过资产负债表关联或信息关联等渠道产生连锁反应。也就是说，系统性金融风险是一个被传播扩大了的风险，其将导致大规模的困境（或危机）并破坏实体经济。

关于金融不稳定的传统观点始于对银行挤兑的研究，认为单一银行的挤兑将传播到其他的银行部门，导致全面的恐慌。早期 Diamond 和 Dybvig(1983)的银行挤兑模型研究了持有部分存款准备金的单一银行的不稳定问题。由于提前取款的随机性，这类模型将银行挤兑看作一个随机的现象。当提前取款行为随机发生时，银行的流动性足以应对正常的取款，因此，只要存款者对银行的偿付能力有信心并且相信其他人不会过度取款，那么银行是稳定的。然而，当出现一些让存款者加速提取存款的事件时，所有的存款者将不再理性，将发生大量的提现的现象，进而出现银行挤兑。另一类银行挤兑模型将挤兑归因于银行投资的新信息的出现。Gorton(1985)研究了在完全信息下，理性和有效的存款者挤兑是如何发生的。该研究同样指出，在不完全信息下，噪声可能引发理性但非有效的挤兑。Jacklin 和 Bhattacharya(1988)指出，在基于信息的银行挤兑模型中，一些知情的存款者可能知道关于银行的投资将获得较低收益的不完全信息，从而提取他们的存款，这将导致银行提前清算资产。Smith(1991)、de Bandt(1994)及 Temzelides(1997)的研究将单一银行挤兑模型扩展到具有多个研究对象的多银行挤兑模型。de Bandt(1994)扩展了 Jacklin 和 Bhattacharya(1988)的单一银行挤兑模型，将其扩展为具有多个银行的体系，研究一个总体或特有冲击如何影响银行资产的收益。如果一个银行中的存款者被首先通知他们的存款所在的银行所处的困境，其他银行中的存款者将改变对总体冲击的预期及他们自己的存款所在的银行中资产收益的预期，这将导致各银行纷纷倒闭。Temzelides(1997)的模型是 Diamond 和 Dybvig(1983)的模型的一个多期重复的变形，并且同样介绍了一个具有多个银行的体系。存款者观察到他们自己所在地区银行的倒闭后，可能在下一期转向恐慌的均衡。在这一框架下，更为集中的银行体系对于特有冲击较不敏感，因此不易出现恐慌的传染。

单一银行的倒闭很容易传染扩散到整个银行体系或金融系统,这主要是由金融系统的特殊属性决定的。首先,银行间市场、衍生品的交易及支付结算系统中存在复杂的资产负债的关联网络(Schoenmaker,1996)。随着金融开放和金融创新等金融系统的发展,这一内部关联网络愈加复杂,并且涉及国际资本市场。其次,信息不对称问题的存在导致信用提供者无法基于公开信息判断金融机构的能力。因此,只能基于一家金融机构的倒闭来判断金融系统中的其他机构也会出现同样的倒闭现象。

银行挤兑或倒闭可能的传染渠道主要有实际暴露渠道和信息渠道。实际暴露渠道的传染强调银行间市场和支付系统中的实际暴露的连锁效应。信息渠道的传染强调不知情的存款者不了解对银行产生冲击的风险是系统性的还是特有的,并且由于信息的不对称性,这些存款者不知道他们彼此的实际暴露。这两种传染渠道并不完全独立,而有可能共同存在。Rochet 和 Tirole(1996a)认为,银行间的相互借贷,包括支付结算系统中的日内借贷、隔夜或长期银行间借贷及利率和汇率的衍生品交易等,很容易导致一个银行的破产波及其他银行的现象;并且通过建立一个银行间的市场模型,指出银行间的互相监督解决了银行债务持有者和银行股东-经理人之间的道德风险问题,但同时导致了银行间的风险传染。Allen 和 Gale(2000)的银行传染模型同样关注了银行间借贷的影响,但并没有考虑相互监督这一角度。在假设代理人具有完全信息的条件下,该模型从不同地区银行间借贷的实际关联的角度展开。他们认为,由于流动性偏好的冲击在地区间不是完全相关的,银行可以通过持有其他银行的债务索取权来分散风险。然而,当一个地区陷入银行危机时,其他地区的银行将因为借贷给危机所在地区的银行而蒙受损失。如果这个溢出效应足够强烈,将出现连锁的金融传染现象,所有地区的银行均出现危机。Freixas 等(2000)则从存款者的地理消费偏好的角度研究银行间的风险传染。当本地的存款者想要在另一个地区消费,并且没有足够的资源在目标地区消费时,存款者的最优反应是在本地提取他们的存款,而这将触发本地银行投资的提前清算,并且会导致其他地区的存款者提取存款。银行间的实际借贷暴露将导致整个银行体系易于发生连锁危机。

Rochet 和 Tirole(1996b)及 Aghion 等(2000)的研究将传染或连锁反应归因于不完全信息。Rochet 和 Tirole(1996b)的研究思路是,一个银行的倒闭可能使其他银行出现同样的问题,因此会导致存款者和其他债权人收回他们的资金。这里的信息可能涉及银行的健康或者中央银行的偏好:一个银行倒闭的消息可能意味着跟它具有类似结构的银行也会倒闭;或者是,当某一个银行陷入困境时,中央银行是否会为银行的债权人提供保护及是否会进行干预的不确定性,将引发其他银行的挤兑。在 Aghion 等(2000)的多银行模型中,一个银行的倒闭可能会作为全球流动性紧缩的信号,进而导致传染性的银行挤兑。

虽然传统的金融不稳定观点集中于银行的挤兑和传染，但非银行金融中介机构对金融不稳定的影响同样受到关注。金融机构的倒闭可能直接通过与交易对手的暴露渠道或间接通过影响投资者信心的渠道传染到整个金融系统。Borio 和 Filosa(1994)指出，由于金融发展程度的提高，不同类型中介机构的区别越来越不明显。Crockett(1996)的研究认为，虽然非银行中介机构通常不存在偿还存款者债务的问题，但是通过借贷，市场化的资产融资的金融机构同样会出现类似于挤兑的问题。失败的投资决策将导致非银行金融机构出现损失或倒闭现象。

金融机构的倒闭可能通过传染机制来导致系统性的金融风险或金融危机的发生。同时，随着金融去中介化及金融市场在资金融通方面的发展，外汇市场、股票和债券等证券市场及房地产市场受到特有冲击出现过度波动同样可能导致金融体系出现系统性的损失或危机。资产价格波动所产生的金融不稳定与金融机构的不稳定类似。如金融机构的净价值、金融资产价格也会受到不完全信息的影响。未来收入的现金流和折现率对于资产持有者来说都是未知的。这就会使金融市场出现类似银行挤兑的问题。Krugman(1999)指出，是什么因素决定了资产价格的波动及通过何种渠道对实体经济产生影响取决于不同市场的内部属性和特征。Crockett(1996)详细地讨论了金融市场中资产价格的波动及其对其他市场和实体经济的传染渠道及溢出效应的影响。

在另一类研究中金融不稳定被看成反映金融周期和经济周期紧密关联的经济体的内在属性，也就是说，金融不稳定是在经济周期中内生的。区别于外生冲击-放大机制，这类研究将金融不稳定归因于金融体系内部及金融体系与实体经济之间自我加强的反馈机制。这些自我加强的反馈机制导致了金融不均衡现象的产生，并在某一时点不可避免地导致风险实现，从而形成了一种内生的周期性(Borio and Drehmann，2009a)。Minsky(1986，1992)及 Kindleberger(1996)就是从这一内生的角度来考虑金融不稳定的，他们都强调金融不稳定与经济周期的紧密联系。Minsky(1992)认为，金融不稳定是一个持续的累积过程，在经济繁荣期，信贷扩张和资产价格高涨导致金融脆弱性增加，为随后不均衡现象的产生、经济低迷期埋下种子。金融不稳定取决于金融系统中的对冲性融资(hedge finance)、投机性融资(speculative finance)和庞氏融资(Ponzi finance)的结构比例，对冲性融资比例越小，利率的上升将更容易导致净现值的下降，现有和新开发的投资项目将被舍弃，债务的偿还变得更困难，进而更容易发生金融危机。然而，在经济繁荣期，为各类融资提供信贷支持的银行等金融机构具有为更多投机性融资和庞氏融资提供信贷的动力。也就是说，稳定为不稳定提供了条件。类似地，Kindleberger(1996)认为，危机的发生通常存在"狂热—恐慌—危机"的规律性，狂热在经济繁荣期产生，房地产、股票或者其他商品的价格上升与投资和消费相互作用，进而与经济增长相互作用，这进一步加剧了狂热。投资者变得越来越乐观，渴望追求获利机会，贷款者变得不再厌恶风险，理性繁荣变成了非理性繁荣。此时，一个政府政策的改变或者一个企业未预期到的倒闭可能停止资产价格的上升过程，大量的降价销售导致资产价格快速下跌，进而出现市场崩溃和恐慌的现象。投资者争抢在资产价格下跌之前出售资产，这进一步变成了一个自我实现的过程，这一过程如此快速和强烈，使它更像是一种恐慌。狂热到恐慌的周期循环的根本原因在于信贷供给的顺周期变化，在经济良好的时期信贷增加，充足的信贷方便了投资者狂热地寻找获利机会，而当经济增长放缓，信贷的增长速度急剧下降，加速了投资者恐慌的降价销售的自我实现过程。另外，关于新兴经济体的研究，例如，Honohan(1997)、Gavin 和 Hausmann(1996)、Sachs 等(1996)及 Corsetti 等(1999)也通常持有这一内生的金融不稳定观点，他们强调了经济周期中的信贷繁荣对金融不稳定的重要性。

在这个金融不稳定的观点中，系统性金融风险并不过分依赖于传染机制，而主要归因于随时间演变的共同的风险暴露。Cifuentes 等(2005)强调了金融机构之间的信贷关联可能受到资产价格下跌的影响而导致系统性的损失，因为资产价格的下降将引发所有金融机构调整资产负债表，出售非流动性资产。Allen 和 Gale(2004a)通过对一个简单的动态随机一般均衡(dynamic stochastic general equilibrium，DSGE)模型的研究，引入了产生于经济周期的内在不确定性，并说明了流动性需求冲击和资产价格波动对系统性金融风险所产生的作用。也就是说，系统性金融风险基本上是内生的，并且反映了金融系统和实体经济之间的作用与反馈机制，正是这一机制导致了过度繁荣，并且反过来为随后的经济衰退和金融收缩埋下种子。因此，金融不稳定本质上具有动态的属性，风险在经济繁荣期逐渐建立并积累，随后在经济低迷期实现，从而导致金融困境或金融危机(Borio，2003)。

这一观点关注了金融不稳定的内生性及金融系统中风险的非线性累积，将金融不稳定的根源重新归因于宏观经济。事实上，早在 19 世纪金本位制度下，金融危机就被看成与经济周期密切相关的一个自然阶段(Marshall A and Marshall M P，1879)。早期大多数著名的经济学家将经济周期看成经济扩张领先于随后出现的经济收缩的一个不均衡现象。在当时，金融不稳定的宏观经济根源及金融不稳定对经济波动所产生的影响几乎不会受到任何质疑。然而，目前 DSGE 模型的主流的研究范式(Christiano et al.，2010)描述了单一代表性机构在一系列外部冲击下最优行为的均衡结果，其几乎背离了这一观点。尽管这种内生的非线性的金融不稳定观点很难嵌入到标准的基于一般均衡的金融模型中，但是仍然有一些研究在进行这方面的尝试。Jeanne 和 Korinek(2010)与 Bianchi 和 Mendoza(2011)的模型刻画了内生的金融不稳定观点中信贷和资产价格在经济繁荣期与经济萧条期的相互作用。Woodford(2012)在包含了信贷的 DSGE 模型中，将转移到危机期或困境期的概率作为金融系统中杠杆率的函数，从而以一种简单的方式修改了现有的包含金融摩擦的 DSGE 模型，以使得货币政策能够应对金融不均衡的产生。

2.2　金融风险与金融不稳定性的实证计量研究

在实证研究中，金融不稳定性是一个比较广义的概念，包括金融不稳定性随时间演变的各不同阶段，既包括早期的金融不均衡的产生，也包括金融压力的快速积聚，同时还包括风险实现阶段的系统性金融风险。相应地，金融不稳定性的计量方法和手段也具有差异性。本书将国外对金融不稳定性的度量方法的研究分为五类。

第一，早期预警指标度量方法。早期预警指标通常被用来提前识别金融困境。最早的对早期预警指标的研究关注汇率危机和银行危机，使用门限值(Kaminsky and Reinhart，1999)或多元回归模型(Demirguc-Kunt and Detragiache，1998)等简约化方法将一系列解释变量转变成金融困境指数。这类金融困境指数通常都是度量出现或不出现金融困境的二值变量。Kaminsky 和 Reinhart(1999)首先使用外汇的汇率变化和储备变化的加权平均来度量外汇市场危机的程度，使用摆脱困境的成本占国内生产总值(gross domestic product，GDP)的份额度量银行危机的程度，进而通过噪声信号比的方法来选择作为危机预警信号的宏观经济和金融变量的门限值。当早期预警指标在 24 个月的窗口内超过门限值，则认为发出了一个危机的预警信号。其中，作为早期预警指标的变量包括代表金融自由化的变量和其他金融变量、对外部门变量、资本账户变量及实体经济变量等。Demirguc-Kunt 和 Detragiache(1998)通过多元 Logit 模型分析了对银行危机具有预测能力的宏观经济和金融变量，研究中首先通过四个典型的特征构建了银行危机的虚拟变量，并将其作为因变量，将包括经济增长、贸易、通货膨胀、货币总量、信贷和实际利率等在内的多个宏观经济与金融变量作为解释变量；研究发现，较低的 GDP 增长率、较高的通货膨胀率及较高的利率通常与银行部门危机的出现相关，而当这些变量被控制后，汇率贬值与财政赤字对危机不再有解释能力；研究还发现，资本外流的波动性、私有部门信贷的份额及高的过去的信贷增长通常与高的危机出现概率相关。

金融困境指数度量方法存在预测期间过短及给出错误信号等问题，因此后来的研究从内生的金融不稳定的观点出发，使用 2～3 个信贷或资产价格指标作为金融困境的早期预警指标。这一度量方法所基于的主要思路是，信贷的快速扩张和资产价格高涨，有时还可能伴随着明显的实际汇率升高，可以反映出金融不均衡现象的产生，这种金融不均衡现象通常是给宏观经济带来严重后果的金融困境的早期信号。Borio 和 Lowe（2002a，2002b）从识别金融不均衡现象的产生的角度，基于预测时点前可以得到的信息，研究了信贷和资产价格指标在 1～4 年的预测步长下对于银行危机的样本内的预测能力，并且发现持续而快速的信贷增长和资产价格的大幅增加可以被用来有效地预测金融不稳定程度。同样从金融不均衡的角度出发，Borio 和 Drehmann（2009a）在 Borio 和 Lowe（2002a，2002b）的研究基础上，在预测变量中增加了房地产价格，并且研究了房地产价格缺口、股票价格缺口和信用缺口的样本内及样本外的预测能力。研究发现，若这些变量同时超过门限值则可以将其作为金融系统的风险信号。更多较早的关于早期预警指标的研究可参考 Calvo 等（1996）、Eichengreen 等（1994）、Goldstein 和 Turner（1996）及 Frankel 和 Rose（1996）的研究；近期关于早期预警指标的研究可参考 Alessi 和 Detken（2009）、Borgy 等（2009）、Gerdesmeier 等（2009）及 ECB（2010）的研究。

第二，基于市场价格指标的度量方法。基于市场价格的指标包括股票、债券、信用违约互换（credit default swap，CDS）及其他衍生工具的波动或利差，这些指标可以被单独考虑或者被合成单一的度量指标。这种度量方式更多侧重于研究风险快速积聚阶段的金融压力，可以实时地度量风险，并且一般具有较高的频率。同时，基于市场价格的指标在某种程度上可以反映不同金融部门之间的共同暴露和关联性。具有代表性的有 Illing 和 Liu（2006）、Tarashev 和 Zhu（2008）、Cardarelli 等（2011）及 Hakkio 和 Keeton（2009）的研究。Illing 和 Liu（2006）的金融压力指数是一个典型并且较早的通过选取多个市场价格指标合成的单一指数度量金融不稳定的方法，该指数是通过对银行部门、债券市场、股票市场和流动性度量等市场指标进行加权平均得到的。Tarashev 和 Zhu（2008）的指数度量方法基于银行的信用违约互换利差计算了为了应对当银行整体资产损失超过一定门限值时所需要支付的保险溢价。Cardarelli 等（2011）基于高频的市场价格指标合成了发达经济体的金融压力指数，并通过该指数的极值识别出了金融压力期。Hakkio 和 Keeton（2009）总结了在金融压力期出现的普遍现象，包括资产价值不确定性的增加、对于其他投资者行为不确定性的增加、信息不对称增加及不愿持有风险资产和缺乏流动性的资产等。在此基础上，通过选取多种类型的债券利差、股票及债券收益相关性、股票市场波动、银行类股票波动和收益等指标，构建了一个反映金融压力状态的堪萨斯城市金融压力指数。

然而基于市场价格指标的度量方法同样存在一些缺点：对于金融系统的风险来说，这一度量方法的覆盖面可能过窄，并且没有区分现金流现值和价格，而事实上，如果要预测未来的困境，应该过滤价格中的风险溢价部分。此外，这一方法最重要的缺陷是，其可能受到对风险的认知和态度的影响（Borio et al.，2001），从而成为金融困境的同期预测指标而不是先行预测指标。

第三，基于资产负债表指标的度量方法。这些资产负债表指标通常包括银行市值、不良贷款、贷款损失准备及资产负债表中的家庭和企业项目等。基于资产负债表指标的文章一般更侧重于对风险实现阶段的度量，但也可能部分侧重于对风险积聚阶段的度量。具有代表性的有 Carson 和 Ingves（2003）、Bordo 等（2002），以及国际货币基金组织（International Monetary Fund，IMF）的金融稳健指标（IMF，2006）的研究。IMF（2006）给出了详细的金融稳健指标的编制指南，包括金融稳健指标的概念、定义和编制方法。IMF 的金融稳健指标包含 12 个核心类指标和 27 个鼓励类指标。其中，核心类指标是度量银行部门经营风险的指标，而鼓励类指标中还包含了度量非银行金融机构、非金融部门的企业、家庭住户、证券市场及房地产市场等部门的稳健性指标。Gadanecz 和 Jayaram（2008）回顾了金融稳定的度量方法，并总结了各个国家的金融稳定报告中通常使用的金融稳健指标。

同样，诸如贷款损失准备、不良贷款率和资本化水平等资产负债表指标，除非被以一种动态的方式建模，否则这些指标应该作为金融困境的同期指标，而作为预测指标则表现较差。另外，资产负债表指标的频率通常较低，在识别金融风险上存在一定的缺陷。

第四，系统性金融风险的结构化方法、简约化方法及网络分析方法。这类计量方法主要侧重于风险的实现阶段，即对系统性金融风险进行度量。其中，使用联合违约概率或组合信用风险度量的结构化方法的文章主要有以下几种。Lehar（2005）按照 Merton（1974）的模型，使用股票价格时间序列和平衡表信息，在资产收益正态分布的原假设下给出金融机构联合违约概率，并用其度量系统性金融风险，并且通过预期损失计算一个银行对银行系统整体风险的贡献；Avesani 等（2006）使用由多因子结构确定的大型复杂金融机构（Large Complex Financial Institutions，LCFI）一篮子信用违约互换的违约概率度量金融部门的系统性金融风险；Huang 等（2009）使用信用违约互换利差和日内高频的股票价格数据并基于组合信用风险技术，以及在未来 12 个星期抵御银行部门中大的违约损失的保险价格来度量系统性金融风险。关注于收益历史分布的简约化方法的研究有以下几种。Adrian 和 Brunnermeier（2011）使用分位数回归技术在单一银行资产损失的条件下，计算整个金融系统的 VaR，并以此度量单一银行对系统性金融风险的贡献；Acharya 等（2010）进行研究时，单个金融机构对系统性金融风险的贡献用系统性期望损失（systemic expected shortfall，SES）来度量，即当系统作为整体资本不足时，单一金融机构也存在资本不足的倾向。网络分析方法是基于金融机构之间的资产负债表相互敞口数据研究系统性金融风险的方法，其主要思想是通过金融机构之间的相互敞口和交易数据建立网络，根据网络形状模拟风险相互传染的情况，从而测算每个网络中所积累的系统性金融风险（IMF，2009）。Müller（2006）将银行间市场作为通过彼此的暴露和借贷相关联的网络，并通过迭代算法模拟了银行间的风险传染；Kritzman 等（2011）用吸收率刻画了市场的紧密相关程度，分析了

几个国外市场的资产价格变动如何与金融混乱产生关联；Chan-Lau 等（2009）利用
网络模型分析一家银行陷入困境所产生的网络外部性。

第五，宏观压力测试方法。宏观压力测试可以用来跟踪金融系统对不寻常的
大的外生冲击的反应，其主要的优势是它们本质上是前瞻性的，并且 VAR 模型
凸显了金融系统中冲击的传导。然而，它们不能捕捉金融系统和宏观经济之间的
反馈效果及金融困境的主要特点，即小冲击可能具有大效果。这也就是为何现有
的宏观压力测试不能复制许多过去危机的动态性，包括最近的金融危机。在 IMF
和世界银行金融部门的评估规划（financial sector assessment programme，FSAP）中，
首次使用宏观压力测试方法来评估金融系统的稳定性。自此以后，包括英格兰银
行和奥地利国民银行在内的很多国家的中央银行都在金融稳定报告中使用宏观压
力测试方法。有关宏观压力测试方法的文献可参考 Sorge（2004）、Boss 等（2006）、
Alfaro 和 Drehmann（2009）、Virolainen（2004）及 Foglia（2009）的研究。

国内使用早期预警方法度量金融不稳定的研究，主要关注如何设计与改进预
警系统，以及如何将传统的危机预警模型应用到我国的实证研究中。刘遵义（1995）
提出的主观概率法，冯芸和吴冲锋（2002）的基于短期、中期和长期预警指标集的
综合指标的多时标预警流程，以及余倩（2007）运用模糊数学的思想的货币危机预
警模型等，都是在预警模型的设计上进行的有益探索。然而，国内研究更多的是
应用传统的 FR 概率方法（Frankel and Rose，1996）、KLR 信号方法（Kaminsky and
Reinhart，1999）、多元 Logit 回归方法（Demirguc-Kunt and Detragiache，1998）等
货币危机预警模型所进行的实证研究。付江涛和王方华（2004）在确定的预警指标
选定原则的基础上，从反映外部经济不均衡和反映内部经济基础脆弱性两个角度，
构建了包含 10 个指标的预警指标体系，并对包括中国在内的 7 个东亚国家和墨西
哥的货币危机进行了预警研究。南旭光和孟卫东（2007）基于 Cox 和 Oakes（1984）
的等比例危险模型，对多个国家所进行的货币危机预警进行了研究。史建平和高
宇（2009）使用 KLR 预警模型，对包括中国在内的 24 个新兴市场的货币危机进行
了实证研究。

另外，国内大量的研究仅局限于对货币危机的预警研究和对银行危机或广泛
意义上的金融危机的预警研究。刘莉亚（2005）以银行危机预警为出发点，分析和
比较了四类主要的银行危机预警模型，并给出了银行危机预警的发展前景。陈守
东等（2009a）通过因子分析方法，从 16 个金融风险的原始指标中提取了代表宏观
经济风险、金融市场风险和企业融资风险的共同因子，在此基础上运用二元 Logit
模型对货币危机和国债危机进行了预警研究。陈守东等（2009b）分别对我国的货币
危机、银行危机和资产泡沫危机进行了预警研究。马辉（2009）对金融危机预警模
型进行了详细的总结和回顾，通过选取我国金融风险的度量指标，合成了危机压
力指数，并以此为基础给出了预警指标的选择方法，进一步地采用 Markov 区

制转移向量自回归(Markov switching vector autoregression，MS-VAR)模型对我国金融风险进行了预警研究。该文章的金融风险预警部分研究的是通过早期预警指标来度量我国金融不稳定的方法。而在构建我国金融风险指标体系后，采用加权平均方法合成的货币危机压力指数、银行危机压力指数和资产泡沫压力指数，是基于市场指标的对我国金融压力的度量。陈守东等(2013)基于信贷和资产价格指标的金融不稳定指数，是从内生的金融不均衡角度展开的预警指标度量方法。

在使用早期预警模型的金融不稳定实证研究中，基于市场价格指标的金融压力度量方法只作为代表货币危机、银行危机或资产泡沫危机的综合指数而存在。然而，随着金融压力概念的提出，国内同样出现了大量基于市场价格指标的金融压力的度量研究，如中国银行国际金融研究所课题组(2010)、赖娟和吕江林(2010)、陈守东和王妍(2011)、李良松(2011)及张瑾(2012)等的研究。这类研究都是首先根据金融压力的特征和表现，选取多个基于市场价格的金融指标构建金融压力指标体系，然后通过因子分析、等方差加权或回归等方法，合成了一个综合的金融压力指数。赖娟和吕江林(2010)选择期限利差、银行业风险利差、股票市场波动性及反映汇率贬值和外汇储备下降的压力指数作为金融压力变量，合成了我国系统性金融风险的金融压力指数。陈守东和王妍(2011)及王妍和陈守东(2012)针对银行部门、证券市场与外汇市场，选取了泰德利差、负的期限利差、银行业风险利差、负的股票市场收益、股票价格波动及外汇市场波动指标构建了更广泛的金融压力指标集，并通过等方差加权的方法合成了我国的金融压力指数。

国内基于资产负债表指标所进行的金融不稳定度量的研究大多基于加总的资产负债表数据，代表性的研究有万晓莉(2008)及陈守东和杨东亮(2010)的研究。万晓莉(2008)选取了五个反映银行体系稳健性的指标，并使用因子分析方法，构建了季度的金融脆弱指数。陈守东和杨东亮(2010)利用存款总额、贷款总额、私人部门贷款额、国外净资产和中央银行对金融机构信贷五个银行的内部变量，构建反映我国 2001~2009 年银行体系脆弱性的月度指数。而陈守东和王淼(2011)则基于每个单一银行的资产负债表数据，从资本充足性、资产的质量、银行盈利性和流动性四个方面出发，构建了我国银行稳健性指标体系的核心指标组，并合成了银行稳健指数以评价我国银行体系的稳定性。

伴随着全球金融危机的爆发，国内关于系统性金融风险度量的研究大量涌现。宋群英(2011)使用阿基米德 Copula 函数分析了我国银行系统间各银行的风险传染性，并且使用尾部相关系数来度量危机传染的大小，给出了我国系统性重要银行，并分析了这些银行对其他银行的风险传染性。高国华和潘英丽(2011)构建了 GARCH-CoVaR 模型,使用 GARCH 模型对收益率序列建模,在此基础上用 CoVaR

模型研究了我国 14 家上市商业银行的系统性金融风险贡献度及其影响因素。丁庭栋和赵晓慧(2012)使用 CoVaR 模型，借助分位数回归技术，研究了国内银行业、保险业、多元金融服务业和房地产行业之间及对金融系统整体的波动溢出效应。周天芸等(2012)研究了银行系统脆弱性的内生性及其传染机理，分析了由银行体系内部相互关联所引发的风险传染类的系统性金融风险，运用分位数回归模型测量了香港银行体系的 CoVaR，并分析了影响香港银行体系脆弱性的内、外部因素。贾彦东(2011)使用金融网络模型对国内主要银行的系统性金融风险进行度量，并分别使用网络模型的"冲击损失"和网络合作博弈中的"沙普利值"(Shapley-value)来反映单一机构对整个金融系统的"直接贡献"和"间接参与"两部分的系统损失，进一步讨论了影响机构系统重要性水平的因素。高国华(2013)分别使用基于资产负债表数据的网络分析方法和基于市场价格数据的系统性金融风险度量 CoVaR 方法，度量了我国银行的系统性金融风险贡献，并通过一个综合的度量框架，评估了我国的系统重要性金融机构。关于系统性金融风险度量的文献回顾和评述，可以参考王辉(2011)及朱元倩和苗雨峰(2012)等的研究。

　　国内由宏观压力测试度量金融不稳定的实证研究有以下几种：李江和刘丽平(2008)以贷款违约率作为银行系统信用风险的度量指标，基于宏观压力测试模型，分析了银行体系的稳定性；华晓龙(2009)基于多元线性回归模型，通过设定极端的宏观经济情景，对中国银行体系的贷款违约率进行宏观压力测试；汤婷婷和方兆本(2011)同样基于多元线性回归模型，以宏观经济变量的 VAR 模型的预测值作为宏观经济的情景，通过宏观压力测试来研究以不良贷款率所代表的我国商业银行信用风险。可见，目前国内有关宏观压力测试的研究多是针对银行体系的风险，设计宏观经济情景，进行压力测试分析。较少的研究能真正从整个金融体系的角度出发，采用宏观压力测试方法进行金融稳定性的评估。另外，徐明东和刘晓星(2008)及巴曙松和朱元倩(2010)等研究、分析和比较了已有文献中宏观压力测试的理论模型与方法。

2.3　金融周期与金融稳定

　　目前，2008 年全球金融危机的深层次影响尚未消退，2010 年欧债危机的阴影还未散去，2014 年美国退出量化宽松(quantitative easing，QE)的冲击依旧持续。在这样的现实背景下，中国经济在三期叠加及四降一升的双重压力下步入经济新常态，世界经济随之步入新平庸又反向倒逼中国的经济与金融，中国必须进行结构性改革以应对外需疲软、资本外流对中国经济金融的冲击。随着中国经济体制改革与结构调整的不断深入，中国金融行业的不确定、不稳定因素激增，与之关联的各种金融风险初步显现，如何牢牢守住不发生系统性金融风险与区域性金融风险的底线成为学界重点关注的问题。本书试图在对中国金融的周期波动特征进行稳准把握的基础上，着重剖析中国金融的长期趋势及循环周期成分，得出导致中国金融波动的原因，以期能为防范和化解中国系统性金融风险与区域性金融风险提供理论依据及操作路径。

作为货币政策传导机制中的重要一环，金融状况不仅会影响实体经济，其对实体经济还具有较强预测能力，且二者之间存在着较为复杂的影响关系及非线性传导机制（王妍，2014）。在研究过程中，通常以由货币状况指数衍生而来的金融状况指数（financial condition index，FCI）（Goodhart and Hofmann，2001）来刻画一国或一地区的金融状况，如 Lack（2003）、Holz（2005）、封北麟和王贵民（2006）、Swiston（2008）、王彬（2009）、Premsingh（2010）等的研究，但他们均基于 VAR 脉冲响应或者回归分析，其指标体系也仅限于有限维度。随着经济规模的扩大与金融内容的丰富，经济金融数据的横截面不断外延、纵截面与日俱增，显然某一个或某几个金融变量不能全面、准确地刻画金融状况，但由 Geweke（1977）所提出的动态因子模型（dynamic factor model，DFM）为这一问题的解决提供了可能，Stock 和 Watson（2006，2011）、Bai 和 Ng（2008）给出了关于 DFM 的理论脉络、实证应用与经验研究等的详细介绍。近年来，DFM 再次为主流学派所重视，尤其经 Stock 和 Watson（1989，1991，2005）、Bernanke 等（2005）、Giannone 等（2004）、Forni 等（2009）的拓展，DFM 已然可以被成功地用于进行金融计量分析。Hatzius 等（2010）构建了包括调查数据在内的高维金融变量指标体系，并基于 DFM 构建了美国金融状况指数，他们还据此分析了美国金融状况与实体经济间的关联机制和传导渠道，此后基于 DFM 所构建的金融状况指数逐渐被广泛应用，国内易晓溦（2015）、栾惠德和侯晓霞（2015）等也逐渐地基于 DFM 构建了中国金融状况指数。

构建出金融状况指数只能分析中国金融状况的渐进走势、粗略地观察中国金融状况的区制特征，为此，部分学者通过引入 MS 模型来研究金融状况的区制特征，并试图从中得到金融状况的周期行为，但传统的 Markov 区制转移模型由于区制个数需要先验给定，且区制个数一般局限于 2~3，在应用过程中具有一定的局限性。陈守东等（2009）基于 MS-VAR 模型，通过构建货币危机预警模型、银行危机预警模型和资产泡沫预警模型来揭示未来潜在的金融风险，并根据金融风险的特征将中国的金融运行状况划分为低度风险、中度风险和高度风险三个区制状态。陈守东等（2013）基于多元动态因子模型并结合 MS 模型以刻画中国的金融状况，研究结果表明，中国金融系统的内在周期不稳定性最终将中国金融状况划分为金融稳定和金融不稳定两个区制状态。类似地，Davig 和 Hakkio（2010）通过建立 MS-VAR 模型将堪萨斯金融状况指数也划分为低压力和高压力两个区制状态。易晓溦等（2014）在此基础上进行突破，其不仅基于贝叶斯框架下的高维动态因子模型构建了中国的金融状况指数,而且在金融不稳定视角上利用经 Dirichlet 随机过程拓展的非参数贝叶斯框架下无限区制状态的隐含 Markov 区制模型[①]来分析金融状况的区制特征,不再局限于有限维度的区制转移,结果表明,金融状况最终表现出明显的平稳性与稳定性。

针对周期问题的研究有两大研究领域:一是侧重从经济理论角度给出分析,如货币主义学派(Friedman,1970)、实际经济周期理论学派(Prescott,1986)、新凯恩斯学派(Gordon,1990)等均基于各自学派理论给出了周期波动的形成原因及其机理的解释,但这些学派始终无法达成共识;二是从数据信息拆解的角度来计量分析周期的划分与波动。本书最终采用 B-N 趋势周期分解方法(Beveridge and Nelson,1981)将合成的金融状况指数拆解为确定性时间趋势、随机性趋势及周期成分,据此研究中国金融状况的长期趋势与周期波动。相比较而言,不采用 H-P 滤波拆解方法(Hodrick and Prescott,1997)的原因是其先验假设的充分平滑性质使其最终分解出的周期成分中仍包含随机性趋势,显然不符合周期成分的定义。经过 Morley 等(2003)的发展,B-N 趋势周期分解方法逐渐被重视并推广,王少平和胡进(2009)基于 B-N 趋势周期分解方法对中国 GDP 进行趋势周期分解,并在此基础上刻画了随机冲击的持久性效应。

2.4　金融系统与宏观经济

对金融系统与宏观经济之间关系的理论研究至少可以追溯到 Fisher(1933)的研究。Fisher(1933)的"债务-通货紧缩"理论,强调了过度负债与随后的通货紧缩在经济的繁荣和萧条中所起的决定性作用,他认为"那些看起来对经济周期产生影响的因素,通常仅仅是债务和价格的水平冲击扰动的结果或症状"。过度的负债导致资产价格更易受到一个"意外冲击"而出现暴跌,此时,投资者需要降价出售资产以偿还债务;同时,净资产的减少和银行信贷的收缩会导致实体经济进一步陷入衰退,物价下跌并出现通货紧缩。该理论将过度负债、通货紧缩、经济产出及其他因素之间的作用机制抽象为一个简单的逻辑。具体地说,在某一时点,过度负债的存在将很可能导致债务清算,进而出现一系列的连锁反应:债务清算不仅会导致降价销售,而且会导致存款货币的收缩和流通速度的下降;这将进一步引起价格水平的下降,从而导致企业净值的更大幅度的下降及企业利润的下降,甚至企业会出现破产的倾向;企业层面的损失将导致与贸易和就业相关的

---

① 无限区制状态的隐含 Markov 区制模型,即 Markov switch-infinite hidden Markov model-hierarchical Dirichlet process model,MS-IHMM-HDPM。

产出下降，同时还将导致悲观情绪产生和信心丧失，这些反过来将导致囤货现象的发生和流通速度的进一步放缓。前面这些变化共同作用将导致名义利率的下降和实际利率的上升。

在凯恩斯(Keynes，1936)的《就业、利息和货币通论》中也包含了金融市场及其内部关联对经济的影响，然而这些金融对经济的影响却通常被那些认为凯恩斯主要关注劳动力市场非均衡的传统的凯恩斯主义者所忽视(Minsky，1982a)。例如，Hicks(1950)的 Hicks-Samuelson 模型仅仅关注作为产出和就业波动来源的总需求的变化，利率和狭义货币等金融变量只是被动地加入到传统的宏观经济模型框架中。事实上，凯恩斯认为，当总需求不足而导致失业时，工资和价格的伸缩性使问题变得更严重，这是因为债务的存在使工资和价格的下降将增加贷款者获取资金以偿还债务的负担。也就是说，凯恩斯的确考虑了金融关系的影响。

至少从 Gurley 和 Shaw(1960)开始，金融市场及金融中介对经济增长的作用被明确地强调。货币总量与宏观经济之间的作用引起了货币主义者的关注，他们认为，货币总量与宏观经济之间具有直接的关联。Friedman(1970)给出了货币总量影响宏观经济的理论框架。货币主义者不重视利率在宏观经济传导机制中的作用，因为货币需求的利率弹性可能很低，并且名义利率有误导的作用。货币主义者强调货币影响宏观经济的资产组合效应和财富效应，并且认为在短期内，货币供应量的增加会对名义产出产生重要影响，导致物价水平的上升和实际产出的增长。然而，长期来看，货币供应量对经济的影响反映在物价水平的上升。

在货币主义者研究之后，金融与宏观经济关联的理论研究重新开始强调信贷渠道对宏观经济的作用，并且除利率外的金融系统影响宏观经济的更复杂的传导机制受到关注。然而，这些研究在金融系统与宏观经济具体的关联机制方面存在一定的差异。

金融加速器理论强调，金融系统会通过放大原始的冲击，导致更大幅度的经济波动，即"小冲击-大波动"的特征。该理论认为，资产抵押的存在及外部融资溢价与企业净财富的负向关系，使得金融系统会放大经济周期的波动，即存在金融加速器作用。这一理论虽然强调了金融系统与宏观经济的作用和反馈机制，但是仍然将导致经济波动的冲击看作外生的，而金融系统只是起到放大并延长波动影响的作用。以 Bernanke 和 Gertler(1989)、Kiyotaki 和 Moore(1997)为代表，许多研究者通过一般均衡模型来研究金融加速器机制，这类模型所刻画的内容，正如 Fisher(1933)的"债务-通货紧缩"机制中所描述的，净财富的下降，通常是由资产价格下降引起的，其导致了借款者减少消费、投资及信贷需求；这反过来引起了更大规模的实际活动的缩减，并进一步转化为产出下降和资产价格通货紧缩的周期循环。Sinai(1992)通过建立一个规模庞大的结构化的宏观经济模型,即美国经济的 Sinai-Boston 模型,来识别 1980~1990 年美国的金融周期,该模型刻画了在受到冲击后金融系统如何与实体经济相互作用和反馈。该模型在实体经济中包含了金融部门,以试图刻画资金流动或来源、资金的使用、金融风险及金融不稳定等金融元素对实体经济的作用。类似地,在由 Kiyotaki 和 Moore(1997)建立的动态经济模型中,耐用资产不仅作为生产的投入要素,其还作为贷款的抵押物,从而将信贷约束和资产价格之间的动态关联作为重要的传播机制,这导致了冲击的影响被持续并扩大,进而传染到其他部门。他们研究了暂时且较小的技术或收入的冲击如何形成既大又持久的产出或价格波动。然而,在这些通过一般均衡模型来分析金融系统对宏观经济的影响的研究中,银行等金融部门并未真正嵌入到模型中,即便与信息不对称和委托代理问题相关的金融摩擦被加入到宏观经济模型中,这些相关金融摩擦所起的作用也仅仅是作为一个持续性增强的机制,或者说只是延长了经济波动冲击的影响。

　　然而,随着本次金融危机的发生,以 Minsky(1986,1992)和 Kindleberger(1996)为代表的研究人员,从内生的金融不稳定的角度,解释了金融系统与宏观经济之间的关联影响,这一研究受到了广泛的关注。Minsky 的"金融脆弱性"假说以凯恩斯的《就业、利息和货币通论》为基础,将货币和金融关系作为总需求模型中的不可分割的组成部分。该理论以具有高级和复杂金融结构的经济体为研究基础,其认为经济的内部动态性导致了一个易于发生金融危机的不稳定的金融结构。也就是说,金融不稳定内生于经济周期,并且与经济周期相互影响。在经济繁荣期,信贷扩张和资产价格高涨导致金融脆弱性增加,并且为随后实现不均衡、经济低迷期埋下种子。Kindleberger(1996)同样从内生的金融不稳定的角度,强调了信贷对实体经济的影响。该理论认为,出现从狂热到恐慌的周期循环的根本原因在于信贷供给的顺周期变化。在经济良好时期的充足的信贷,方便了投资者寻找获利机会,而当经济增长放缓,信贷的增长速度急剧下降,这又进一步加速了投资者恐慌的降价销售。

　　更多的研究从实证分析的角度介绍了金融不稳定或更广泛的金融系统对宏观经济的影响。这类实证方面的研究主要有以下几种:Bernanke 等(1999)使用企业微观面板数据模型,对企业投资、信贷的内在周期不稳定性及其与宏观经济波动的影响关系进行了研究;Mishkin(1999)通过研究墨西哥金融危机和亚洲金融危机前后的各种金融现象与经济现象,从信息不对称角度解释金融不稳定性产生并进一步传播,最终发展成金融危机的经验证据;Cecchetti 和 Li(2008)通过面板分位数向量自回归模型,实证分析了房地产价格与股票价格等金融变量对以产出和通货膨胀为代表的宏观经济的影响,研究发现,对于三年的预测步长,房地产价格和股票价格的繁荣将对经济增长与通货膨胀产生显著的负向影响，即实际产出将下降到长期趋势以下，而价格会上升到长期趋势以上；Helbling 等(2011)估计了七国集团(Group of Seven，G-7)的宏观经济和金融变量中的共同成分，并研究了信贷市场冲击对全球经济周期的影响；Claessens 等(2011)从实证分析的角度研究了信贷、房地产价格及股票价格的周期与周期的频率、持续期和波动幅度等特征，研究发现，这三个金融变量的周期会相互作用、相互放大，尤其是在信贷和房地产周期重合的时期，虽然该研究没有考虑金融周期与实体经济的作用，但金融周期特征的计量分析为进一步在宏观经济模型中加入金融部门提供了参考；Drehmann 等(2012)通过分析信贷、房地产价格和股票价格三个变量的周期性及它们的联合波动，研究了金融周期的内在特征，并分析了金融周期与宏观经济周期之间的关联。

　　国内关于金融不稳定性与宏观经济关联的研究集中于金融不稳定性的内在传导机制及获得与之相关的政策启示。例如，穆争社(2005)从信贷配给的角度，分析了伴随着经济周期的萧条与繁荣，商业银行信贷、企业投资及宏观经济之间的影响机制，其得出的结论为，我国商业银行的信贷配给会自发地抑制宏观经济波动并延长货币政策的影响；柯昇沛等(2011)通过梳理前沿的研究成果，揭示了房地产价格波动、银行信贷和金融不稳定之间的互动机理；王俊(2012)则从银行信贷、市场流动性、信息不对称及非理性行为等方面阐述了资产价格波动对金融稳定的影响机制。

　　国内实证方面的早期研究主要从货币渠道、信贷渠道和资产价格渠道出发，分析金融不稳定性对宏观经济的影响，代表性的文章及主要观点如下：刘金全和隋建利(2010)对货币不确定性与宏观经济增长之间的关系进行了实证检验；赵振全等(2007)基于金融加速器理论，运用门限向量自回归模型研究以信贷市场为代表的金融系统不稳定性与宏观经济的非线性关联，非线性脉冲响应的分析结果表明，在我国的金融系统中存在金融加速器效应，在信贷市场"紧缩"和"放松"的状态下，经济波动对于外生冲击的反应呈现出非对称性；田祥宇和闫丽瑞(2012)则分别从银行信贷渠道、货币渠道及资产价格渠道出发，分析了金融变量对经济增长的影响，结果表明，三种渠道都会对我国经济增长产生影响，但资产价格渠道的影响越来越重要。

　　随着金融加速器理论的发展，更多地开始使用一般均衡模型来研究金融系统与宏观经济关联影响：杜清源和龚六堂(2005)以真实经济周期(real business cycle，RBC)模型为基础，通过加入金融加速器效应，分析了信息不对称等信贷市场摩擦对宏观经济的影响；崔光灿(2006)以包含金融加速器效应的 BGG 模型[①]为基础，

---

① BGG 模型：Bernanke，Gertler and Gilchfist model.

通过建立两部门的动态宏观经济学模型,研究了资产价格波动对宏观经济的影响,并比较了在不同冲击和不同经济结构下影响的差异性;武康平和胡谍(2011)同样构建了包含金融加速器的一般均衡模型,并通过模拟分析研究了房地产价格对宏观经济的"加速效应";高国华(2013)在新凯恩斯主义框架下建立了一个 DSGE 模型,其中反映了银行监管资本的影响和金融加速器机制,在此基础上研究了资本监管的提高对宏观经济的影响。其他相关的基于一般均衡模型的研究可参考许伟和陈斌开(2009)、原鹏飞和魏巍贤(2010)、刘鹏和鄢莉莉(2012)及康立等(2013)的研究。

目前,国内只有少数的研究能够从金融系统整体稳定性的角度出发,分析金融不稳定对宏观经济的影响。陈守东和王淼(2011)从资本充足性、资产质量、盈利能力和流动性的角度出发,构建了银行稳健性综合测度指数,并检验了银行稳健性与经济增长、信贷扩张及资产价格等宏观经济变量之间的长期协整关系和面板 Granger 因果关系,结果发现,银行稳健性对经济增长和股票价格均具有单向的 Granger 因果关系。刘晓倩(2013)从货币市场、资本市场和宏观经济三个角度出发,选取了度量我国金融不稳定的代表性指标,并与代表宏观经济的运行状况的经济指标一起构建了 VAR 模型,通过模型的估计结果和脉冲相应函数,分析了金融不稳定与宏观经济之间的关联影响。陈守东等(2013)以"金融不稳定假说"为理论基础,通过对所提取的金融不稳定指数和经济增长建立一个包含外生变量的 Markov 区制转移自回归模型(MSIAH(M)-ARX(P)),分析金融不稳定对宏观经济的非对称影响。

2.5　研　究　评　价

通过对文献的梳理,我们可以做出以下的评价。

1. 在我国金融不稳定性理论模型研究方面的评价

虽然关于系统性金融风险、金融不稳定与金融稳定的定义没有达成一致,但定义中通常包括以下几个方面:①定义中通常会涉及对金融体系运行的影响及对实体经济的损害,并且这种损害可能仅仅是潜在的;②金融不稳定的表现不仅包含银行和非银行金融机构的脆弱性,还包含金融市场中资产价格的过度波动;③区别于金融困境或金融危机,金融不稳定的定义更宽泛。金融不稳定理论模型问题的研究,对于维持金融系统的稳健运行和促进实体经济的健康发展的意义重大。然而,这些问题的涉及面比较广泛,对其进行系统而全面的研究是一项非常具有挑战性的工作,国内目前的研究通常也只是针对某一方面展开。

2. 在我国金融不稳定性实证计量研究方面的评价

由于数据的局限性，基于市场价格信息(如信用违约互换价格、债券价格)得到违约的边际分布，再利用 Copula 技术或其他方法得到联合违约分布或组合信用风险的结构化方法，目前这些方法在我国没有得到很好的应用。国内的研究主要关注系统性金融风险度量的简约化方法及网络分析方法。然而，网络分析方法一般需要获得银行之间的风险暴露数据，这对于除了监管机构以外的其他研究者来说是较为困难的。国内对系统性金融风险的研究主要利用基于收益率历史数据的简约化方法。例如，使用 CoVaR 方法度量单一机构对系统性金融风险的贡献。在使用简约化方法建模并度量系统性金融风险时，国内的大多数研究是基于收益率正态分布的假设进行的，而没有考虑"尖峰厚尾"的特征，因此，这类研究无法反映出金融机构的极端风险变化。

3. 在我国资本监管、金融周期与金融稳定关联性研究方面的评价

目前，国内学者大多认为，商业银行的资本监管对金融稳定性具有重要作用，但对银行资本监管的实证研究仍较少，对逆周期资本监管政策的相关研究多以理论分析和宏观压力测试方法为主，集中于改进逆周期资本监管指标的计算和逆周期资本监管的效果，而对监管资本和金融指标的影响进行实证研究的并不多见，更缺乏对逆周期资本监管措施实施前后的影响的比较。

对金融状况中的计量问题研究已久，但国内众多学者仅仅停留在对金融状况的趋势及区制进行分析，并不是对金融状况的真实周期进行分析，并没有分解出中国金融状况的长期趋势及周期成分，且在趋势及区制分析方面也仅限于有限维度。本书试图通过贝叶斯框架下的高维动态因子模型构建中国的金融状况指数，依据"峰-峰""谷-谷"的转折点分析方法划分中国的金融周期与景气循环，并利用 B-N 趋势周期分解方法对上述问题进行探讨，以期能得到中国金融状况的长期趋势及真实周期成分，为中国金融系统的风险防范提供可靠的理论现实依据。

4. 在我国金融系统与宏观经济关联性研究方面的评价

目前，国内这些关于金融不稳定性与宏观经济关联的研究大多侧重于对货币渠道、信贷渠道或资产价格渠道等单一影响渠道的研究，而缺乏对金融系统不稳定状态的综合全面的度量及对金融系统整体不稳定性与宏观经济关联影响的研究。另外，虽然在基于动态一般均衡模型的研究中包含了金融摩擦及其对宏观经济的影响，但仍然是基于"小冲击-大波动"的外生角度的金融不稳定理论，而没有从内生的角度解释金融不稳定对宏观经济的影响。

第 3 章 系统性金融风险与金融稳定性的方法基础

3.1 IMS 模型——以需求拉动为例[①]

长久以来，数据的非平稳性一直是计量经济模型实证研究发展的突出障碍，为避免时间序列中的非平稳性对分析造成不利影响，通常对原始数据进行差分，这一操作是导致现有计量分析模型错失实证数据中重要信息的主要原因(秦朵，2012)。时间序列数据的非平稳性容易导致现有的计量方法无法有效区分短期波动与自回归(autoregression，AR)结构的局部状态变化(Stock，2001)。数据非平稳性问题也困扰着多元模型的实证研究，沈悦等(2012)对 VAR 模型的演变与最新发展所做的文献综述认为，不加区分地运用水平向量自回归模型或者差分向量自回归模型是目前发表的文献中广泛存在的问题，未来从非线性、时变参数等方面拓展 VAR 模型应该受到重视。

在 Granger 因果关系检验方面，传统 VAR 模型的基本假设条件是回归元线性相关与残差满足正态分布，以其为基础的 Granger 因果关系检验也是处于这种前提下的假设检验方法(Sims，1980)。对于线性模型的扩展，通常采用带有区制特征的非线性模型来替代，并采用以 Gibbs 抽样为代表的贝叶斯方法来实现。其中MS-VAR 模型是最直接的选择，但是这种模型的区制状态需要在先验条件中被给定，而且通常只适合于 2 区制或者 3 区制的较为有限区制的情况下使用，其实质是采用 Dirichlet 分布(当区制数设定为 2 时，退化为 Beta 分布)来驱动 Markov 区制转移过程以混合正态分布作为先验的分布条件，这种非线性模型，虽然打破了传统线性模型的正态假设条件，但是由于有限区制数量的先验假设条件，其无法完全适应带有不平稳性与结构不稳定的数据的处理过程。

---

① 本节作者：刘洋、陈守东。本节对刊登于《数理统计与管理》2016 年第 2 期的文章《混合分层结构 Gibbs 算法与时变因果关系检验及应用》的题目与内容做了重大修改。

在平稳性检验方面，在数据平稳的前提条件下，通常以单位根检验的方法来判断数据的平稳性，并以这种方式检验数据整体的平稳性。在 Markov 过程假设下，AR 过程在局部不排除存在单位根过程的可能性，从而存在局部平稳性检验的问题。Francq 和 Zakoian(2001)的研究认为，时间序列数据的整体平稳性与局部平稳性之间是既不充分也不必要的相互关系。作为线性模型的非线性混合，MS 模型也存在数据的平稳性问题。

在将 MS-VAR 模型用于 Granger 因果关系检验方面，Psaradakis 等(2005)等都曾尝试在 Sims(1980)研究的基础上将自己的研究成果与 Hamilton(1989)及 Kim 和 Nelson(1999)的 MS 模型相结合，以 MS-VAR 模型为基础分析时变的 Granger 因果关系。然而，由于 MS 模型基本假设的限制，MS-VAR 模型的区制划分很难恰巧与 Granger 因果关系的时变系数相匹配。因此，Markov 区制转移的 Granger 因果关系模型有待进一步的研究与发展。

在贝叶斯估计方法方面，自从 Kim 和 Nelson(1999)对比了经典似然估计方法与贝叶斯方法在区制转移及状态空间模型中的应用，基于 Gibbs 抽样方法的贝叶斯 Markov 区制转移自回归(Markov switching autoregression，MS-AR)模型实证分析了多个经济周期问题。Kim 和 Nelson(1999)所介绍的贝叶斯 Gibbs 抽样方法，特别是多步移动的向前滤波与向后抽样(forward filtering-backward sampling，FFBS)算法，被广泛应用到计量模型的贝叶斯方法过程中，是将贝叶斯方法引入计量经济学领域时间序列分析模型的经典成功案例。

本书以回顾 Kim 和 Nelson(1999)的 MS 模型的贝叶斯方法为起点，引入 Fox 等(2011)使用的将分层 Dirichlet 过程作为 Markov 链状态方程的思路，将贝叶斯 MS-AR 模型扩展为 IMS-AR 模型，当采用 IMS-AR 模型侧重计量时变参数，而非重点考察区制状态的结构突变性质时，即为无限状态 Markov 区制时变自回归(regime time varying autoregression，RTV-AR)模型，并解决了 MS-AR 模型只能给出区制状态的概率测度，而不能给出模型系数后验估计的问题。本书进一步将 RTV-AR 模型扩展到多元，发展为 RTV-VAR 模型，实现多元时变的 Granger 因果关系检验方法。

在计量经济领域的历史上，曾经具有开创性的 MS 模型(Hamilton，1989)在经济研究领域具有广泛的应用，其在区制状态数量上的先验限制、时变参数估计上的短板、非平稳数据适应上的欠缺限制了其在处理更多经济问题上的应用。本章以分层 Dirichlet 过程发展 Kim 和 Nelson(1999)的贝叶斯非参数方法，以混合分层结构的 Gibbs 算法实现 MS 模型从给定状态限制到无限状态先验、从结构状态突变到惯性度量模型、从区制转换概率测度到区制时变(regime time varying，RTV)参数估计的提升。本章实现的 IMS-AR 模型为非平稳数据、结构不稳定数据的时变参数分析与动态结构的惯性度量提供新的计量方法。将其扩展到多元的

RTV-VAR 模型，并为多元时变 Granger 因果关系的计量提供新的框架。

3.1.1 贝叶斯 MS 模型的回顾

1. MS-AR 模型

MS-AR 模型用式(3.1)与式(3.2)表示：

$$y_t = \beta_{0,S_t} + \sum_{i=1}^{m} \beta_{i,S_t} y_{t-i} + \varepsilon_t, \quad \varepsilon_t \sim N(0, \sigma_{S_t}^2), \quad t = 1, \cdots, T \tag{3.1}$$

$$P(S_t = j \mid S_{t-1} = i) = \omega_{ij}, \quad i, j = 1, \cdots, k \tag{3.2}$$

式(3.1)中，S_t 为 t 时点所处的区制状态变量，S_t 为一个潜变量，不可直接观测。参数向量空间 θ 包括 (β, σ^2, ω)。其中，β_{0,S_t} 为 t 时期所对应的区制状态的截距项；β_{i,S_t} 为 t 时期所对应的区制状态的滞后 i 阶 AR 系数。如式(3.3)所示，$\beta_{\cdot,S_t}$ 服从正态分布，其正态分布的特征值作为超参数由初始值后验学习得到。式(3.2) 描述了不同区制间状态转移的概率，其中，$1, \cdots, k$ 分别为 k 个区制状态；k 为区制状态数量的设定，由先验给定。向量空间 θ 中参数的边际分布在 Gibbs 抽样算法的实现过程中遵循共轭分布族假设，而状态潜变量 S_t 的边际分布通过构造的随机过程的模拟方式来实现，不同文献以不同的随机过程方法来实现。例如，Albert 和 Chib(1993)的单步移动算法与 Carter 和 Kohn(1994)介绍的多步移动 FFBS 算法。$\sigma_{S_t}^2$ 代表 ε_t 在 t 时期所对应的区制状态的方差，如式(3.4)所示，其服从 Inv-Gamma 分布，其分布特征值作为超参数由初始值后验学习得到。ω 是由 ω_{ij} 组成的不同区制状态间的转换概率矩阵，其每一行都服从如式(3.5)所示的 Dirichlet 分布，超参数也需要通过后验学习得到。以上贝叶斯方法的后验学习过程可参见 Kim 和 Nelson(1999)的研究。

$$\beta_{\cdot,S_t} \sim N(\mu_1, \Sigma_1), \quad t = 1, \cdots, T \tag{3.3}$$

$$\sigma_{S_t}^2 \sim \text{Inv-Gamma}(\nu_1, \delta_1), \quad t = 1, \cdots, T \tag{3.4}$$

$$\omega_{i,j} \sim \text{Dirichlet}(u_{1,j}, u_{2,j}, \cdots, u_{i,j}, \cdots, u_{k,j}), \quad i, j = 1, \cdots, k \tag{3.5}$$

2. 多步移动 FFBS 算法的 Gibbs 抽样方法

由于 MS-AR 模型中的 S_t 属于潜变量，可以借助 Carter 和 Kohn(1994)设计的

FFBS 算法来估计，MS-AR 模型的贝叶斯估计方法是整合了 FFBS 算法的 Gibbs 抽样过程。实现算法中包含了 FFBS 算法的 Gibbs 抽样算法，该策略由 Carter 和 Kohn(1994)、Fruhwirth-Schnatter(1994) 及 Shephard(1994) 完善并被广泛采用于 Markov 区制转移系列模型中。而向量空间 θ 内的参数可直接依照共轭后验分布族进行抽样。具体的算法的步骤简要描述如下。

步骤 1：初始化超参数。

步骤 2：以 FFBS 算法模拟出区制状态潜变量序列。

步骤 3：对参数向量 θ 中的参数依次进行 Gibbs 抽样。

步骤 4：重复步骤 2、步骤 3 M_0+M 次，前 M_0 次为预烧过程，舍弃其结果，以后面 M 次的结果估算向量空间的模型参数与状态潜变量的转移概率。

在 MS-AR 模型的贝叶斯估计过程中，无论是 Albert 和 Chib(1993) 的单步移动算法，还是 Carter 和 Kohn(1994) 的多步移动 FFBS 算法，都是以 Dirichlet 分布作为随机模拟状态潜变量的先验假设，均受限于由先验设定的固定区制状态数量。

3.1.2　IMS-AR 模型

1. Dirichlet-VAR 模型

回顾前述 MS-AR 模型的方程——式(3.1)，不难看出，其实 MS-AR 模型的实质是 k 个状态的混合正态分布模型，其随机部分由 k 个正态分布依状态转换概率的权重组合而成。如果混合构成 MS-AR 模型的状态数量突破 k 个状态的先验假定限制，那么可以产生无限多个不同状态的分层 Dirichlet 过程。

Fox 等(2011)的带有黏性的无限区制状态隐性 Markov 模型(sticky infinite hidden Markov model，简称 sticky HDP-HMM)分层 Dirichlet 过程结合了 Beal 等(2002)的无限隐性 Markov 模型(infinite hidden Markov model，IHMM)作为先验假设，本书引入 sticky HDP-HMM 分层 Dirichlet 过程，将 MS-AR 模型扩展为 IMS-AR 模型，其形式如式(3.6)与式(3.7)所示。如式(3.8)所示，当我们采用 IMS-AR 模型侧重计量时变参数，而非考察区制状态的结构突变性质时，本书将该模型称为 RTV-AR 模型。

$$y_t = \beta_{0,S_t} + \sum_{i=1}^{m} \beta_{i,S_t} y_{t-i} + \varepsilon_t, \ \varepsilon_t \sim N(0, \sigma_{S_t}^2), \ t = 1, \cdots, T \tag{3.6}$$

$$S_t \mid \beta_{0,j}, \beta_{1,j}, \ldots, \beta_{m,j}, \sigma_j^2 \sim \text{sticky HDP-HMM}, \ j = 1, \cdots, \infty, \ t = 1, \cdots, T \tag{3.7}$$

$$y_t = \beta_{0,t}^{\text{RTV}} + \sum_{i=1}^{m} \beta_{i,t}^{\text{RTV}} y_{t-i} + \varepsilon_t, \ \varepsilon_t \sim N(0, \sigma_t^{2\,\text{RTV}}), \ t = 1, \cdots, T \tag{3.8}$$

　　从 MS-AR 模型到 IMS-AR 模型，最重要的改变之一是将先验假设中的 Dirichlet 分布升级为 Dirichlet 过程。随机变量的分布，如正态分布、Gamma 分布，包括 Dirichlet 分布在内，其形式和参数是事先确定的。但是随机变量可以服从类似 Dirichlet 过程这样的随机过程，用一个随机过程来不断构建出新的分布，这就是由 Ferguson(1973)介绍的 Dirichlet 过程与 Dirichlet 分布的区别。在任意时点上，Dirichlet 过程都包含现有状态与可能产生的新状态，它们之间的概率分布服从当前时点的 Dirichlet 分布，而在下一时点上很有可能产生出新的状态，对 Markov 区制转移系列模型来说，即以一定的概率可以产生新的区制状态，是区制状态从 k 个离散的状态变为 $k+1$ 个离散的状态，或者以一定的概率仍然保持着之前的 k 个状态的水平。现有的 k 个状态与可能出现的第 $k+1$ 个状态，在这一时点服从 Dirichlet 分布。

　　具体的 Dirichlet 过程如式(3.9)与式(3.10)所示，且由 G_0 和 α 来控制。其中，G_0 作为基础测度来描述状态水平的基础分布；而 α 与产生新状态的概率相关。记为

$$G \sim \mathrm{DP}(\alpha, G_0) \tag{3.9}$$

$$S_i \mid S_1, \cdots, S_{i-1} \sim \sum_{k=1}^{K} \frac{m_k}{i-1+\alpha} \delta_{Z_k^*} + \frac{\alpha}{i-1+\alpha} G_0 \tag{3.10}$$

　　式(3.10)中的每一个后续状态的条件分布都由已存在的各状态的概率 $\sum_{j=1}^{i-1} \frac{m_k}{i-1+\alpha} \delta_{Z_k^*}$ 和出现全新的状态的概率 $\frac{\alpha}{i-1+\alpha} G_0$ 组成。其中，m_k 为在第 k 个状态出现了 m_k 次过程。

　　Teh 等(2006)在 Dirichlet 过程的基础上提出的分层的 Dirichlet 过程的形式，即 Dirichlet 过程的生成是基于另一个 Dirichlet 过程实现，使潜在状态变量的随机模拟过程具有更加灵活的适应性。Fox 等(2011)将分层 Dirichlet 过程与 IHMM 相结合，提出了 sticky HDP-HMM 模型，并采用这种模型，实现了对混杂语音记录的有效识别。

　　为了更好地适应非平稳数据，将 Kim 和 Nelson(1999)的共轭分布族结构进一步扩展为分层的共轭分布结构，其中式(3.3)所表示的 AR 模型截距项与滞后项系数分布的超参数升级为式(3.11)，将其超参数也作为随机变量考虑，假设服从如式(3.12)与式(3.13)所示的第二层共轭分布。式(3.14)所表示的随机扰动项的方差被假设服从式(3.15)所表示的逆 Gamma 分布。

$$\beta_{\cdot, S_t} \sim N(\mu, \Sigma), \ t = 1, \cdots, T \tag{3.11}$$

$$\mu \sim N(b_0, B_0) \tag{3.12}$$

$$\Sigma \sim \text{Inv-Wishart}\,(Z_0, m_0) \tag{3.13}$$

$$\varepsilon_t \sim N(0, \sigma^2_{S_t}),\quad t=1,\cdots,T \tag{3.14}$$

$$\sigma^2_{S_t} \sim \text{Inv-Gamma}(c_0, d_0),\quad t=1,\cdots,T \tag{3.15}$$

sticky HDP-HMM 分层结构的 Dirichlet 过程是由式(3.16)与式(3.17)所表示的一个两层结构的随机抽取过程。其中第一层的 γ 是由式(3.16)所代表的断棍过程(stick-breaking 过程)产生的参数向量,作为 DP 代表的第二层 Dirichlet 过程的参数,其中,α、η、κ 为超参数;δ_j 为示性变量,当其下角标 j 与 ω_j 的相同时,δ_j 的值为 1,否则为 0。分层的 Dirichlet 过程为式(3.18)所表示的状态潜变量的多项式分布过程提供了在理论上不限状态数量的无限维度。

$$\gamma \sim \text{stick-breaking}\,(\eta) \tag{3.16}$$

$$\omega_j |\; \alpha,\gamma,\kappa \sim \text{DP}\!\left(\alpha+\kappa,\frac{\alpha\gamma+\kappa\delta_j}{\alpha+\kappa}\right),\quad j=1,\cdots,\infty \tag{3.17}$$

$$S_t \sim \text{Multinomial}\,(\omega_{S_{t-1}}),\quad t=1,\cdots,T \tag{3.18}$$

IMS-AR 模型通过马尔可夫链蒙特卡罗(Markov chain Monte Carlo,MCMC)过程,用由后验分布所产生的不限数量、不同区制状态下的 AR 结构对数据进行充分拟合,得到 AR 系数与 AR 系数之和的后验无偏中位数估计值,即由式(3.19)所表示的区制时变的 AR 系数与 AR 模型滞后项系数和(以下简称 ARC)指标,用以分析非平稳与结构不稳定的 AR 过程的趋势动态。

$$\text{ARC}_t = \sum_{i=1}^{m} \beta^{\text{RTV}}_{i,t},\quad t=1,\cdots,T \tag{3.19}$$

2. 混合分层结构 Gibbs 算法的 IMS-AR 模型实现

本书将分层 Dirichlet 过程融合到 Chib(1996)的多步移动 FFBS 算法中,对区制状态潜变量向量 S 进行模拟抽样,以此为核心实现了无限状态 Markov 区制转移系模型的混合分层结构的 Gibbs 抽样过程,具体过程由以下 5 个步骤组成。

步骤 1:初始化所有参数,并约定 $\theta=\{\beta_{0,j},\beta_{1,j},...,\beta_{2m,j},\sigma^2_j\}_{j=1}^{L}$,$\beta_j=\{\beta_{i,j}\}_{i=1}^{2m}$,$\beta=\{\beta_j\}_{j=1}^{L}$,$\sigma^2=\{\sigma^2_j\}_{j=1}^{L}$,$\omega=\{\omega_j\}_{j=1}^{L}$,$S=\{S_t\}_{t=1}^{T}$,$y=\{y_t\}_{t=1-m}^{T}$,$n=\{\{n_{i,j}\}_{i=1}^{L}\}_{j=1}^{L}$,$u=\{\{u_{i,j}\}_{i=1}^{L}\}_{j=1}^{L}$,$r=\{r_i\}_{i=1}^{L}$,$\gamma=\{\gamma_i\}_{i=1}^{L}$,设定足够大的整数变量 L 代表无穷大以限定可能出现的最大的状态数量。

步骤 2:以 FFBS 算法对潜变量向量 S 进行模拟抽样。

FF 步骤：计算 $P(s_{t+1}|\theta, y_{t+1}) = \dfrac{P(y_{t+1}|S_{t+1}, \theta)P(S_{t+1}|\theta, y_t)}{\sum\limits_{\varsigma=1}^{L} P(y_{t+1}|\xi, \theta)P(\xi|\theta, y_t)}$ ， $P(s_{t+1}|\theta, y_t) =$

$\sum\limits_{j=1}^{L} P(S_{t+1}|S_t, \theta)P(S_t|\theta, y_t)$ 以 t 时点的数据向前一步计算对 $t+1$ 时点状态潜变量预

测概率，结合 $t+1$ 时点对状态潜变量的更新概率，得到状态潜变量向前滤波概率。

BS 步骤：计算 $P(S_t|S_{t+1}, \theta, y) = \dfrac{P(S_{t+1}|S_t, \theta)P(S_t|\theta, y_t)}{\sum\limits_{\varsigma=1}^{L} P(S_{t+1}|\xi, \theta)P(\xi|\theta, y_t)}$ ，其中 $P(S_t|\theta, y_t)$ 源

自 FF 步骤的向前滤波概率，以计算所得的向后抽样概率，从后向前对区制状态
潜变量向量 S 进行抽取。

步骤 3：以 sticky HDP-HMM 分层 Dirichlet 过程对 γ 、 ω 进行模拟抽样，以

伯努利分布抽取 $u_{i,j} = \sum\limits_{l=1}^{n_{i,j}} \text{Bernoulli}\left(\dfrac{\alpha\gamma_j + \kappa\delta(i,j)}{l - 1 + \alpha\gamma_j + \kappa\delta(i,j)}\right)$ ，其中，

$n_{i,j} = \sum\limits_{t=2}^{T} 1(s_{t-1} = i, s_t = j)$ 。在此计算结果的基础之上，以二项式分布抽取

$\left\{r_i = \text{Binomial}\left(u_{i,i}, \dfrac{\kappa}{\kappa + \alpha\gamma_i}\right)\right\}_{i=1}^{L}$ 。进一步在以上计算结果的基础上，以 Dirichlet 分布

抽取 $\left\{\gamma_l = \text{Dirichlet}\left(\dfrac{\eta}{L} + \sum\limits_{i=1}^{L}(u_{i,1} - \delta(i,1)r_i), \cdots, \dfrac{\eta}{L} + \sum\limits_{i=1}^{L}(u_{i,L} - \delta(i,L)r_i)\right)\right\}_{l=1}^{L}$ 。最后，

以 Dirichlet 分布抽取 $\{\omega_l = \text{Dirichlet}(\alpha\gamma_1 + n_{l,1}, \cdots, \alpha\gamma_l + \kappa + n_{l,l}, \cdots, \alpha\gamma_L + n_{l,L})\}_{l=1}^{L}$ 。

步骤 4：以分层结构的共轭随机分布族，对 $\beta, \sigma^2, \mu, \Sigma$ 进行模拟抽样：以多元

正态分布，抽取 $\{\beta_l = N(\overline{\mu}, \overline{\Sigma})\}_{l=1}^{L}$ ，其中 $\overline{\mu} = \overline{\Sigma}\left(\Sigma^{-1}\mu + \sum\limits_{t:s_t=l} \dfrac{(y_{t-1}, \cdots, y_{t-m})y_t}{\sigma_l^2}\right)$ ，而

$\overline{\Sigma} = \left(\Sigma^{-1} + \sum\limits_{t:s_t=l} \dfrac{(y_{t-1}, \cdots, y_{t-m})(y_{t-1}, \cdots, y_{t-m})^{\mathrm{T}}}{\sigma_l^2}\right)^{-1}$ 。以逆 Gamma 分布抽取

$\left\{\sigma_l^2 = \text{Inv-Gamma}\left(c_0 + \dfrac{\sum 1(t:S_t=l)}{2}, d_0 + \dfrac{\sum\limits_{t:s_t=l}(y_t - (y_{t-1}, \cdots, y_{t-m})^{\mathrm{T}}\beta_l)^2}{2}\right)\right\}_{l=1}^{L}$ 。以多元

正态分布，抽取 $\left\{ \mu_l = N\left((B_0^{-1} + \overline{L}\Sigma^{-1})^{-1}\left(b_0 B_0^{-1} + \sum_{j=1}^{\overline{L}} \Sigma^{-1}\beta_j \right), (B_0^{-1} + \overline{L}\Sigma^{-1})^{-1} \right) \right\}_{l=1}^{L}$，

其中 $\overline{L}$ 为当前至少出现过一次的区制状态总数。以逆 Wishart 分布抽取

$$\Sigma = \text{Inv-Wishart}\left(m_0 + \overline{L}, S_0 + \sum_{l=1}^{\overline{L}} (\beta_l - \mu)(\beta_l - \mu)^{\text{T}} \right) 。$$

步骤 5：将步骤 1～步骤 4 迭代 $M_0 + M_1$ 次，前 M_0 次为预烧期，预烧期过后结果将达到稳定。再继续迭代 M_1 次该 MCMC 过程以统计后验结果，其中以 $t = 1, \cdots, T$ 时点 y 变量滞后项的系数之和，即 $\{\beta_{i,t}\}_{i=1}^{m}$ 之和的后验无偏中位数估计值，简称区制时变估计值，计算前述式(3.19)中的 ARC 时变指标。

以上具体的 Gibbs 抽样过程，本书以 C/C++语言编程实现，矩阵运算部分引用了著名的 lapack 与 blas 标准运算库，以确保计算的准确性。

3.1.3　RTV-VAR 模型

1. 模型思想与设定形式

将 MS-AR 模型引入分层 Dirichlet 过程，并结合分层的共轭分布族将其升级为 IMS-AR 模型，不仅在区制状态上突破了固定数量的先验限制，也彻底终结了 MS 模型只能给出区制概率，无法像 Stock 和 Watson(1996)等的 TVP-VAR 模型一样给出时变参数估计的历史。当我们采用 IMS-AR 模型侧重计量时变参数，而非重点考察区制状态的结构突变性质时，我们称之为 RTV-AR 模型，并将其扩展至 VAR 的多元形式，即 RTV-VAR 模型。

在 IHMM 的无限状态 Markov 过程的假设下，通过混合分层结构的 Gibbs 算法将 Kim 和 Nelson(1999)的贝叶斯 MS-VAR 模型升级为 RTV-VAR 模型。在本书的假设下，RTV 模型的参数遵循 Beal 等(2002)与 Fox 等(2011)的无限状态 Markov 过程，以分层 Dirichlet 随机过程驱动，用无限状态空间下的 Markov 过程描述经济指标的 AR 结构特征。以二元 RTV-VAR 模型为例，在式(3.20)所描述的 MS-VAR 模型的基础上，结合式(3.21)所示的服从 sticky HDP-HMM 分层结构的 Dirichlet 过程的无限 Markov 过程下的状态变量 S_t，形成 RTV-VAR 模型。其中各式中的 m 代表所考察的滞后期阶数。如式(3.22)所示，通过 x 变量的滞后项系数 $\beta_{i+m,t}^{\text{RTV}}$ 的后验无偏中位数估计值(即区制时变的后验估计值，简称区制时变估计值)，来检验滞后期经济变量 x_{t-i} 对当期经济变量 y_t 的因果影响关系。当 x 变量滞后项系数 $\beta_{i+m,t}^{\text{RTV}}$ 大于 0 时，代表 x 变量对 y 变量存在因果影响关系，当 x 变量的滞

后项系数 $\beta_{i+m,t}^{\mathrm{RTV}}$ 等于 0 或小于 0 时，代表 x 变量对 y 变量不存在因果影响关系，或者在当前时点其影响关系受其他因素的影响而无法得到体现。当需要进一步考虑其他变量对此二元关系的影响时，可以考虑在式(3.22)的基础上，再加入其他变量以组成三元或三元以上的模型。

$$y_t = \beta_{0,S_t} + \sum_{i=1}^{m} \beta_{i,S_t} y_{t-i} + \sum_{i=1}^{m} \beta_{i+m,S_t} x_{t-i} + \varepsilon_t, \quad \varepsilon_t \sim N(0, \sigma_{S_t}^2), \quad t = 1, \cdots, T \quad (3.20)$$

$$S_t \mid \beta_{0,j}, \beta_{1,j}, \cdots, \beta_{2m,j}, \quad \sigma_j^2 \sim \text{Sticky HDP-HMM}, \quad j = 1, \cdots, \infty, \quad t = 1, \cdots, T \quad (3.21)$$

$$y_t = \beta_{0,t}^{\mathrm{RTV}} + \sum_{i=1}^{m} \beta_{i,t}^{\mathrm{RTV}} y_{t-i} + \sum_{i=1}^{m} \beta_{i+m,t}^{\mathrm{RTV}} x_{t-i} + \varepsilon_t, \quad \varepsilon_t \sim N(0, \sigma_t^{2\,\mathrm{RTV}}), \quad t = 1, \cdots, T \quad (3.22)$$

2. 混合分层结构 Gibbs 算法的 RTV-VAR 模型实现

本书为 RTV-VAR 模型设计的非参数贝叶斯方法是将分层 Dirichlet 随机过程的 sticky HDP-HMM 与分层共轭分布族结构相结合，组成混合分层结构的 Gibbs 算法。算法的核心是以混合分层结构的 Dirichlet 随机过程替代 Kim 和 Nelson(1999)的 Gibbs 算法过程中的 Dirichlet 分布，将贝叶斯 MS-VAR 模型扩展到无限状态。具体过程由以下 5 个步骤组成。

步骤 1：初始化所有参数，并约定 $\theta = \{\beta_{0,j}, \beta_{1,j}, \cdots, \beta_{2m,j}, \sigma_j^2\}_{j=1}^{L}$，$\beta_j = \{\beta_{i,j}\}_{i=1}^{2m}$，$\beta = \{\beta_j\}_{j=1}^{L}$，$\sigma^2 = \{\sigma_j^2\}_{j=1}^{L}$，$\omega = \{\omega_j\}_{j=1}^{L}$，$S = \{S_t\}_{t=1}^{T}$，$y = \{y_t\}_{t=1-m}^{T}$，$x = \{x_t\}_{t=1-m}^{T}$，$n = \{\{n_{i,j}\}_{i=1}^{L}\}_{j=1}^{L}$，$u = \{\{u_{i,j}\}_{i=1}^{L}\}_{j=1}^{L}$，$r = \{r_i\}_{i=1}^{L}$，$\gamma = \{\gamma_i\}_{i=1}^{L}$，设定足够大的整数变量 L 代表无穷大以限定可能出现的最大的状态数量。

步骤 2：以 FFBS 算法对区制状态潜变量向量 S 进行模拟抽样。

$$\text{FF}：\quad P(S_{t+1} \mid \theta, y_{t+1}) = \frac{P(y_{t+1} \mid S_{t+1}, \theta) P(S_{t+1} \mid \theta, y_t, x_t)}{\sum_{\varsigma=1}^{L} P(y_{t+1} \mid \xi, \theta) P(\xi \mid \theta, y_t, x_t)}, \quad P(S_{t+1} \mid \theta, y_t, x_t) =$$

$\sum_{j=1}^{L} P(S_{t+1} \mid S_t, \theta) P(S_t \mid \theta, y_t, x_t)$，以 t 时点的数据向前一步计算对 $t+1$ 时点状态潜变量预测概率，结合 $t+1$ 时点对状态潜变量的更新概率，计算得到状态潜变量向前滤波概率。

$$\text{BS}：\quad P(S_t \mid S_{t+1}, \theta, y, x) = \frac{P(S_{t+1} \mid S_t, \theta) P(S_t \mid \theta, y_t)}{\sum_{\varsigma=1}^{L} P(S_{t+1} \mid \xi, \theta) P(\xi \mid \theta, y_t, x_t)}, \quad \text{其中，} P(S_t \mid \theta, y_t) \text{源}$$

自 FF 步骤的向前滤波概率，以计算所得的向后抽样概率，从后向前对区制状态潜变量向量 S 进行模拟抽样。

步骤 3：以 sticky HDP-HMM 分层 Dirichlet 过程对 γ, ω 进行模拟抽样。

γ：以伯努利分布抽取 $u_{i,j} = \sum\limits_{l=1}^{n_{i,j}} \text{Bernoulli}\left(\dfrac{\alpha\gamma_j + \kappa\delta(i,j)}{l-1+\alpha\gamma_j+\kappa\delta(i,j)}\right)$，其中，

$n_{i,j} = \sum\limits_{t=2}^{T} 1(S_{t-1}=i, S_t=j)$。以二项式分布抽取 $\left\{r_i = \text{Binomial}\left(u_{i,i}, \dfrac{\kappa}{\kappa+\alpha\gamma_i}\right)\right\}_{i=1}^{L}$。在

以上计算结果基础之上，以 Dirichlet 分布抽取 $\Bigg\{\gamma_l = \text{Dirichlet}\Bigg(\dfrac{\eta}{L} +$

$\sum\limits_{i=1}^{L}(u_{i,1}-\delta(i,1)r_i), \cdots, \dfrac{\eta}{L} + \sum\limits_{i=1}^{L}(u_{i,L}-\delta(i,L)r_i)\Bigg)\Bigg\}_{l=1}^{L}$。

ω：以 Dirichlet 分布抽取 $\{\omega_l = \text{Dirichlet}(\alpha\gamma_1 + n_{l,1}, \cdots, \alpha\gamma_l +$

$\kappa + n_{l,l}, \cdots, \alpha\gamma_L + n_{l,L})\}_{l=1}^{L}$。

步骤 4：以分层结构的共轭分布，对 $\beta, \sigma^2, \mu, \Sigma$ 进行模拟抽样。

β：以多元正态分布，抽取 $\{\beta_l = N(\overline{\mu}, \overline{\Sigma})\}_{l=1}^{L}$，其中，

$\overline{\mu} = \overline{\Sigma}\left(\Sigma^{-1}\mu + \sum\limits_{t:s_t=l} \dfrac{(y_{t-1},\cdots,y_{t-m},x_{t-1},\cdots,x_{t-m})y_t}{\sigma_l^2}\right)$，而 $\overline{\Sigma} = \Bigg(\Sigma^{-1} +$

$\sum\limits_{t:s_t=l} \dfrac{(y_{t-1},\cdots,y_{t-m},x_{t-1},\cdots,x_{t-m})(y_{t-1},\cdots,y_{t-m},x_{t-1},\cdots,x_{t-m})^{\mathrm{T}}}{\sigma_l^2}\Bigg)^{-1}$。

σ^2：以逆 Gamma 分布抽取 $\Bigg\{\sigma_l^2 = \text{Inv-Gamma}\Bigg(c_0 + \dfrac{\sum 1(t:s_t=l)}{2},$

$d_0 + \dfrac{\sum\limits_{t:s_t=l}(y_t-(y_{t-1},\cdots,y_{t-m},x_{t-1},\cdots,x_{t-m})^{\mathrm{T}}\beta_l)^2}{2}\Bigg)\Bigg\}_{l=1}^{L}$。

μ：以多元正态分布，抽取 $\Bigg\{\mu_l = N\Bigg((B_0^{-1}+\overline{L}\Sigma^{-1})^{-1}\Bigg(b_0 B_0^{-1} + \sum\limits_{j=1}^{\overline{L}}\Sigma^{-1}\beta_j\Bigg),$

$$(B_0^{-1} + \overline{L}\Sigma^{-1})^{-1}\Big)\Bigg\}_{l=1}^{L}，其中 \overline{L} 为当前至少出现过一次的区制状态总数。$$

$$\Sigma：以 逆 Wishart 分 布 抽 取 \Sigma = \text{Inv-Wishart}\Bigg(m_0 + \overline{L},$$

$$S_0 + \sum_{l=1}^{\overline{L}}(\beta_l - \mu)(\beta_l - \mu)^{\mathrm{T}}\Bigg)。$$

步骤 5：将步骤 1～步骤 4 迭代 $M_0 + M_1$ 次，前 M_0 次为预烧期，预烧期过后结果将达到稳定。再继续迭代 M_1 次该 MCMC 过程以统计后验结果，其中以 $t = 1, \cdots, T$ 时点 x 变量滞后项 $\{x_{t-i}\}_{i=1}^{m}$ 的系数，即 $\{\beta_{i+m,t}\}_{i=1}^{m}$ 的后验中位数，作为 x 变量的滞后项系数的区制时变的后验估计值，简称区制时变估计值，即式（3.22）中的 $\{\beta_{i+m,t}^{\text{RTV}}\}_{i=1}^{m}$。

与前述的 IMS-AR 模型的实现方式类似，以上实现 RTV-VAR 模型的具体 Gibbs 抽样过程，本书以 C/C++语言编程实现，矩阵运算部分引用了著名的 lapack 与 blas 标准运算库，以确保计算的准确性。

Warne（2000）提出了在 Granger（1969）因果关系的定义的基础上，通过结合源于 Hamilton（1989）的区制转移理论的 MS-VAR 模型，扩展得到 Granger 因果关系检验的方法。这种基于 MS-VAR 模型的 Granger 因果关系检验的方法，被广泛应用于带有前述特性的实证研究中。Psaradakis 等（2005）借鉴 Warne（2000）的思想，同时基于 MS-VAR 模型设计了适用于带有时变特点的 Granger 因果关系检验的方法，选择融合 M1、M2、利率、GDP、居民消费价格指数（consumer price index，CPI）等指标的多元数据，对美国货币与产出的关系进行了分析。Droumaguet 和 Woźniak（2012）在 Warne（2000）的基础上，将 MS-VAR 模型提升为贝叶斯估计方法的贝叶斯 MS-VAR 模型，在贝叶斯估计过程中采用了 Sims 等（2008）设计的针对带有大型多元方程的 MS-VAR 模型的优化推断方法，并且将多元数据分为分别包含两个待考察关系的变量的两组，形成两个 Markov 链，通过两个 Markov 链之间的独立性判断，来判断 Granger 因果关系是否存在。

3. 实证应用：需求拉动效应的时变特征分析

1）CPI 与 PPI 的二元时变因果关系的检验

从 CPI 与生产者物价指数（producer price index，PPI）的相互影响关系的角度来分析经济环境中的需求拉动效应，本小节选取 1997 年第一季度至 2014 年第三季度我国 CPI 与 PPI 的季度同比增长率数据，建立滞后一阶的二元 RTV-VAR 模型，以研究其时变的因果影响关系。滞后阶数的选取是通过参考相关系数和贝叶斯信息准则来确定的。通过 CPI 滞后项系数 $\beta_{1,t}^{\mathrm{CPI-RTV}}$ 的后验无偏中位数估计值，来度量滞后期 CPI 对 PPI 的因果影响关系，如果系数为正，说明存在因果影响关系。另外，下式中的 $\beta_{1,t}^{\mathrm{PPI-RTV}}$ 代表 PPI 对 CPI 的因果影响关系，即成本推动效应。

$$\mathrm{PPI}_t = \beta_{0,t}^{\mathrm{RTV}} + \beta_{1,t}^{\mathrm{PPI-RTV}}\mathrm{PPI}_{t-1} + \beta_{1,t}^{\mathrm{CPI-RTV}}\mathrm{CPI}_{t-1} + \varepsilon_t, \quad \varepsilon_t \sim N(0, \sigma_t^{2\mathrm{RTV}}), \quad t = 1, \cdots, T$$

$$\mathrm{CPI}_t = \beta_{0,t}^{\mathrm{RTV}} + \beta_{1,t}^{\mathrm{CPI-RTV}}\mathrm{CPI}_{t-1} + \beta_{1,t}^{\mathrm{PPI-RTV}}\mathrm{PPI}_{t-1} + \varepsilon_t, \quad \varepsilon_t \sim N(0, \sigma_t^{2\mathrm{RTV}}), \quad t = 1, \cdots, T$$

中国的 PPI 与 CPI 季度同比增长率数据如图 3.1(a) 所示 (本小节所使用的经济指标数据均来源于 Wind 数据库)。图 3.1(b) 与图 3.1(c) 为计量结果中 CPI 及 PPI 的相互影响关系的一阶滞后项系数的估计值。如图 3.1(b) 所示，除 2009 年前后和 2012 年之后这两段时期受国际外需减弱影响而无法体现外，中国的 CPI 滞后项对 PPI 的影响系数在 2003 年以后总体上为正，且在 2008 年之前保持在 0.3 的高水平上。如图 3.1(c) 所示，PPI 滞后项对 CPI 的影响系数在 2003 年以前均大于 0，即存在 PPI 对 CPI 的成本推动效应，这种成本推动的供给效应随着我国生产能力规

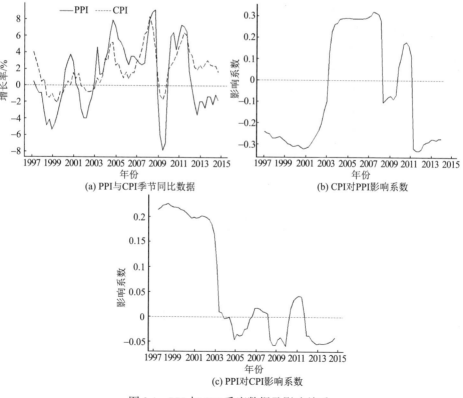

图 3.1　PPI 与 CPI 季度数据及影响关系

模效应的逐渐显现与融入世界经济过程的深入而逐步削弱，只在 2005 年、2008 年前后与 2011 年受到外部因素冲击时，并在短期内显现。

2) 外需变动影响下的需求拉动效应

由于出口占 GDP 的比重较高，外需因素对我国经济的影响较大，为进一步检验中国经济的需求拉动效应，有必要将体现外需形势的中国外贸出口总额增长率加入到 CPI 与 PPI 的 RTV-VAR 模型之中，组成三元的 RTV-VAR 模型，以检验在考虑外需影响下的需求拉动效应。

通过三元 RTV-VAR 模型，对如图 3.2(a) 所示的 1997 年第一季度至 2014 年第三季度的我国 PPI、CPI 的同比增长率与出口总额增长率的季度数据进行分析，得到如图 3.2(b) 所示的 CPI 滞后项与出口增长率滞后项对 PPI 的影响系数，如图 3.2(c) 所示的 PPI 滞后项与出口增长率滞后项对 CPI 的影响系数。从图 3.2(b) 中可以看到，如果考虑并剔除外需因素的影响，中国 CPI 滞后项对 PPI 的影响系数

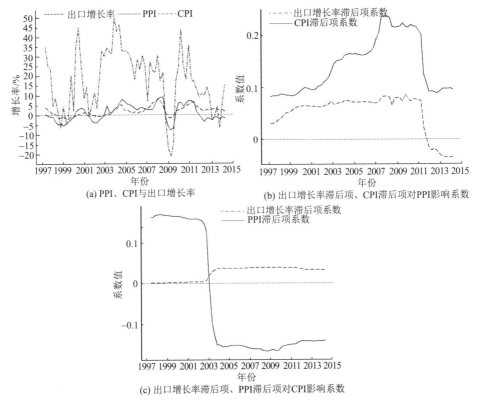

(a) PPI、CPI与出口增长率

(b) 出口增长率滞后项、CPI滞后项对PPI影响系数

(c) 出口增长率滞后项、PPI滞后项对CPI影响系数

图 3.2　PPI、CPI 的同比数据与出口增长率的季度数据

长期在 0.1 以上，而且在 2008 年之前一直保持着上升的总趋势，直到 2012 年左右调整回接近 2003 年前后的水平，但其依然稳固在 0.1 左右。通过图 3.1(b) 与图 3.2(b) 的结果对比可见，CPI 对 PPI 的需求拉动效应受外需变动的影响，在出口增速放缓与外需相对减弱的情况下，内部需求拉动效应的作用效果也受到了影响。因此，在 CPI 与 PPI 的二元 RTV-VAR 模型中引入出口增长率之后，在计量结果上还原了这部分被外需冲击抵消的内部需求拉动效应。另外，从图 3.2(c) 中可以看出，自 2003 年之后，中国的 PPI 失去了对 CPI 的影响力。相比之下，在 2003 年之后，中国的 CPI 在一定程度上受到来自出口增长率的影响。这说明在中国经济加速融入世界之后，伴随着国际贸易额的增长，CPI 持续受到外需变动的影响。

3) 货币投入变化影响下的需求拉动效应

由于我国经济曾经长期依赖于投资拉动效应,特别是在 2008 年之后曾经实施适度宽松的货币政策，并且从转而实施稳健的货币政策至今，货币投入的变化对经济的影响不容忽视。在投资、出口与消费拉动的经济增长模式下，有必要结合以 M2 增长率为代表的货币投入情况对由 CPI 与 PPI 之间因果关系所反映的需求拉动效应进行分析。

选取如图 3.3(a) 所示的 1997 年第一季度至 2014 年第三季度的中国 M2 增长率、CPI 与 PPI 的同比增长率的季度数据组成三元 RTV-VAR 模型进行分析，得到如图 3.3(b) 所示的 CPI 滞后项与 M2 增长率滞后项对 PPI 的影响系数，如图 3.3(c) 所示的 PPI 滞后项与 M2 增长率滞后项对 CPI 的影响系数。将图 3.3(b) 与图 3.1(b) 进行对比可以发现，如果剔除货币投入变化因素的影响，中国 CPI 滞后项对 PPI 的影响系数长期在 0.2 以上，而且在 2008 年之前一直保持着上升的总趋势。但是在 2009 年前后和从 2012 年至 2014 年第三季度，即使剔除了货币增速放缓的影响,CPI 对 PPI 的拉动作用也下降到了接近 2003 年左右的水平。由此可见，从 2012 年至 2014 年第三季度，在外需下降与相对谨慎的货币政策环境下，我国经济的内部需求拉动效应在持续发挥作用，但其水平有所下降。另外，如图 3.3(c) 所示，自 2003 年之后，中国的 PPI 失去了对 CPI 的影响力，这与图 3.1(c) 和图 3.2(c) 的结果相近。图 3.3(c) 中 M2 增长率滞后项系数也说明了中国的 CPI 长期明显地受到来自货币增速变化的影响，货币政策可以发挥有效的调控作用。

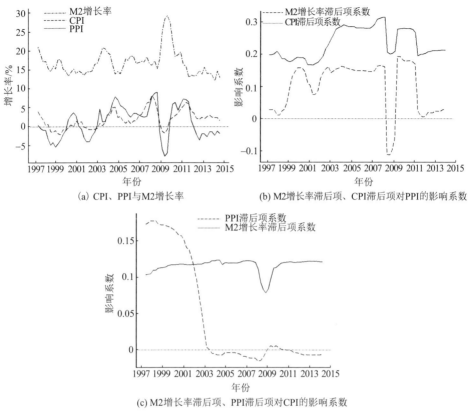

(a) CPI、PPI与M2增长率

(b) M2增长率滞后项、CPI滞后项对PPI的影响系数

(c) M2增长率滞后项、PPI滞后项对CPI的影响系数

图 3.3　M2 增长率、CPI 与 PPI 的同比增长率的季度数据

4）生产成本因素影响下的需求拉动效应

从生产成本的角度考虑，CPI 及 PPI 都与原材料和能源的价格相关。在研究 CPI 所代表的消费需求对 PPI 的影响时，特别是在近期国际能源价格波动的情况下，有必要考察生产成本因素的影响。本小节在 CPI 和 PPI 的关系中引入工业企业原料、燃料与动力购进价格指数（purchasing price index of raw material, fuel and power, PPIRM），选取如图 3.4(a) 所示的 1999 年第一季度至 2014 年第三季度的 PPIRM、CPI 与 PPI 同比增长率的季度数据，通过三元 RTV-VAR 模型进行分析并检验在考虑成本波动影响下的需求拉动效应。

如图 3.4(b) 所示，PPIRM 滞后项对 PPI 的影响系数一直保持在 0.5 以上，说明 PPIRM 对 PPI 的影响很大。相比之下，图 3.4(c) 显示 PPIRM 对 CPI 的影响虽然也很稳定，但其影响系数远小于 PPIRM 滞后项对 PPI 的影响系数。最重要的是，通过对比图 3.4(b) 与图 3.1(b) 的结果后发现，在 CPI 与 PPI 的二元 RTV-VAR 模型中引入 PPIRM 之后，CPI 滞后项对 PPI 的影响系数，即图 3.4(b)

中 CPI 滞后项系数与图 3.1(b)的结果总体相近。只有在 2008 年前后略高于图 3.1(b)中结果，这说明 2008 年前后 CPI 对 PPI 的拉动效应的一部分被 PPIRM 所代表的成本因素的影响所抵消，在引入 PPIRM 后的三元 RTV-VAR 模型中，还原了这部分效应。另外，在引入 PPIRM 后，将图 3.4(c)与图 3.1(c)、图 3.2(c)和图 3.3(c)的结果进行对比，在 2003 年之前 PPI 对 CPI 的影响也消失了，这说明在 2003 年之前 PPI 对 CPI 的影响主要源于 PPIRM 所代表的成本因素，而在 2003 年以后，CPI 基本摆脱了这种从 PPI 经 PPRIM 传导而来的成本效应。

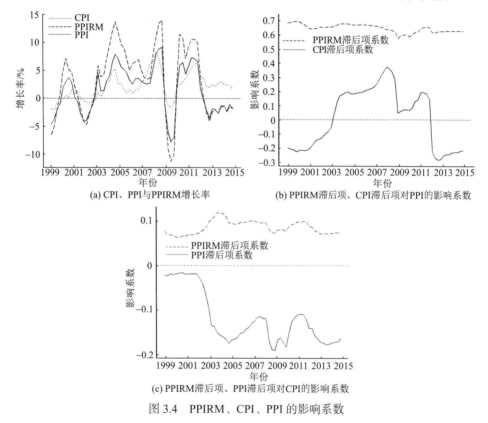

(a) CPI、PPI与PPIRM增长率

(b) PPIRM滞后项、CPI滞后项对PPI的影响系数

(c) PPIRM滞后项、PPI滞后项对CPI的影响系数

图 3.4　PPIRM、CPI、PPI 的影响系数

5)综合外需与货币投入变化影响下的需求拉动效应

综合考虑外需波动与货币投入变化对需求拉动效应的影响，通过四元 RTV-VAR 模型，对 1997 年第一季度至 2014 年第三季度的 M2 增长率、出口增长率、CPI 与 PPI 的同比增长率数据进行分析，得到如图 3.5 所示的出口增长率滞后项、M2 增长率滞后项与 CPI 滞后项对 PPI 的影响系数。从 CPI 滞后项系数中可以看出，随着我国改革的深化与经济结构的调整，以消费为代表的内部需求拉

动效应不断提高。在 2008 年美国金融危机爆发之后，这种需求拉动效应有所回调。在其后的宽松货币政策时期，在投资拉动效应提升的同时，内部需求拉动效应也被带动。2012 年以后，在转向并持续保持稳健型货币政策的环境下，内部需求拉动效应明显下降。从出口增长率滞后项系数中可以看出，虽然我国的国际贸易额多年来长期保持着快速增长的势头，但是随着内需的稳健增长，对外需的依赖性自 2005 年之后始终保持着下降的趋势。

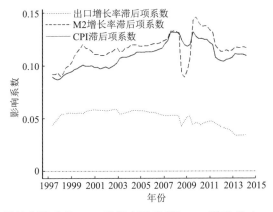

图 3.5　出口增长率滞后项、M2 增长率滞后项与 CPI 滞后项对 PPI 的影响系数

　　通过对上述多元 RTV-VAR 模型的分析并结合上述二元 RTV-VAR 模型的分析结果可以发现，在我国经济增长方式的转变与产业结构升级的背景下，需求拉动效应具有显著的动态变化特征，并且易受到外部需求变动的影响，不易受到生产成本因素的影响，对货币投入的变化比较敏感。

3.2　DFM 与符号约束——以价格之谜为例①

3.2.1　BFAVAR 模型的构建

　　近年来，DFM 再次为主流学派所重视，尤其在经过 Bernanke 等（2005）、Stock 和 Watson（2005）、Giannone 等（2004）、Forni 等（2009）的拓展之后，DFM 已然可以成功用于宏观经济分析。由于宏观经济变量之间存在强烈的联动关系，DFM 提供了一个较为真实但又十分简化的表达式，因其假设一小部分的宏观经济变量冲击驱动了数据中大部分宏观经济变量的联动关系。而且在残差项交叉不相关的一

---

① 本节由孙彦林完成。

般假设下，利用主成分分析(Forni et al., 2000; Stock and Watson, 2002; Bai, 2003)或者极大似然估计(Doz et al., 2012)可以很容易实现对因子模型的估计。尤为重要的是，当在大数据环境下对多变量进行回归分析时，因子模型可以通过降维而避免遭受维度灾难，并可进行模型验证与稳健性检验。同 BVAR 模型或 VAR 模型相比，BFAVAR 模型或 FAVAR 模型克服了 BVAR 模型或 VAR 模型在"遗漏变量误差"与"自由度"方面的内生缺陷。BVAR 模型或 VAR 模型只能容纳少部分的数据变量，这显然与大数据多变量联动的现实情况是不相符的，并且仅仅依赖单个或某几个指示变量的 BVAR 模型或 VAR 模型由于信息的不完全与指示变量选择的不同并不能准确反映宏观经济的整体情况，可能导致结果的有偏估计。不得不应用 Gibbs 抽样方法并结合符号约束的贝叶斯过程，其计算程序是十分耗时且烦琐的。两步估计程序虽然估计结果较好、实现过程颇为高效，但以滞后多项式的形式并不能探索出完全的因子参数结构，其他估计程序也面临着类似的问题。引入状态空间模型框架，不仅可以尽可能减少对状态方程动态效应的约束，还可以进一步施加先验，以更为精确地捕捉公共因子与经济驱动力的内在联系，即各个宏观经济变量之间的联动关系。为此，本书最终采用状态空间模型下的贝叶斯过程进行模型精确的参数估计。另外，施加"较弱"的符号约束，可以得到更为合理的结果，可从"残差带"中对结果进行观察，因而结果的不确定性大大降低。

最终采用的是计算了状态空间形式的 Bernanke 等(2005)的文章中所使用的 FAVAR 模型。因子模型的思想即宏观经济的波动是由部分可以影响所有内生变量的结构化冲击与某些只影响某一个或某几个内生变量的异质成分共同作用的结果。因此，每个平稳的时间序列 X_t^c 均可分解为解释了宏观经济波动两种来源的两种相互正交的成分：共同成分 f_t 和异质成分 e_t。这里，X_t^c 表示由 t 期的可观测变量所组成的 $N_c \times 1$ 维向量，其中 $t=1,\cdots,T$；上标 c 表示提取出共同因子的面板。令 f_t^c 表示由 t 期的不可观测因子所组成的 $K_c \times 1$ 维向量，e_t^c 表示由 t 期的各个变量的特质成分所组成的 $N_c \times 1$ 维向量。进一步地，令 f_t^y 表示由 t 期的完全可观测到的可观测因子所组成的 $N_y \times 1$ 维向量，这些变量对经济体系具有普遍影响，并且其是如此重要以至于其应当以因子形式被包含在模型之中。其中，N_c 表示 X_t^c 中变量的个数，K_c 表示从 X_t^c 中提取出的因子个数，N_y 表示完全可观测因子的数量。模型具体形式如下：

$$X_t^c = \lambda^c f_t^c + \lambda^y f_t^y + e_t^c \tag{3.23}$$

$$e_t^c \sim N(0, R_e) \tag{3.24}$$

其中，λ^c 为 $N_c \times K_c$ 维的不可观测因子的因子载荷矩阵；λ^y 为 $N_c \times N_y$ 维的以因子形式被包含在模型中的完全可观测因子的因子载荷矩阵。误差项 e_t^c 均值为 0，协方差矩阵为 R_e，假定 R_e 为对角矩阵。因此，可观测变量 X_t^c 的误差项之间是交叉不相关的。FAVAR 状态方程表示了因子的联合动态效应，以及服从 VAR(P) 过程的因子向量 $(f_t^c, f_t^y)^T$。

$$\begin{bmatrix} f_t^c \\ f_t^y \end{bmatrix} = \sum_{p=1}^{P} \phi_p \begin{bmatrix} f_{t-p}^c \\ f_{t-p}^y \end{bmatrix} + \varepsilon_t^f \tag{3.25}$$

$$\varepsilon_t^f \sim N(0, \Sigma_\varepsilon) \tag{3.26}$$

其中，ε_t^f 为 $K \times 1$ 维的 t 期简化式冲击；Σ_ε 为 $K \times 1$ 维的因子的误差协方差矩阵；$\phi_p^T s$ 为各自的 $K \times K$ 维的 P 阶滞后系数矩阵，且 $K = K_c + N_y$。

3.2.2 符号约束理论阐述

本书的主要目标是通过施加 Uhlig(2005) 针对 VAR 框架所提出的符号约束，从而在大数据环境下识别货币政策冲击。如何通过对预测误差项 ε_t^f 的分解来识别结构化冲击，尤其是货币政策冲击，这是在学术界普遍存在争议的问题。从经济学的角度来看，采用一个识别框架来保证脉冲响应满足理论"共识"似乎是合理的。建立 FAVAR 状态空间模型的目的，就等同于如下的主要区别：结构化冲击并不是从简化式观测方程的扰动项推断而得，而是从 FAVAR 模型的扰动项推断而得，模型中包含的因子涵盖了可观测数据的关键动态信息。为了比较，我们使用两种不同的识别过程：一是基于符号约束的因子一般化过程；二是基于递归的 Cholesky 分解的因子一般化过程。其中，基于符号约束的因子一般化过程如下。

通过符号约束来识别结构化冲击是基于关键宏观经济变量在特定期间脉冲响应函数符号的假设。施加的约束应当代表大多数学者认可的源自经济理论的"共识"，如 Uhlig 和 Ahmadi(2012) 假定在给定一个紧缩的货币政策冲击后，联邦基金利率应当上升，非借贷准备金率与价格水平应当下降。在没有满足这些"共识"的识别框架下，学者倾向于将据此得到的结果称作一个"谜"。甚至有学者尝试构建能够产生这类"谜"的模型，如 Christiano 等(2005)。符号约束似乎是合理的，尤其是在可以解释大量截面数据的 FAVAR 框架下，这样的模型允许对识别过程进行稳健性检验，并且基于"共识"可以使约束增强，因为感兴趣的指示变量有很多。FAVAR 方程的结构化表示如下：

$$f_t = \sum_{p=1}^{P} \phi_p f_{t-p} + \varepsilon_t^f, \quad t=1,\cdots,T \tag{3.27}$$

其中，P 为滞后阶数；ε_t^f 为一步向前预测误差，即扰动项或者冲击项，由诸多因素组成，其方差协方差矩阵 Σ 满足 $E[\varepsilon_t \varepsilon_t^{\mathrm{T}}] = \Sigma$，如有必要则可在式(3.23)中添加截距项或者时间趋势项。这样一来，模型构建的关键就在于如何将冲击项 ε_t 分解为具有经济意义的新息，即如何将一步向前预测误差表示为正交的结构化冲击 υ_t 的线性组合(可假设 ε_t 服从区制转移过程)。为此，假定 ε_t 一共由 m 个方差标准化为 1 且相互独立的新息构成(现有很多有关 VAR 模型的理论模型均做出该假定，因为新息之间如果不独立，则表明新息之间存在未被解释的因果关系)，记 $I_m = E[\upsilon \upsilon^{\mathrm{T}}]$，$\upsilon$ 表示正交结构冲击向量。在模型识别的过程中，需寻找一可逆矩阵 A 使得 $A\upsilon_t = \varepsilon_t$，则 $\Sigma = E[\varepsilon_t \varepsilon_t^{\mathrm{T}}] = E[A\upsilon \upsilon^{\mathrm{T}} A^{\mathrm{T}}] = AA^{\mathrm{T}}$，那么 A 的第 $j(j=1,\cdots,m)$ 列则表示第 j 个新息(大小是一个标准误差)对全部内生变量的影响。由于 A 的自由度达到 $m(m-1)/2$，为了成功识别模型，进一步的约束施加是十分必要的。通常，这些约束来源于以下三种：其一，将 A 视为方差协方差矩阵的 Cholesky 分解，暗含着 Sims(1986) 中所做的变量的递归顺序；其二，通过 Bernanke 和 Gertler(1986)、Blanchard 和 Watson(1982) 或者 Sims(1986) 中涉及的基本扰动 $\upsilon_{t,i}(i=1,\cdots,m)$ 与一步向前预测误差 $\mu_{t,i}(i=1,\cdots,m)$ 之间的结构化关系；其三，通过 Blanchard 和 Quah(1988) 中的做法，利用源自永久成分中的各自的短暂成分。

这里，我们采用一个完全不同的约束程序。在实际的问题研究中，我们通常只关心其中的某一个或某几个具有经济意义的新息，如本书只关心与货币政策冲击相关的新息项，即确定性方程 $\Sigma = AA^{\mathrm{T}}$ 中我们所寻找的矩阵 A 中的某一列 $a \in R^m$，而对其余 $m-1$ 个新息项没有必要再去识别，使研究问题得到简化。根据矩阵代数的有关运算，假设 $\Sigma = A\tilde{A}^{\mathrm{T}}$ 是 Σ 的 Cholesky 分解，那么一定存在模长标准化为 1 的 m 维列向量 α，并且有 $a = \tilde{A}\alpha$。故而可将与新息项 a 相对应的脉冲响应表示为在经过 Cholesky 分解后得到的脉冲响应的线性组合。因此，可定义向量 a 为脉冲向量，若存在矩阵 A 满足 $AA^{\mathrm{T}} = \Sigma$，同时 a 是 A 的其中一列。那么，在 Σ 的 Cholesky 分解下，各个内生变量对冲击 a 的脉冲响应向量可表示为 $r_a(k) = \sum_{i=1}^{m} \alpha_i r_i(k)$，其中，$r_i(k) \in R^m$ 表示所有内生变量对第 i 个新息项冲击的滞后 k 期的脉冲响应向量。接着，寻找 $\tilde{b} \neq 0$ 使其满足 $(\Sigma - aa^{\mathrm{T}})\tilde{b} = 0$ 且标准化使 $b^{\mathrm{T}} a = 1$，那么实数 $\upsilon_t^{(a)} = b^{\mathrm{T}} \mu_t$ 则表示脉冲向量 a 方向上的第 t 期冲击，$\upsilon_t^{(a)} a$ 则表示结构化冲击 μ_t 的一部分，这一部分与脉冲向量相对应。可以推导得出列向量

$b \in A^{-1}$。

可利用 k 步向前预测修正误差 $(E_t[y_{t+k}] - E_{t-1}[y_{t+k}])$ 来考虑进行方差分解及反事实实验，具体的脉冲向量 a 方向上的冲击对内生变量 j 的预测修正方差的解释比例可表示为

$$\varphi_{a,j,k} = [r_{a,j}(K)]^2 / \sum_{i=1}^{m} [r_{i,j}(K)]^2 \tag{3.28}$$

在具体操作过程中，为了识别与货币政策冲击有关的脉冲向量 a，需要事前给定一个正整数 K 来表示最大的约束期数，并以 $0 \leqslant k \leqslant K$ 表示冲击后的期数。满足符号约束的脉冲响应函数往往不只有一个，因而需要计算出所有满足符号约束的脉冲响应，并在给定分位数的条件下，选取脉冲响应函数的变动范围。特别要说明的是，以往的大多数研究在给定分位数后所做的脉冲响应图的上下边界并不十分精确，本书通过 Matlab 编程软件成功实现了整个考察期的脉冲响应的各期分别排序，并在给定分位数下确定了脉冲响应的上下边界线及中位线，较为精确地实现了各期脉冲响应的估计。需要特别说明的是，出于建模的需要，需对原始数据进行差分处理并将累计值转变为当期值，为与实际问题相匹配，进行差分处理的变量得到的脉冲响应是累计脉冲响应，且所有变量的脉冲响应均经过对数平滑处理。

Uhlig 和 Ahmadi(2012)指出，为了识别与货币政策冲击相一致的脉冲向量，假定给定的一个紧缩的货币政策冲击并不会引起价格水平与非借贷准备金率的提高，也不会引起联邦基金利率的下降。从紧缩性的货币政策冲击的内涵来看，关于上述假设的争议似乎是很少的。更为重要的是，同现有文献中出现的其他冲击相比，这些假设似乎构成了货币政策冲击具有的显著的可区分的特性。与之矛盾的解释，如货币需求冲击，被排除在模型之外。显然，这种识别策略有其自身的局限性。例如，如果一个人持有以下观点，则货币需求冲击就不能被排除在模型之外：至少联邦准备金率不会容忍货币需求通过非借贷准备金率的增加而增加。进一步地，其他冲击的联合效应很可能潜在地同货币政策冲击的表现相似。可以通过精确识别其他冲击来避免上述问题，但这需要大量的条件假设。对于我们所采取的符号约束来说，这一问题是新近出现的。例如，如果真实的数据生成机制所产生的冲击扰动比变量的个数多；又或者如果采用惯用的 Cholesky 分解来识别货币政策冲击，在次序上联邦基金利率冲击排在最末，除在少数情况下，识别的货币政策冲击将是多个潜在冲击的线性组合。总之，在计量经济的实证研究过程中，识别策略总是基于这样或那样的前提假设：在这里，并不是说我们的识别过程就是牢不可破的，只是说它们在一定程度上是合理的。

给定某个 VAR 模型的系数矩阵 Φ，某个误差方差协方差矩阵 Σ，以及某个滞后期数 K，令 $\Gamma(\Phi,\Sigma,K)$ 表示所有货币政策脉冲向量的参数集，由于该参数集是从不等式约束中获取的，$\Gamma(\Phi,\Sigma,K)$ 或者包含很多元素，或者是空集。与较为常见的使用精确识别的过程相比，符号约束无法获得精确识别，为此，我们需要补充完善符号约束的识别假设，通过给定 $\Gamma(\Phi,\Sigma,K)$ 一个先验，或者通过在单位球面最小化某个准则函数 $f(\cdot)$，对违反符号约束的脉冲响应施加"惩罚"。

相应状态空间模型表示的伴随形式如下：

$$F_t = \Phi F_{t-p} + \varepsilon_t \tag{3.29}$$

$$X_t = \Lambda F_t + e_t \tag{3.30}$$

我们将符号约束施加在各自的脉冲响应函数的形状上。

3.2.3 价格之谜数理分析

Bernanke 等(2005)将联邦基金利率作为关键的货币政策变量，并将其列为 FAVAR 的因子。在回归分析中，应当包含这些关键变量，相应因子模型的噪声成分与货币当局选择货币政策工具是相关的。如果模型中没有包含这些变量，将导致模型的设定是有偏的，并且对货币政策冲击的识别也将是有误的。这看似是合理的，似乎可以解释为什么状态方程 VAR 模型中不包含价格指数时，价格水平会对模型识别的紧缩性的货币冲击产生正向的反应，也即有助于从数理分析的角度理解价格之谜(Sims，1992)发生的原因。举例说明，假设价格指数成分 p_t 和利率成分 r_t 服从如下的数据生成过程：

$$p_t = -\alpha r_{t-1} + \gamma p_{t-1} + \mu_{p,t} \tag{3.31}$$

$$r_t = \varphi p_t + \mu_{m,t} \tag{3.32}$$

其中，系数 α、γ、φ 均为正值；$\mu_{p,t}$ 和 $\mu_{m,t}$ 分别为价格水平冲击与货币政策冲击，二者相互独立，且各自与其滞后期相互独立，并服从正态分布，其方差分别为 $\sigma_{p,t}^2$ 和 $\sigma_{m,t}^2$。上述模型做了极端的假设，即在因子结构中，货币政策冲击完全包含在利率的扰动成分 $\mu_{m,t}$ 中。还有许多更为一般的形式，与上述结构相关的如货币政策冲击并不通过其他因子影响价格水平，而是单独通过利率的直接效应作用到价格水平的扰动成分来最终影响价格水平；又如在没有包含价格水平的 FAVAR 模型中，部分货币政策冲击可被价格水平的移动解释，也是其自身驱动的利率的一部分，并最终影响价格水平，即

$$p_t = (\gamma - \alpha\varphi)p_{t-1} + \mu_{p,t} - \alpha\mu_{m,t-1} \tag{3.33}$$

假设 $0 \leqslant \gamma - \alpha\varphi \leqslant 1$，则给定一个宽松的货币政策冲击，将对价格水平产生一期滞后的负向效应，价格水平也将逐渐趋于 0，即价格之谜出现。我们现在面对的问题便是，如何正确识别货币政策冲击 $\mu_{m,t}$。Bernanke 等(2005)建议将联邦基金利率作为可获得因子加入核心 VAR 模型中。因为上述模型并没有包含任何因子(或者已经将因子从模型中扣除)，这与如下模型的估计是一致的：

$$r_t = \beta r_{t-1} + \xi_t \tag{3.34}$$

$$p_t = \lambda r_t + \upsilon_t \tag{3.35}$$

式(3.34)表示因子模型，且因子只包含利率，式(3.35)表示价格水平的因子表达式，且因子同样只包含利率，λ 为利率成分设为因子载荷。一般情况下，将 ξ_t 解释为货币政策冲击。假设 $0 \leqslant \gamma - \alpha\varphi \leqslant 1$，这一模型系数将很容易得出。

价格成分与利率成分的方差表示如下：

$$E[pp] = \frac{\sigma_{p,t}^2 + \alpha^2 \sigma_{m,t}^2}{1 - (\gamma - \alpha\varphi)^2}$$

$$E[rr] = \varphi^2 E[pp] + \sigma_{m,t}^2$$

在大样本情形下，β 和 λ 的估计将收敛于：

$$\beta \to \gamma - \alpha\varphi - \gamma \frac{\sigma_{m,t}^2}{E[rr]}$$

$$\lambda \to \frac{1}{\varphi}\left(1 - \frac{\sigma_{m,t}^2}{E[rr]}\right), \quad \varphi \neq 0$$

若 $\varphi = 0$，则 $\beta = 0$，$\lambda = 0$；若 $\varphi > 0$，则 $\lambda > 0$。

由式(3.35)可知，价格成分对识别的货币政策冲击 ξ_t 的脉冲响应，即 λ 与利率成分 r_t 对货币政策冲击 ξ_t 的脉冲响应之积。若 $\varphi > 0$，则 $\lambda > 0$，由于利率成分对宽松货币政策冲击产生负向的脉冲响应，价格之谜出现。若进一步假设 $\beta > 0$ (这一假设很容易满足)，价格成分将对宽松的货币政策冲击做出正向反应，价格之谜得以避免。另外，可以看出，同时包含价格成分 p_t 和利率成分 r_t 的 VAR 模型可以正确识别货币政策冲击，因此，本书将利率 r_t 和CPI作为可观测因子 f_t^y 加入因子表达式中，以期解决价格之谜，并正确识别货币政策冲击。

3.3　TVP-VAR 模型——以资本监管为例[①]

3.3.1　《巴塞尔协议Ⅲ》与逆周期资本渠道

金融加速器理论认为，当经济环境较好时银行对经济前景的估计更为乐观，更倾向于放松信贷要求及扩大信贷供给规模；而当经济处于衰退期，违约概率上升，银行的资本要求增加，企业的财务表现不佳，进一步导致银行减少信贷供给量，银行的顺周期行为加速了宏观经济环境的恶化(Bernanke and Gerlter，1995)。次贷危机爆发之后，信贷周期被视作全球银行系统性金融风险的重要来源，而宏观审慎监管的目标正是防止系统性金融风险的发生(IMF and FSB，2011)。为抑制信贷扩张期的风险积累和信贷风险的扩散，商业银行应在经济繁荣期积累并储备资本，用于在经济衰退期弥补损失，以加强银行系统对冲击的吸收能力并防止银行的系统风险向宏观经济溢出。然而，尽管该行为能够维持总体贷款供给和经济的稳定，但银行的管理层或监管者可能不希望用于缓冲的资本在经济衰退期减少。因此，宏观审慎监管需要通过逆周期资本监管，减弱监管资本不利于经济发展的结构性变化，避免由内部评级法导致的资本储备与预期损失的差额，在经济繁荣期抑制信贷规模的过度增长，在经济衰退期或信贷损失发生时则提供额外的资本金。

银行需要以一定比例的自有资本作为抵御信贷风险的手段(Schneider，1999)，由于信贷风险产生于银行与贷款者之间的信息不对称和道德风险问题，银行资本自身具有顺周期变化的特点。《巴塞尔协议Ⅰ》的部分资本监管规定放大了银行资本自身和信贷供给的顺周期性，是影响银行稳健性和经济运行的重要原因之一。在构建和完善逆周期的宏观审慎政策框架的尝试中，为抑制银行系统风险和金融体系风险，《巴塞尔协议Ⅲ》于 2010 年 12 月提出了逆周期资本缓冲框架，要求时变的监管资本比例为风险加权资产的 0~2.5%，以信贷/GDP 对其长期趋势的偏离度确定逆周期资本数量，旨在鼓励银行在经济环境好的时候建立资本储备金，以抑制银行危机的扩散并限制金融系统的顺周期性。

根据银行资本渠道理论，银行资本充足率对货币政策的放大效应导致了金融不稳定性的加剧(Sunirand，2003)，由于银行资本内生的顺周期性，银行资本渠道对银行稳健性和宏观经济活动的影响同样具有顺周期变化的特点，化解由这种顺周期性所带来的风险正是《巴塞尔协议Ⅲ》对资本监管方法进行改进的目标(IMF and FSB，2011)。Berger 等(1995)最早提出合理的银行资本比例能够最大化

---

① 本节由张丁育完成。

银行的价值并保证银行系统的稳健性，van den Heuvel（2002a，2002b）首次提出了银行资本渠道的概念，其认为利率与银行资本充足率的跨期影响导致了银行资产负债表的跨期错配，放大了货币政策对信贷周期的影响和银行资本渠道效应。随着对银行资本渠道效应的深入研究，越来越多的学者认为，银行资本渠道和银行信贷渠道一样，都是货币政策对银行体系脆弱性的重要传导途径（Drumond，2009）。银行信贷渠道和银行资本渠道均假定货币政策的影响通过银行货币供给途径传导，它们往往被归类为同类型的货币政策渠道。然而，银行信贷渠道是货币政策由法定准备金提取向银行贷款行为进行传导；银行资本渠道则是货币政策由银行资本向银行信贷行为进行传导，传导的效果取决于银行资本质量、资本储备及信贷和经济周期的外生冲击。

　　银行资本渠道的核心理论是银行资本对货币政策传导机制的影响。由于价格黏性，名义利率的上升导致实际无风险利率上升，这使得银行现有资产的价格相对缩减和资金成本增加。此时银行资本被用于补足损失的资产价值，资本充足率下降，银行按监管要求补足资本充足率的行为减少了银行的信贷供给。同时，银行为了保证资产收益率能够覆盖存款利率和银行的必要盈利而提高贷款利率，使得总信贷规模缩小。由于贷款利率越高，银行面临的违约风险越大，在资本充足率要求不变的前提下使银行的资本储备需求增加，进一步减少了银行的信贷供给量，导致了贷款利率的上升。在这一过程中，银行资本受到资产价格的冲击，而资本对资产价格具有反馈作用，该循环放大了货币政策的原始冲击（Kiyotaki and Moore，1997；Bernanke et al.，1999；Aikman and Paustian，2006）。在经济周期的不同阶段，资本充足率受到货币政策的影响而对信贷供给产生顺周期性影响。当处于经济繁荣期时，企业的盈利能力较强，能够更好地应对利率上升，此时由货币政策冲击所导致的信贷违约率较低，银行需要为此增加的自有资本比例较小，信贷供给下降幅度微弱。在经济衰退期，货币政策冲击往往使信贷违约率大幅提高，此时银行资本充足率往往较高，并且银行出于对风险规避的考虑，会保留更多的资本储备以应对可能发生的系统性金融风险，导致信贷供给量大幅下降，限制了企业投资和由投资带来的经济复苏。因此，银行资本的顺周期性导致金融系统的风险增加，银行资本渠道顺周期性的影响途径如图3.6所示。

图 3.6　银行资本渠道顺周期性的影响途径

　　银行资本渠道对货币政策的放大效应导致经济金融环境受到货币政策的持续影响，由信贷供给导致的顺周期性往往使金融风险在经济繁荣期积累，并在之后的一定时期内爆发，即信贷周期的顺周期特性对银行稳健性和实体经济产生了巨大的持续性冲击。宏观审慎监管的目的是防范由金融体系顺周期波动和跨部门传染所导致的系统性金融风险，逆周期、前瞻性的银行审慎监管模式能够有效避免经济繁荣期的信贷扩张，增强银行系统的稳定性(Jiménez et al.，2006)。于震和张超磊(2015)发现日本 2002 年将宏观审慎监管理念注入银行资本监管后，金融体系的稳健性得到了显著提升。鉴于信贷市场的顺经济周期特征，货币政策需要配合信贷周期监管的逆周期调控审慎政策。

　　我国关于银行资本渠道的研究起步较晚。温信祥(2006)认为，经济周期、信贷周期、银行资本周期之间有明显的联系。《巴塞尔协议Ⅱ》指出资本监管有顺周期的性质。曹麟和彭建刚(2014)提出了前瞻性的逆周期资本测算方法，他们认为应用带前瞻性的超额资本计算方法后，可以基本消除监管资本的顺周期性，提高银行体系的稳健性，该方法能够为监管部门提供新的宏观审慎管理工具。陈忠阳和刘志洋(2014)认为，商业银行增加逆周期资本缓冲是国际监管界的共识，但基于"信贷/GDP"的逆周期资本缓冲计提机制与预期差距很大，造成这一现象的原因是没有考虑发展中国家经济基本面的结构性变化这一最重要的现实情况。熊启跃和黄宪(2015)对资本监管政策实施前后的货币政策信贷渠道的传导效果变化进行了实证检验，研究发现资本监管的实施弱化了货币政策信贷渠道的传导效果，并减弱了信贷渠道传导效果的非对称效应。综上，目前国内学者大多认为，商业银行的资本监管对银行稳健性具有重要作用，但对银行资本监管的实证研究仍较少，对逆周期资本监管政策的相关研究多以理论分析和宏观压力测试方法为主，集中于改进逆周期资本监管指标的计算和逆周期资本监管的效果，而对监管资本和金融指标的影响进行实证研究的并不多见，更缺乏对逆周期资本监管措施实施前后的影响的比较。

　　逆周期资本监管的目标包括限制银行系统风险的大规模扩散和系统性金融风险向经济波动的扩散。例如，银行的大量倒闭和由信用紧缩、抵押品价值下降而导致的银行体系大规模损失对宏观经济的冲击。银行资本充足率对货币政策的放大效应，会导致经济与金融环境受到货币政策、银行资本的持续冲击，这在维护银行系统风险对实体经济溢出的宏观审慎监管中越来越受到重视。为考察不同监管规定和经济环境下我国资本充足率对银行稳健性的影响，本章通过LT-TVP-VAR 模型对我国商业银行逆周期资本监管与银行稳健性的影响关系进行了分析。研究结果表明，可变监管资本的提高促进了银行稳健性的增强，并且实施逆周期资本监管后金融系统的顺周期性减弱。

3.3.2　变量与模型选择

根据图 3.6 所提出的基本理论框架，在货币政策的冲击下，资本充足率通过影响贷款利率从而对信贷周期产生影响，在经济周期的不同阶段，企业的信贷风险和银行所有者的风险规避倾向使得银行的资本充足率对信贷供给的影响具有顺周期性，这使得金融风险在经济繁荣期积累并在金融压力较大时爆发。因此，银行资本的顺周期性导致金融系统风险的增加。我们对不同货币政策下逆周期监管资本对银行稳健性的影响进行研究，以利率、时变的监管资本和金融状况指数作为研究对象，运用中国 2005 年第一季度至 2015 年第一季度的数据，通过建立 LT-TVP-VAR 模型来对我国银行稳健性受到的逆周期资本监管的影响进行研究。货币政策、逆周期资本监管数据和银行稳健性数据来源于中国人民银行统计季报、原中国银行业监督管理委员会网站、Wind 数据库及国家统计局网站。

1. 变量选择

1) 时变监管资本指标

为保障银行在任何时候都能够及时应对信贷需求的增长，《巴塞尔协议Ⅲ》在《巴塞尔协议Ⅱ》定义的最低资本充足率要求的基础上，提出了固定和时变的资本监管目标。固定资本储备是资本监管的重要部分，其作为最低资本需求适用于整个经济周期，并致力于提高银行的偿付能力及资本质量以应对逾期贷款损失；而时变的逆周期资本则具有反周期作用，并且其可以反映宏观审慎监管的目标，与总信贷供给或宏观经济变量的变化相一致。当可变储备金的需求水平下降，也就是经济回暖或改善时，不应对超出要求的资本部分进行约束，可变储备金的变化应遵循系统性金融风险的变化，设立透明的机制，以信贷增长率等指标衡量可变储备金规模。逆周期资本监管采用时变的监管资本率作为研究对象(图 3.7)。

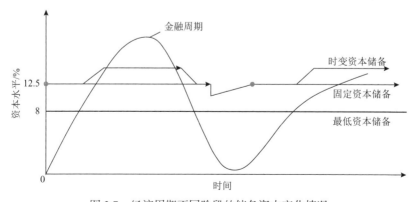

图 3.7　经济周期不同阶段的储备资本变化情况

我国 2012 年 6 月公布了《商业银行资本管理办法(试行)》，按《巴塞尔协议Ⅲ》的监管建议，规定在不低于 8%的最低资本充足率的基础上提取固定监管资本，其为风险加权资产的 2.5%，并根据金融系统状况进行逆周期资本的储备，其为风险加权资产的 0～2.5%，固定监管资本和逆周期资本均由核心一级资本来满足。

$$资本充足率(CR) = \frac{固定监管资本(RC)}{风险加权资产(RWA)} \times 100\% \tag{3.36}$$

逆周期资本监管用资本充足率指标减去最低资本要求所得到的时变监管资本指标来表示，时变监管资本指标由式(3.37)得到：

$$时变监管资本(TC) = 资本充足率(CR) - 长期的最低资本需求(K) \tag{3.37}$$

银行的资本充足率(用 CR 表示)应高于长期的最低资本需求(用 K 表示)，即 $CR \geqslant k$。因此，长期的最低资本需求 K 为 8%的最低资本充足率与 2.5%的固定监管资本之差。银行资本充足性数据采用原中国银行业监督管理委员会网站自 2014 年开始公布的各类银行的资本充足性数据，包括国有商业银行、股份制商业银行及城市商业银行等，2014 年以前的数据以中国人民银行统计季报公布的各类商业银行监管资本/风险资本的加权平均值作为替代变量。

2) 银行稳健性指标

银行稳健性指标(bank soundness index，BSI)以 2007 年第一季度至 2015 年第三季度的全部上市银行数据为样本，从银行资本充足性、资产质量、银行盈利能力及流动性水平四个方面，选取贷款规模对数、不良贷款率、拨备覆盖率、不良贷款占全部资本比例、总资本充足率、核心资本充足率、产权比率、资产负债率、资产收益率、净资本收益率、净利差、成本收入比、流动资产比例和存贷比共 14 个指标，对每个指标进行中心化后，通过 DFM 的主成分方法提取共同因子，作为我国商业银行稳健性指标[①]。

3) 货币政策指标

货币政策指标以货币市场基准利率(interest rate，IR)作为替代指标，利用银行同业拆借利率测度利率(Jiménez et al.，2006)，同业差拆借利率选择银行间一月同业拆借利率的当月加权平均值，数据来源于国家统计局网站。

---

① 具体指标描述和指标选择依据已省略，可向作者索取。通过 DFM 提取共同因子的计算方法，选择了第 2 章对多种计算方法进行比较时，效果最好的主成分方法。

2. 监管资本与银行稳健性的 LT-TVP-VAR 模型

对银行主导型的金融体系而言，信贷的顺周期性是导致系统性金融风险的重要原因之一，银行资本储备对银行信贷供给的影响显著，若逆周期资本监管对信贷周期的顺周期性存在抑制作用，信贷周期与经济周期的相关性会减弱，银行稳健性将得到有效的增强。同时，由于金融周期性的存在，通过传统的常系数模型估计银行资本监管与稳健性之间的关联性忽略了变量之间的时变关系。Nakajima 和 West（2013）结合 West 和 Harrison（1997）的潜在门限模型，建立了 LT-TVP-VAR 模型，既保留了 TVP-VAR 模型的时变特征，又将待估非零参数的局部变化利用稀疏先验收缩的方法借助门限假定引入模型，该改进极大地削弱了模型的过度拟合问题并提高了模型估计结果的稳健性。

2007 年第一季度至 2015 年第一季度，我国经历了经济周期的多个不同阶段和随之而来的货币政策调整。2007 年至 2008 年全球金融危机发生前，宏观经济总体运行稳定，经济增长速度较快，货币政策因受到通货膨胀压力的影响由稳健转向紧缩；在 2008~2009 年全球金融危机期间，汇率上升和外需不足导致经济增长放缓，中央银行通过实行扩张性货币政策应对金融风险的压力和经济增长的压力；由于在全球金融危机期间投放的信贷量较大，在全球金融危机以后我国重新面对较高的通货膨胀压力，直到 2011 年末货币政策是紧缩的；其后随着欧债危机的扩散及长时间收缩性货币政策导致的经济衰退风险的产生，中央银行采取了扩张性货币政策；2013~2015 年，中央银行保持了稳健的货币政策，货币政策在保持稳健的前提下适当宽松，以应对我国经济增长速度的放缓和金融压力增加。

样本期间我国宏观经济环境和货币政策多次发生改变，银行资本监管方法也发生了变化，研究银行资本渠道对银行稳健性的影响需要考虑时变性和门限效应的影响，因此，我们通过研究我国商业银行稳健性受到逆周期资本监管的时变影响关系，分析了逆周期资本监管政策实施前后监管资本对银行稳健性的影响产生的变化。传统的 VAR 模型的常系数假定不能很好地解释经济变量间的结构性变动特征，而 TVP-VAR 模型由于时变性产生过多的待估参数易导致模型估计结果的无偏性下降。因此，本部分通过 LT-TVP-VAR 模型对我国银行稳健性受到逆周期资本监管的影响进行研究。与基本的 TVP-VAR 模型相比，LT-TVP-VAR 模型能很好地刻画时变监管资本在 0~3% 区间内的微小波动特征，而且参数的时变性能很好地表现我国银行稳健性状况对资本监管响应的动态结构特征（Nakajima and West，2013），从而使分析结果具有更强的稳健性。LT-TVP-VAR（p）的简化式表示如下：

$$y_t = X_t b_t + A_t^{-1} \Sigma_t \varepsilon_t, \quad t = p+1, \cdots, n, \quad \varepsilon_t \sim N\left(0, I_k\right) \tag{3.38}$$

其中，y_t 为 3×1 维向量 $y_t = [y_{1t}, y_{2t}, y_{3t}]^T$，$y_{1t}$，$y_{2t}$ 及 y_{3t} 分别为货币政策、逆周期资本储备和银行稳健性变量；3×3 维矩阵 $X_t = I_3 \otimes (y_{t-1}^T, \cdots, y_{t-p}^T)$，$b_t$ 为 $3^2 p \times 1$ 维随机系数向量，Σ_t、A_t 分别为 3×3 维的对角矩阵和下三角矩阵：

$$b_t = \begin{bmatrix} 1 & 0 & 0 \\ b_{1,t} & 1 & 0 \\ b_{2,t} & b_{3,t} & 1 \end{bmatrix}, \quad \Sigma_t = \begin{bmatrix} \sigma_{1,t} & 0 & 0 \\ 0 & \sigma_{2,t} & 0 \\ 0 & 0 & \sigma_{3,t} \end{bmatrix}, \quad A_t = \begin{bmatrix} 1 & 0 & 0 \\ a_{1,t} & 1 & 0 \\ a_{2,t} & a_{3,t} & 1 \end{bmatrix} \quad (3.39)$$

参照 Primiceri(2005) 的做法，我们将矩阵 Σ_t 和 A_t 表示为形式 $\sigma_t = (\sigma_{1,t}, \cdots, \sigma_{k,t})^T$ 和 $a_t = (a_{1,t}, a_{2,t}, a_{3,t})^T$。同时，令 $h_t = (h_{1t}, \cdots, h_{3t})^T$，其中，$h_{it} = \log \sigma_{it}^2$，$i = 1, 2, 3$。$b_t$、$a_t$ 和 h_t 服从如下的表达式：

$$\begin{aligned} b_t &= \beta_t s_{bt} \\ \beta_{t+1} &= \mu_\beta + \Phi_\beta (\beta_t - \mu_\beta) + \eta_{\beta t}, \quad \eta_{\beta t} \sim N(0, V_\beta) \\ s_{bt} &= I(|\beta_t| \geqslant d_b) \end{aligned} \quad (3.40)$$

$$\begin{aligned} a_t &= \alpha_t s_{at} \\ \alpha_{t+1} &= \mu_\alpha + \Phi_\alpha (\alpha_t - \mu_\alpha) + \eta_{\alpha t}, \quad \eta_{\alpha t} \sim N(0, V_\alpha) \\ s_{at} &= I(|\alpha_t| \geqslant d_a) \end{aligned} \quad (3.41)$$

$$h_{t+1} = \mu_h + \Phi_h (h_t - \mu_h) + \eta_{ht}, \quad \eta_{ht} \sim N(0, V_h) \quad (3.42)$$

式 (3.40) 和式 (3.41) 中，$I(\cdot)$ 为指示变量；d_b、d_a 分别为系数和协方差的门限值。该模型能够捕捉资本监管在经济周期的不同阶段发生的变动及金融状况对资本监管响应的变化，当 $d_b = d_a = 0$ 时，LT-TVP-VAR 模型就转变为 TVP-VAR 模型。本章利用 Metropolis-Hasting 抽样算法来进行 MCMC 估计，同时借鉴了 Nakajima 和 West(2013) 所使用的抽样估计过程，令 $\Theta_\gamma = (\mu_\gamma, \Phi_\gamma, V_\gamma)$，其中 $\gamma \in (\beta, \alpha, h)$。MCMC 抽样如下。

(1) $\beta_{1:T}$ 的抽样。以 $(\Theta_\beta, d_b, \alpha_{1:T}, h_{1:T}, y_{1:T})$ 为条件，β_t 利用 Metropolis-Hasting 抽样算法，此时抽样的结果是多变量的，分布中的成分为

$$\begin{aligned} M_t^{-1} &= X_t^T \Sigma X_t + V_\beta^{-1} (I + \Phi^T \Phi) \\ mt &= M_t \left\{ X_t^T \Sigma X_t + V_\beta^{-1} \left[\Phi(\beta_{t-1} + \beta_{t+1}) + (I - 2\Phi + \Phi^T \Phi)\mu \right] \right\} \end{aligned} \quad (3.43)$$

接受概率为

$$\alpha(\beta_t, \beta_t^*) = \min\left\{1, \frac{N(y_t | X_t b_t^*, \Sigma_t) N(\beta_t | m_t, M_t)}{N(y_t | X_t b_t, \Sigma_t) N(\beta_t | m_t, M_t)}\right\} \tag{3.44}$$

(2) $\alpha_{1:T}$ 的抽样。以 $(\Theta_\alpha, d_a, \beta_{1:T}, h_{1:T}, y_{1:T})$ 为条件，其中 $d_a = d_{a_{ij}}$。注意到，$\alpha_{1:T}$ 的抽样与抽样 $\beta_{1:T}$ 的 Metropolis-Hasting 抽样算法相同。

(3) $h_{1:T}$ 的抽样。根据 $(\Theta_h, \alpha_{1:T}, \beta_{1:T}, y_{1:T})$，定义 $y_t^* = A_t(y_t - X_t \beta_t)$，且 $y_t^* = (y_{1t}^*, \cdots, y_{mt}^*)$，形成单变量的随机波动：

$$\begin{aligned} y_t^* &= \exp(h_{it}/2)e_{it} \\ h_{it} &= \mu_{hi} + \phi_{hi}(h_{i,t-1} - \mu_{hi}) + \eta_{hit} \\ (e_{it}, \eta_{hit}) &\sim N(0, \text{diag}(1, v_{hi}^2)) \end{aligned} \tag{3.45}$$

其中，μ_{hi}、ϕ_{hi}、v_{hi}^2 分别为矩阵 μ_h、ϕ_h、v_h 的第 i 个对角元素，此处应用了标准、有效的随机波动算法（Kim et al.，1998）。

(1) $(\Theta_\beta, \Theta_\alpha, \Theta_h)$ 的抽样。依据 $(\beta_{1:T}, d)$ 和 $(\alpha_{1:T}, d_\alpha)$，分别抽样 Θ_β 和 Θ_α，依据同样的方法按 $h_{1:T}$ 抽样 Θ_h，但 Θ_h 不需要门限的拒绝过程。

(2) (d, d_α) 的抽样。直接通过 Metropolis-Hasting 抽样算法抽样 d_i 的条件后验分布，依据 $(\Theta, \sigma, \beta_{1:T}, d_{-i}, y_{1:T})$，其中 $d_{-i} = d_{1:k}/d_i$。通过 i 时刻条件先验的 $d_i^* \sim U(0, |\mu_i| + K_i v_i)$，接受概率为

$$\alpha(d_i, d_i^*) = \min\left\{1, \prod_{t=1}^{T} \frac{N(y_t | x_t^\mathsf{T} b_t^*, \sigma^2)}{N(y_t | x_t^\mathsf{T} b_t, \sigma^2)}\right\} \tag{3.46}$$

其中，b_t 为基于 (d_i, d_{-i}) 的当前门限状态变量；b_t^* 为基于 (d_i^*, d_{-i}) 的候选参数。

令 $u_t = A_t^{-1} \Sigma_t \varepsilon_t$，则 u_t 的协方差矩阵 Ω 可表示为

$$\Omega_t = A_t^{-1} \Sigma_t \Sigma_t^\mathsf{T} A_t^{-1^\mathsf{T}} \tag{3.47}$$

对 LT-TVP-VAR 模型进行迭代，可以得到 VMA (∞) 的表达式：

$$y_t = \sum_{h=0}^{\infty} \Theta_{h,t} u_{t-h} \tag{3.48}$$

其中，$\Theta_{0,t} = I_k$，$\Theta_{h,t} = J\tilde{\beta}_t J^\mathrm{T}$，$\tilde{\beta}_t$ 和 J 的矩阵形式可写作

$$\tilde{\beta}_t = \begin{bmatrix} \beta_t \\ I_{k(p-1)} : 0_{k(p-1)\times k} \end{bmatrix}$$
$$J = \left(I_k : 0_{k\times k(p-1)} \right) \tag{3.49}$$

　　基于 West 和 Harrison(1997)对包含潜在门限结构的动态回归模型所使用的 MCMC 方法的扩展，采用的稀疏估计算法能够较好地估计时变监管资本在 0～3% 区间内的微小波动特征。根据滞后阶数判定准则及银行资本渠道作用机制的滞后效应，对 LT-TVP-VAR 模型的滞后阶数进行选择并最后确定其为滞后二阶，共进行 20 000 次模拟抽样，其中前 2000 次抽样为预烧样本。LT-TVP-VAR 模型的估计可以通过 OxMetrics 6 来实现。

第4章 系统性金融风险与金融稳定性的理论基础

现代金融体系作为一个相互关联的整体，更加强调风险的内生性。金融机构的集体行动通过影响资产价格等方式对实体经济产生影响，而实体经济又会通过反馈机理对金融系统产生影响(王妍和陈守东，2014a)。系统性金融风险的存在使现代金融危机产生了波及范围更广和对经济与社会福利影响更大的新特征。为了防范系统性金融风险，世界各国的中央银行及其金融机构与全球性的各类金融机构和组织均在其内部设立了相应的风险管控部门，该部门对系统性金融风险展开了具有针对性的研究，并取得了大量研究成果。这些成果对银行自身及监管部门具有重要的现实意义与应用价值，尤其体现在对系统性金融风险的预测、监控与防范，以及金融危机的事前、事中、事后的政策制定与施行等方面。

4.1 系统性金融风险的内在含义[①]

4.1.1 系统性金融风险定义

Arrow-Debreu 一般均衡理论是以完全竞争市场为前提假设，"完美市场"的假设忽略了市场不确定性。古典经济学中芝加哥学派创始人 Knight 首先区分了不确定性和风险。不确定性是人们不可预知的某种状态，风险则是对已知概率分布条件的损失的预测。Markwitz(1952)首先提出了"均值-方差"分析，研究在不确定性条件下进行的投资组合策略，他将市场收益率用均值代替，风险用方差代替，他将复杂的多维投资组合问题简化为简单的二次规划问题。根据该分析方法，风险可以分为系统性金融风险和非系统性金融风险，系统性金融风险是和整个市场

---

① 本节由章秀、陈守东完成。

有关的风险，而非系统性金融风险是和单个投资组合有关的具有独立性并可以通过投资组合分散的风险。随着经济学理论的发展，以有效假设理论为基石的投资组合理论奠定了其在现代金融理论体系中的重要地位，更加帮助"看不见的手"发挥其市场作用。该理论将风险分为横向风险和纵向风险，横向风险是同一时间截面上风险的分配；纵向风险刻画的是风险随着时间变化的程度。

Diamond 和 Dybvig(1983)、Diamond 和 Rajan(2001)、Kaufman(1999)、Allen 和 Gale(2000)将系统性金融风险定义为由金融机构损失通过金融传染渠道导致的金融系统或实体经济发生潜在损失的可能性，他们认为，系统性金融风险来源于金融个体之间资产负债表关联或是市场信息的非对称性。当外生冲击进入金融系统时，单个金融机构的损失会通过资产负债表关联渠道进行传播，或是由市场的非对称信息产生的投资者羊群效应引发银行挤兑，进而造成其他金融机构的损失。Minsky(1982b)从金融系统内生脆弱性的角度定义了系统性金融风险，他认为，系统性金融风险来源于金融系统内部脆弱性及金融体系和宏观经济周期之间的相互关联性。Kindleberger(1996)从投资者非理性行为的角度定义了系统性金融风险，他认为，金融市场上的从众心理和合成谬误会导致金融危机。Borio(2003)认为，风险是内生的且具有动态性，其与经济周期密切相关，在经济繁荣时期风险累加，在经济低迷时期风险释放。而系统性金融风险的这种性质反映了金融系统和实体经济之间的相互关联性。Kupiec 和 Nickerson(2004)定义系统性金融风险为由某个经济动荡引起，继而引起资产价格大幅波动、公司流动性显著减少、潜在破产风险增大和资产重大损失等潜在威胁。Acharya 等(2009)定义系统性金融风险为由银行持有相似资产带来的共同风险暴露和由银行之间紧密的关联性导致的金融风险。

虽然，国际上对系统性金融风险的定义并没有统一的认识，但是，我们从上述各国学者和各国组织对系统性金融风险的定义中可以看到几点共同特征：首先，系统性金融风险是带来大部分金融机构损失或是整个金融系统损失的风险，它强调了由风险带来的波及面的广泛性；其次，系统性金融风险强调内生引致因素，即金融系统自身的脆弱性结构和金融经济周期影响是系统性金融风险的来源；最后，系统性金融风险强调金融系统内部的关联性和对于实体经济的外部溢出效应，即金融系统内部的相互关联增加了系统性金融风险发生的概率，金融系统和实体经济之间存在着交互的溢出效应，这种交互作用会放大风险暴露的影响。

4.1.2　系统性金融风险的特征

由前期对系统性金融风险基础概念和理论的梳理，我们定义系统性金融风险为：金融系统自身的脆弱性结构和金融周期的内生影响因素致使大部分金融机构遭受损失或是整个金融系统遭受损失，并给实体经济带来潜在负外部溢出效应的风险。同时，我们归纳出系统性金融风险内生性、负外部性、传染性及顺周期性的特征。

1. 内生性

系统性金融风险的内生性是指金融机构的集体行动如何通过影响资产价格等方式对实体经济产生影响，而实体经济又如何通过反馈机理对金融系统产生影响（王妍和陈守东，2014a）。金融风险与实体经济之间存在交互影响，在经济繁荣时期风险累积，在经济衰退时期风险释放。风险更多源于共同宏观风险暴露，受到经济周期的影响较大（Borio，2003）。

内生性的一个起因是由 Minsky（1982b）提出的金融市场激励机制。经济代理人如果希望通过短期投资获得高额回报，那么这种心理就会驱使他们进行高风险的金融实践活动。而经理人受到自身业绩的激励，为了降低风险获得高收益，他们会参照掌握更多信息和具有更强影响力的投资者的行为进行投资活动，市场参与者的集体行为增大了金融市场的顺周期性。Minsky（1982b）将金融市场激励机制称为"资金经理人资本主义"（money manager capitalism），经济繁荣会激励经济代理人承担更多风险以获得更高收益，但是长期承担高风险的行为是不可取的。银行作为一个典型的经济代理人，其资金经理人资本主义过程如下。在经济繁荣期，市场上风险溢价低，利润经营目标驱动型银行就会通过加杠杆的方式提高自身的资本收益率。银行的加杠杆行为也会促使其对实体经济的资金供给增加。在这个过程中金融系统中的投机性融资和庞氏融资相对于对冲性融资比例上升，金融系统中风险累积程度较高，对于市场上资金供求关系比较敏感。如果在这个时候，市场受到一个负向冲击，那么就容易引起市场上资产价格的逆转。资产价格错位，引发资本与劳动力等资源部分和期限方面的错配，进而降低投资和消费意愿。投资和消费意愿的降低，进而影响了金融市场中资金的流动，导致银行部门的信贷紧缩。银行部门的信贷紧缩会增加市场上外部融资的风险溢价，进而增加债务负担。由于金融系统本身的结构特征，市场是非完全信息的，且金融个体之间具有较为紧密的资产负债表关联，那么当发生债务违约时，就可以通过资产负债表、非对称信息等渠道在金融市场中传播。如果风险不能得到有效控制，那么就容易诱发系统性金融风险的暴露或是金融危机。另外，在经济繁荣期，银行可以通过金融创新或是资产证券化等行为扩大对市场的资金供给规模。这些方式进一步增加杠杆和信息非对称性，那么就会潜在增加损失的破坏性和风险传播速度。

2. 负外部性

伴随着经济高度发展和制度变迁，金融系统已经成为一个相互依赖的总体，金融个体之间的关联性增强。金融个体之间的关联性增强，使整个金融系统既强健又脆弱(Heemeijer et al., 2009)。一方面，金融个体的理性行为可能增加金融系统的脆弱性。当金融系统面临压力时，金融机构囤积流动性、甩卖资产等行为会给市场带来较强的负外部性，增加金融系统损失。另一方面，金融机构类似的投资经营行为和风险管理策略增加了金融系统的同质性与顺周期性，增大了金融机构行为的风险溢出效应，这种风险溢出效应放大了原始的冲击。金融机构行为的负外部性包含三方面内容：一是系统重要性金融机构的负外部性；二是金融个体的理性选择降低整体福利的效用；三是金融系统放大负向冲击到经济。

第一，系统重要性金融机构的负外部性(Acharya et al., 2009)。信贷增长，由银行或是非银行提供的短期批发性融资占融资比重增大，使得系统的流动性风险增大。资金暴露的累积和衍生品市场，增加了金融机构之间的关联性，使得金融机构成为"太过联系而不能倒"[①]机构。政府救助的保证会激励机构承担更多风险，导致过度承担风险暴露，破坏了市场秩序。系统重要性金融机构自身规模巨大或和金融网络中其他金融个体间关联性强，使得这些金融机构破产可能会通过间接宏观风险暴露或直接的交易对手风险影响其他的金融机构。系统重要性金融机构的行为对金融系统中其他个体产生了外部性。

第二，金融个体的理性选择降低了整体福利的效用。单个金融个体的理性行为虽然降低了自身风险，但是由于风险只是在金融系统内部转移了，并没有被消化掉，风险在系统中积累。一方面，由银行不利消息所引发的公众集体提款的银行挤兑行为(Diamond and Dybvig, 1983)，是由金融个体理性所引发的全体非理性的羊群效应，这种效应可能会使一个健康银行由于银行挤兑而面临流动性枯竭的风险；另一方面，资产持有者的"减价售卖资产"可能会引发市场上资产价格的螺旋下降，进一步引发市场流动性危机(Brunnermeier, 2009)。金融市场资产价格的持续高涨会带来投资者对市场未来发展的乐观预期。但是当这种预期由于某些因素发生逆转时，出于避险考虑，投资者会在市场上减价抛售资产补充流动性。市场预期转变可能使大部分投资者都做出这样的理性选择，那么投资者集体的减价售卖资产会降低市场上的资产价格，进一步引起市场上流动性紧张。减价售卖资产—资产价格下降—市场流动性紧张这样的机制相互促进，会引发市场上流动性的螺旋下降，进而引发市场上的流动性危机。

第三，金融系统放大负向冲击到经济(Hanson et al., 2011)。一方面，信贷和

---

① 意为关联性太强而不能倒闭。

资产价格之间的内生反馈可能会引发过度杠杆，当资产价格反转时增加了系统的波动（de Nicolo et al.，2012）。竞争压力和资金流回使得信贷繁荣进一步膨胀，导致贷款标准的降低，增加对宏观经济冲击的风险暴露。当系统受到一个共同负向冲击的时候，银行可能采取削减新贷款的方式做出反应，银行的这种行为引发信贷紧缩。信贷紧缩带来投资和劳动力的下降，并进一步引发了实体经济紧缩效应。另一方面，资产需求下降带来减价售卖资产，机构通过竞相降价的方式售卖非流动资产，进一步恶化了资产负债比等，并增加了信贷成本。信贷成本的上升降低了信贷需求，进而减少实体经济活动。

3. 传染性

金融机构之间的资产负债表及金融市场之间的流动性使得金融系统是一个紧密关联的整体。这种关联性在正常时期有利于市场进行资源配置，并且提高金融系统的运行效率。但是，当金融系统内部风险积聚到某个时刻，这种关联性以非正常速度增强，并且可能会超出风险爆发的阈值点。关联性超出阈值点的时候发生了质的改变，它为金融传染提供了渠道，促使金融系统产生共同的风险暴露。系统性事件冲击金融系统，使得金融系统内风险上升。由于金融系统中机构之间存在关联性，这种风险在金融系统中通过传染渠道在金融系统中扩散开。如果风险不能得到控制，那么可能会给整个金融系统带来威胁，最后也会给实体经济带来威胁。金融传染渠道是系统性金融风险的一个引致因素。金融传染渠道认为，系统性金融风险或金融危机是由于单一机构失败或单一市场崩溃而产生的，然后通过一系列的传染机制传播到金融系统中。

由于金融机构之间的强相关性，单一机构或是金融系统中单个部分异质性资产负债表冲击易于转变为系统性冲击。传染性的渠道有三个：第一，资产负债表的内部关联，即资产负债表的链式反应，以及融资方的内部关联和提供资金产生的关联（Allen and Gale，2000；Kaufman，1999）。这种资产负债表的内部关联越大，客户和贷款者形成溢出效应的可能性越大；每个敞口的规模越大，链式反应被放大的可能性越大；金融网络内部关联性的复杂程度越高，金融体系核心部门面临压力的可能性越大，从而使得不确定性提升，随即放大了风险。例如，银行通过银行间市场和互相持有债券回购协议而相互关联，市场参与者通过短期头寸的借贷提升了对流动性的管理。一个异质性冲击会降低借款者偿付短期债务的能力，也会降低贷款者获取抵押资产的市场价值，因此其会降低贷款者收回贷款的概率。短期货币市场为负向冲击提供了系统性金融风险传染渠道。第二，非对称信息和不完全信息所产生的过激行为（Allen and Gale，2004b）。极端情况下，一个影响金融系统的负向冲击会降低整个系统中的投资者的信心，导致借款者和贷款者都从发生危机的机构那里提款，从而进一步扩散危机。第三，投资者对金融市场心理状态会因为羊群效应而扩散(Brunnermeier，2009)。在资产价格下降时，投资者竞相进行资产减价售卖的羊群效应，增加市场内资产价格严重贬值、市场内流动性短缺的压力。在危机发生时，风险可能会通过这三种金融传染渠道进行扩散，如果控制不当会爆发金融危机。

4. 顺周期性

Bernanke 等(1999)的金融加速器理论认为，金融系统会放大经济系统的原始冲击。由于信贷市场存在摩擦，借款者的抵押品净值和外部融资溢价负相关，这会放大经济周期的波动。在经济繁荣期，资产价格高涨导致抵押品价值上升，外部融资风险溢价下降，信贷供给和需求较大，经济活动活跃。在经济萧条期，资产价格下降导致抵押品价值下降，企业外部融资风险溢价和新投资成本升高。同时，信贷供给和需求下降，经济活动和下期的资金流减少，至此金融系统通过信贷市场放大了原始的经济冲击。同时，由于利润和资产价格是顺周期的，借款者的抵押净值也是顺周期的，而外部融资溢价是逆周期的，这就加大了借款的波动，进而对投资、消费和产出产生影响。金融加速器理论强调了金融系统和宏观经济的交互作用。相比于金融加速器理论，Minsky(1982b)的金融脆弱性假说倾向于将金融周期内生地归结于金融系统的内在脆弱性。内生的金融不稳定反映了金融系统和实体经济之间的互动影响(陈守东等，2013)。金融系统中投机性融资、庞氏融资和对冲性融资之间的比例上升，使得金融系统由稳健状态向脆弱性状态转变。金融系统处于脆弱性状态时，对产生市场预期变化的负向冲击较为敏感，放大负向冲击，并在最后作用于实体经济。Borio(2003，2014)认为，投资者的风险偏好和融资约束之间的交互作用是影响金融周期的主要原因。金融周期来源于内生投资者风险感知和违约的时变性、投资者预期的非理性及经济的货币化。繁荣孕育着萧条，风险内生于经济和金融周期中。风险在经济繁荣期被低估，这促使投资者通过承担风险获得超额资本收益，增加了信贷并促使经济增长。风险在经济萧条期被高估，贷款违约和企业破产清算会导致市场参与者在市场上减价抛售资产等个体理性行为增加。但是，个体理性导致了整体非理性，恶化市场环境，降低信贷总量，进而加重经济的紧缩程度。

在金融系统内在的脆弱性、监管规则的顺周期性等因素的作用下，金融系统的顺周期性使得金融系统放大了经济的原始冲击，增大了经济波动幅度。逆周期资本监管政策旨在降低金融系统的顺周期性对经济金融活动的波动幅度的影响，防止系统性金融风险的大规模扩散和经济的溢出。逆周期资本监管包含资本或流动性的缓冲，这种缓冲资金可以帮助保持金融系统为实体经济提供信贷的能力。在风险扩张时期，逆周期资本监管可以用来弱化金融系统的顺周期性，提高金融系统对负向冲击的缓冲能力，以及通过对特定部门进行税收方式预防周期的产生。

在风险扩张和累积阶段,对贷款者或活动、对金融部门资产负债表的限制,还有对资本要求和准备金要求的增加及通过对特定部门进行税收方式等逆周期资本监管方式,可以弱化金融系统的顺周期性,并提升金融机构对负向冲击的缓冲能力(Claessens et al.,2013)。Caruana(2010)提出了逆周期资本监管,如果在危机发生之前银行能够遵循《巴塞尔协议Ⅲ》进行逆周期的资本监管,那么银行将有更多的资本基础应对由信贷供给短缺所引发的信贷损失,这样就能减少政府救助。

4.1.3　系统性金融风险的影响因素

　　系统性金融风险的影响因素来源于市场参与者集体行为的共同宏观风险因素(Borio,2003),共同宏观风险暴露主要受经济和金融周期及金融系统内生脆弱性的影响。共同宏观风险暴露是通过机构间对于宏观经济风险因素的共同暴露产生的。

　　1. 金融脆弱性

　　1)杠杆

　　(1)杠杆周期。金融体系、经济周期和总需求决定了金融系统的脆弱性。杠杆率或抵押率是不同于利率的一种均衡变量。Minsky(1982b)根据收入-债务关系将金融系统中的投资者分成了对冲性融资者、投机性融资者和庞氏融资者。不同融资者也代表了不同的杠杆程度。当金融系统中庞氏融资和投机性融资占有较大比例时,金融系统的杠杆化程度非常高。坏消息会增大不确定性,瞬间提升抵押率,带来超级乐观高杠杆机构的损失和破产。Bernanke 等(1999)对杠杆进行了阐述。将杠杆率给经济金融带来的影响归纳为:金融失衡带来企业财务杠杆率上升、资产估值上升、通货膨胀压力上升,进而带来企业去杠杆、信贷增长减速和资产价格下降。在这种情况下,机构会选择减价售卖资产。市场上集体的减价售卖资产易于引发整体的损失,即遇到合成谬误问题。具有相同资产的银行,其市场计价损失的下降带来政府或有负债的上升,进而融资成本上升,银行脆弱性增加。政府主权信用危机和银行脆弱性会互相加强。信贷风险的重新定价、利率政策预期突然升高及期限溢价冲击易于对流动性风险错误定价,市场流动性减弱,带来挤兑或大范围的市场抛售。用于吸收冲击的市场流动性缓冲变弱,金融部门的动荡可能引发风险偏好的下降,导致银行无法出售其风险最高的资产。这样的过程形成了反馈环路,彼此之间会相互增强。另外,杠杆变动和经济金融发展具有相关性。Geanakoplos(2010)给出杠杆周期的三个因素:一是由坏消息引起的不确定性和不一致性;二是急剧增长的抵押率;三是由杠杆乐观者带来的损失和银行破产。一旦危机爆发,以上三个因素之间相互作用且作用增强。当杠杆很高时,机构和民众用很少的钱就可以购买很多的资产；当杠杆很低时，购买者几乎需要花费手里所有的钱才能购买相同的资产。因此，在杠杆宽松时期，资产价格上升，购买者很容易获得信贷。当杠杆被高度约束时，资产价格就会直线下降，抵押品价格下降，信贷出现紧缩。政府通过利率管制确保信贷不会枯竭，保证经济的稳定性。杠杆管理必须避免特大杠杆周期带来的尾部风险。

（2）资产负债表和杠杆。金融机构的资产负债表是逐日盯市的，资产价格变化很快就会在资产负债表中显现，并且会在金融机构的净值上立刻显现。当金融机构的净值发生变化时，由于金融机构资产负债表的高杠杆性，金融机构净值会对资产价格的波动异常敏感，金融机构通过调整它们的资产负债表来反映市场资产价格的变化。如果金融机构是被动的，那么就不会通过调整它们的资产负债表来适应净值的变化。当总资产上升时，杠杆下降，杠杆变化和资产规模变化是负相关的。但是，对于金融机构而言，其对资产负债表的管理是较为积极的，它们通过调整自身的资产负债表来适应净值的变化。因此，金融机构的资产负债表对价格变化和风险度量的反应具有顺周期性，杠杆和资产负债表规模是正相关的。顺周期的杠杆可以影响资产的价格和总波动。当资产价格上升时，为了保持杠杆率，金融机构会通过增加债务的方式来购买资产端的证券。当资产价格下降时，为了保持杠杆率，金融机构会通过售卖资产的方式来偿付债务。如果金融机构的杠杆是顺周期的，那么资产价格的变化会变得更加强烈。当证券价格上升时，金融机构通过购买高于原有杠杆指标的证券来调高杠杆。如果这个过程存在一个反馈，那么杠杆的调整和资产价格的改变会相互加强，并在金融周期中相互放大。如果金融市场并没有完全的流动性，那么资产需求的上升会带来资产价格的进一步上涨。进一步地，这也会带来另一种潜在的反馈效应，即资产负债表扩张带来资产需求增加，资产价格上升，并促进资产负债表进一步扩张。在经济衰退期，这种作用机制更加明显。如果金融市场并不是完全流动的，那么资产供给的增加会给资产价格的下降带来更大的压力。进一步地，这也会产生潜在的反馈效应，即资产负债表的紧缩带来更多的资产减价售卖，进而降低了市场上的资产价格，资产负债表进一步被迫紧缩。图 4.1 和图 4.2 给出了在经济繁荣期和经济衰退期资产杠杆调整带来资产负债表规模和资产价格之间的反馈环路。

图 4.1　经济繁荣期杠杆的调整　　　　图 4.2　经济衰退期杠杆的调整

资料来源：Adrian 和 Shin（2010）　　　资料来源：Adrian 和 Shin（2010）

2)流动性

(1)资产负债表和流动性。总流动性可以看作金融机构总资产负债表增长的变化率,资产价格繁荣可以看作金融系统的"过度流动性"或是"流动性泛滥"(Mishkin,2010)。在金融危机时期,由于前期金融机构资产负债表过于快速扩张,金融压力时期借款者无力偿还信贷,这加大了市场流动性风险。具体而言,机构资产负债表资产端的增长使得机构杠杆下降,机构持有过多资本,此时金融系统具有"过度能力"。金融机构会将剩余资本投入到具有高资本收益率的投资项目中,以获得更高的利润。许多银行有成熟期转换,即用短期贷款支持长期借贷。这种成熟期转换是银行金融策略中不可分割的一部分,但是这种做法增加了它们自身的流动性风险。在压力时期,短期货币市场中的借款者主要从货币市场进行短期融资,然后投资于股票获得更高收益。此外,投资银行的资金持有人可以利用交易商的信贷额度来抵消风险敞口,或者交易商通过对现有合同的抵消来鼓励新的衍生产品。流动性头寸紧张的机构会设法利用其他资金来源,如延迟的信贷额度、联邦贷款或中央银行窗口借贷。一个有流动性压力的机构会通过售卖流动性资产来获得现金。危机中,如果潜在买家发现售卖者处于流动性压力之中,潜在买家会通过降低他们愿意购买的价格来和卖家进行议价,那么资产售卖者将处于被动的地位,并会加大自身的流动性风险。Perotti 和 Suarez(2009)关注了批发性融资对金融市场流动性风险增加的作用。他们的研究表明,批发性融资在为金融市场短期融资带来保险的同时,也增加了金融机构对批发性融资的依赖程度,进而增加了金融市场上的流动性风险。因此,他们认为可以通过征税的方式来降低由批发性融资带来的流动性风险。

(2)证券市场流动性和交易者资金流动性。交易者为证券市场提供流动性,而资金流动性又是交易者的资金来源,包括交易者融资资本和保证金。危机中,市场流动性和资金流动性的下降相互加强,导致"流动性螺旋"(Brunnermeier,2009)。当市场上出现融资问题时,市场上的金融交易减少,市场流动性降低。市场流动性的降低促使外部风险溢价上升,使得交易者的融资成本上升,交易者资金流动性下降。同时,由于市场流动性降低,非流动性资产的抵押价值下降,进一步紧缩了交易者的资金,迫使他们减少交易,导致"保证金螺旋"(Brunnermeier,2009)。另外,如果交易者资金流动性出现问题,他们可能会在市场上减价售卖资产。而交易者集中减价售卖资产会造成资产价格的进一步下降,导致市场流动性进一步下降。严重时候,可能会引起市场流动性瞬间枯竭,出现流动性危机。图 4.3 给出了流动性螺旋过程。

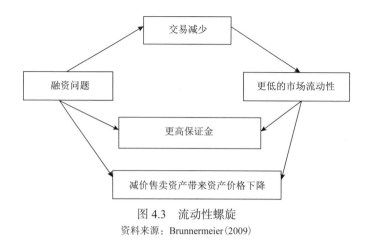

图 4.3　流动性螺旋

资料来源：Brunnermeier (2009)

3) 宏观经济总量

(1) 信贷。Bernanke 等 (1999) 的金融加速器理论认为，金融系统会放大经济系统原始冲击。由于信贷市场存在摩擦，借款者抵押品净值和外部融资溢价负相关，这会放大经济周期波动。在经济繁荣期，资产价格高涨导致抵押品价值上升，外部融资风险溢价下降，信贷供给和需求较大，经济活动活跃。在经济萧条期，资产价格下降导致抵押品价值下降，企业外部融资风险溢价和新投资成本升高。同时，信贷供给和需求下降，经济活动和下期的资金流减少，至此金融系统通过信贷市场放大了原始的经济冲击。同时，由于利润和资产价格是顺周期的，借款者的抵押净值也是顺周期的，而外部融资溢价相反，这加大了借款波动，进而对投资、消费和产出产生影响。金融加速器理论强调金融系统和宏观经济的交互作用。

经济周期的变化会影响信贷约束变化，进而影响总经济活动。经济周期的变化，如小的技术或收入分布的短暂冲击，会带来信贷约束的变化。Kiyotaki 和 Moore (1997) 给出包含固定资产的信贷约束对金融周期的影响。具体而言，当冲击来临时，信贷约束上升。其中，如土地、房屋、机器等固定资产扮演着重要的角色。因为这些固定资产既是产出的决定因素，又是贷款的抵押物，所以抵押资产的价格会影响借款者的信贷限制。信贷约束和资产价格之间的动态相关性是冲击持久、放大与传播的传导渠道。在经济中，土地是用来担保贷款和提供产出的，土地总供给是固定的。有些公司是有信贷约束的，这些公司持有土地并将土地抵押进而借贷，土地是它们的主要资产。还有一些公司是不受信贷约束的。假设在 t 时刻，公司受到暂时的产出冲击，这个产出冲击降低了它们的净值。公司净值下降导致公司不能借贷更多，受到信贷约束的公司被迫削减它们的投资，包含对土地的投资。这会在下一阶段影响它们：它们获得更少的收益，它们的净值下降，由于信贷约束，它们的投资也会下降。这种冲击反应与效应不断延续，t 时刻短暂的冲击导致受约束的公司对于土地的需求在 t 时刻、$t+1$ 时刻、$t+2$ 时刻等时间中都下降。t 时刻土地价格的下降对于受到约束的公司具有重要作用。由于这些公司的高杠杆性，时刻 t 上它们在土地持有上出现的部分资本损失，会变为它们公司净值的快速下降。相应地，这些公司必须降低土地投资。这是一个交互的短暂多元过程：在 t 时刻，受约束公司的净值受到冲击的影响后，降低了它们当期和后期的土地需求。为了重新形成市场均衡，未约束公司土地的用户成本在每一个时刻都会预期下降，导致 t 时刻土地价格下降。而这种行为会进一步降低 t 时刻受约束公司的净值，使得持续性和放大性相互增加。图 4.4 中给出了这个过程。时刻 t 的产出冲击降低了受约束公司净值，迫使它们降低土地需求，用户成本降低，最终市场出清。相同量的土地价格下降，降低了公司现有土地持有价值，进一步降低它们的净值。总土地价格的减少反映为现在和未来用户成本的总减少，引起受约束公司净值和土地需求的持续下降。在这个过程中，信贷约束和资产价格之间的动态相关性是冲击持久、放大与传播的传导渠道，经济冲击通过信贷市场被放大了。

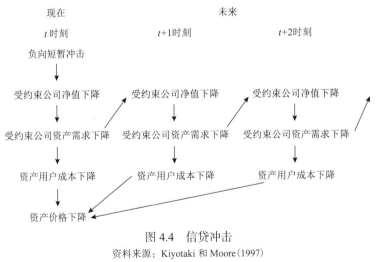

图 4.4　信贷冲击

资料来源：Kiyotaki 和 Moore（1997）

　　（2）资产价格泡沫。泡沫来源于长期过高估值，而系统性泡沫产生于对杠杆率过高的风险资产的长期过高估计。由价格和产出的稳定带来的市场参与者对于风险的低估，经济前景或金融市场结构变化的乐观预期促进了投资和信贷的繁荣，资产价格上涨。投资、信贷繁荣及金融监管政策宽松也会助长信贷增加，并催生资产价格与实体经济基本面价值的背离。资产价格与实体经济基本面价值的长时间背离会促进市场中资产价格泡沫积累。当实体经济价值增长不能支撑虚拟金融资产价格增长时，或经济受到负向冲击时，如经济增长放缓、宏观政策收紧或国际外部环境恶化，这种不匹配或负向冲击容易引发国内市场资产价格下跌。若资产价格的下降和经济衰退期重合，可能会加重金融机构资产负债表紧缩效应，进一步减少经济中整体的信贷和投资。而这也会增加经济萧条期金融市场中的宏观风险，极端情况下可能引发资产价格泡沫破灭。

（3）债务贡献水平。经济结构性问题会带来产能过剩和有效需求不足，产能过剩和有效需求不足之间的矛盾会引起投资下降，进而引起总资产和就业率的下降。由于宏观经济的高度非线性，资产价值更大的不确定性引起金融失调，带来投资和消费支出的下降，进而引起经济紧缩。经济紧缩带来通货紧缩，通货紧缩又会使企业资产负债表中的资产缩水、债务增加，以及企业资产负债表脆弱性增加、可持续性下降且偿债能力下降(Fisher，1933)。在这样的情况下，私人部门和公共部门对于市场中的流动性充裕程度的降低、外部融资条件的紧缩、企业盈利的放缓及货币贬值等因素的敏感性上升。同时，这种情况下抵押品价值会下降，由于信息不对称的存在，贷款者会提高贷款标准以规避风险，这会导致逆向选择和道德风险的加剧。前期实行宽松货币政策的经济体的宏观经济失衡，一方面带来私人和企业融资难的问题，并使市场风险溢价上升；另一方面带来外国投资者更多地参与到使一些经济体风险暴露与资本外流压力增加的市场活动的问题，并使资本外流压力增大。市场基本结构的变化加剧流动性的下降，放大市场动荡时产生的波动性。负向冲击在这样的市场条件下加速扩散。

2. 金融周期

Minsky(1982b)的金融脆弱性假说倾向于将金融周期内生地归结于金融系统内在脆弱性。金融系统中投机性融资、庞氏融资和对冲性融资之间的比例上升，使得金融系统由稳健状态向脆弱性状态转变。金融系统处于脆弱性状态时，对产生市场预期变化的负向冲击较为敏感，放大负向冲击，并在最后作用于实体经济。Borio(2003，2014)认为，投资者的风险偏好和融资约束之间的交互作用是影响金融周期的主要原因。金融周期来源于内生投资者风险感知和违约的时变性、投资者预期的非理性及经济货币化。繁荣孕育着萧条，风险内生于经济和金融周期中。风险在经济繁荣期被低估，这促使投资者通过承担风险获得超额资本收益，增加了信贷并促使经济增长。风险在经济萧条期被高估，贷款违约和企业破产清算会导致市场参与者在市场上减价抛售资产等个体理性行为增加。但是，个体理性导致了整体非理性，恶化市场环境，降低信贷总量，进而加重经济的紧缩程度。Claessens 等(2012)针对众多国家应用了周期时点方法(转点分析)，并利用该方法去识别了信贷、房地产价格和股票价格的顶峰与谷底，并将这三个变量和金融周期进行关联。实证结果显示，这三个序列的周期是中期周期，信贷和房地产价格的周期行为具有高度相关性。金融周期和经济周期也具有高度关联性，金融崩溃和经济衰退期关联性强。如果在复苏时期资产价格仍然低迷，那么复苏就会比较乏力。而如果在复苏时期伴随着信贷快速增长和房地产价格上升，那么复苏比较快。这些结果强调了宏观经济中金融的重要性。Gregory 等（2012）认为，金融周期的波动运行可能导致严重的金融与宏观经济紧缩。他们通过信贷和固定资产价格给出了一个中期周期，金融周期的持续时间大概为 20 年。金融周期的顶点和系统性金融危机相关，且金融周期的波峰处和国内金融危机相关联。相对于经济周期衰退期一般不超过一年，金融周期萧条期持续了相当长的时间，且经济周期萧条给金融周期萧条期带来的经济衰退也非常严重。

4.2　系统性金融风险的生成演化机制[①]

4.2.1　系统性金融风险生成演化有关理论

1. 债务危机视角

Fisher（1933）的"债务-通货紧缩"理论实质上是对经济周期理论的另一种阐述。他认为，经济周期中债务水平变动及随后由市场的通货紧缩所引起的银行信用扩张和收缩机制是经济金融危机的引致因素。具体而言，市场非理性繁荣和非均衡发展引发了微观行为主体过度负债，当经济周期进入衰退阶段时，资产市场的价格通货紧缩和行为主体的过度负债形成正向传导与反向倒逼机制。在经济繁荣期过度累积的债务在经济萧条时期，由于价格通货紧缩提高了实际的债务水平，在极端情况下债务人会被迫性地清偿债务，债务与通货紧缩之间的反馈机制强化了经济衰退的趋势，使得经济形势进一步恶化，进而导致危机的发生。

"债务-通货紧缩"理论强调了经济周期中的债务水平对经济周期的影响。"债务-通货紧缩"理论中的风险生成演化路径是：假定在给定的外生正向冲击下，投资者为提高货币利润，以增加投资头寸、加杠杆等融资行为提高盈利水平，此过程带动了产出增长，并推动了物价上涨。经济的正向增长引发了更多的投机行为，进一步刺激了投资头寸和杠杆的增加。其中，债务融资是投资和投机资本的主要方式，而银行贷款是债务融资的重要组成部分。融资的增加带来债务增加，并增

---

① 本节由章秀、陈守东完成。

加了银行贷款，进而促进了存款和货币供给的增加，使得物价随之上升。物价上升与经济增长给人们带来乐观的经济预期，促进了投资和消费，从而提高了货币流通速度，进一步加快了经济的扩张速度。通货膨胀稀释了未清偿债务，使其实际价值降低，缓解了企业的资产负债表，变相鼓励企业的借贷活动。经济繁荣期的积极借贷时间节点是债务人达到"过度负债"状态，即许多债务人没有足够的流动资产来清偿到期债务，最终导致企业被迫性地清偿债务，引发连锁的"债务-通货紧缩"过程。企业违约、破产的情况增多，在经济上升和扩张期积累的经济金融风险逐渐显露，甚至进一步扩大；银行体系在过度负债后，后续债务清偿过程会对危机的形成起到推波助澜的作用，银行自身也会面临严重的危机。Tobin(1981)提出了资产价格是金融危机的一个重要的引致因素。在经济系统风险暴露的时期，过度负债的企业会出现破产的情况，给银行带来损失。在这种情况下，银行会通过提高利率、减少贷款的方式来规避风险，而这样进一步降低了资产价格和企业净值，使得本来已经脆弱的金融体系走向崩溃的边缘。

2. 货币视角

凯恩斯(Keynes，1936)在《就业、利息与货币通论》中提出，"投资周期"理论的实质是在经济系统内在固有的不确定性条件下投资决策的不确定性，而这种不确定性通过影响货币需求，继而影响经济系统中的有效需求。有效需求不足是导致经济危机产生的一个重要因素。他认为，货币是为投资而进行融资的产物。货币供给由经济内部决定，货币供给的变化反映了企业利润的预期及银行对商业环境的判断。而企业所获得的总利润决定了货币的总需求。货币数量的增加一方面满足用于增加产出的投资与融资的需求，即满足交易动机的需求；另一方面满足为了增加资本存货或金融资产的融资需求，即谨慎动机和投机动机的需求。由交易动机和谨慎动机所产生的货币需求弹性较小，是收入的一个固定部分，而投机动机的货币需求弹性较大，比较不稳定。由于投机动机的货币需求是较不稳定的，货币总需求也是不稳定的。而伴随着环境的变化，企业的投资决策受到影响，投资的周期性变化影响了总资产和就业。这种私人投资的不稳定性会打破货币供给需求之间的均衡关系，带来经济系统中的供求不均衡，即有效需求不足。投资周期理论强调了由减少投资而引起的有效需求不足对经济周期的影响。风险的生成演化路径为：金融资产和资本资产估价方法、乐观主义与悲观主义交互作用会影响投资总量，投资总量通过支出乘数影响总资产与就业。风险偏好型投资决策是时间轴上投资的过度"提前"投入，使得微观行为主体对未来资源过度透支。在这个过程中，微观主体的风险总量并没有减少，而是将当期风险转移给了未来。

当经济周期性冲击作用于经济系统中时，会引发总资产与就业的不确定，而总资产与就业的不确定会进一步影响投资决策的不确定性，投资决策的不确定性会影响货币总需求，货币总需求的变化引起了经济系统中的供需不均衡，进一步引起有效需求不足，导致经济危机发生。

3. 金融脆弱性视角

Minsky(1975)提出了"投资融资"理论，企业为了进行投资而进行融资是经济不稳定性的最重要来源，它促使经济从稳定趋于不稳定。他认为，严重的经济危机是源于资本主义金融的本质特性，产生金融脆弱性的过程是经济系统天然属性和内生属性。Minsky(1982b)提出了"金融脆弱性"假说，该假说从金融体系、经济周期和总需求方面进行了研究。Minsky 在 1975 年投资融资理论的基础上，基于收入-债务关系提出了相应的融资行为分类标准，将金融系统中微观经济行为主体分为对冲性融资者、投机性融资者和庞氏融资者，风险程度依次升高。其中，对冲性融资指的是债务人的预期现金流能够偿付其融资成本及本金；投机性融资指的是债务人的预期现金流仅能偿付其融资成本，他们通过将短期融得的资本用于长期项目投资获利，在这个过程中产生了期限错配风险；庞氏融资是指债务人预期的未来现金流不一定足以偿还债务，且容易演变为庞氏骗局，是经济金融系统最不安全的冲击因素。根据不同的经济状况的变化，投资者的比例也会发生变化。当庞氏融资和投机性融资在总融资中占比高时，金融系统的脆弱性高，反之亦然。

Minsky(1982b)的金融脆弱性假说强调了金融系统的内在脆弱性是诱发金融危机的根源。其风险的生成演化机制为：经济繁荣带来乐观的预期和高涨的市场情绪、资本的充足及市场上需求的充足。总需求的充足增加产品利润，使得生产资本相对金融资本带来更大的收益，企业加大投资。当经济泡沫化时，金融资本的收益要大于生产资本的收益，此时，通过金融资本获得更多利益的投机性融资者和庞氏融资者的比例大幅上升，外部融资占比增加，金融系统处于一种脆弱性的状态。市场流动性不断被投资行为抽走的同时，金融机构自身的债务水平不断上升。市场行为主体的风险偏好会随之升高，导致其产生一种错误的安全感，进而激发大量风险投资行为，金融系统越发脆弱。一旦投资繁荣不可持续，易引发流动性危机，极端情况下还可能引发金融危机。需要指出的是，不同流动性状态、不同政府部门财政实力、不同的干预力度等会对危机深化的程度产生重要影响，即融资行为的目的和比例、宏观调控政策是危机爆发及危机影响的重要决定性因素。Minsky(1982b)提出了平静时期的概念，该时期以健全的金融体系和没有金融创新为特征。在这个时期，为投资进行的融资显得不那么重要。在市场非理性繁荣的掩盖下，市场情绪非理性导致微观经济体行为主体的风险偏好上升。随着微观行为主体盈利水平的增加，金融创新大量涌现以匹配日益增长的风险投资行为，经济金融系统的脆弱性不断强化。明斯基(Minsky)时刻用于指代以资产市场价格体系普遍崩溃为主要特点的金融危机爆发临界时刻。尽管"看不见的手"可对市场非均衡进行自我修复，但这是一个漫长的过程，且其修复能力在短期内有限，即便达到新的均衡也是非稳定均衡，经济金融系统将很快出现崩溃现象，并向稳定的市场均衡过渡。

4. 经济金融周期视角

Kindleberger(1987)认为，货币和信贷膨胀是金融危机发生的根本原因，这种货币和信贷机制是内生的，具有不稳定性。投资者非理性预期和非均衡行为是货币与信贷膨胀的主要原因。Kindleberger 强调了投资者非理性预期和非均衡行为对货币与信贷膨胀产生的重要作用。其传导机制为：正向冲击带来了经济扩张，经济的繁荣景象也给人们带来了乐观的利润预期，这种预期、利润机会及经济行为的外部性催生了经济系统内的信贷扩张。为了适应系统内部的信贷繁荣，市场出现有助于投机的金融创新，信贷扩张转化为对产品和金融资产的有效需求，引起投机性繁荣、资产价格上涨及投资进一步扩张。非理性疯狂扩大波动浮动的幅度，引起金融系统中企业的财务困境，导致危机爆发和市场恐慌与崩溃。

5. 金融传染视角

1)银行间挤兑模型

Diamond 和 Dybvig(1983)、Diamond 和 Rajan(2001)认为，单一银行的挤兑将传播到其他银行部门，并导致全面的恐慌。一是提前取款随机性的存在使得存款者不理性的取款行为将导致银行挤兑；二是单一银行的倒闭很容易传染并扩散到整个银行体系或金融系统。一方面，交叉关联的资产负债表渠道广泛存在于银行间市场、金融衍生品的交易及其支付结算系统中；另一方面，由于信息不对称的存在很容易激发逆向选择，投资者倾向于低估金融机构的真实实力，在某种程度上加大了金融机构的挤兑风险与兑付风险。以银行业为例，其遭受挤兑风险的来源以实际暴露传染渠道及信息传染渠道为主。实际暴露传染渠道指的是由存在于银行间市场及其支付系统中的共同风险暴露所引发的多米诺骨牌效应；信息传染渠道则指的是在信息不对称时，存款人难以确定银行体系所面临的金融风险是系统性金融风险还是异质性金融风险，从而导致逆向选择行为的集中发生。一旦某一金融机构发生挤兑风险或兑付风险，资产负债表渠道反映的共同风险暴露将严重冲击市场预期及投资者信心，最终导致系统性金融风险的全面爆发。流动性危机对金融危机的生成演化及其影响程度具有重要影响，银行间同业拆借市场的良好运行是银行体系不发生流动性危机的重要保障，但银行间同业拆借市场中同样存在风险传导扩散的资产负债表渠道（Rochet and Tirole，1996）。

2）金融市场间的风险传染

针对金融风险在金融市场间传导扩散的研究主要集中在信息不对称、多重均衡、实际暴露渠道三个方面。在理性预期的理论体系下，Kodres 和 Pritsker（2002）基于多个金融资产的扰动成分对金融风险的溢出机制进行了分析。研究表明，信息不对称程度越高、实体经济各部门联动性越强，资产价格的风险溢出效应越发显著。金融系统内的多重均衡机制促使金融机构的异质性金融风险在金融系统中传导和扩散。相对于金融传染的影响因素，金融机构面临的共同宏观风险暴露是系统性金融风险爆发的主要来源。Allen 和 Gale（2004a）通过将经济周期的内生不稳定性嵌入 DSGE 模型，更为准确地实现了流动性危机及资产价格异常波动冲击下实体经济的反应路径及其反馈机制，并指出这一循环机制是金融非理性繁荣的重要原因，且导致了金融系统脆弱性的增加，为系统性金融风险的演化及最终的爆发奠定了前提基础。这一研究过程暗含了系统性金融风险具有内生性及顺周期性的前提假设。

3）支付结算系统中的系统性金融风险

支付结算系统的内部组织决定了冲击或风险如何在金融系统内部传染。支付结算系统为银行间市场和证券市场间交易提供了结算的技术基础。Borio 和 van den Bergh（1993）对支付结算系统中的系统性金融风险进行了研究。Furfine（1999）检验了系统性金融风险通过美联储通信系统的传染范围。Shin（2008）研究了流动性风险是如何通过金融机构的资产负债表和证券资产价格之间的联系相互传染的。

4.2.2　系统性金融风险生成演化具体机制

"繁荣是萧条的唯一原因"，经济繁荣提升了投资者的风险偏好，加之外部投资约束宽松，带来更多的投资和信贷量，杠杆和资产价格提高，风险在系统中不断累积。当遇到反向负面冲击时，金融系统出现损失，增加金融系统的压力，甚至会引起系统性金融危机。Davis 和 Karim（2010）给出系统性金融风险演进的三个阶段：累积—扩散—爆发。图 4.5 给出了系统性金融风险的生成演化路径图。

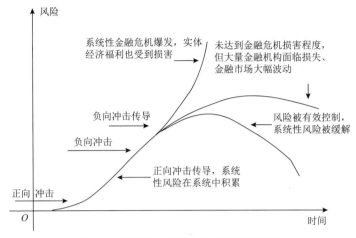

图 4.5　系统性金融风险生成演化机制图

1. 风险累积

　　正向初始冲击可能来源于经济周期中的正向因素，如技术创新、公共部门宽松的政策等。根据道格拉斯函数，技术因子使得边际产量增加，技术创新突破性地推动了产量的增长。同时，为了促进经济发展，政府部门相应地采取鼓励性经济政策，包括经济自由放任政策、宽松的货币和财政政策及宽松的金融监管政策。例如，20 世纪 90 年代至 2008 年美国次贷危机前，此阶段伴随着美国的信息技术革命及政府相应的宽松宏观政策，被称为美国的"大稳健时代"。正向冲击不断传导，影响社会投资总量、企业实际债务水平、资产价格泡沫程度和市场信贷总量等因素。宽松的政策带来金融市场上信贷约束条件弱化。投资者的风险偏好和宽松的信贷约束条件促进了投资，金融个体的杠杆率升高。为了适应市场上的巨大资金需求，金融创新不断被开发、市场风险被低估等。宽松的金融监管政策和积极的银行信贷，使得经济繁荣期的银行资本充足率不断下降。经济的繁荣引导经济行为主体对经济金融形成乐观预期，进而提升了投资者的风险偏好，促进投资者的投资。同时，通货膨胀带来的实际债务水平下降，也促使企业扩张其资产负债表获得利润。企业的持续盈利性和宽松的外部融资条件加大了市场流动性的充裕程度。宽松的监管环境带来大量资本，且其流入高资本回报率的股票、房地产等虚拟市场，进一步提高资产价格。高涨的资产价格降低了借款者的抵押品净值和外部融资溢价，促进了银行信贷。市场中对冲性融资机构、投机性融资机构和庞氏融资机构的比重也在不断变化，导致金融体系的脆弱性不断增强。金融风险在金融系统中不断累积，为系统性金融风险的最终爆发埋下了"火种"。

2. 风险扩散

伴随着经济周期波动，由经济结构性问题带来的产能过剩、有效需求不足等问题导致了投资下降，进一步引起了总资产和就业人数下降。由于宏观经济的高度非线性，资产价格具有更大的不确定性，这易于引发金融失衡，进而带来投资和消费支出的下降。投资和消费支出的下降引发了通货紧缩，并提高了实际的债务水平。随着隐含资本充足率不断下滑及资产价格不断攀升，触及金融机构内部风险管控部门及金融监管部门底线，信贷政策渐近从紧、宏观调控政策倾向于银根收紧，原始的正向冲击至此转变为负向冲击。在有效需求不足、风险不确定性上升、外部风险溢价上升的情况下，企业通过调整其资产负债表以规避风险，并保持资产负债表平衡。外部融资条件紧缩和企业盈利放缓，提高市场中投资者对市场中流动性充裕程度的敏感性。市场中疲软的资产价格进一步降低借款者的抵押品净值、增加外部融资溢价。在经济繁荣不可持续的预期下，投资者的风险偏好降低，银行信贷下降。在经济繁荣期金融系统中的投资者为了追逐利益的同质性增杠杆行为，在这样的经济金融环境中转化为同质性的去杠杆行为。同质性行为增加金融系统中个体之间的关联性，使得金融个体之间的影响程度增大。当金融网络中关联网上的流动性不足时，会导致投资者被迫清盘。如果违约风险或者破产清算起因于共同宏观风险暴露，那么这种小的负向冲击就可能通过共同风险交叉敞口诱发整个金融系统大规模的风险暴露。

3. 风险爆发

"暴风雨前的平静"通常表现为资产市场价格水平上升，企业、政府部门债务量激增，经济运行波动加剧，以及国际贸易的经常账户出现赤字等。金融风险的不断传导扩散可能带来三种结果：第一种是风险被有效控制，系统性金融风险被缓解；第二种是未达到金融危机损害程度，但大量金融机构面临损失、金融市场大幅波动；第三种是系统性金融危机爆发，实体经济福利也受到损害。系统性金融风险全面爆发，投资、消费等经济行为因信贷紧缩而全面下滑，产出随之下降，实体经济遭受严重冲击，此即负向冲击的传导机制。

4.3　金融不稳定性的内在含义[①]

金融不稳定理论与 Fisher 和凯恩斯等的经典经济学理论密切相关。

---

① 本节由王妍、陈守东完成。

Fisher(1933)的"债务-通货紧缩"理论强调了过度负债和随后的通货紧缩在经济繁荣与萧条中的决定性作用。该理论认为，金融危机产生于经济繁荣期的过度负债和经济萧条期的资产的清算与抛售。正如"债务-通货紧缩"理论描述的，资产价格下降引起净财富的下降，进而导致借款者减少消费、投资及信贷需求，这一金融系统的内在运行机制在金融加速器理论(Bernanke et al.，1999)中被明确地刻画。对金融不稳定的研究具有卓越贡献的是 Minsky(1986，1992)的金融脆弱性假说。Minsky 认为，经济的内部动态性导致金融系统由稳定的金融结构转向易于发生金融危机的不稳定的金融结构，即金融不稳定根源于金融系统内部的运行机制及金融系统与实体经济的关联影响机制。从凯恩斯的《就业、利息与货币通论》到费雷德曼的货币理论，再到 Minsky 的金融脆弱性假说，尽管研究的角度和侧重的渠道有所不同，但金融系统与宏观经济之间的关联程度与关系一直是研究的重点。

伴随着每次金融危机的发生，都会涌现出众多关于金融不稳定的文章，研究模型与度量方法也在不断地更新和变化。然而，究竟什么是金融不稳定？其产生的原因是什么？具有什么基本属性？对于这些根本的问题尚没有一个明确统一的认识，金融不稳定的计量研究也因此受到了限制。本节将基于以往的研究，界定金融不稳定的内涵，剖析其产生的原因，并分析金融不稳定的本质属性。另外，本节还将在最后介绍金融不稳定的监管框架的历史演变。本节的研究将为进一步度量金融不稳定、开发金融监管工具及制定监管政策提供理论基础。

4.3.1　金融不稳定的内涵

金融不稳定通常涉及对金融功能的损害、实体经济的溢出影响及负外部性等方面。虽然对金融不稳定的概念没有一致的认识，但已有的度量金融不稳定的文章通常是根据不同的研究目的从不同的角度来进行。一些文章使用金融压力指标度量金融不稳定；而另一些文章则从严重的系统性金融风险的角度进行度量。事实上，金融不稳定的概念是比较宽泛的，本章不旨在从经济意义的角度给出金融不稳定的明确定义，而是为了计量分析金融不稳定，从静态和动态的角度分别界定金融不稳定的内涵，为进一步的金融不稳定的度量和金融不稳定特征的分析提供前提和基础。

1. 静态的金融不稳定

从计量研究的角度出发，本书对静态的金融不稳定的内涵的界定范围如下。静态的金融不稳定指在某一时点金融系统中的金融风险状态；并且金融风险主要呈现以下三种状态：①金融脆弱状态；②金融压力状态；③系统性金融风险状态。

　　在某一时点金融风险将呈现其中的某一种风险状态，并且通常来说，这三种状态并不是并列存在，而是存在一定的递进关系。金融脆弱状态是金融风险趋于高风险的早期状态，该状态描述了金融不均衡建立时的金融系统的脆弱状态，并且此时通常伴随着经济繁荣期。金融脆弱状态的主要特征体现为信贷扩张、资产价格高涨及更易获得外部融资等金融不均衡现象。金融压力状态是金融系统在脆弱状态下受到某一冲击影响而出现的状态，此时金融系统将要或正在出现不确定性或损失。金融压力状态的主要特征是金融市场和金融机构的预期损失变化或不确定性(Illing and Liu，2006)。系统性金融风险状态是大规模金融风险的实现，损害金融系统的服务和功能，并对实体经济产生负面影响的状态。这一状态下，金融机构和金融市场出现普遍的损失和崩溃，并且金融服务或功能受到破坏。系统性金融风险的概念比金融危机更宽泛，不仅包含极端的金融危机，同样还包含未达到金融危机严重后果的金融机构损失或(和)金融市场大幅波动。

　　表 4.1 归纳了金融不稳定的三种状态的特征，并给出了本书基于不同状态的金融不稳定构建的度量指标体系。本书倾向于使用最少的指标集描述金融不稳定的各种状态特征。对于金融脆弱状态的度量，选取私有部门信贷、私有部门信贷/GDP、房地产价格和股票市场价格等指标。私有部门信贷和私有部门信贷/GDP 指标可以度量金融不均衡建立时信贷的过度扩张的特征，由于信贷扩张为获得更多的外部融资和投资机会提供了条件，这些指标也可以作为投资繁荣和更易获得外部融资的特征的代表指标。房地产价格和股票市场价格则可以度量金融不均衡建立时的资产价格高涨的特征。对于金融压力状态的度量，分别从银行部门、证券市场和外汇市场，选取银行部门泰德利差、负的期限利差、风险利差，股票市场负的收益、波动，以及外汇市场波动等市场价格指标。这些市场价格指标一般都具有较高的频率，能够实时地监测在金融压力状态时，金融系统出现的不确定性和损失。对于系统性金融风险状态时所呈现的金融风险的扩散爆发，分别采用 Adrian 和 Brunnermeier(2009)的 ΔCoVaR 及 Acharya 等(2010)的 SES 度量。这些指标主要从金融不稳定的横截面维度出发，度量金融风险的跨部门的分布，或者说度量金融机构对金融系统整体的风险贡献，以实现对金融风险的后期评估。CoVaR 定义为在金融机构陷入困境的条件下金融系统的条件在险价值，ΔCoVaR 则为在金融机构陷入困境条件下的 CoVaR 与正常条件下的 CoVaR 之差；SES 为系统性期望损失，定义为在整个金融系统资金不足的系统性事件中金融机构也资金不足的预期金额。ΔCoVaR 度量的是金融机构对金融系统影响的外部性，而 SES 关注的是金融机构对潜在系统性危机的暴露程度。

表 4.1　金融不稳定的三种状态

金融不稳定的状态	主要特征	度量指标
金融脆弱状态	投资繁荣、信贷扩张、资产价格高涨、更易获得外部融资	私有部门信贷、私有部门信贷/GDP、房地产价格和股票市场价格等
金融压力状态	金融机构和金融市场的预期损失增加	银行部门泰德利差、负的期限利差、风险利差；股票市场负的收益、波动；外汇市场波动等
系统性金融风险状态	金融机构普遍损失、金融市场崩溃、严重经济后果	$\Delta CoVaR$、SES

2. 动态的金融不稳定

本书对动态的金融不稳定的内涵的界定如下。

动态的金融不稳定是指金融系统由稳定到不稳定状态循环往复的动态过程，这一过程表现为金融周期。

图 4.6 描绘了金融不稳定的动态变化过程。动态的金融不稳定可能呈现出三种不同的演化路径。其中，T_0 和 T_1 是两个关键的时点，T_0 对应着投资繁荣被打破的时点（Minsky，1986），而 T_1 对应着金融压力达到门限值后，系统性金融风险或金融危机爆发的时点。T_0 点之前，在经济繁荣期，金融风险伴随着信贷扩张、资产价格高涨等金融不均衡现象而建立，随着金融不均衡现象的加剧，金融系统呈现严重的金融脆弱状态；在 T_0 点时，如果金融系统受到外部冲击，甚至是一个很小的冲击，都将导致金融机构和金融市场出现预期损失，金融压力增强；金融压力不断积累放大，达到 T_1 时刻的金融压力门限值时将爆发系统性金融风险或金融危机（路径 1）；然而，如果在 T_0 时刻受到冲击后，金融系统中的流动性足以支撑当前的损失，或者中央银行作为最后贷款者进行了有效的干预，那么金融压力可能不会达到金融危机的门限值，但仍然可能导致经济的不景气（路径 2）；即使在 T_0 时刻金融系统并没有受到冲击影响，金融不稳定性仍将呈现出正常的周期波动态势（路径 3）。然而，无论动态的金融不稳定是沿着何种路径发展，事后来看，金融系统都将呈现出金融周期。区别在于，出现系统性金融风险或金融危机的路径 1 和金融系统受到冲击但未发生系统性金融风险或金融危机的路径 2 与正常周期波动的路径 3 相比，受到冲击的金融系统的金融周期的波动幅度更大，并且可能会带来深度的经济不景气。

需要特别指出的是，虽然金融风险的动态变化蕴含在金融不稳定的动态演化过程中，但风险的变化路径与图 4.6 所描述的不同。在经济繁荣期，或者在与之相伴的金融脆弱状态和金融压力状态出现的时期，通常是金融风险建立、积聚扩大的时期，而在经济衰退期或者在金融危机爆发时期，金融风险往往较低。

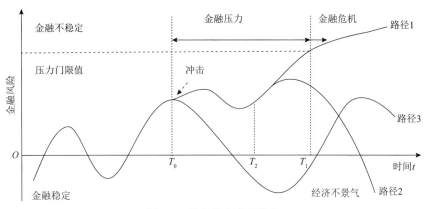

图 4.6　动态的金融不稳定

　　本书在度量金融不稳定时，基于静态的金融不稳定的概念，分别从金融脆弱状态、金融压力状态和系统性金融风险状态出发展开研究。而在金融周期及金融不稳定与宏观经济关联分析时，通常基于动态的金融不稳定的概念。当然，这两种概念并不能完全割裂开来，动态金融不稳定的分析要以静态金融不稳定的度量为前提。如无特别说明，本书中的金融不稳定代表既包含静态又包含动态的一个宽泛的概念。

4.3.2　金融不稳定的产生原因

1. 传统的金融传染理论

　　传统的观点将金融不稳定的产生归因于单一金融机构的倒闭，通过一系列传染机制传播到整个金融系统。资产负债表的内在关联及信息不对称带来的过激反应是主要传播渠道。传统观点强调金融风险的传染效应，或者通俗地说，强调多米诺骨牌效应。

　　这一观点认为，银行等金融机构的直接风险暴露与支付结算间的内在关联性会导致金融不稳定现象(de Bandt and Hartmann，2000)发生的概率增加。金融不稳定的传统观点通常从银行挤兑开始。商业银行吸收短期的可以随时提取的存款，并将这些资金发放给企业作为长期的贷款。通常银行只需要留有少部分的资金作为流动性准备以应对存款的提取。然而，当突然出现大规模的提前提取现象，并且长期债务无法清算时，这种持有部分准备金的制度可能导致银行短期的流动性不足或违约，尽管从长期来看银行可能具有较高的偿债能力。另外，银行的破产还与存款者对银行贷款价值的信心及对其他存款者不会挤兑银行的信心密切相关。银行间在内部同业拆借市场、大规模支付及证券结算市场中具有复杂的、规模巨大的直接暴露。因此，一家银行不能进行债务支付将对其他的银行的债务支付能力产生直接的影响。同时，在支付结算系统中的一些技术措施，如保证金要求和投资组合保险等，将放大这种风险的传染。当然，这种支付结算系统中的直接暴露还存在于保险和证券等其他的金融中介机构间。资产未来价值及金融合约承诺的未来现金流的预期，在消费跨期分配的金融决策问题上至关重要。因此，当不确定性增加或者金融承诺的可信性受到质疑时，市场预期同样可能发生巨大转变并且影响投资和撤资的决策，最终导致资产价格大幅波动，加剧金融系统的普遍损失。

传统的金融不稳定观点虽然强调传染的重要性，但是仍然淡化了金融中介机构间共同暴露的作用。系统性的金融风险被看成由特有原因导致的单一机构失败所产生的连锁反应。因此，在传统的观点中，保持单一金融机构的稳定，建立稳健的支付结算机制并进行合适的信息披露可以消除系统性金融风险。

虽然必须承认的是，的确有一些金融不稳定的产生可以归因于上面所阐述的金融传染效应，如由赫斯塔特银行、国际商业信贷银行及巴林银行等金融机构的破产倒闭所带来的金融不稳定。但是，目前受到更多关注的、主流的观点，是将金融不稳定的产生归因于金融机构或金融市场对于宏观经济因素的共同风险暴露（Borio，2003），即认为金融不稳定内生于经济周期中。实际上，这一原因所导致的金融不稳定会对实体经济造成更显著和更持久的损失（Hoggarth et al.，2002）。

2. 内生的金融不稳定理论

内生的金融不稳定理论认为，金融不稳定源于金融系统中参与者的集体行为所产生的共同风险暴露，强调金融不稳定的内生性、动态性及周期性等特征。内生的金融不稳定反映了金融系统和实体经济之间的互动影响，这种影响将导致过度繁荣，并且反过来为随后的衰退和金融收缩埋下种子。金融不稳定在经济繁荣期形成，并且随后在低迷期风险实现。在这个观点中，金融不稳定的产生不过分依赖于资产负债表或信息的传染机制，而是归因于随时间演变的共同风险暴露，并且与经济周期密切相关。

导致共同暴露出现的金融系统中参与者的集体行为，通常涉及金融市场中的激励机制。具有相对较短的投资期限的股东可能想要非常丰厚的回报，竞争的压力将对冒险行为产生激励。类似地，资金经理人的薪酬激励机制也同样会激励冒险行为。为了避免失去好的投资机会或者避免因为错误的投资而被问责，金融系统中的参与者会参照有影响力的或具有更多信息的参与者的行为，从而产生一种"羊群行为"。单独来看，金融系统中参与者的这些行为，可能是合理的甚至是有益的，但集体行为可能会对金融系统整体产生严重的负面影响。

根据 Minsky 的金融脆弱性假说，一个最初稳健的金融系统会内生地转变成脆弱性的系统，因为长期的平静时期使经济代理人采取冒险的金融实践活动，而这些金融活动最终将是不可持续的。主动寻求利润的银行尤其是其杠杆率的增加对金融不稳定的产生至关重要。Minsky（1986）指出，银行杠杆率的增加是促使经济转向金融不稳定的过程中的重要组成部分，促使银行提高杠杆率的原因是杠杆率的增加对银行盈利性有正向影响，杠杆率会增加银行资本的收益率，这进一步地增加了银行对实体经济资金的供给。杠杆率、利润、资金供给三者之间的这种正向促进作用的逐渐增加，将导致经济体中投机性融资和庞氏融资的比例明显高于对冲性融资，金融系统的不稳定性逐渐增强，金融风险逐渐建立。此时，金融系统极易受到冲击影响，金融系统的脆弱性为系统性金融风险或金融危机的发生提供了温床。以本次金融危机为例，可以说次级抵押贷款只是一个导火索，而危机发生的根本原因是经济逐渐转向了一种金融脆弱的过程。这一过程也被 Minsky 称作资金经理人资本主义，其主要特征是在资金经理人资本主义的金融系统中，专业的投资经理们在低估风险的环境中利用高度杠杆化的资金寻求最大收益。同时，金融创新、资产证券化等金融系统结构的变化，也加剧了金融机构的这种寻求最大收益的行为，进一步地增加了金融不稳定。

　　随着金融系统中庞氏融资的不断增加，经济出现了投资繁荣现象，信贷扩张和资产价格不断高涨，金融脆弱性逐渐积累。当达到一定程度时，一个很小的冲击，如短期利率或长期利率上升到足够高，会导致投资繁荣将被打破并且金融系统中的这种正向促进机制也将出现反转，资产价格迅速下降，信贷逐渐萎缩，违约或损失也将通过资产负债表关联或非对称信息的方式在金融机构和金融市场中传播。正如 Minsky（1986）所说，投资繁荣的打破是导致金融危机、债务通货紧缩和大萧条，还是导致不那么严重的经济不景气，取决于经济总体的流动性、政府部门财政能力的相对大小和美联储作为最后贷款者的干预程度。

4.3.3　金融不稳定的基本属性和监管框架的历史演变

1. 金融不稳定的基本属性

　　金融不稳定具有三个基本特征（Borio，2003）：①金融不稳定在经济繁荣期中随着时间的变化而产生并积累，伴随着风险的建立，金融和实体经济之间风险相互加强、相互影响。事实上，经济繁荣期为之后的系统性金融风险和经济衰退埋下了种子，将会导致金融衰退和经济萧条。②金融不稳定的产生并非源自单一机构的传染效应，而是源自对于共同风险要素的暴露。③强调资产层面的影响而非债务层面。资产层面的风险暴露增加和估计基础的变化导致了金融不稳定，而债务层面的作用则体现在系统性金融风险或金融危机的爆发期，此时债务的清偿将导致大规模的破产和损失。

金融不稳定具有时间维度和横截面维度两个维度。时间维度的金融不稳定，研究金融系统中的整体风险如何随时间演变。横截面维度的金融不稳定，研究在某一时点风险如何在金融系统中分配。同时，每一个维度的金融不稳定对应着一个系统性金融风险的产生原因。时间维度上将系统性金融风险归因于金融系统的顺周期性，就是金融系统之间和金融系统与宏观经济之间的作用机制，金融系统的顺周期性可以导致产生大幅度的金融周期和经济波动。横截面维度上将系统性金融风险归因于使金融机构易于受到共同的冲击影响并导致联合失败的金融系统中的共同暴露和关联性。然而时间维度和横截面维度的金融不稳定并不是完全割裂的，金融机构的共同暴露和关联性的出现源自金融机构集体行为所产生的金融系统的顺周期性。因此，时间维度是从宏观的角度审视金融不稳定的，而横截面维度则是从微观构成的角度来考虑金融不稳定的。

对应于金融不稳定的两个维度有不同的监管政策。为了应对金融系统的顺周期性而设计的监管政策，主要是在经济繁荣期，随着金融风险的增加建立资本或流动性的缓冲，以便能够在经济衰退期的风险实现时降低缓冲。这种逆周期的资本或流动性的缓冲机制有助于减小金融周期的波动幅度，维持金融系统的稳定。为了应对金融机构集体行为所产生的共同暴露和内在关联性，需要根据单一金融机构对整个金融系统的风险贡献校准审慎监管工具和制定监管政策。通过自上而下的分配监管资本要求，可以保证每一个金融机构将施加给金融系统的外部性内部化。

金融不稳定将导致产生直接和间接的经济成本(Crockett，2000)。金融不稳定将对经济的各方面产生重要影响。在金融不稳定产生之前或伴随着金融不稳定的资产价格的错位将强烈地影响投资和消费决策，导致包括资本和劳动力在内的资源在部门间和期限间的错配。金融机构和金融市场的困境将严重损坏资金从储蓄者到使用者之间的流通渠道，并且将破坏金融部门形成信贷的能力。最终对经济的影响将是非常严重和持久的，因为虽然经济产出可能会重新回到先前的长期增长率水平，但已经不能再按照先前的路径增长。同时，金融不稳定还可能影响传统的货币政策和财政政策等宏观经济调控工具的有效性。根据 IMF 的估计，由金融不稳定造成的直接经济成本甚至会达到 GDP 的 10%，而由价格错位和资源错配给企业及居民造成的间接的经济成本将更加巨大。

2. 金融不稳定的监管框架的历史演变

以 2008 年美国金融危机为分界点，金融不稳定的监管框架发生了重大改变。危机前维持金融稳定的政策框架主要包括两个方面(Borio，2011)：一方面是关注单一金融机构稳定的审慎政策，即微观审慎监管政策；另一方面是关注维持短期（一般是两年左右）的价格稳定的货币政策安排。

危机前流行的金融监管的微观审慎方法的核心是认为"当且仅当每一个金融机构稳健时，整个金融系统是稳健的"。这一观点决定了审慎框架的基本内容和基本特征。微观审慎方法是自下而上实施的。整个金融系统的偿付标准单纯是单一金融机构偿付标准的加总，而不是对金融系统整体偿付能力综合评估的结果。审慎工具按照单一金融机构的风险水平设定，而不考虑金融机构之间的关联关系。例如，在《巴塞尔协议Ⅱ》中，银行的资本标准根据银行失败的概率而相应地设定，而不考虑金融机构对金融系统整体的重要性。

危机前流行的货币政策框架包含两个方面：一是在不超过两年的相对短期追求数字的通货膨胀目标；二是单独将利率作为货币政策中间目标，而不考虑货币总量或信贷总量。也就是说，货币政策逐渐远离了银行和金融稳定的目标。在20世纪七八十年代美国中央银行在反通货膨胀上的初步胜利，使美国中央银行开始关注数字的通货膨胀目标并且强调中央银行的独立性。危机前，关于货币政策的一般观点认为，价格的稳定足以维持宏观经济的稳定。如果中央银行能够成功地在短期控制通货膨胀，并且没有较大的外生冲击，那么经济可以健康稳健运行。此时在价格稳定背景下出现的金融不稳定，则被归因于不成熟的金融系统或宏观经济管理的失误。在金融危机发生前，虽然出现了许多旨在维持金融稳定的监管机构，但金融稳定的评估结果并没有对货币政策产生影响（Borio，2007）。同时存在于中央银行的金融稳定部门和货币政策部门，事实上是平行独立运作。

金融危机的出现动摇了现有的金融稳定政策框架的基础。具有发达金融市场的经济体可能不会实现自我纠正，并且低的和稳定的通货膨胀也不能够保证金融与宏观经济的稳定。也就是说，传统的金融不稳定的监管思路，即保持单一金融机构的稳定，以一个稳健的支付结算系统为支撑，并进行适当的信息披露，并不足以维持金融稳定。在金融危机发生之后，加强金融监管的宏观审慎目标的监管政策受到关注，除了资本监管约束外，流动性的监管约束同样受到重视。与此同时，仅仅关注短期价格稳定的货币政策也受到了质疑。

不同于微观审慎监管，宏观审慎监管的方法着眼于整个金融系统的监管。在早期Crockett（2000）及Borio（2003）的研究中，明确地给出了微观审慎监管政策和宏观审慎监管政策的区别，见表4.2。实际上，"宏观审慎"概念的提出要更早，在1978年国际清算银行（Bank for International Settlements，BIS）的年度报告中，首次提出了这一概念。随着近些年金融危机的频繁发生，宏观审慎监管受到政府监管部门和学术界的广泛关注，包括金融稳定理事会和巴塞尔协议委员会在内的国际金融监管组织提出，应该加强宏观审慎监管，从金融系统整体的角度出发维持金融稳定。宏观审慎监管的目标是限制对实体经济带来严重后果的金融困境的风险，或者说是防范系统性金融风险的出现。宏观审慎方法将风险看作内生的金融机构集体行为的结果，并且强调资产价格、信贷环境和宏观经济与金融系统之间的影响及反馈作用，也就是说，宏观审慎监管是从内生的金融不稳定的角度认识风险的生成和演变过程。同时，宏观审慎监管的方法关注金融机构之间暴露的相关性，而不是单一金融机构的风险水平，强调风险跨机构和跨部门的分布。宏观审慎在本质上采用一种自上而下的监管模式。在具体的监管实践中，宏观审慎监管的方法首先为作为整体的金融系统设定偿付标准，然后为组成金融系统的单一金融机构分配偿付标准。

表 4.2　微观审慎监管政策与宏观审慎监管政策的区别

区别	微观审慎	宏观审慎
近期目标	防止单一金融机构的困境	防止系统性的金融风险
根本目标	为投资者或存款者提供保护	避免导致实体经济的损失
风险特征	外生于金融机构的行为	内生于金融机构的集体行为
金融机构的关联性和共同暴露	不考虑	非常重要
审慎监管工具的校准	关注单一金融机构的风险；自下而上	关注整个金融系统的风险；自上而下

　　对应于金融不稳定的时间维度和横截面维度，宏观审慎监管的具体操作方法和实施工具也具有差异性。关注时间维度的金融不稳定的宏观审慎监管，主要考虑如何抑制金融系统的顺周期性，即防止金融风险随着时间的推移而积聚扩大并溢出到实体经济，设计和开发逆周期的监管工具；而在横截面维度上的宏观审慎监管，主要关注单一金融机构对金融系统整体的系统性金融风险贡献，基于对系统重要性金融机构的评估，自上而下地为单一金融机构分配资本监管要求，加强对系统重要性金融机构的监管。

　　巴塞尔银行监管委员会(以下简称巴塞尔委员会)的具体的政策措施已经在宏观审慎监管方向上有了重大的进展(Borio，2011)。首先，已经开始采用通过对总体产出的收益和成本的自上而下的评估方法设定银行的资本约束及流动性约束。其次，巴塞尔委员会已经引入了逆周期的资本缓冲措施，以限制金融系统的顺周期性。在《巴塞尔协议Ⅲ》中，为了应对经济衰退时可能出现的不良资产的增加和资本损失的增加，要求银行在信贷扩张期计提 0～2.5%的超额资本。资本缓冲在过度的信贷扩张期增加，而在金融压力出现的初期减小，从而限制金融周期的幅度。另外，巴塞尔委员会已经通过设定对金融周期不敏感的风险权重，以限制最小资本要求的顺周期性。最后，巴塞尔委员会和金融稳定理事会，在对金融机构设定审慎标准时考虑金融机构的系统重要性，即那些其倒闭会给金融系统带来更大损失的金融机构将被施加更加严格的审慎标准。巴塞尔委员会也已经设计了一系列评估金融机构系统重要性的指标。在《巴塞尔协议Ⅲ》中，为了减少系统重要性银行的道德风险及其倒闭对实体经济的冲击，对于这类银行提出了包括系统性附加资本、或有资本及缓释债务(bail-in debt)在内的额外的资本要求。

在金融危机后，对于货币政策应该如何调整以便为金融稳定和宏观经济稳定提供更好的支持，并没有达成统一的共识。但是政府部门和学术界确实已经开始反思过去仅仅以维持价格稳定为目标的货币政策。在以专门针对短期通货膨胀为目标的货币体制中，货币当局不会充分收紧货币政策以应对信贷过度扩张和资产价格的高涨，也就是说，货币政策的反应没有考虑到金融不均衡，也就无法保持金融的稳定性。虽然仍然有一些观点认为，货币政策仍然应该像危机发生前那样关注价格稳定，而金融稳定的目标是通过宏观审慎监管框架来维持的。但是更多的观点则认为，单纯依靠宏观审慎监管政策不足以维持金融稳定，而货币政策应该被调整，以便抵御伴随着金融周期而建立的金融不均衡。

4.4　中国金融周期成分与随机冲击[①]

4.4.1　引言

目前，2008 年全球金融危机的深层次影响尚未消退，2010 年欧债危机的阴影还未散去，2014 年美国退出量化宽松的冲击依旧持续。在这样的现实背景下，中国经济在三期叠加及四降一升的双重压力下步入新常态，世界经济随之步入新平庸又反向倒逼中国的经济和金融，中国必须进行结构性改革以应对外需疲软、资本外流对中国经济金融的冲击。随着中国经济体制改革与结构调整的不断深入，中国金融行业的不确定、不稳定因素激增，与之关联的各种金融风险初步显现，如何牢牢守住不发生系统性金融风险与区域性金融风险的底线成为学界重点关注的问题。本小节试图在对中国金融的周期波动特征进行稳准把握的基础上，着重剖析中国金融的长期趋势及循环周期成分，得出导致中国金融波动的原因，以期能为防范和化解中国系统性金融风险与区域性金融风险提供理论依据及操作路径。

对一国或一地区金融状况的分析，常依托于合成的金融状况指数(Goodhart and Hofmann, 2001)，但在传统的回归分析框架或者 VAR 框架下，合成金融状况

[①] 本节作者：孙彦林、陈守东、刘洋，本节对刊登于《金融论坛》2017 年第 2 期的文章《中国金融周期成分与随机冲击》的内容做了部分修改。

指数的指标构成往往局限于有限维度，直到将 DFM（Geweke，1977）应用于这一领域（Bernanke et al.，2005；Hatzius et al.，2010；韩艾等，2010）。在此基础上，部分学者将 MS 模型（Hamilton，1989）引入对金融状况的周期特征的分析（Davig and Hakkio，2010；陈守东等，2013）。但需要指出的是，上述研究仅仅实现的是对区制特征的刻画，对于周期特征的刻画、随机冲击及长期趋势的分析均没有给出论证。

　　针对周期问题的研究有两大研究领域。一是侧重从经济理论角度给出分析，例如，货币主义学派（Friedman，1970）、实际经济周期理论学派（Prescott，1986）、新凯恩斯学派（Gordon，1990）等均基于各自学派理论给出了周期波动的形成原因及其机理的解释，但这些学派始终无法达成共识；二是从数据信息拆解的角度来计量分析周期的划分与波动。本小节最终采用 B-N 趋势周期分解方法（Beveridge and Nelson，1981）将将合成的金融状况指数拆解为确定性时间趋势、随机性趋势及周期成分，据此研究中国金融状况的长期趋势与周期波动。相比较而言，不采用 H-P 滤波拆解方法（Hodrick and Prescott，1997）的原因是其先验假设的充分平滑性质使其最终分解出的周期成分中仍包含随机性趋势，显然不符合周期成分的定义。经过 Morley 等（2003）的发展，B-N 趋势周期分解方法逐渐被重视并推广，王少平和胡进（2009）基于 B-N 趋势周期分解方法对中国 GDP 进行趋势周期分解，并在此基础上刻画了随机冲击的持久性效应。

　　对金融状况的计量问题发展已久，但国内众多学者仅仅停留在对金融状况的趋势及区制的分析上，并不是对金融状况的真实周期分析，并没有分解出中国金融状况的长期趋势及周期成分，且在趋势及区制分析方面仅限于有限维度。本小节试图通过贝叶斯框架下的高维动态因子模型构建中国的金融状况指数，并利用 B-N 趋势周期分解方法对上述问题做出探讨，以期能够得到中国金融状况的长期趋势及真实周期成分，为中国金融系统的风险防范提供可靠的理论现实依据。本小节的章节安排如下：第一部分在简要分析问题的提出与研究背景的基础上，对相关领域文献进行述评；第二部分从数理角度阐明 B-N 趋势周期分解方法的原理及经济意义；第三部分基于无限状态区制时变动态因子模型对中国金融状况指数进行估计、分析及走势预测；第四部分对中国金融状况进行趋势周期分解，得到中国金融状况周期循环波动的原因；第五部分为结论。

4.4.2　趋势周期分解数理基础及无限状态区制时变动态因子模型构建

1. 经济变量趋势周期分解数理基础

　　根据经济变量 y_t 的数据特征的不同，趋势周期分解的内容及过程均不相同。若 y_t 服从 $I(0)$ 过程，则 y_t 为平稳序列，其对常数项及时间趋势项线性回归后的残

差即周期成分 C_t，其余即确定性时间趋势成分 DT_t；若 y_t 服从 $I(1)$ 过程，则 y_t 为一阶平稳序列，线性回归后的残差序列不仅包含周期成分 C_t，还包含随机性趋势 ST_t，且 DT_t 与 ST_t 共同构成了总趋势成分。框架如图 4.7 所示。

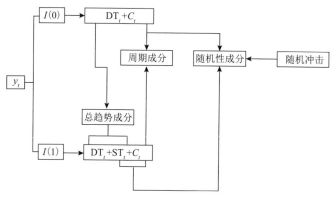

图 4.7　经济变量趋势周期分解理论图

针对服从 $I(1)$ 过程的 y_t，其趋势周期分解过程从以下三个方面依次进行。

1）确定性时间趋势提取

对于服从 $I(1)$ 过程的 y_t 必能表示为 $\mathrm{ARIMA}(p,q)$ 的形式，其一阶差分 $\mathrm{d}y_t$ 则能表示成相应的 $\mathrm{ARMA}(p,q)$ 的形式，根据 Wold(1938) 可知，ARMA、AR 及 MA 三者之间又可相互转化表示形式，即

$$\mathrm{d}y_t = \mu + \varepsilon_t + \lambda_1 \varepsilon_{t-1} + \cdots, \quad \varepsilon_t \sim \mathrm{iid}(0,\sigma^2)^{①}$$
(4.1)

其中，μ 为 $\mathrm{d}y_t$ 的长期均值。若 y_t 经对数化处理，则 $\mathrm{d}y_t$ 表示相应增长率。根据 B-N 趋势周期分解方法可知，y_t 的确定性时间趋势：

$$\mathrm{DT}_t = y_0 + \mu t$$
(4.2)

其中，y_0 为给定样本期的初值。

2）周期成分分解

根据趋势周期分解理论(图 4.7)可知，剔除总趋势成分后剩余部分即周期成分，B-N 趋势周期分解方法通过定义可得到无限远期水平条件期望 $\hat{y}_t(k)$ 以表示总趋势成分，据此得到周期成分。

---

① $\varepsilon_t \sim \mathrm{iid}\,(0,\sigma^2)$ 的假设在理论上具有一般性，因此相关文献一般并不考虑异方差假设情形。

$$\hat{y}_t(k)=E\left(y_{t+k}\,\middle|\,\cdots,y_{t-1},y_t\right)$$
$$=y_t+E\left(\mathrm{d}y_{t+1}+\cdots+\mathrm{d}y_{t+k}\,\middle|\,\cdots,\mathrm{d}y_{t-1},\mathrm{d}y_t\right) \tag{4.3}$$
$$=y_t+\mathrm{d}\hat{y}_t(1)+\cdots+\mathrm{d}\hat{y}_t(k)$$

由式(4.1)可知，

$$\hat{y}_t(i)=\mu+\lambda_i\varepsilon_t+\lambda_{i+1}\varepsilon_{t-1}+\cdots$$
$$=\mu+\sum_{j=1}^{\infty}\lambda_j\varepsilon_{t-j-1}$$

带入式(4.3)可得

$$\hat{y}_t(k)=k\mu+y_t+\left(\sum_{1}^{k}\lambda_i\right)\varepsilon_t+\left(\sum_{2}^{k+1}\lambda_i\right)\varepsilon_{t-1}+\cdots \tag{4.4}$$

当 $k\to\infty$ 时，令

$$\overline{y}_t=[(\hat{y}_t(k)-k\mu)]\simeq y_t+\left[\left(\sum_{1}^{\infty}\lambda_i\right)\varepsilon_t+\left(\sum_{2}^{\infty}\lambda_i\right)\varepsilon_{t-1}+\cdots\right]$$
$$=y_t+\lim_{k\to\infty}\left\{\left[\mathrm{d}\hat{y}_t(1)+\cdots+\mathrm{d}\hat{y}_t(k)\right]-k\mu\right\}$$

其中，$\overline{y}_t$ 为 t 期的总趋势成分，根据周期的定义：

$$C_t=y_t-\overline{y}_t$$
$$=-\lim_{k\to\infty}\left\{\left[\mathrm{d}\hat{y}_t(1)+\cdots+\mathrm{d}\hat{y}_t(k)\right]-k\mu\right\} \tag{4.5}$$
$$=-\lim_{k\to\infty}\left\{\left[\mathrm{d}\hat{y}_t(1)-\mu\right]+\cdots+\left[\mathrm{d}\hat{y}_t(k)-\mu\right]\right\}$$

根据 Wold(1938)，令 $\hat{z}_t=\mathrm{d}\hat{y}_t(k)-\mu$ 也服从 $I(0)$ 过程，故可通过均值为零的 $\text{ARMA}(p,q)$ 进行拟合。令 θ 表示拟合的 AR 项的系数，则式(4.5)可化简为

$$C_t=-\lim_{k\to\infty}\left[\sum_{i=1}^{k}\hat{z}_t(i)\right]$$
$$=-\lim_{k\to\infty}\left[\sum_{i=1}^{q}\hat{z}_t(i)+\sum_{i=q+1}^{\infty}\hat{z}_t(i)\right] \tag{4.6}$$
$$=-\lim_{k\to\infty}\left[\sum_{i=1}^{q}\hat{z}_t(i)+\frac{\theta\hat{z}_t(q)}{1-\theta}\right]$$

3）随机性趋势甄别

根据趋势周期分解理论(图 4.7)可知,剔除确定性时间趋势及周期成分后剩余部分即随机性成分:

$$ST_t = y_t - DT_t - C_t \tag{4.7}$$

2. 无限状态区制时变动态因子模型构建

基于经过非线性扩展的 DFM(Stock and Watson, 2003),并通过 Fox 等(2011)发展的 sticky HDP-HMM 随机过程将其进一步拓展为无限状态区制时变动态因子模型,模型结构如式(4.8)～式(4.11)所示

$$Y_t = F'y_t + \omega_t, \quad \omega_t \sim N(0, \sigma_\omega^2) \tag{4.8}$$

$$y_t = \beta_{0,S_t} + \sum_{i=1}^{m} \beta_{i,S_t} y_{t-i} + \varepsilon_t, \quad \varepsilon_t \sim N(0, \sigma_{S_t}^2) \tag{4.9}$$

$$S_t \mid \beta_{0,j}, \beta_{1,j}, \cdots, \beta_{m,j}, \quad \sigma_j^2 \sim \text{sticky HDP-HMM}, \quad j = 1, \cdots, \infty \tag{4.10}$$

其中,sticky HDP-HMM 为分层 Dirichlet 过程的隐性 Markov 过程。

$$y_t = \beta_{0,t}^{\text{RTV}} + \sum_{i=1}^{m} \beta_{i,t}^{\text{RTV}} y_{t-i} + \varepsilon_t, \quad \varepsilon_t \sim N(0, \sigma_t^{2,\text{RTV}}), \quad t = 1, \cdots, T \tag{4.11}$$

式(4.8)中,Y_t 为经济金融变量构成的向量;F 为系数矩阵;y_t 为不可观测金融状况指数,其服从如式(4.9)所示的 AR(m) 过程,其中截距项 β_{0,S_t} 与滞后项系数 β_{i,S_t} 服从无限区制状态 Markov 过程。在式(4.10)所示的无限状态假设下,结合式(4.9)得到式(4.11)所示的 y_t 服从的区制时变过程,参数估计结果以后验均值表示,至此 DFM 由传统的非线性假设扩展到非线性的无限状态区制时变 AR 过程,以更准确地刻画金融状况的非线性动态转变过程。

4.4.3 中国金融状况指数的估计及周期波动

一国金融状况与宏观经济、货币政策及价格水平有着密切关系(易晓溦等,2014;栾惠德和侯晓霞,2015),为更准确、更全面地反映中国金融整体状况,本小节从上述 3 个方面共选取 16 个经济金融变量进行中国金融状况指数合成。数据区间选取 1993 年 1 月～2015 年 7 月,频率为月度,采用 R 软件编程进行估计实现。指标变量构成如表 4.3 所示。

表 4.3　指标变量选取及相关处理

变量	变量名称	变量说明	数据频率	平稳性
宏观经济变量	TSF	社会融资规模	月度	$I(0)^{***}$
	LDR	存贷款比率	月度	$I(1)^{***}$
	FER	外汇储备	月度	$I(1)^{***}$
	SCI	上海证券综合指数	天	$I(0)^{*}$
	ZCI	深圳证券交易所成分股价指数	天	$I(0)^{***}$
	PER	沪深 300 指数市盈率	天	$I(0)^{***}$
货币政策变量	M0	流通中现金	月度	$I(1)^{**}$
	M1	狭义货币供给量	月度	$I(1)^{***}$
	M2	广义货币供给量	月度	$I(1)^{***}$
	FBR	外汇占款/基础货币	月度	$I(1)^{***}$
	NRW	7 天银行间同业拆借利率	月度	$I(0)^{***}$
	NRM	1 个月银行间同业拆借利率	月度	$I(1)^{***}$
	NRQ	3 个月银行间同业拆借利率	月度	$I(0)^{***}$
	REER	人民币实际有效汇率指数	月度	$I(1)^{***}$
价格体系变量	HPI	全国房地产开发业综合景气指数	月度	$I(0)^{**}$
	ICO	美国西得克萨斯轻质原油现货价格	月度	$I(0)^{***}$

注：对于只存在日度数据的指标，采用当月均值为当月月度数据；数据均转化为同比增长率进行实证分析，仅某几个缺失值存在通过简单线性插值获得，多个缺失值连续存在通过相关指标变量同比增长率进行填补。存贷款比率=金融机构各项贷款余额/金融机构各项存款余额

***、**、*分别表示在 1%、5%、10%的显著性水平下平稳

新常态下的中国经济以三期叠加为主要特点，在经济增速下滑换挡的过程中，各类隐性化金融风险逐步显性化，各类显性化风险逐步严峻化：传统银行业在去产能的进程中坏账攀升、利率市场化进程中净利增速步入零时代，导致风险越发集中；人民币汇率波动的尾部风险加大；A 股高波动性渐成常态；金融监管与金融创新脱节、监管缺位混乱经营的互联网金融冲击企业使其具有潜在风险，以及加速去产能、去库存背景下融资信贷风险链条的拓宽与延长；地方政府债务风险骤增，以及地方政府债务清理背景下房地产市场的风险叠加效应等。如何通过分析与把握中国金融状况周期特征及景气循环的一般规律，来防范与化解目前高杠杆、高泡沫化的各类金融风险是值得深入研究的。由估计实现的中国金融状况指数历史走势如图 4.8 所示。

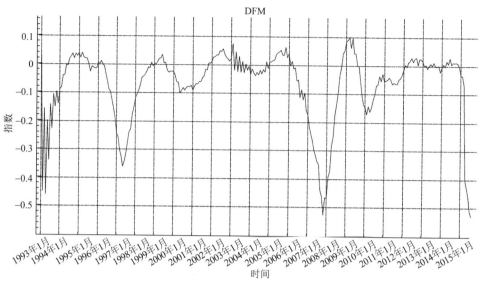

图 4.8　1993 年 1 月～2015 年 8 月金融状况指数走势图

　　金融状况指数是由货币状况指数衍生而来的，在依托金融状况指数对中国金融状况周期变化及景气循环特征进行分析的过程中，同样采用景气分析框架常用的 B-B 转折点测定方法(Bry and Boschan，1971)。B-B 法下波峰与波谷的时间间隔(经济上行或经济下行)一般不少于 6 个月，波峰与波峰或波谷和波谷间的时间间隔(一个完整的经济周期)一般不少于 15 个月，在金融周期分析过程中采用相同设定以避免暂时性波动的干扰。根据图 4.8 得到表 4.4。

表 4.4　中国金融周期变化及景气循环阶段划分　　　　　单位：月

金融景气循环		第一次金融景气循环	第二次金融景气循环	第三次金融景气循环
		1993 年 1 月～2002 年 7 月	2002 年 8 月～2012 年 9 月	2012 年 10 月～2015 年 7 月
第一阶段 泡沫积聚	时间区间	1993 年 1 月～1995 年 3 月	2002 年 8 月～2006 年 10 月	2012 年 10 月～2014 年 3 月
	收缩期	4(至少)	19	13[①]
	扩张期	23	32	5
	完全周期	27(至少)	51	18
第二阶段 泡沫破灭	时间区间	1995 年 4 月～1999 年 5 月	2006 年 11 月～2009 年 3 月	2014 年 4 月～2015 年 7 月
	收缩期	26	12	15(至少)
	扩张期	24	17	—
	完全周期	50	29	—

　　① 其中有 8～9 个月维持平稳震荡，即金融状况下行趋势维持不超过 5 个月。

续表

金融景气循环		第一次金融景气循环	第二次金融景气循环	第三次金融景气循环
		1993 年 1 月～2002 年 7 月	2002 年 8 月～2012 年 9 月	2012 年 10 月～2015 年 7 月
第三阶段泡沫平复	时间区间	1999 年 6 月～2002 年 7 月	2009 年 4 月～2012 年 9 月	—
	收缩期	12	9	—
	扩张期	26	33	—
	完全周期	38	42	—
完全金融景气循环		115（至少）	122	

注：样本区间为 1993 年 1 月～2015 年 7 月，因此第一次金融景气循环的起始时间并不确定，为简便分析，以 1993 年 1 月近似为研究起点

　　遵循着金融泡沫积聚—破灭—平复的思路，将每一次的金融景气循环分为三个阶段，且每个阶段都是一个完整的金融周期，即每一次的金融景气循环都是三个遵循着泡沫变化规律的金融周期的循环往复。首先，结合图表发现，改革开放以来中国金融已经历了至少两次完整的金融景气周期循环，两次泡沫破灭分别对应着 1997 年亚洲金融危机与 2008 年全球金融海啸，时间区间吻合且时间起点领先于各次金融危机的全面爆发，即本小节合成的金融状况指数可作为经济金融的预警指标，具有先行性；其次，中国金融状况收缩期均显著区别于扩张期，呈现出明显的非对称特征，在泡沫破灭的金融周期内仍成立，这与两次金融危机期间中央政府采取的大规模的刺激政策密不可分，主要以扩张性财政政策为主，以扩张性货币政策为辅。例如，亚洲金融危机期间的 4800 亿元中长期国债的发行和财政赤字的翻番，以及全球金融海啸期间的 40 000 亿元投资计划等。比较图 4.8 与刺激政策实际出台的时间点发现，刺激政策是滞后的，尽管均实现了"V"形反转，但早在刺激政策出台前中国金融状况便开始触底反弹、缓慢恢复了。因此，本小节合成的金融状况指数更能有效地反映中国的金融状况，这对正处于三期叠加、结构性改革关键时期的各项调控措施的制定及出台具有重大现实意义。自 2012 年末以来，中央政府已放弃大水漫灌式的宏观调控，逐步推行并实施精耕细作式的精准调控，中国金融状况的波幅明显收窄，取得一定成效。但由于传统经济金融的粗放式发展所积累的各项矛盾及风险开始集中显现，中国金融状况于 2015 年呈断崖式下行、迅速跌入以隐性泡沫破灭为主的第三次金融景气循环的泡沫破灭阶段并深陷于此。因此，中国存在系统性金融风险集中爆发的可能性。金

融状况与实体经济存在着正向传导机制与反向倒逼渠道，目前中国金融状况与实体经济均表现不佳，为避免二者交叉影响形成螺旋式下降的趋势，应当在保持稳健货币政策的基调下，充分发挥积极财政政策的作用，避免金融危机的再次爆发，实现经济的平稳着陆。

4.4.4 中国金融状况趋势周期分解

根据图 4.7 的理论框架体系，对金融状况指数进行趋势周期分解的前提在于金融状况指数是否平稳。从图 4.9 可知金融状况指数的 AR 系数之和的中位数估计值在 0.92 以上，说明经过 DFM 合成的金融状况指数仍具有明显的单位根过程，即金融状况指数中仍包含有一定的随机性趋势，最终通过最大特征根(largest autoregressive root，LAR)检验发现中位数大于 1，即证实金融状况指数存在单位根过程。金融状况指数由确定性时间趋势、随机性趋势及周期成分三部分构成，且通过无限区制状态的 DFM 的分析认为金融状况指数只存在一个区制数量的分布密度在 90%以上，同时通过断点概率几乎处处为零可推断金融状况指数不存在结构断点，因此对金融状况指数进行趋势周期分解是合理、可行的。为更贴近实际并更准确地通过金融状况指数分离出中国金融状况的周期成分，最终采用 B-N 趋势周期分解方法进行数据信息的拆解。

金融状况与宏观经济关联紧密，任何随机冲击都可能直接或间接造成金融经济波动，且随机冲击总是发生。经济冲击可分为名义冲击与实际冲击，名义冲击是指对以货币为单位的名义变量的冲击，以货币(供需)冲击为主，实际冲击是指对以实物为单位的实际变量的冲击，如消费冲击、产出冲击、需求冲击等。名义冲击一般在短期影响金融经济发展，形成周期成分，实际冲击持久影响金融经济发展，往往对应着突发事件与不确定事件，形成随机性趋势，即随机成分可分解为周期成分与随机性趋势两部分。确定性时间趋势主要与存量及增长有关，由于增长相关因素往往是外生给定的经济结构转型升级、投入要素增长、技术进步等，一般假定随时间稳定增长或保持稳定。滞后阶数均根据自相关函数(autocorrelation function，ACF)、偏自相关函数(partial autocorrelation function，PACF)进行试错选择，金融状况指数趋势周期分解结果如图 4.10 所示。

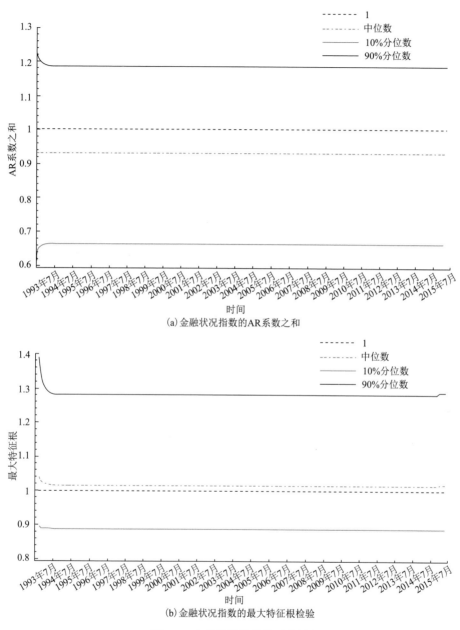

(a) 金融状况指数的 AR 系数之和

(b) 金融状况指数的最大特征根检验

图 4.9　金融状况指数的平稳性

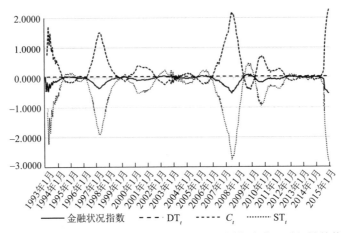

图 4.10　金融状况指数与确定性时间趋势、周期成分、随机性趋势

在 2015 年之前，中国金融状况周期成分波动基本稳定在零线之上，这表明名义冲击对中国金融状况的冲击影响大部分时间为正，说明中国货币供应量变动产生的货币冲击等有效起到改善金融状况的作用并促进了中国金融状况的向好发展。尤其在 2008 年前后，名义冲击引起的周期性短期波动起到了抑制中国金融状况惯性下行趋势的作用。比较随机性趋势与金融状况指数，发现二者趋势变化惊人的一致，且与周期成分的趋势变化反向，即中国金融状况是周期性短期波动与随机性冲击综合博弈的结果。短期周期波动态势很好地刻画了市场情绪及投资者预期，每一个大幅飙升的时间区段都对应着市场非理性繁荣的过热区间、投资者选择性忽视风险的激进阶段；随机性趋势变化与繁荣景象背后所暗藏的真实金融状况相对应，表明中国金融状况的变化主要是由随机性趋势波动，即随机冲击（不确定、突发的实际冲击）导致的。例如，2003 年"非典"爆发、国际原油价格飙升，2007 年美国次贷危机及此后的全球金融危机、欧债危机，以及 2015 年多种势力集中恶意做空中国股市等随机冲击的发生均造成了中国金融状况不同程度的恶化，二者对比发现投资者的非理性和市场的非理性具有时间同步性，可认为投资者的非理性、市场的非理性构成了随机性冲击的放大机制，构成了中国金融市场风险蔓延、冲击放大的危机加速器。因此，中国金融状况的短期周期性波动更多地与市场情绪及投资者预期显著相关，在对中国金融状况进行监管的过程中，应将周期性短期波动与随机性冲击统一看待、合并分析，监控舆情，关注并引导市场情绪及投资者预期趋向理性，打破这一冲击放大机制，抑制这一危机加速器的效用，在此基础上重点完善随机冲击应对措施并填补应对技术的缺失。鉴于随机冲击是不可预期的非确定性冲击，在可能发生随机冲击的金融经济环境中应当采取较为稳健且灵敏、灵活的经济政策，有关制度安排及政策工具运用应可对随

机冲击起到一定的缓冲、平抑作用，以保证有关经济政策的规则性与连贯性，而不应频繁运用相机决择的经济政策，避免由时间不允许而导致的经济进一步异常波动。注意到，随机冲击对中国金融状况的影响基本维持在负值水平，这意味着其为随机冲击的负向影响。2015 年后，金融状况指数跳水，市场情绪仍未趋于理性、投资者预期有待进一步矫正，随着"用好增量、盘活存量"策略的初见成效，货币滞存减少、市场流动性增加，配合多次降息、降低存款准备金率等宽松货币政策的支持，中国金融状况下行减缓，开始呈现反复震荡筑底、蓄势反弹之势。值得注意的是，确定性时间趋势稳定在零线以上，即从长期来看中国金融状况"不冷不热"，较为稳定。

4.4.5　结论

2015 年 6 月末至 7 月初的数次千股跌停使上证综合指数重挫 40%以上，直接导致融资崩盘与股民财富的瞬间蒸发，严重冲击了中国金融市场的信心及预期，中国金融状况在 2015 年初呈断崖式下行，并在"股灾"期间迅速探底。随着中国结构性改革的推进，世界经济新平庸渐成常态，以及美联储加息预期的不断强化抽走全球流动性，中国金融状况能否真正实现反弹预期成为中央政府的重点关注之一。在这样的现实背景下，本小节在系统阐述 B-N 趋势周期分解方法基础上，基于区制时变动态因子模型合成的金融状况指数分析中国的金融状况，通过趋势周期分解试图揭示中国金融状况周期波动、随机冲击与长期趋势特征，并在此基础上进行预测。研究发现以下几点。

（1）本小节合成的金融状况指数能够很好地反映中国金融状况的历史趋势及非对称特征且具有较好的预警功能。结果显示，金融危机期间的刺激政策存在滞后效应，没能及时、充分发挥其作用。

（2）根据泡沫的发展规律，将泡沫积聚—泡沫破灭—泡沫平复的一次循环称作一次完整的金融景气周期循环，改革开放以来，中国已至少经历了两次完整的金融景气周期循环，且处在第三次循环的泡沫破灭阶段并深陷于此。

（3）随机性趋势与金融状况指数趋势高度一致，周期性短期波动与金融状况指数同步反向变化，市场情绪及投资者预期非理性掩护下的随机冲击是中国金融状况剧烈波动的原因，即中国金融状况是周期性短期波动与随机性冲击综合博弈的结果。

第5章 经济增长与金融稳定研究

5.1 经济增长的稳定性测度与经验分析[①]

5.1.1 引言

改革开放近 40 年来，中国经济增长在数量上扩张的同时，经济增长质量也获得了一定程度的提高。中国经济正经历从要素驱动、投资驱动向创新驱动的转型升级过程。如何在保持中国经济快速增长的同时，完成增长模式的转变，已成为当前中国经济中的重要问题。主动适应经济发展新常态，保持经济运行在合理区间的效应已经开始显现(Yu，2009)。自 2011 年以来，中国经济出现了由高速增长向中高速增长阶段转换的趋势。中国经济增长在从数量向质量转变的过程中，也存在着风险和挑战。Pettis(2013)甚至认为，中国经济转型的代价和风险将使中国经济的增长率在 2020 年之前下降到 3%左右的水平。同时，中国作为经济发展不平衡的大国，与日本、韩国等相比，具有韧性好、潜力足、回旋空间大等优势。Cai 和 Lu(2013)预测中国经济增长潜力在 2010～2015 年平均为 7.2%，而在 2016～2020 年平均为 6.1%。中国经济增长的稳定性是研究当前中国经济的关键问题，必须通过经济增长稳定性的测度模型，从稳定性角度检验中国经济增长的质量，并结合对部分发达经济体与新兴经济体的经验分析，提高对我国经济增长方式转变效果与经济增长可持续性的认识水平。

在研究中国经济增长稳定性计量方法的文献中，钞小静和惠康(2009)选择了经济波动率、通货膨胀波动率及失业率指标为基础，以主成分分析法，通过合成指数方式测度了中国经济增长的稳定性。经济增长稳定性合成指数显示，中国经济增长的稳定性在波动中上升。李萍和冯梦黎(2016)选择产出波动比率与价格波动比率，以熵值赋权法合成经济增长过程(稳定性)质量指数的方式，测度中国经

---

① 本节作者：陈守东、刘洋，本节对刊登于《山东大学学报(哲学社会科学版)》2016 年第 4 期的论文《经济增长的稳定性测度与经验分析》的内容做了部分修改。

济增长的稳定性。他们认为，中国经济增长的稳定性相对于协调性和持续性，波动较大，特别是在 2008 年之后。向书坚和郑瑞坤(2012)以 GDP 增长率比值作为经济持续度指标，测度中国经济增长的稳定性。他们认为，新的经济增长模式对经济增长质量的提高具有不可低估的作用。赵鑫铖(2015)采用增长率的移动平均型的标准差系数、经济增长率的变动幅度与经济增长稳定性合成指标(由代表产出缺口、需求结构和产业结构的指标合成)三种方法测度中国经济增长的稳定性。他认为，经济增长稳定性主要受产出缺口、需求结构、产业结构和投资者所有制结构四大因素的影响。

　　研究经济增长稳定性的测度问题，必须考虑到中国经济增长处于转换阶段的特点，经济数据指标的非平稳性不容忽视。经济数据的波动性，也需要在计量方法上显著区别于区制状态的转变。Stock(2001)指出，时间序列数据的非平稳性容易导致传统方法无法有效地区分短期波动与 AR 结构的局部状态变化。秦朵(2012)在总结与反思计量经济学在经济周期研究方面近 40 年发展历程中强调，为避免时间序列中可能存在的非平稳性而对增长率类原始数据所做的差分操作等额外处理过程，是导致很多现有计量分析模型损失掉数据中重要信息的主要原因。对经济增长问题的计量分析，曾是推动计量经济学发展的重要课题。经济增长稳定性测度问题，需要在计量方法上突破数据平稳性的限制，准确识别短期波动、区制状态转换等动态特征。因此，本小节在无限状态 Markov 过程的假设下，将传统的 AR 模型扩展为 RTV-AR 模型，设计了混合分层结构的 Gibbs 抽样过程以给出该模型的非参数贝叶斯方法实现。该模型可兼容具有非平稳性与结构不稳定性的经济数据，能够更充分地挖掘出隐含在原始数据中的信息。在经济增长稳定性测度指标选择上，通过经济增长率与价格指数增长率并从产出波动和价格波动的角度来测度经济增长稳定性。在稳定性度量方法上，借鉴 Jochmann(2015)、陈守东和刘洋(2015)等以动态 ARC 指标作为经济变量稳定性的测度指标。以 GDP 增长率与 CPI 增长率的 ARC 指标为基础，结合波动项、截距项与结构断点概率，构建经济增长稳定性的测度模型，对包含新兴经济体与发达国家在内的中国、美国、日本、韩国、印度、英国、法国、南非、巴西 9 个国家的经济增长稳定性与动态趋势进行实证分析，结合经验分析的对比，从稳定性的角度考察中国经济增长的质量。

5.1.2　经济增长稳定性的测度模型

1. 稳定性测度的 ARC 指标与 RTV 模型

　　测度经济指标的稳定性，需要采用适当的模型与恰当的测度指标。本小节在非线性 AR 过程的假设下，以动态时变 AR 过程的 ARC 指标来测度经济指标的稳定性。扩展 Hamilton(1989)、Kim 和 Nelson(1999)，以 Markov 过程来描述经济增长率过程，将 AR 模型扩展为多状态的 Markov 区制转移过程，以 Fox 等(2011)的 sticky HDP-HMM 分层 Dirichlet 过程为基础，通过建立无限状态 Markov 区制断点模型的方式，以 ARC 指标为主，结合 AR 过程的截距项、随机扰动项方差与区制结构断点概率，来实现可兼容非平稳数据过程的经济增长稳定性测度模型。本小节以 sticky HDP-HMM 为基础，在无限状态 Markov 过程的假设下，为经济增长率过程建立 RTV 模型，通过混合分层结构的 Gibbs 抽样方法，升级贝叶斯 MS 模型为 RTV-AR 模型，用于经济增长稳定性测度的实证分析。

作为一种时变参数模型，RTV-AR 模型的参数遵循无限状态 Markov 过程的假设，在式(5.1)所描述的 MS-AR 模型的基础上，以式(5.2)所示的 sticky HDP-HMM 过程驱动无限状态下的状态变量 S_t，形成区制时变的 AR 模型。在式(5.1)中，y_t 代表经济增长率数据，模型中的截距项、AR 系数与随机扰动项方差是遵循区制时变过程的参数，基于分层共轭分布族，由 MCMC 方法模拟计算过程得到的后验无偏中位数来估计，最终得到如式(5.3)所示的 RTV 模型的后验结果形式。

$$y_t = \beta_{0,S_t} + \sum_{i=1}^{m} \beta_{i,S_t} y_{t-i} + \varepsilon_t , \quad \varepsilon_t \sim N(0, \sigma_{S_t}^2) , \quad t = 1, \cdots, T \tag{5.1}$$

$$S_t \mid \beta_{0,j}, \beta_{1,j}, \cdots, \beta_{m,j}, \quad \sigma_j^2 \sim \text{sticky HDP - HMM}, \quad j = 1, \cdots, \infty, \quad t = 1, \cdots, T \tag{5.2}$$

$$y_t = \beta_{0,t}^{\text{RTV}} + \sum_{i=1}^{m} \beta_{i,t}^{\text{RTV}} y_{t-i} + \varepsilon_t, \quad \varepsilon_t \sim N(0, \sigma_t^{2\,\text{RTV}}) , \quad t = 1, \cdots, T \tag{5.3}$$

RTV 模型通过 MCMC 过程中由后验分布产生的不限数量、不同区制状态下的 AR 结构对数据进行充分拟合，得到 AR 系数之和的后验中位数估计值，即式(5.4)所示 ARC 指标，用以分析经济增长率过程动态特征。并以 RTV-AR 模型截距项 $\beta_{0,\cdot}$ 的区制时变估计值 $\beta_{0,t}^{\text{RTV}}$ 的时变特征来反映经济指标在均值水平上的变动，以区制状态 S_t 的变化所计算的区制断点概率来反映经济指标的突变特征，以随机扰动项方差 σ_t^2 的时变特征来反映外部因素的冲击效果。

$$\text{ARC}_t = \sum_{i=1}^{m} \beta_{i,t}^{\text{RTV}}, \quad t = 1, \cdots, T \tag{5.4}$$

RTV-AR 模型适用的前提条件源自该模型无限状态 Markov 过程的假设条件，即由不限数量的多区制状态的局部 AR 过程组成。因此，在应用 RTV-AR 模型时，应结合局部平稳性检验。Francq 和 Zakoian(2001)的研究认为，时间序列数据的整体平稳性与局部平稳性之间的关系是既不充分也不必要的相互关系。在平稳数据的前提条件下，通常以单位根检验的方法来判断数据的平稳性，这种方式检验数据整体的平稳性。在对数据无平稳性要求的前提条件下，在 Markov 过程假设下，区制时变 AR 过程在局部不排除存在单位根过程的可能性。因此，本小节通过实证数据考察区间内每个时点所在区制状态 AR 过程动态结构的最大特征根的 MCMC 估计的后验分位数，来检验数据存在局部单位根过程的可能性。如果最大特征根的 90%分位数小于 1，代表在 10%的显著性水平下，可以拒绝该时点存在局部单位根过程的假设。

2. 混合分层结构的 Gibbs 抽样过程

为了更好地适应非平稳数据，将 Kim 和 Nelson(1999)的共轭分布族结构进一步扩展为分层的共轭分布结构，其中式(5.5)所表示的 AR 模型截距项与滞后项系数分布的超参数，假设服从如式(5.6)与式(5.7)所表示的第二层共轭分布。式(5.8)所表示的随机扰动项的方差假设服从逆 Gamma 分布。

$$\beta_{.,S_t} \sim N(\mu,\Sigma) , \quad t = 1,\cdots,T \tag{5.5}$$

$$\mu \sim N(b_0,B_0) \tag{5.6}$$

$$\Sigma \sim \text{Inv-Wishart}(Z_0,m_0) \tag{5.7}$$

$$\varepsilon_t \sim N(0,\sigma_{S_t}^2) , \quad t = 1,\cdots,T \tag{5.8}$$

$$\sigma_{S_t}^2 \sim \text{Inv-Gamma}(c_0,d_0) , \quad t = 1,\cdots,T \tag{5.9}$$

sticky HDP-HMM 分层结构的 Dirichlet 过程是由式(5.10)与式(5.11)所表示的一个两层结构的随机抽取过程。其中第一层的 γ 是由式(5.10)所代表的断棍过程产生的参数向量，作为 DP 代表的第二层 Dirichlet 过程的参数，其中，α、η、κ 为超参数；δ_j 为示性变量，当其下角标 j 与 ω_j 的相同时，δ_j 的值为 1，否则为 0。

$$\gamma \sim \text{stick-breaking}(\eta) \tag{5.10}$$

$$\omega_j | \alpha,\gamma,\kappa \sim \text{DP}\left(\alpha+\kappa, \frac{\alpha\gamma+\kappa\delta_j}{\alpha+\kappa}\right) , \quad j = 1,\cdots,\infty \tag{5.11}$$

$$S_t \sim \text{Multinomial } (\omega_{S_{t-1}}), \quad t = 1, \cdots, T \tag{5.12}$$

本小节采用 Chib（1996）的 FFBS 算法对区制状态潜变量向量 S 进行模拟抽样，以此为核心实现了 RTV 模型的混合分层结构的 Gibbs 抽样过程，具体过程由以下 5 个步骤组成。

步骤 1：初始化所有参数，并约定 $\theta = \{\beta_{0,j}, \beta_{1,j}, \cdots, \beta_{2m,j}, \sigma_j^2\}_{j=1}^L$，$\beta_j = \{\beta_{i,j}\}_{i=1}^{2m}$，$\beta = \{\beta_j\}_{j=1}^L$，$\sigma^2 = \{\sigma_j^2\}_{j=1}^L$，$\omega = \{\omega_j\}_{j=1}^L$，$S = \{S_t\}_{t=1}^T$，$y = \{y_t\}_{t=1-m}^T$，$n = \{\{n_{i,j}\}_{i=1}^L\}_{j=1}^L$，$u = \{\{u_{i,j}\}_{i=1}^L\}_{j=1}^L$，$r = \{r_i\}_{i=1}^L$，$\gamma = \{\gamma_i\}_{i=1}^L$，设定足够大的整数变量 L 代表无穷大以限定可能出现的最大的状态数量。

步骤 2：以 FFBS 算法对潜变量向量 S 进行模拟抽样。

FF 步骤：计算 $P(S_{t+1} | \theta, y_{t+1}) = \dfrac{P(y_{t+1} | S_{t+1}, \theta) P(S_{t+1} | \theta, y_t)}{\sum\limits_{\varsigma=1}^L P(y_{t+1} | \xi, \theta) P(\xi | \theta, y_t)}$，$P(S_{t+1} | \theta, y_t) =$

$\sum\limits_{j=1}^L P(S_{t+1} | S_t, \theta) P(S_t | \theta, y_t)$ 以 t 时点的数据向前一步计算对 $t+1$ 时点状态潜变量预测概率，结合 $t+1$ 时点对状态潜变量的更新概率，得到状态潜变量向前滤波概率。

BS 步骤：计算 $P(S_t | S_{t+1}, \theta, y) = \dfrac{P(S_{t+1} | S_t, \theta) P(S_t | \theta, y_t)}{\sum\limits_{\varsigma=1}^L P(S_{t+1} | \xi, \theta) P(\xi | \theta, y_t)}$，其中 $P(S_t | \theta, y_t)$ 源自 FF 步骤的向前滤波概率，以计算所得的向后抽样概率，从后向前对区制状态潜变量向量 S 进行抽取。

步骤 3：以 sticky HDP-HMM 分层 Dirichlet 过程对 γ、ω 进行模拟抽样。以伯努利分布抽取 $u_{i,j} = \sum\limits_{l=1}^{n_{i,j}} \text{Bernoulli}\left(\dfrac{\alpha\gamma_j + \kappa\delta(i,j)}{l - 1 + \alpha\gamma_j + \kappa\delta(i,j)}\right)$，其中，$n_{i,j} = \sum\limits_{t=2}^T 1(S_{t-1} = i, S_t = j)$。在此计算结果的基础之上，以二项式分布抽取 $\left\{ r_i = \text{Binomial}\left(u_{i,i}, \dfrac{\kappa}{\kappa + \alpha\gamma_i}\right) \right\}_{i=1}^L$。进一步在以上计算结果的基础上，以 Dirichlet 分布抽取 $\left\{ \gamma_l = \text{Dirichlet}\left(\dfrac{\eta}{L} + \sum\limits_{i=1}^L (u_{i,1} - \delta(i,1)r_i), \cdots, \dfrac{\eta}{L} + \sum\limits_{i=1}^L (u_{i,L} - \delta(i,L)r_i)\right) \right\}_{l=1}^L$。最后，以 Dirichlet 分布抽取 $\{ \omega_l = \text{Dirichlet}(\alpha\gamma_1 + n_{l,1}, \cdots, \alpha\gamma_l + \kappa + n_{l,l}, \cdots, \alpha\gamma_L + n_{l,L}) \}_{l=1}^L$。

步骤 4:以分层结构的共轭随机分布族,对 $\beta, \sigma^2 \mu, \Sigma$ 进行模拟抽样:以多元正态分布,抽取 $\{\beta_l = N(\overline{\mu}, \overline{\Sigma})\}_{l=1}^{L}$,其中 $\overline{\mu} = \overline{\Sigma} \left(\Sigma^{-1} \mu + \sum_{t:S_t=l} \frac{(y_{t-1}, \cdots, y_{t-m}) y_t}{\sigma_l^2} \right)$,而

$$\overline{\Sigma} = \left(\Sigma^{-1} + \sum_{t:S_t=l} \frac{(y_{t-1}, \cdots, y_{t-m})(y_{t-1}, \cdots, y_{t-m})^{\mathrm{T}}}{\sigma_l^2} \right)^{-1}$$ 。以逆 Gamma 分布抽取

$$\left\{ \sigma_l^2 = \text{Inv-Gamma} \left(c_0 + \frac{\sum 1(t:S_t=l)}{2}, d_0 + \frac{\sum\limits_{t:S_t=l}(y_t - (y_{t-1}, \cdots, y_{t-m})^{\mathrm{T}} \beta_l)^2}{2} \right) \right\}_{l=1}^{L}$$ 。以多

元正态分布,抽取 $$\left\{ \mu_l = N \left((B_0^{-1} + \overline{L}\Sigma^{-1})^{-1} \left(b_0 B_0^{-1} + \sum_{j=1}^{\overline{L}} \Sigma^{-1} \beta_j \right), (B_0^{-1} + \overline{L}\Sigma^{-1})^{-1} \right) \right\}_{l=1}^{L}$$,

其中 $\overline{L}$ 为当前至少出现过一次的区制状态总数。以逆 Wishart 分布抽取

$$\Sigma = \text{Inv-Wishart} \left(m_0 + \overline{L}, S_0 + \sum_{l=1}^{\overline{L}} (\beta_l - \mu)(\beta_l - \mu)^{\mathrm{T}} \right)$$ 。

步骤 5:将步骤 1~4 迭代 $M_0 + M_1$ 次,前 M_0 次为预烧期,预烧期过后结果将达到稳定。再继续迭代 M_1 次该 MCMC 过程以统计后验结果,其中以 $t=1, \cdots, T$ 时点 y 变量滞后项的系数之和,即 $\{\beta_{i,t}\}_{i=1}^{m}$ 之和的后验中位数估计值,简称区制时变估计值,计算前述式(5.4)中的 ARC 时变指标。同理得到式(5.5)~式(5.8)中,其他超参数与特征值的后验中位数估计。

与现有测度经济增长稳定性的文献相比,混合分层结构的 Gibbs 抽样方法实现的 RTV-AR 模型,可以更充分地从经济数据中提取信息。RTV-AR 模型通过 MCMC 方法估计出度量增长率动态结构稳定性的 ARC 指标、反映波动性特征的随机扰动项方差、体现均值水平与固定成分的截距项及识别区制状态改变的结构断点概率。RTV-AR 模型也存在其一元数据模型的局限性,即无法从多元数据指标的角度来分析影响经济增长稳定性的因素。在这方面,可以结合刘洋和陈守东(2016a)提出的多元时变因果关系模型进行进一步研究。

本小节在实证中采用的预烧期 M_0 次均为 10 000 次,M_1 次均为 50 000 次,具体的 Gibbs 抽样过程以 C++语言编程实现,矩阵运算部分引用 lapack 与 blas 标准运算库,以确保计算的准确性。

5.1.3 经济增长率的稳定性分析

1. 经济增长率数据的平稳性检验

本小节选取 GDP 季度同比增长率数据,对各国的经济增长率过程的稳定性进行分析。在计量分析之前,通过 EViews7 统计软件工具,以 Dickey 和 Fuller(1979)的 ADF 方法、Phillips 和 Perron(1988)的 PP 方法、Kwiatkowski 等(1992)的 KPSS 方法等单位根检验与平稳性检验的方法,对中国、美国、日本等九个国家 GDP 季度同比增长率数据进行平稳性检验。本小节所选数据的时间段与不同方法的平稳性检验结果如表 5.1 所示。其中, ADF 与 PP 检验方法所得数据为以其所依据方法计算的统计量与拒绝含有单位根原假设的 p 值;KPSS 检验方法所得数据为以该方法计算的统计量与不能拒绝平稳性原假设的 p 值所在的区间范围。从表 5.1 的检验结果中可以看到,大部分国家的 GDP 季度同比增长率数据几乎都无法在所有检验方法下通过平稳性检验。因此, 本小节以前述设计的可兼容非平稳性数据的 RTV-AR 模型,测度各国经济增长率稳定性。

表 5.1　中国、美国、日本等九个国家 GDP 季度同比增长率数据的平稳性检验

国家	时间段	ADF(p 值)	PP(p 值)	KPSS(p 值)
中国	1992 年第一季度~2015 年第二季度	−2.731 288(0.072 7)	−2.517 481(0.114 7)	0.309 292(>0.10)
美国	1953 年第一季度~2015 年第二季度	−3.005 805(0.035 8)	−4.200 621(0.000 8)	0.374 944(<0.10)
日本	1956 年第一季度~2015 年第二季度	−2.438 206(0.132 4)	−1.910 022(0.327 3)	1.832 794(<0.01)
韩国	1971 年第一季度~2015 年第二季度	−2.716 861(0.073 3)	−3.481 904(0.009 6)	1.093 748(<0.01)
印度	1997 年第一季度~2015 年第二季度	−3.391 966(0.014 6)	−3.541 616(0.009 6)	0.200 741(>0.10)
英国	1956 年第一季度~2015 年第二季度	−4.365 375(0.000 4)	−4.941 481(0.000 0)	0.193 240(>0.10)
法国	1979 年第一季度~2015 年第二季度	−3.911 491(0.002 6)	−4.004 589(0.001 9)	0.376 834(<0.10)
南非	1994 年第一季度~2015 年第二季度	−2.831 582(0.058 3)	−3.018 049(0.037 3)	0.135 247(>0.10)
巴西	1997 年第一季度~2015 年第二季度	−4.288 115(0.001 0)	−3.103 669(0.030 8)	0.164 933(>0.10)

资料来源:Wind 资讯数据库

2. 中国经济增长率过程的稳定性分析

选取如图 5.1 中虚线所示的中国 1992 年第一季度至 2015 年第二季度的 GDP 季度同比增长率数据，基于 RTV-AR 模型进行稳定性测度分析。从计量结果得到的主要结论包括：第一，中国经济自 1996 年成功实现软着陆之后，ARC 指标逐渐调整到 0.85 左右的稳定状态，进入了经济平稳快速发展的阶段。第二，1996 年至今，中国经济的 GDP 季度同比增长率的 AR 过程的 ARC 指标总体平稳，同时 ARC 指标的水平一直保持在 0.8 以上，说明经济增长率 AR 结构的惯性较大，即维持增长的能力较强。第三，中国经济的 ARC 指标在 2007 年之前，具有稳定且缓慢向上的趋势，显示出经济增长的加速趋势，这种趋势止于美国金融危机爆发的 2008 年。第四，2008 年以后，特别是 2010 年应对金融危机的量化宽松货币政策转为稳健的货币政策之后，ARC 指标较 2008 年之前稍低但却更加平稳，这说明中国的经济增长率进入了一个新的稳定状态，近期将保持稳定，不存在下行趋势。第五，如图 5.2 所示，在 2009 年以前，中国经济虽然保持了长期的高速增长过程，但经济增长的波动性也较高，相比之下更易受到冲击因素的影响；2010 年之后，中国经济增长过程波动性显著降低，其值低到了一个新的稳定水平上，经济增长增速适度放缓的同时，增强了经济运行的稳定性。

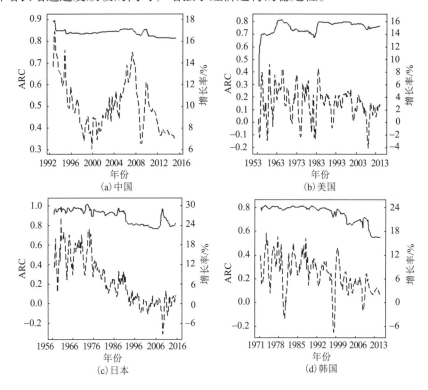

(a) 中国　　(b) 美国　　(c) 日本　　(d) 韩国

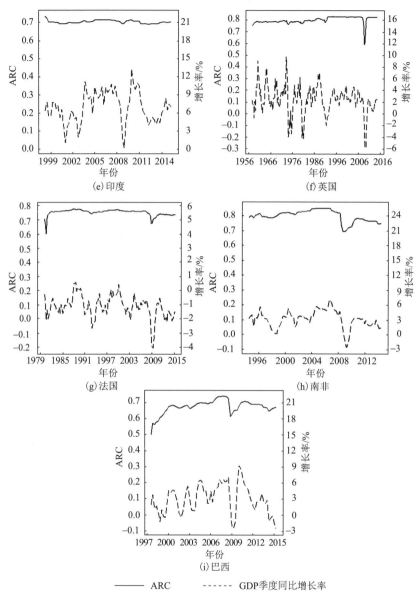

图 5.1　GDP 季度同比增长率和 ARC

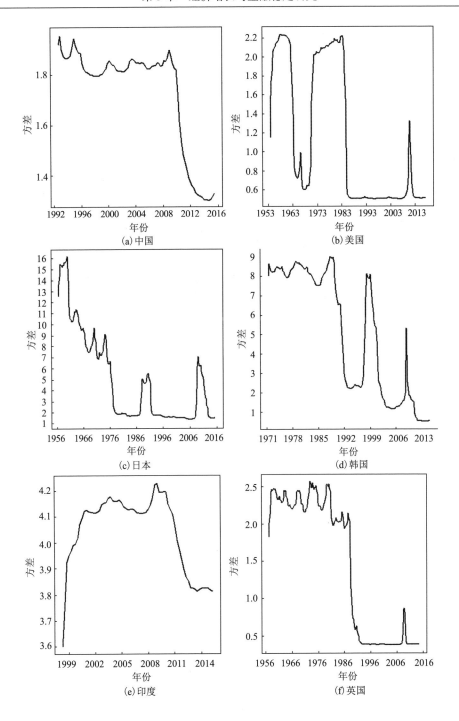

(a) 中国

(b) 美国

(c) 日本

(d) 韩国

(e) 印度

(f) 英国

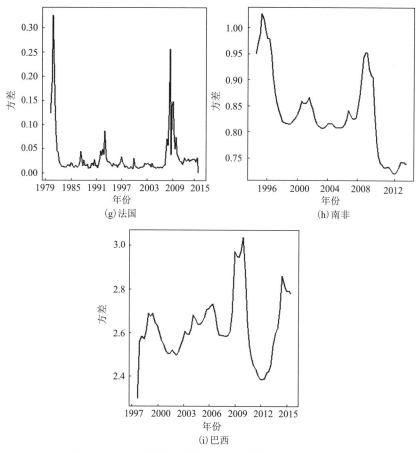

图 5.2　GDP 季度同比增长率 AR 过程随机扰动项方差

　　测度模型的计量结果，还包括式(5.5)中的 AR 过程的截距项及基于式(5.12)的区制状态序列估计得到的区制结构断点概率。测度结果表明，中国 GDP 季度同比增长率 AR 过程的截距项相对稳定，其变化十分有限。这说明中国经济的 GDP 季度同比增长率在均值水平方面较为稳定，投资、出口与消费所贡献的增长率水平总体保持稳定，其动态变化主要来自 AR 结构的调整与冲击因素的影响下的波动。另外，中国经济增长过程中不存在较大概率的结构断点，这说明中国经济增长的模式转换过程相对平滑。仅有的相对较大的结构断点概率，出现在开始实施经济软着陆政策的 1993 年与近期的 2010 年。

　　3. 多国经济增长率过程的稳定性分析

　　为进一步研究不同经济体在不同经济增长模式下的经济增长稳定性特征，本小节选取如表 5.1 所示的包含新兴经济体与发达国家在内的美国、日本、韩国、印度、英国、法国、南非、巴西等八个国家的 GDP 季度同比增长率数据来进行稳定性测度分析。通过自相关性检验结合贝叶斯信息准则确定各自 AR 过程的滞后期选择，以 RTV-AR 模型进行对比分析。

1) 多国经济增长率过程 AR 结构的稳定性与动态趋势分析

从 ARC 指标所反映的经济增长率过程 AR 结构的稳定性与动态趋势特征的角度，对比分析八国的经济增长率过程的稳定性。图 5.1 所示的各国经济增长率过程的 ARC 指标计量结果表明：第一，20 世纪 80 年代中期以来，在美国、英国和法国进入"大缓和(great moderation)阶段"之后，其 ARC 指标均出现了较之前更加平稳的现象。相比之下，法国的经济增长率过程 AR 结构的稳定性低于英国，而且两国 ARC 指标的动态趋势在 20 世纪 90 年代之后开始分化。第二，创造过"东亚奇迹"的日本和韩国两国，在分别于 1984 年和 1994 年实现年人均 GDP 超过 1 万美元之后，ARC 指标步入了整体趋势性下降的过程至今，说明其经济增长过程存在持续衰退的动态趋势。究其原因，张乃丽(2015)认为，20 世纪 90 年代以来日本经济长期低迷的原因在于供给侧的创新不足，需求端的刺激政策无法解决"新供给"的缺失。第三，作为新兴经济体主要国家的印度和巴西，虽然在进入 21 世纪以来实现了较高的经济增长，但是较低的 ARC 指标说明其经济增长率过程 AR 结构的稳定性较差。同时巴西经济较低且不稳定的 ARC 指标，更预示着其在经济增长稳定性上的欠缺。相比之下，同为"金砖国家"的南非，其 ARC 指标稳固在 0.8 左右，说明南非经济增长率过程 AR 结构的稳定性较强。第四，从 ARC 指标上可以看出，各国均受到 2008 年金融危机的冲击。美国受到的冲击最小；英国受到的冲击最短暂；法国在受到冲击之后恢复得比英国慢；日本在 2008 年之前所出现的短暂经济复苏进程彻底被金融危机的冲击所打断；韩国在受到冲击之后，其 ARC 指标加剧了下降的趋势；印度与巴西的 ARC 指标在金融危机之前就明显低于其他国家，特别是巴西的 ARC 指标自 1997 年至今几乎没有稳定过；相比之下，南非的 ARC 指标在金融危机之前较为稳定。

2) 多国经济增长率的波动性特征

RTV-AR 模型测度的 GDP 季度同比增长率 AR 过程随机扰动项方差的后验估计值可以体现经济增长率的波动性特征，反映其抵御外部冲击影响的能力，对比图 5.2 所示的八个国家的 GDP 季度同比增长率 AR 过程随机扰动项方差的计量结果，可以发现：第一，美国、英国、法国等发达国家在进入"大缓和阶段"后，经济增长率的波动性显著降低到 1 以下的水平，说明其经济增长的稳定性增强；第二，日本与韩国 GDP 季度同比增长率 AR 过程的随机扰动项方差虽然也分别在

20 世纪 80 年代和 20 世纪 90 年代之后震荡式下行，但却无法抵御各种冲击的影响而阶段性突起；第三，与印度和巴西远超过 1 的 GDP 季度同比增长率 AR 过程随机扰动项方差相比，南非 GDP 增长率 AR 过程的扰动项方差近期一直保持在 1 以下的水平。

3) 多国经济增长率的均值水平与固定成分分析

RTV-AR 模型测度的 GDP 增长率 AR 过程截距项的后验估计值，可以在一定程度上反映经济增长率的均值水平与固定成分的变化，测度模型的结果显示：第一，以美国、英国为代表的发达经济体在进入"大缓和阶段"之后，其截距项有所下降。第二，新兴经济体的截距项相对高于发达经济体，这说明这些发展过程中的经济体的经济增长率中的要素驱动与投资驱动所带来的固定成分相对较大。第三，虽然韩国人均 GDP 早已跨过发达国家下线，而且是经济合作与发展组织（Organization for Economic Co-operation and Development，OECD）成员，但是韩国也往往被多个重要的国际组织与研究机构以不同的标准界定为新兴经济体。韩国 GDP 增长率 AR 过程的截距项水平与中国相近，而与日本相去甚远。从这个角度上看，韩国具有新兴经济体的特点。与此相反，属于"金砖国家"的南非，其 GDP 增长率 AR 过程的截距项与英国和法国相近。

4) 多国经济增长率区制状态的结构断点检验

RTV-AR 模型测度的 GDP 增长率 AR 过程区制状态的结构断点概率，可以反映经济增长过程的突变性特征。八国 GDP 增长率 AR 过程区制状态结构断点的计量结果表明：第一，进入"大缓和阶段"后，美国、英国、法国三国的结构断点概率显著降低，体现经济增长的稳定性增强；第二，虽然 2008 年的金融危机导致美国、英国、法国三国出现了相对较高的结构断点概率，但是从持续性角度上看，金融危机及随之而来的一系列冲击对其他五国的影响更加深远。

4. 局部单位根过程检验与经济增长方式的可持续性分析

RTV-AR 模型实现了数据 AR 结构的时变估计，在兼容非平稳数据的同时，也得到了以局部 AR 过程的最大特征根检验时间序列数据中局部单位根过程的模拟实现方法。图 5.3 显示了包含中国在内的九个国家 GDP 季度同比增长率 AR 过程最大特征根的 10%、50% 与 90% 的后验分位数估计值，结果显示：第一，中国在经济软着陆之前具有相对较高的单位根风险，其后在接近 90% 的水平上基本可以拒绝单位根过程，特别是在 2010 年之后，完全可以在 90% 的显著性水平下拒绝

单位根过程;第二,日本在 1990 年泡沫经济破灭以前长期存在较大的单位根风险,
这暗示其当时的经济增长过程不具有可持续性;第三,其他六个国家,除极少的
结构突变概率较高的时点以外,均可在 90%的显著性水平下拒绝单位根过程。

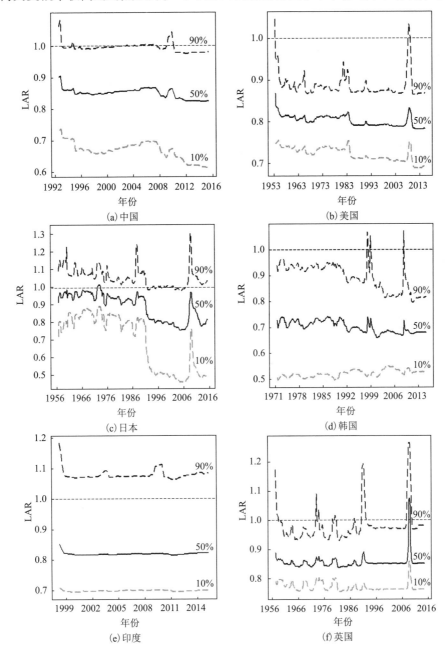

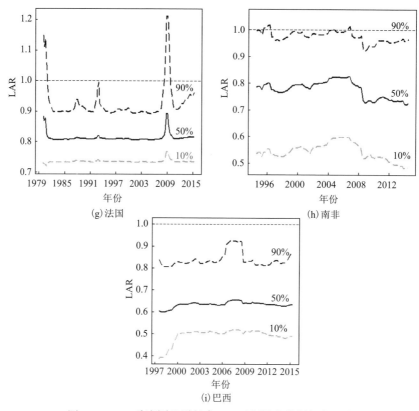

图 5.3　GDP 季度同比增长率 AR 过程最大特征根(LAR)

中国经济增长率过程的稳定性测度分析发现，自中国经济实现软着陆以来，经济保持高速增长的同时，也存在着较高的波动性风险；中国经济虽然在金融危机中受到了一定的冲击，但是在后金融危机时代顺势转入了更加稳定的新状态；中国经济增长虽然在近期有所放缓，但是中国经济增长的稳定性增强，波动性显著降低。

综合美国、日本、韩国、印度、英国、法国、南非、巴西等八个国家经济增长率过程的稳定性测度分析发现，金融危机及后金融危机时代全球性非常规货币政策的冲击，对发达经济体和新兴经济体的影响都是非对称的；经济体自身经济结构与经济增长驱动力特征，决定了其所受冲击影响的水平；部分经济体在经济增长质量上的欠缺，是导致其深受金融危机影响的主要原因。通过中外经济增长率过程实证分析结果的对比，进一步强调了经济增长质量的重要性。无论是发达国家，还是新兴经济体，在经济结构与经济增长驱动力方面的不足，都将给经济增长的可持续性带来隐患。本小节进一步从价格稳定性的角度，结合中外各国的经验分析与对比来考察中国经济增长的质量。

5.1.4　价格指数增长率的稳定性分析

1. 价格指数增长率数据的平稳性检验

本小节选取 CPI 季度同比增长率数据(每季度最后月份的同比增长率),对各国的价格指数增长率过程的稳定性进行分析。在计量分析之前,通过 EViews7 统计软件工具,以 ADF、PP 与 KPSS 分别提出的单位根与平稳性检验方法,对中国、美国、日本等九个国家 CPI 季度同比增长率数据进行平稳性检验。数据与平稳性检验结果如表 5.2 所示。检验结果表明,大部分国家的 CPI 季度同比增长率数据几乎都无法在所有检验方法下同时通过平稳性检验。因此,需要可兼容非平稳性数据的 RTV-AR 模型,测度各国价格指数增长率的稳定性。

表 5.2　中国、美国、日本等九个国家 CPI 季度同比增长率数据的平稳性检验

国家	时间段	ADF(p 值)	PP(p 值)	KPSS(p 值)
中国	1990 年第一季度～2015 年第二季度	−2.650 985(0.086 7)	−2.054 685(0.263 5)	0.325 451(>0.10)
美国	1953 年第一季度～2015 年第二季度	−1.792 477(0.383 7)	−2.611 595(0.092 0)	0.340 186(>0.10)
日本	1971 年第一季度～2015 年第二季度	−1.948 978(0.309 3)	−2.337 100(0.161 6)	1.007 424(<0.01)
韩国	1976 年第一季度～2015 年第二季度	−2.507 872(0.115 6)	−3.075 552(0.030 5)	0.734 917(<0.05)
印度	1993 年第一季度～2015 年第二季度	−1.657 887(0.448 7)	−2.972 343(0.041 6)	0.242 257(>0.10)
英国	1989 年第一季度～2015 年第二季度	−2.808 413(0.060 9)	−1.959 489(0.304 2)	0.356 695(<0.10)
法国	1999 年第一季度～2015 年第二季度	−3.619 987(0.008 0)	−3.147 184(0.028 2)	0.150 241(>0.10)
南非	1971 年第一季度～2015 年第二季度	−1.702 683(0.428 1)	−2.116 344(0.238 6)	0.915 267(<0.01)
巴西	1997 年第一季度～2015 年第二季度	−3.744 076(0.005 4)	−2.362 442(0.156 0)	0.146 516(>0.10)

资料来源: Wind 资讯数据库

2. 中国价格指数增长率的稳定性分析

选取如图 5.4 中虚线所示的中国 1990 年第一季度至 2015 年第二季度的 CPI 季度同比增长率数据,通过自相关性检验结合贝叶斯信息准则选取滞后 2 期 AR

过程，基于 RTV-AR 模型进行稳定性测度分析，得到的主要计量结果表明：第一，中国经济的通货膨胀率在 1996 年完成软着陆之后，通货膨胀率的 ARC 指标从代表高通货膨胀过程的大约 1 的水平下降为接近 0.9 的稳定状态。如图 5.5 所示，代表波动性的随机扰动项方差也在 1996 年后大幅下降，说明通货膨胀动态趋于稳定。在 1996 年出现高于 50%以上的断点概率，也证实通货膨胀率过程在此阶段发生了结构性的状态转换。第二，在 2007 年之前，ARC 指标的上升暗示通货膨胀风险在增加，但经过 2008 年金融危机的冲击后，于 2012 年之后，ARC 指标再次稳固到了一个更加平稳的水平上。同时波动性也在 2010 年之后再次下降到更低的水平。中国的价格指数增长率在经历软着陆和 2008 年金融危机后，从高通货膨胀过程转向温和通货膨胀过程与更趋稳定的通货膨胀状态。

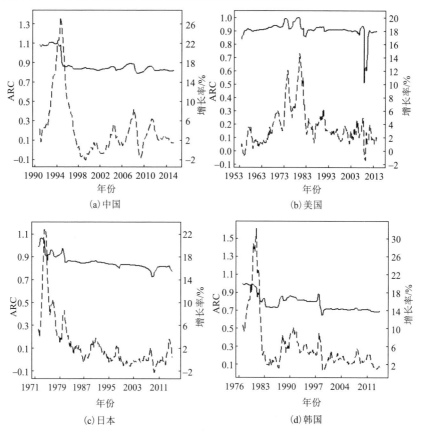

(a)中国　　　　　　　　　　(b)美国

(c)日本　　　　　　　　　　(d)韩国

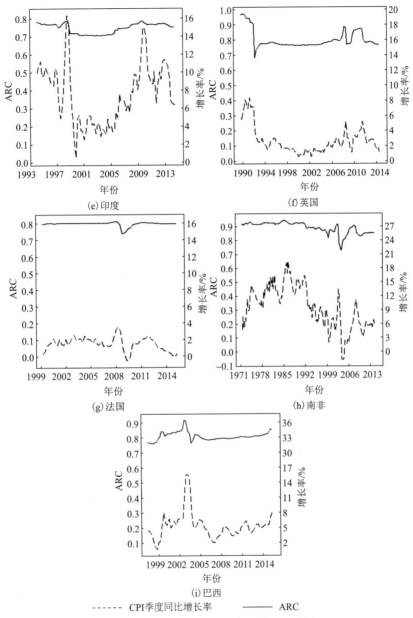

(e) 印度　　　　　　　　　　　　　　(f) 英国

(g) 法国　　　　　　　　　　　　　　(h) 南非

(i) 巴西

‑‑‑‑‑‑ CPI季度同比增长率　　　　—— ARC

图 5.4　CPI 季度同比增长率及其 ARC 指标

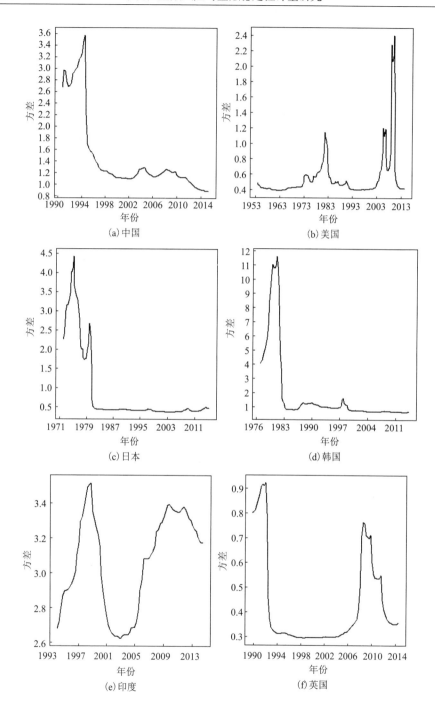

(a)中国　　　　　　　　　　　　　(b)美国

(c)日本　　　　　　　　　　　　　(d)韩国

(e)印度　　　　　　　　　　　　　(f)英国

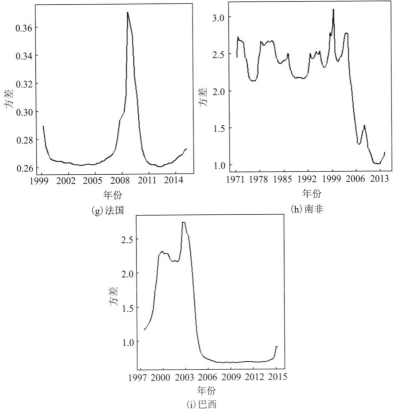

图 5.5　CPI 季度同比增长率随机扰动项方差

3. 多国价格指数增长率的稳定性分析

为进一步研究不同经济体在不同经济增长模式下的价格指数的稳定性特征，继续选取如表 5.2 所示的包含新兴经济体与发达国家在内的美国、日本、韩国、印度、英国、法国、南非、巴西等八个国家的 CPI 季度同比增长率数据来进行稳定性测度分析。通过自相关性检验结合贝叶斯信息准则确定各自 AR 过程的滞后期选择，以 RTV-AR 模型对各国的通货膨胀率动态过程进行对比分析。

1) 多国通货膨胀率过程 AR 结构的稳定性与动态趋势分析

从 ARC 指标所反映的通货膨胀率过程 AR 结构的稳定性与动态趋势特征的角度，对比分析这八个国家的通货膨胀率过程的稳定性。从图 5.4 所示的各国通货膨胀率过程 ARC 指标的计量结果中可以发现：第一，在美国 20 世纪 80 年代、日本 20 世纪 70 年代与韩国 20 世纪 80 年代之前的投资扩张过程中，都出现过类似中国经济软着陆前的高通货膨胀过程；第二，2008 年的金融危机对美国、日本、英国与法国等发达经济体价格系统的短期冲击较大，这说明其金融体系的关联性十分紧密；第三，2008 年的金融危机对新兴经济体价格系统的影响则更加持续，类似中国的情形，印度和南非在 2008 年之前的短期通货膨胀趋势都被打断而转向；第四，从 ARC 指标上看，日本 2008 年金融危机后的量化宽松货币政策，特别是 2012 年之后的持续量化宽松政策，对其通货膨胀过程起到了一定的短期效果。

2）多国通货膨胀率的波动性特征

RTV-AR 模型测度的通货膨胀率 AR 过程随机扰动项方差的后验估计值可以体现通货膨胀率的波动性特征，反映其抵御外部冲击影响的能力，对比图 5.5 所示的八国通货膨胀率 AR 过程随机扰动项方差的计量结果，可以发现：第一，发达经济体的波动性要显著低于新兴经济体，只在 2008 年金融危机前后，美国、英国、法国的波动性短期加剧。第二，类似中国的软着陆过程，日本和韩国在 1980 年前后也通过强有力的政策将通货膨胀率的波动性大幅降低，但与日本、韩国相比，中国的过渡阶段更加平滑。第三，新兴经济体通货膨胀率的波动性高于发达国家，其中南非与巴西的通货膨胀率波动性在 2003 年前后有所降低。

3）多国通货膨胀率的均值水平与固定成分分析

RTV-AR 模型测度的通货膨胀率 AR 过程截距项的后验估计值，可以在一定程度上反映通货膨胀率在均值水平与固定成分上的变化，对比八国通货膨胀率 AR 过程截距项的计量结果，发现发达国家的通货膨胀率均值水平与固定成分要低于新兴经济体。

4）多国通货膨胀率区制状态的结构断点检验

RTV-AR 模型测度的通货膨胀率 AR 过程区制状态的结构断点概率，可以反映通货膨胀率过程的突变性特征。对比八国通货膨胀率 AR 过程的结构断点概率表明：第一，美国、英国、法国三国的通货膨胀率 AR 过程在金融危机前后具有结构断点的概率相对较高；第二，韩国、日本在经济高速发展阶段，通货膨胀率 AR 过程具有结构断点的概率相对较高。

4. 局部单位根过程检验与通货膨胀过程的可持续性分析

基于 RTV-AR 模型，通过通货膨胀率局部 AR 过程的最大特征根来检验其存在局部单位根过程的可能性。图 5.6 显示了包含中国在内的九国通货膨胀率 AR 过程最大特征根的 10%、50% 与 90% 的后验分位数估计值，结果显示：第一，在投资扩展阶段，中国、美国、日本与韩国都持续存在着在 90% 显著性水平，甚至是在 50% 显著性水平下无法拒绝的单位根风险；第二，在通货膨胀加剧的过程中，如中国的 2007 年前后、美国 2007 年之前、巴西的 2003 年前后，都出现了突增的单位根风险。

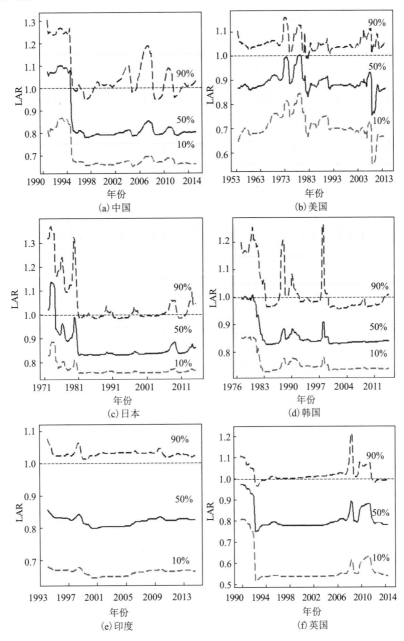

(a) 中国

(b) 美国

(c) 日本

(d) 韩国

(e) 印度

(f) 英国

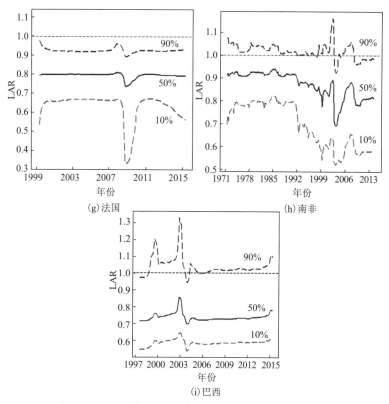

图 5.6　CPI 季度同比增长率 AR 过程最大特征根(LAR)

中国价格指数增长率的稳定性测度分析发现，价格体系的稳定伴随着经济增长率过程的稳定，自中国经济实现软着陆以来，中国经济摆脱了高通货膨胀的单位根风险，价格体系趋于稳定。中国价格指数的波动性在 1996 年大幅降低，并且在 2010 年进一步降低到相对接近价格体系稳定的发达经济体的水平；2012 年以后的 ARC 指标显示，中国经济的通货膨胀动态更趋稳定，并且不存在代表通货紧缩风险的 ARC 指标下降趋势。

综合美国、日本、韩国、印度、英国、法国、南非、巴西等八个国家的价格指数增长率过程的稳定性测度模型发现，经济增长率过程的不稳定性也伴随着价格指数的不稳定性；投资扩张时期不可持续的经济增长方式，使中国、美国、日本、韩国等多个国家出现过单位根风险加剧的高通货膨胀过程；美国金融危机和与其相关的量化宽松货币政策，不仅对美国、英国、法国等发达国家价格指数的稳定性造成了短暂的冲击，还对印度和南非等新兴经济体的价格体系产生了更加深远的影响，甚至改变了其通货膨胀趋势。总之，经济增长质量上的不足，经济结构与经济增长驱动力方面的欠缺，也影响了经济体价格指数的稳定性。

5.1.5　总结

本小节以创新方法构建经济增长稳定性的测度模型，对中国、美国等九个国家的经济增长稳定性进行实证分析。结合与发达经济体和新兴经济体的经验比较，从稳定性的角度测度中国经济增长的质量。实证结果表明，无论是过去的发达经济体，还是近期的新兴经济体，在发展历程中都存在经济增长从不稳定向稳定过渡的转型阶段；中国经济增长率与通货膨胀率在 2010 年之后，呈现出动态趋势稳定、波动性降低、局部平稳等新常态特征；相比之下，不同的经济增长方式和内在结构上的差异使不同经济体在经济增长的稳定性与抵御冲击风险的能力方面有着明显的区别；2008 年的金融危机及随之而来的一系列冲击，对发达经济体与新兴经济体的冲击都存在着非对称性，新兴经济体的经济增长在后金融危机时代，更是存在着明显的分化现象。

综上所述，面对日益复杂多变的国际环境，虽然在经济新常态下的中国经济增长的稳定性有了显著的提高，但是在经济转型升级向纵深推进的过程中依然存在困难与风险，本小节所提出并设计实现的经济增长稳定性测度模型，可以有效地测度经济增长的稳定性水平，提升管理经济运行的能力。

5.2　泡沫挤出视角下的民间投资下滑[①]

5.2.1　引言

民间固定资产投资(private fixed asset investment，PFAI)的总投资占比超过 60%，但 2016 年以来增速却呈断崖式下行，与国有投资形成巨大剪刀差。民间投资增速与占比的不匹配、民间投资和国企投资的不均衡引发了国内外对中国经济状况的普遍担忧。注意到，2016 年之前的民间投资增速远高于中国经济增速，且多投向目前产能过剩的行业、房地产市场及日渐脱实向虚的金融市场。因此，以往的民间投资大多存在不经济、非效率的问题。若将民间投资对经济增长偏离下的不经济、非效率的问题视为"投资泡沫"，那么 2016 年以来民间投资增速的断崖式下行是否是泡沫累积到一定程度的自然挤出行为呢？

在理性预期假设下，泡沫指的是对基础价值 F_t 偏离的部分，且这一偏离的部分具有自我实现的特性(Salge，2012)，称为理性泡沫 B_t (Diba and Grossman，

---

① 本节作者：孙彦林、陈守东、刘洋，本节对刊登于《财经科学》2016 年第 12 期的文章《泡沫挤出视角下的民间投资下滑》的内容做了部分修改。

1988a)。因此，理性泡沫具有三大特征：①符合理性预期假设；②与基础价值存在偏离；③能够自我实现。若某一经济现象或行为存在上述特征，则可认为有理性泡沫的存在。假定民间投资不可逆，且基础价值为由投资行为产生的未来现金流的当期贴现。根据实物期权思想，投资的目的在于购买存在价值波动资产的未来收益，同时产生沉没成本，若将沉没成本视作期权费用（期权价格），则投资行为即期权的购买行为（夏健明和陈元志，2005）。因此，民间投资等价于期权价格 P_t，但期权标的对应于多种金融或非金融资产，难以衡量其基础价值。忽略投资过程，民间投资的最终结果应当是产出增加、经济增长，所以民间投资应当以经济增长的长期趋势为基准，长期偏高表明投资的动态低效或无效率，长期偏低表明投资不足。因此，以经济增长的长期趋势作为民间投资的基础价值的参照被认为在某种程度上是合理的。经济的现实表现已充分说明民间投资增速长期偏离（高于）经济增长的长期趋势。在理性人的假设下，市场参与者会根据预期调整投资行为，经济下行时的理性行为即减少投资，投资减少又导致经济下行压力增加，并诱发投资的进一步减少，所以民间投资具有自我实现的特性。在理性预期假设下，民间投资满足理性泡沫的存在条件。因此，从泡沫视角对民间投资下滑现象展开研究是合理且具有重要现实意义的。

　　一个经济系统若可以表示为 $y_t = \lambda E[y_{t+1}|I_t] + x_t$ 的随机差分形式，则认为该经济系统存在理性泡沫。将该思想应用于股票市场，推导出 $P_t = F_t + B_t$（$B_t = \dfrac{1}{1+r} E_t[B_{t+1}|I_t]$ 为一随机过程，r 表示无风险利率，F_t 由前向递归法得到），这是其中的一个可行解（Blanchard and Watson，1982），因此理性预期假设是必要的，其主要应用在 F_t 的推导及 B_t 的分布中。但众多研究表明，理性预期在中国市场失灵（贾康等，2014），在利用理性泡沫分析中国民间投资的过程中需要结合中国实际进行转化，以放松理性预期假设的限制。方法研究方面：① 基于基础价值估算的泡沫检验（吕江林，2010；陈国进等，2009；崔畅和刘金全，2006）能够直观地反映出市场价格与基础价值的偏离，但估算指标的选取存在争议，且中国市场尚不成熟，导致这一方法误差较大；② 基于多部门经济的一般均衡分析（Tirole，1985），从经济理论与数理论证角度能给出更为全面的泡沫存在性检验，但因涉及多部门，所以模型复杂且假设较多；③基于两步法（West，1987）的泡沫检验方法被认为在数据生成过程的假设、拒绝的准则与拒绝原假设的含义方面存在争议；④基于方差界限法（Shiller，1980）的泡沫检验方法存在理论层面与实践层面的双重不足；⑤基于内在泡沫（Froot and Obstfeld，1991）的泡沫检验方法对数据生成过程的设定十分敏感；⑥基于 DF 检验思想的泡沫检验方法认为，含有理性泡沫的价格序列是爆炸性过程，且不能通过差分实现平稳（Blanchard and Watson，1982），基础价值序列经有限次差分后则倾向于平稳，因此可通过分析二者的单位根过程

与协整关系判断是否存在理性泡沫，即"单位根-协整"泡沫检验法（Diba and Grossman，1988a），但此方法只能检验出持续性极强的泡沫，面临"泡沫检验陷阱"（Evans，1991）的考验。Evans（1991）认为，包含理性泡沫的价格序列很可能服从同时包含单位根成分和爆炸性成分的复合数据生成过程，且两种成分之间随机转化，使这类周期性破灭泡沫难以被传统 DF 方法检验。sup-ADF（Phillips et al.，2011）和 IMS-ADF（祖明宇，2016）泡沫检验方法均以结构突变点识别的视角，从不同理论框架给出了单位根成分与爆炸性成分间动态转化[①]产生的结构断点动态识别的有效检验方法。本小节认为，基于 IMS 模型的 ADF 检验方法能更充分地挖掘与识别含泡沫价格序列中的结构断点与时变特征。问题研究方面，主要集中于股市（赵鹏和曾剑云，2008）及楼市（吕炜和刘晨晖，2012）的泡沫检验与分析，基于实物期权理论从泡沫视角研究民间投资问题仍处于起步阶段。因此，由 IHMM 拓展的 IMS-ADF 检验方法能更充分有效地检验民间投资的泡沫行为，对现有文献形成有益补充，具有重要的理论与实践意义。

5.2.2　民间投资下滑的泡沫挤出行为分析

1. 民间投资泡沫检验的 IMS-ADF 模型

当价格序列存在泡沫成分时，其服从爆炸性的数据生成过程，因此，对理性泡沫的检验问题便转化为爆炸性过程的识别问题，也就是 AR 系数是否落在单位圆外的检验问题（Blanchard and Watson，1982），即基于 DF 单位根检验的泡沫检验方法的原理所在。理性泡沫 $B_t = P_t - F_t$，根据 IMS-ADF 的泡沫检验思想，F_t 有限次差分后平稳，则 B_t 是否为爆炸性过程取决于 P_t。因此，对 P_t 的结构断点识别可以检验价格序列自身的泡沫行为表现，对 B_t 的结构断点识别可以检验与基础价值偏离的宏观现象究竟是泡沫生成演化过程的自然结果还是由基本面恶化引起的惯性的难以维持。通过 IHMM 拓展的 IMS-ADF 模型建模过程如下：

$$\Delta y_t = y_t - y_{t-1} \tag{5.13}$$

$$\Delta y_t \big| S_t = i, \Theta, \Phi_{t-1} \sim f(\Delta y_t \big| S_t = i, \Theta, \Phi_{t-1})，\quad \Phi_{t-1} = (y_1, \cdots y_{t-1})$$

$$\Pr(S_t = i \big| S_{t-1} = j, S_{t-2}, P, \Phi_{t-1}) = \Pr(S_t = i \big| S_{t-1} = j, P) = p_{ji}，\quad S_{t-2} = (S_1, \cdots, S_{t-2})$$

---

① 单位根成分向爆炸性成分转化的过程即泡沫生成过程，爆炸性成分向单位根成分转化的过程即泡沫破灭过程。

$$p_{ji} \geqslant 0 \text{ 且} \sum_{i=1}^{\infty} p_{ji} = 1 , \quad j,i = 1,2,\cdots$$

其中，Φ_t 和 S_t 为信息集，当 $t<1$ 时，Φ_t 为空集；$\Theta = (\theta_1,\theta_2,\cdots)$ 为参数空间；θ_i 为区制 i 内的参数集合；P 为转移概率矩阵。根据单位根检验的思想，假设每个区制内

$$f(\Delta y_t | s_t = i,\Theta,\Phi_{t-1}) \sim N\left(\alpha_{i,0} + \beta_i y_{t-1} + \sum_{k=1}^{q} \gamma_{i,k} \Delta y_{t-k}, \sigma_i^2 \right)$$

上式的均值函数形式即用于泡沫检验的 ADF 方程

$$\Delta y_t = \alpha_{i,0} + \beta_i y_{t-1} + \sum_{k=1}^{q} \gamma_{i,k} \Delta y_{t-k} + \varepsilon_t , \quad \varepsilon_t \sim N(0,\sigma_i^2) \tag{5.14}$$

式 (5.14) 表明，待检验的序列 y_t 服从非线性的 AR 过程，从长期均衡与短期波动的角度描述了 y_t 的区制时变特征，其中，β_i 描述了偏离长期均衡状态的均值回复速率。因此，我们将对 AR 系数是否落在单位圆外的检验问题转化为对 β_i 符号的识别问题。假设由 $\gamma_{i,k}$ 构成的特征方程的特征根均在单位圆内，则

(1) 当 $\beta_i = 0$ 时，式 (5.14) 转化为随机游走过程。

(2) 当 $\beta_i > 0$ 时，式 (5.14) 是含有理性泡沫成分的爆炸性过程，对应概率 $P(\beta_i | \Theta, \Phi_t > 0.5)$。

(3) 当 $\beta_i < 0$ 时，式 (5.14) 经有限次对数差分趋于平稳，对应概率 $P(\beta_i | \Theta, \Phi_t < 0.5)$。

因此，β_i 即理性泡沫存在与否、演化过程、爆炸程度的指示指标。为实现基于非参数模拟的模型有效估计，给定如下先验假设

$$s_t | \Theta \sim \text{sticky HDP-HMM （Fox et al., 2011）} \tag{5.15}$$

$$s_t \sim \text{Multinomial}(\omega_{s_{t-1}})$$

$$\omega_l | \nu,\tau,\kappa \sim \text{DP}\left(\nu+\kappa, \frac{\nu\tau+\kappa\delta_{l'}}{\nu+\kappa} \right)$$

当 $l = l'$ 时，$\delta_{l'} = 1$，否则 $\delta_{l'}$ 为 0。

$$\tau \sim \text{stick-breaking}(\eta)$$

$$\alpha_{i,0}, \beta_i, \gamma_{i,k} \sim N(\mu, \Sigma) , \quad \mu \sim N(b_0, B_0) , \quad \Sigma \sim \text{Inv-Wishart}(Z_0, m_0) \quad (5.16)$$

$$\sigma_i^2 \sim \text{Inv-Gamma}(c_0, d_0) \quad (5.17)$$

其中，$j, i, l = 1, 2, \cdots$ ； $t = 1, 2, \cdots, T$ 。

式(5.13)～式(5.17)构成了 IMS-ADF 模型的核心部分。通过 $p(\beta_i)$ 的后验均值估计识别结构断点以推断理性泡沫的区制时变特征，并结合 β_i 的后验均值估计分析爆炸过程的泡沫程度与演化过程。

2. 民间投资的泡沫存在性检验

2004 年以来，民间投资规模逐年增加，并表现出明显的季节性与趋势性特征，与爆炸性的数据过程存在相似之处，民间投资增速在 2016 年之前始终维持高速增长(图 5.7)，且其增速远高于经济增速，将民间投资经济层面的最终反应视作其基础价值的参照，将民间投资视作期权费用(期权价格)，则民间投资和经济增长长期趋势的"剪刀差"可视作期权价格与基础价值的长期偏离，满足理性泡沫存在的基本条件。2016 年开始，民间投资增速断崖式下滑，且其至历史低位，国有投资却飙升至历史高位，但二者投资占比的相对比例却没有发生太大变化，这一投资异象的出现是经济基本面恶化的结果还是民间投资自发的泡沫挤出行为？这对了解中国经济基本面与未来走势具有重要意义。

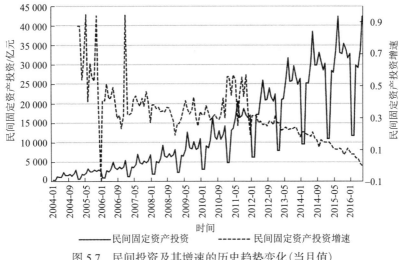

图 5.7　民间投资及其增速的历史趋势变化(当月值)

对于民间投资下滑的原因莫衷一是。不论是"融资难、融资贵"的结构性问题，还是"玻璃门、弹簧门"等政府体制机制问题，均是长期存在掣肘民间投资发展的重要因素，且其并不足以解释当前民间投资的突然下滑。中国经济的房地产化特征越发明显，但房地产投资挤出民间投资的解释缺乏合理性，民间房地产投资强度存在明显的区域性差别，尽管从某种程度上挤出了部分民间制造业投资，但不足以引起 2016 年以来民间投资的断崖式下滑。在长期的快速扩张下，民间投资的泡沫化特征明显，从泡沫的角度分析发现，民间投资的下滑很大程度上是民间投资泡沫挤出行为的结果，通过 R 语言编程实现的 IMS-ADF 模型的泡沫检验结果如图(5.8)～图(5.11)所示，样本选择为 2004 年 1 月～2016 年 6 月的民间固定资产投资的月度数据，以经过季节调整的民间投资序列作为泡沫存在性检验的原始序列，资料来源于 Wind 数据库。

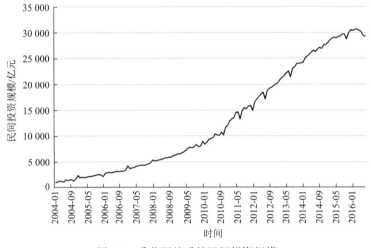

图 5.8　季节调整后的民间投资规模

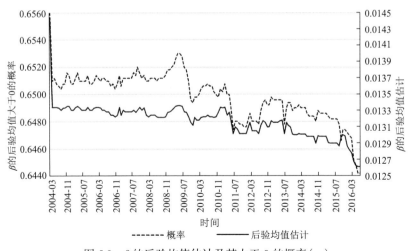

图 5.9　β 的后验均值估计及其大于 0 的概率(一)

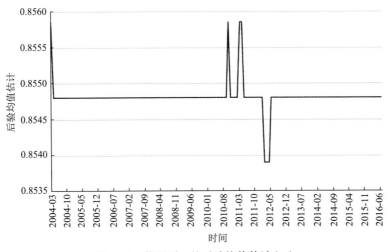

图 5.10　截距项 α 的后验均值估计(一)

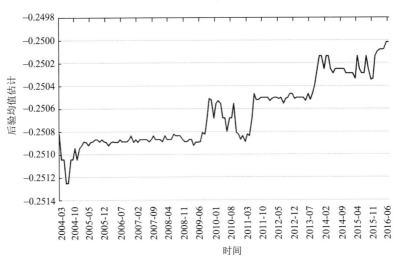

图 5.11　AR 系数 γ 的后验均值估计(一)

　　季节调整后的民间投资序列表现出明显的发散性趋势性特征(图 5.8)。样本期内，P_t 序列的泡沫指示变量 β 大于 0 的概率始终在 0.5 以上，这表明在样本期内民间投资始终存在着持续且明显的理性泡沫；β 的后验均值估计均显著异于 0 但其绝对值较小，这表明民间投资尽管是始终存在理性泡沫的爆炸性过程，但属于相对温和的爆炸性过程(图 5.9)。结合截距项的分析(图 5.10)认为，中国民间投资长期趋势于 2010~2012 年出现了两次惯性被打破的小区间，这主要是因为全球金融危机的爆发与随之而来的四万亿元投资，它们为国企的强势回归创造了巨大的空间与机会，在很大程度上对民间投资形成了巨大的挤出效应。2005 年以来，民间投资逐渐表现出增长乏力的趋势特征，投资增速逐渐回调，主要表现为以 AR 系数 γ 表征的短期波动影响力逐年提升，在 2013 年开始一轮上升周期后，又于 2016 年开启了新一轮的上升周期，这反映出经济基本面的波动使民间投资面临的不确定性因素增加，在经济下行的背景下，长期积累的泡沫逐渐显性化，并随着短期波动影响程度的提升，被迫进行泡沫挤出并向长期趋势调整。尽管 IMS-ADF 模型只能检验可预期破灭的理性泡沫的存在性并识别爆炸性过程的发散程度，并不能直接区分出恶性泡沫与良性泡沫、投资过热和投资不足等，但民间投资作为中国经济重要内生动力之一，过快的均值回复速率可能引起投资链的不稳定并连锁诱发系统性金融风险。2015 年底至今，参数 β 的斜率明显增加，向 0 收敛的速率明显加快，这表明民间投资的泡沫生成过程在明显收缩、泡沫挤出行为在明显加速，存在风险集中爆发的可能性。

3. 民间投资偏离国民经济的泡沫存在性检验

对季节调整后的民间投资序列进行泡沫检验，结果显示，2016 年以来中国民间投资的下滑是泡沫挤出行为的宏观表象，但在向长期趋势调整过程中因调整速率偏快而存在诱发系统性金融风险的可能性。工业增加值作为经济增长的同步指标，从中提取的趋势循环成分 IP_{TC}[①]被认为是期权费用民间固定资产投资基础价值的良好替代，样本期内 IP_{TC} 也表现出稳定的趋势特征（图 5.12）。图 5.13 显示出民

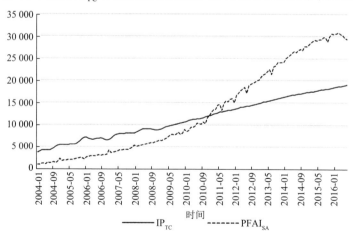

图 5.12　季节调整后的民间投资（$PFAI_{SA}$）与工业增加值的趋势周期成分（IP_{TC}）

---

① 从工业增加值原序列中剔除了季节成分与不规则成分后的剩余部分即趋势循环成分 IP_{TC}，以凤凰财经提供的工业增加值绝对值为基础，利用 Wind 数据库的同比数据，计算得到 2004 年 1 月~2016 年 6 月的工业增加值绝对值。

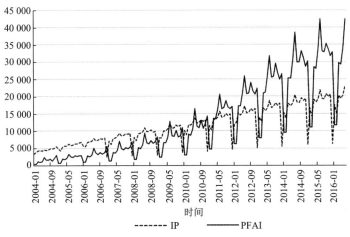

图 5.13　民间投资(PFAI)与工业增加值(IP)

间投资与工业增加值均具有明显的季节性特征，且二者同步性较高，领先滞后关系在 2 期以内，借鉴宏观经济景气系统的构建过程，认为二者是误差允许范围内的同步指标。通过二者的同期差值度量民间投资偏离基础价值的程度，以进一步检验民间投资偏离国民经济的泡沫行为。

样本区间内对 B_t 的 IMS-ADF 泡沫检验结果表明，β 的后验均值显著异于 0 且 $\beta > 0$ 的概率始终在 0.5 以上(图 5.14)，这意味着与基础价值相减后，理性泡沫成分始终存在。但与民间投资序列自身的泡沫检验结果相比，$\beta > 0$ 的概率值更高，但 β 的后验均值更小，即服从一个更显著但发散程度较小的爆炸性过程。截距项 α 的波动频率和幅度均明显增加，随机性较强(图 5.15)。AR 系数 γ 在 2008 年后波幅收窄，波动均值下跌，但波动频率大幅上升(图 5.16)，表明民间投资偏离国民经济的非理性部分面临的不确定因素更多。尤其是泡沫的指标 β 在 2008 年之前存在明显的周期性循环特征，但在 2008 年以后周期性循环特征不再显现，并开启了持续震荡周期，说明在 2008 年以后民间投资的收敛速率不再进行周期性调整，中国经济基本面的周期性循环特征开始弱化，难以对泡沫的均值回复速率进行有效引导并加剧了其波动，2016 年 β 的急速下行同样引起对投资链的连锁反应下系统性金融风险的担忧。需要指出的是，β 所表现出的周期性循环特征及剧烈波动特征表明本小节设计实现的 IMS-ADF 模型能够识别周期性泡沫及持续性不强的局部点泡沫，因此能够有效避免"泡沫检验陷阱"，是一种充分有效的泡沫识别与检验方法。

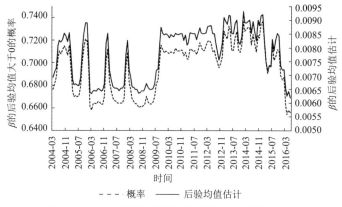

图 5.14　β 的后验均值估计及其大于 0 的概率(二)

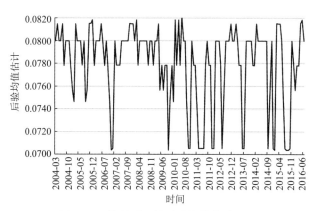

图 5.15　截距项 α 的后验均值估计(二)

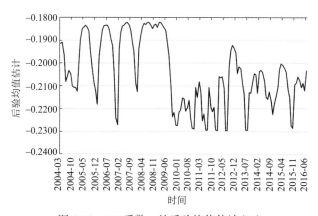

图 5.16　AR 系数 γ 的后验均值估计(二)

5.2.3　民间投资下滑的原因探析

2016 年之前，民间投资长期偏离国民经济并处在显著且持续的泡沫生成过程。2008 年爆发的金融危机为国有投资创造了回归契机，在四万亿计划的支持下，国有投资对民间投资的挤出效应进一步加强。随着四万亿的经济拉动作用的消退，其负面作用开始显现。2011 年起，众多宏观经济变量陆续步入下行区间，民间投资面临的不确定因素与日俱增。长期以来，民间投资的传统项目大多集中在产能过剩的行业与房地产行业，因此投资空间已十分有限，在经济下行的背景下，内需疲软又外需不足，企业盈利水平下降的同时优质投资机会又十分有限，这导致民间投资对经济前景的信心越发不足、投资意愿逐渐下降、持币待投资的现象更加明显。如果民间投资下滑只是正常的泡沫挤出行为，则并不需要过多担心，IMS-ADF 的泡沫检验结果表明，民间投资的下滑在很大程度上是民间投资泡沫挤出行为的直接结果，但泡沫挤出的速率迅速向 0 收敛，即 2016 年以来的泡沫挤出行为是非渐进式的。泡沫迅速被迫压缩没有给民营企业充足的应对时间，存在诱发系统性金融风险的可能。

在外需的持续疲软下，中国进出口随之下滑，外汇储备随之减少，国内流动性随之收紧，人民币汇率与经济增长进一步承受着压力。为托底中国经济，刺激中国经济增长，增加投资需求是能短期见效的最佳选择，尽管其不利于经济的结构性调整与发展路径转型。此时，宽松的货币环境是增加投资的内在要求，但货币投放的基础已不同以往，货币投放规模的增加只会稀释居民部门和民企的存量货币并带来国有投资的增加，且会因国有投资的增加形成对民间投资的挤出效应并降低民企的盈利水平，因此，其不能促进民间投资的有效增加，反而会导致民间投资的进一步下滑。简言之，2016 年民间投资的下滑是长期的泡沫生成与累积下的泡沫挤出行为的直接结果，但泡沫的迅速被迫压缩实则是经济基础、货币投放基础、政策基础发生重大变化下的投资信心、投资意愿、投资能力、投资主体地位、投资结构的综合弱化的作用结果。尽管各项政策的施行不能改变泡沫挤出行为的趋势特征，但可以优化民间投资泡沫挤出过程的斜率与速率。以往的有关民间投资的政策多为局部性、暂时性的，其显然不能也确实没有起到类似作用。2016 年版的"四万亿计划"企图再次通过货币大规模投放以增加社会投资，尤其是提振民间投资的做法显然也难以达到预期效果。因此，大规模的刺激政策不再可取，坚持推进国企改革、混合所有制改革与财税改革，渐进弱化民间投资的货币因素影响与房地产化特征，通过产权保护制度完善、简政放权与长期性政策逐渐改善民营企业的盈利能力并引导其投资预期，才能在配合经济结构性调整与路径转型的过程中实现自我的长足发展。

5.2.4 结论

通过 IMS-ADF 泡沫检验方法发现，2016 年以来民间投资增速下滑的直接原因是泡沫挤出行为，但同时表现出泡沫的迅速被迫压缩，风险的集中爆发不无可能。一方面，这是资本逐利性与风险厌恶及市场基础变化的必然结果；另一方面，面对不确定性因素增加的经济基本面，民企持币待投资的普遍现象也说明投资的盲目性逐渐改善，这在某种意义上也是民企日渐理性与成熟的表现。泡沫挤出行为的最终结果将是企业部门杠杆率的下降，这有利于供给侧结构性改革的有效推进。

5.3　新常态下中国新旧经济增长动力阶段转换研究[①]

支出法下的 GDP 核算具体包含消费、投资[②]及净出口三部分，即以 GDP 核算的最终需求是消费需求、投资需求及净出口需求三者之和，因此，称消费、投资及出口是拉动经济增长的"三驾马车"。其中，消费需求即内需，是拉动经济增长的主要内生动力；投资需求作为内需的补充，以财政支出为主，起到辅助性的扩大内需的作用；出口需求即外需。这一经济增长原理衍生自凯恩斯主义的短期分析框架。新常态下，中国经济的最主要特点是三期叠加的经济形势，其中又以经济增速放缓最为突出。传统的需求理论认为，经济增速放缓是源自以"三驾马车"为代表的需求疲软，因此以往保增长的经济对策即增加需求。由于实践过程中提振消费需求及出口需求的效果不佳，在增加需求的保增长模式下，刺激政策的重心逐渐向增加投资需求以扩大内需倾斜，其中以四万亿元投资计划为代表。随着投资边际效率递减及杠杆率升高、泡沫化程度加剧，这一保增长模式饱受诟病且不再可持续。2012 年以来，一方面，中国政府明确提出实施"创新驱动"发展战略，将"科技驱动"视为国家发展全局的核心；另一方面，要"围绕产业链部署创新链，围绕创新链完善资金链"[③]，即创新链与资金链是密不可分的，"金融效率驱动"（以下简称"金融驱动"）是"创新驱动"战略中的另一个重要部分。

---

① 本节作者：陈守东、孙彦林、毛志方，本节对刊登于《西安交通大学学报(社会科学版)》2017 年第 1 期的文章《新常态下中国新旧经济增长动力阶段转换研究》的内容做了部分修改。

② 政府购买本质上也是政府投资，因此本书投资指的是广义投资。

③ 在中国科学院第十七次院士大会、中国工程院第十二次院士大会的开幕会上，习近平总书记出席会议并发表重要讲话，其间明确提出要"围绕产业链部署创新链，围绕创新链完善资金链"。

因此，"创新驱动"战略重点包含"科技驱动"与"金融驱动"两个部分，称之为"双轮驱动"，其作为传统的经济增长动力的更替，被视作新常态下中国经济的两大引擎。传统的经济增长动力在减弱，新兴的经济增长动力在形成，中国现阶段面临的问题在于，是否已完成新兴经济增长动力与传统经济增长动力的更替，实现了"三驾马车"向"双轮驱动"的过渡。

5.3.1　文献梳理与述评

对这一问题的研究应当包含两个部分。一方面是对传统经济增长动力之间关联机制及其对经济增长拉动作用的研究，主要基于投入产出分析范式(刘遵义等，2010)、联立方程组(李占风和袁知英，2009)、结构向量自回归(structural vector autoregression，SVAR)模型(潘明清和张俊英，2010)、协整分析方法(Ahmad and Harnhirun，1995)等。沈利生(2009)指出，简单的三大需求的 GDP 占比不是很好的描述"三驾马车"的替代变量，通过投入产出的分析范式，其发现从 2002 年开始消费需求不足，出口动力增强。王春雷和黄素心(2010)同样基于投入产出的分析范式指出，对经济增长的拉动作用以投资为最强，消费次之，出口为最弱。涂正革和谌仁俊(2011)基于协整分析方法研究发现，"三驾马车"之间存在长期均衡与短期非均衡现象，且存在着长期效果与短期效果的不同，长短期作用机制的差别决定了拉动经济增长战略制定应当将增加投资视为中短期手段、将提振消费和改善进出口结构视为长期任务。郭庆旺和赵志耘(2014)的研究则与以往研究不同，他们认为中国经济内需并非如此疲软，也并非出口导向型经济，且主要靠投资拉动并不等同于存在投资过度与投资效率的低下，简言之，"三驾马车"的失衡其实是宏观视角的经济结构的动态失衡。近年来，"三驾马车"对中国经济增长的拉动作用已渐显乏力并逐渐下滑(刘瑞翔和安同良，2011)。作为凯恩斯主义基于需求侧"总量调控"短期分析框架的衍生，"三驾马车"这一结构性认知框架将需求增加视为经济增长的内生动力，但其难以自我实现，导致中国经济增长在人口红利等逐渐消退的背景下出现下滑，因此，只有更多依托于辅以制度改革的供给侧结构性改革所释放的改革红利，在供给侧形成新的动力系统，才能真正实现经济增速保持在中高速的平稳运行(贾康和苏京春，2015)。因此，研究的另一方面主要关注新常态下中国经济增长的新动力及新兴经济增长动力由传统经济增长动力转换的完成与否。孙才仁等(2013)指出，在中长期视角城镇化、资本化及金融化构成了中国经济增长的"新三驾马车"。但城镇化更多的是作为经济增长内生动力推动的结果，且要素驱动的城镇化模式已难以为继，未来仍要依靠创新驱动(辜胜阻和刘江日，2012)，正如张军扩等(2014)所指出的在经济增速换挡的关键期，应当明确经济增长动力转换的关键在于要素驱动向效率驱动、低效率向高效率阶段转换的实现。因此，这一新认知框架并不十分合理。武鹏(2013)指出，中国存在陷入中等收入陷阱的可能性，关键在于能否实现由投资拉动为主向效率驱动的动力机制的转换。那么何谓效率驱动？程郁和陈雪(2013)利用随机前沿分析方法分解高新区的全要素生产率(total factor productivity，TFP)，以考察高新区是否实现创新驱动型经济，研究发现创新对经济增长有显著推动作用，且以技术进步的拉动作用最为强劲。何小钢和张宁(2015)也利用随机前沿分析方法考察中国经济增长与转型的内生动力，基于成本变动角度，认为拉动作用由强到弱依次为技术进步、要素价格调整及效率提升。因此，与技术进步对应的科技创新是新经济形势下中国经济新型动力机制的"一轮"，这与"双引擎"中的"大众创业、万众创新"①相一致。"双引擎"中的另一个方面指的是对传统引擎的改造，这与本节关注的"新"并不一致。前文指出，"金融驱动"是"创新驱动"战略中的另一个重要部分，云鹤等(2012)通过其构建的集成型经济增长模型研究了金融效率与经济增长的作用机制，他们认为中国金融效率的低下是导致消费不足等经济增长问题的直接原因。谢家智和王文涛(2013)基于非参数的 Malmquist 指数测算方法实证分析中国的金融效率，发现由金融创新低下导致的金融效率较低主要表现为以金融要素的数量堆积驱动经济增长。综上，本小节将"创新驱动"视为中国经济增长最为根本的内生动力，将"创新驱动"下的"科技驱动"及"金融驱动"视为新常态下中国经济增长的新动力，称之为"双轮驱动"。

在归纳与梳理上述研究的过程中发现，对新兴经济增长动力与传统经济增长动力的刻画均是在现有分析框架或政策导向的基础上选取与之相关的指标变量，并将其视为经济增长的内生动力，但经济增长的内生动力是不可观测的，某一内生动力的变化将引起多个经济金融变量的联动，因此将不可观测的内生变量直接等同于可观测的经济金融变量显然是不合理的。另外，对"创新驱动"或"金融驱动"等的研究均是基于随机前沿分析或者数据包络分析等针对面板数据进行分析，重点关注的是区域性、异质性特征，虽然可以在某种程度上见微知著，但真正意义上的宏观把握也是十分必要的。鉴于此番考量，本小节将通过分析提取的经济增长不可观测动力因子与"三驾马车"及"双轮驱动"之间的关联性，以此评价将其作为经济增长内生动力替代变量的合理性，并评估是否已实现新兴经济增长动力与传统经济增长动力的阶段转换。与主成分分析等模型方法相比，由Geweke(1977)提出，并经 Bernanke 等(2005)及 Stock 和 Watson(2005，2011)等发展的 DFM 是提取经济增长不可观测动力因子更为全面、可靠的模型方法，本小节采用的是由DFM发展而来的FAVAR模型，在保证统计学性质显著的基础上，

---

① 李克强总理在 2014 年 9 月的夏季达沃斯论坛上首次号召"大众创业、万众创新"，在此后的首届世界互联网大会、国务院常务会议等各种场合均对这一概念进行了有关阐释，并在 2015 年的政府工作报告中再次明确提出。

探索性地加入基于经济分析共识的符号约束(sign restriction)(Blanchard，1989；Uhlig，2005)。因此，结合符号约束的 FAVAR 模型很好地实现了经济意义下的统计学性质的显著，具有较高的学术价值及应用潜力。本小节的章节安排如下，第一部分为文献梳理与述评，在阐释问题提出的基础上进行文献述评；第二部分针对双轮驱动与经济增长的关联机制进行经济学解释，并构建经济增长不可观测动力因子的提取模型；第三部分为实证分析，度量提取的经济增长不可观测动力因子与有关新兴经济增长动力和传统经济增长动力的指标变量之间的关联性，以此评价中国经济是否实现新兴经济增长动力与传统经济增长动力的阶段转换；第四部分为结论。

5.3.2　双轮驱动与经济增长关联机制阐释及动力因子提取

梳理相关文献发现，"科技驱动"与"金融驱动"对经济增长确实存在强劲拉动作用的经验证据，但是否存在可从数理角度论证这一命题的经济增长理论与之对应？若存在，又如何据此构建进行实证检验的计量模型？

1. 新经济形势下经济增长动力来源

考虑经济增长的决定性影响因素，给出经济增长的生产方程：

$$Y_t = f\left(A_t, K_t, N_t, R_t, S_t\right) \tag{5.18}$$

将总产出 Y_t 视为直接影响因素(知识 A_t、资本 K_t、劳动 N_t 及自然资源 R_t 等要素投入)与基本影响因素 S_t 综合作用的结果。短期内自然资源基本面近似不变，且忽略基本影响因素，重新给出要素投入与产出间的生产函数：

$$Y = AF\left(K, N\right) \tag{5.19}$$

其中，知识积累 A 又称作技术进步，或全要素生产率。考虑增量变化的一阶情形：

$$\Delta Y = \mathrm{MP}_K \Delta K + \mathrm{MP}_N \Delta N + F\left(K, N\right)\Delta A \tag{5.20}$$

与式(5.19)相比得到：

$$\frac{\Delta Y}{Y} = \left(\frac{\mathrm{MP}_K \times K}{Y}\right)\frac{\Delta K}{K} + \left(\frac{\mathrm{MP}_N \times N}{Y}\right)\frac{\Delta N}{N} + \frac{\Delta A}{A} \tag{5.21}$$

由于 MP_K 和 MP_N 分别表示资本与劳动要素投入一单位的增加所导致的总产出的增加，我们将其称作边际产品，$\mathrm{MP}_K \times K$ 和 $\mathrm{MP}_N \times N$ 表示资本与劳动要素投入所带来的产品总增益，$\dfrac{\mathrm{MP}_K \times K}{Y}$ 和 $\dfrac{\mathrm{MP}_N \times N}{Y}$ 则描述的是总产出中的资本份额 α

与劳动份额 β。$\dfrac{\Delta A}{A}$ 为索洛余量，表示技术进步，即科技驱动。

$$\frac{\Delta Y}{Y} = \alpha \frac{\Delta K}{K} + \beta \frac{\Delta N}{N} + \frac{\Delta A}{A} \qquad (5.22)$$

这表明，经济增长的实现源自资本与劳动生产要素的积累及技术进步。随着人口红利的逐渐消退及刘易斯拐点的来临，农村劳动力的转移已日渐难以弥补城市劳动力的缺口（蔡昉，2010），因此劳动投入的要素积累驱动效应难以成为新经济形势下的动力机制。技术进步下的"科技驱动"显然是经济增长的重要内生动力。在资本要素投入方面，根据新古典增长模型：

$$K = I - \delta K = S - \delta K = sY - \delta K \qquad (5.23)$$

及内生增长理论：

$$\frac{\Delta Y}{Y} = \frac{\Delta K}{K} = s\gamma_K - \delta$$

其中，K 为资本投入的时间变化率；I、δ、S 和 s 分别为投资、资本折旧率、储蓄及储蓄率；γ_K 为单位资本的产出水平，为常量。

不论是亚当·斯密的资本观点、李嘉图模型与资本主义发展模型，还是在此基础上发展而来的平衡增长理论、Harrod-Domar 模型、低均衡陷阱模型等，均认为资本要素积累对一国或一地区的经济发展起着至关重要的作用，储蓄与投资又在很大程度上推动了资本存量的增长。简言之，资本的形成与积累实质上取决于储蓄的存量规模及其对投资的转化效率（钱良信，2011）。资本形成过程涉及两个方面：一是资本的存量积累；二是资本的配置优化。二者是经济发展的重要影响因素。但本质上，资本的形成过程即为储蓄转化为投资的内生机制与动态过程，可通过利率、汇率、杠杆率等作用机制撬动储蓄向投资的转化效率，增加资本形成的规模与速率，并协同技术进步推动经济增长，即金融业的发展可通过影响资本的形成规模及配置效率，从根本上影响经济的增长水平。而在储蓄存量增加、储蓄向投资转化的过程中，金融系统的作用至关重要（Merton and Bodie，1995），其中，又以金融效率的提升最为关键（Beck et al.，2000）。综上，资本要素积累下的"金融驱动"与技术进步下的"科技驱动"是新经济形势下中国经济增长最为关键的两大核心要素。那么当下科技的创新与金融的发展是否已发展到足以顺利接替"三驾马车"并支撑中国经济增长的程度了呢？建模的关键便落在对不可观测动力因子的提取方面。

2. 经济增长不可观测动力因子提取模型

可观测经济金融变量 X_{it}^c ($N_c \times 1$ 维) 表现出的联动性意味着经济基本面的运行态势是由可观测 f_t^c ($K_c \times 1$ 维) 和不可观测 f_t^y ($N_y \times 1$ 维) 的内生共同因子决定的，变量间的差异表现是由除内生共同因子之外的各变量独有的异质性成分 e_t^c ($N_c \times 1$ 维) 所导致的，即共同因子与异质成分共同决定了经济运行的全貌，此即因子模型 (DFM) 的核心思想

$$X_t^c = \lambda^c f_t^c + \lambda^y f_t^y + e_t^c, \ \ e_t^c \sim N(0, R_e) \tag{5.24}$$

其中，λ^c 和 λ^y 分别为 $N_c \times K_c$ 维与 $N_c \times N_y$ 维的因子载荷矩阵；假定 e_t^c 服从零均值且协方差矩阵为对角矩阵 R_e 的正态分布，将式 (5.24) 称为状态空间模型形式下的量测方程，对应的状态方程一般形式为

$$\begin{bmatrix} f_t^c \\ f_t^y \end{bmatrix} = \sum_{p=1}^{P} \phi_p \begin{bmatrix} f_{t-p}^c \\ f_{t-p}^y \end{bmatrix} + \varepsilon_t^f, \ \ \varepsilon_t^f \sim N(0, \Sigma_\varepsilon) \tag{5.25}$$

其中，P 为滞后阶数；ϕ_p 为 $(K_c + N_y) \times (K_c + N_y)$ 维的各阶滞后系数矩阵；ε_t^f 为简化式冲击，服从零均值且协方差矩阵为 $K \times 1$ 维 Σ_ε 的正态分布，$\Sigma = E\left[\varepsilon_t \varepsilon_t^T\right]$。根据 Bernanke 等 (2005)，为更为精确地识别状态方程的因子结构，需对式 (5.24) 进行拓展

$$\begin{bmatrix} X_t^c \\ f_t^y \end{bmatrix} = \begin{bmatrix} \lambda^c & \lambda^y \\ 0_{[N_c \times N_y]} & I_{N_y} \end{bmatrix} \begin{bmatrix} f_t^c \\ f_t^y \end{bmatrix} + \begin{bmatrix} e_t^c \\ 0 \end{bmatrix} \tag{5.26}$$

并采用 MCMC 估计框架下基于似然函数的一步估计实现。根据经验研究设定的可观测因子个数为 4，分别为 M2、工业增加值、银行间同业拆借利率和 CPI；不可观测因子个数分别为 3 和 2；滞后阶数为 1。

由于"价格之谜"的存在，如何在模型实现的过程中添加适当的约束以保证实证结果符合经济学共识是争论至今、莫衷一是的经济学难题。针对 ε_t^f 的符号约束为这一问题的解决提供了新的思路。假设简化式冲击 ε_t 是由 m 个相互独立的结构化冲击 v_t 组成，且 $E\left[v_t v_t^T\right] = I_m$。这一假设条件使得如何将模型扰动分解为具有经济意义的结构化冲击这一难题，等同于是否存在可逆矩阵 A，s.t. $Av_t = \varepsilon_t$，则 $\Sigma = AA^T$，此时 A 的第 j 列表示的经济含义为第 j 个结构化冲击对整个经济系统的影响。本小节重点关注的是模型的估计结果在给定一个单位的货币政策负向冲

击下，实证结果是否能够很好地避免"价格之谜"。为识别有关脉冲向量，限定考察期为 24 个月，符号约束期为 12 个月，根据符号约束期内约束变量的脉冲响应符号来判断"价格之谜"能否被避免。根据经验研究及相关理论，分别对货币供应量、利率与价格水平有关变量施加符号约束。需要说明的是，符号约束作为一种宽松约束，满足其条件的脉冲响应往往具有多个，因此需在给定分数下筛选脉冲响应的上下边界及中位线，并以此作为分析的依据，但现有研究在这方面稍显粗糙。本小节针对现有研究的这一不足，通过 Matlab 编程，对各考察变量每一期满足符号约束的多个脉冲响应进行各期独立分别排序，据此探索性地实现了在给定分位数下真正意义上的脉冲响应的变动范围。通过施加了符号约束的 FAVAR 模型，本小节可实现对经济增长不可观测动力因子更为精确的提取。

5.3.3 新兴与传统动力机制阶段转换的关联性分析

研究的关键在于经济增长不可观测动力因子的提取。随着经济金融范围的不断外延与内容的日渐丰富，包含大数据、多变量的指标体系是必要的。因此，在构建因子提取指标体系的过程中，最终选取涉及国民经济、国内外贸易、银行、财政、投资、就业等经济运行各个方面共 141 个经济金融变量作为因子提取的来源，样本区间为 2003 年 1 月～2015 年 3 月，数据源自 Wind 数据库。模型采用月度同比数据进行实证分析，累计值均经过差分(及插值)处理后再进行同比转化，季度数据经过线性插值处理后再进行同比转化，日度数据经过月度平均处理后再进行同比转化。在这一指标体系下，利用符号约束下的 FAVAR 模型，本小节提取了经济增长不可观测动力因子，并据此研究其与"三驾马车"及"双轮驱动"的关联机制以分析中国新兴经济增长动力和传统经济增长动力的阶段转换过程。

1. 不可观测 3 因子与"三驾马车"

传统经济增长动力以"三驾马车"的短期分析与认知框架被广泛接受，与之对应，利用符号约束的 FAVAR 模型提取出不可观测 3 因子的时间趋势图如图 5.17 所示。因子 1 与因子 2 波幅较大，振动频率较高，且在趋势变化方面表现出一定的领先滞后形式的协同变化，且二者相关系数较高(表 5.3)，因此存在 3 因子("三驾马车")向 2 因子("双轮驱动")变化的可能性及合理性，因子 3 则相对平稳且较为独立。"三驾马车"指的是投资、进出口及消费三个部分。投资方面选取固定资产投资完成额、房地产开发投资完成额及全国房地产开发业综合景气指数作为替代考察变量；进出口方面选取进出口总额及出口总额作为替代考察变量；消费方面选取社会消费品零售总额作为替代考察变量。

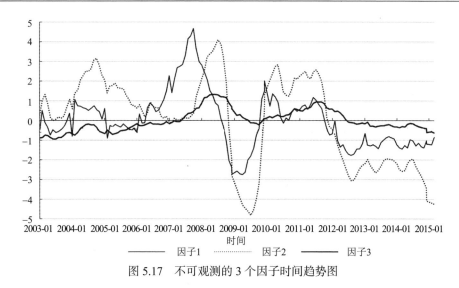

图 5.17　不可观测的 3 个因子时间趋势图

表 5.3　不可观测 3 因子与"三驾马车"及可观测因子相关系数表

类别	变量名称	因子 1	因子 2	因子 3
不可观测因子	因子 1	1.0000	0.6186	0.2689
	因子 2	0.6186	1.0000	0.3052
	因子 3	0.2689	0.3052	1.0000
投资	固定资产投资完成额	0.2550	0.3832	−0.0746
	房地产开发投资完成额	0.5421	0.5662	0.0068
	全国房地产开发业综合景气指数	0.7146	0.0324	0.0110
进出口	进出口总额	0.6021	0.7883	0.1010
	出口总额	0.5282	0.7283	0.1543
消费	社会消费品零售总额	0.3369	0.3809	0.8633
可观测因子	CPI	0.6214	0.6323	0.6531
	工业增加值	0.7034	0.6272	−0.0507
	银行间同业拆借利率	0.4532	0.4361	0.2992
	M2	0.0902	−0.0793	−0.0507

以相关系数的绝对值作为不可观测动力因子经济含义的判别依据，认为因子 1 的投资成分更为强烈，其中又以房地产市场投资的关联最为紧密。更为准确地说，投资动力因子中拉动效应最为强劲的是房地产市场的景气程度而非房地产市

场的扩张速度。由于长期依靠投资短期拉动的经济增长模式，中国房地产市场泛泡沫化严重，整个经济体系的杠杆率过高且风险集中于住房抵押贷款背后的传统银行业体系，导致现下关于中国楼市崩盘是大概率事件的论断甚嚣尘上。在"去库存"的推进过程中，一方面，为防止由房地产市场危机的发生所引起的多米诺骨牌效应导致的 2007 年美国次贷危机在中国的历史重演，在政策托底楼市的调控过程中，更为明智的选择应当是引导市场参与者的普遍预期、将房地产市场的景气程度稳定在合理的热度范围，而非采取针对房地产市场扩张速度、扩张规模等的直接刺激措施；另一方面，要充分重视房地产市场的区域性特征，允许部分地区杠杆率的适当增加，而非一味地坚持"去杠杆"。因子 2 与进出口成分关联紧密，作为传统经济增长的重要动力，在世界经济新平庸、中国经济新常态的新经济背景下，在外需疲弱、内需不振的双重压力下，"出口导向型"的经济发展战略难以为继。中国已经加入特别提款权(special drawing right，SDR)，如何在维持汇率基本稳定的前提下，巧妙地将"去产能"与"深化结构性改革、扩大对外开放"的战略部署有机结合，推动中国的过剩产能及技术创新等走出去，在化解国内危机的同时，强化中国的国际形象及国际地位，是中国经济当下面临的一大经济难题。因子 3 与社会消费品零售总额关联性较高，在很大程度上代表了消费成分对经济增长的拉动作用，同时与因子 1、因子 2 的关联性较差，即消费与投资、进出口的关联性较差。之所以出现投资消费失衡，宏观层面源于中国长期以来的投资拉动型增长模式，微观层面源于中国贫富差距较大，收入分配不平等及资本逐利性的存在导致富有个体对资本报酬率(投资)的不断追求以满足自身效用最大化，这会导致两个结果的出现：一是投资规模大、增长快但效率低下；二是生产投入高、规模大但市场需求不足，且形成过程均存在自我强化的循环机制。这便是中国当下提出在适度扩大内需的基础上进行供给侧改革的历史背景，即中国经济增长的深层次矛盾在于供需结构的不匹配而非单单是内需不足，更有高端供给不足、低端供给过剩的因素。进出口与消费的关联性较低源于进口的消费品比重仍较低，尽管消费品进口增速较高。

从可观测因子与不可观测因子的相关系数可以看出，通货膨胀与投资、进出口及消费 3 个因子的关联性程度较高，随着投资因子及进出口因子的日渐乏力，通货膨胀惯性被打破是大概率事件，表现为 2015 年通货紧缩风险的初露端倪。进入 2016 年，随着经济下行风险的进一步加大，以货币因素推动为主，成本推动、气候影响及资本炒作等短期因素为辅的综合作用下，一季度 CPI 同比上涨 2.1%，这是否意味着中国经济经受住了由通货紧缩风险转向通货膨胀风险甚至滞胀风险的考验？答案是否定的。通货紧缩风险的化解主要源自宽松货币环境的支撑，一季度的新增人民币贷款 4.3 万亿元有余，尽管是传统银行业为应对宏观审慎评估体系(macro prudential assessment，MPA)完成升级以来中央银行的首个季度考核进行季度信贷平滑的结果，但也加大了降低存款准备金率的可能性，在宽松货币环境及日后可能的宽松货币政策的支持下，通货紧缩风险的发生是小概率事件；通货膨胀风险无须忧虑，此次物价上涨的原因主要是天气因素作用下，蔬菜、生猪等短期结构性供需失衡下的物价上涨，属于市场出清过程中物价(以蔬菜、生猪价格为主)自行调整的正常波动范围，但必需品的需求始终有限，因此物价进一步上涨的空间也有限；滞胀风险的不可能是源于对经济基本面的判断，一个基本判断是中国经济将以"L"形走势持续一定时间，根据投资增速及固定资本形成增速等指标，中国经济目前已十分接近底部，中国经济即将"走出最坏、逼近光明"，为经济"新常态繁荣"的最终到来奠定基础，结合前述对物价水平的分析，认为中国目前不存在陷入滞胀的可能性。对物价的合理判断应该是存在着生活资料的通货膨胀可能性及生产资料的通货紧缩风险，而生产资料的通货紧缩风险则取决于去产能、去杠杆及去库存的执行效果的好坏。工业增加值与投资因子与进出口因子相关性较高，符合中国第二产业比重始终较高的现实，随着第三产业比重提高、产业结构优化进程加快，其关联性会有所降低。作为货币政策调控的重要手段，银行间同业拆借利率对 3 因子的撬动作用处于中等水平，但 M2 与之关联性则较为微弱，一方面反映出传统货币政策调控工具的低效率；另一方面反映出货币量的直接调整对经济基本面影响的无效率。新常态下，应该降低对传统货币政策工具的使用频率，应当对工具箱进行调整并丰富，更多使用精细化的新型货币政策工具进行预调、微调，通过精准调控实现效用提升、效率优化。

观察 3 个因子的历史走势发现，投资因子与进出口因子表现出明显的周期性变化，且表现出波幅渐进收窄、趋势渐进平缓的波动趋势，投资因子和进出口因子在 2012 年上半年第一次探底，进出口因子在 2015 年初再次断崖式下行，消费因子在整个样本区间较为平稳。中国 GDP 累计同比实际增速在 2012 年第二季度首次破 8，2015 年第一季度首次触 7，与不可观测动力因子表现出较高的同步性，说明实证模型方法具有合理性、充分性。通过比对近期经济基本面的运行情况与动力因子的变化态势，初步认为中国经济增速下行本质上是外需持续疲软背景下经济系统周期性运行的结果，即主要原因有外部性因素、周期性因素、结构性因素。外部性因素与周期性因素是无法通过一国的宏观调控手段及微观刺激措施明显改善的，因此中国应当坚持推进(供给侧)结构性改革，释放改革红利以保证中国经济实现中高速平稳增长。注意到，在整个样本区间，进出口动力机制(出口导向型经济)、投资动力机制(投资拉动型经济)不再可持续，但二者在历史进程中均曾强烈地拉动了中国经济的增长，只有消费动力机制(消费主导型经济)始终较为平稳，没有充分发挥其拉动效应。在传统经济增长动力逐渐褪色的历史背景下，在推动消费主导型经济构建的过程中，为新兴经济增长动力的培育奠定了良好的经济制度基础。

2. 不可观测 2 因子与"双轮驱动"

根据新古典经济增长理论及发展经济学有关理论，认为在人口红利逐渐褪色的经济体中，充分发挥技术进步和资本形成背后的"科技驱动"与"金融驱动"是一国能否跨过中等收入陷阱的关键，利用符号约束的 FAVAR 模型提取出不可观测的 2 个因子的时间趋势图，如图 5.18 所示。"创新驱动"的两大构成要素目前已进入深度调整阶段，且因子 2 多以"V"形反转出现并于 2012 年开始震荡趋稳调整，因子 1 的反转变化则较为平缓并随后于 2013 年开始震荡趋稳调整[①]。"双轮驱动"包括"科技驱动"和"金融驱动"，"科技驱动"选取研发投入及研发投入强度作为替代考察变量，"金融驱动"选取社会融资规模、政府部门杠杆率及金融状况指数作为替代考察变量。

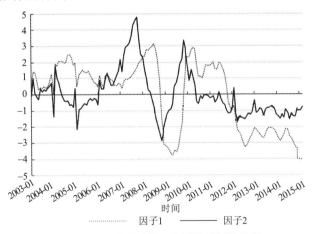

图 5.18　不可观测的 2 个因子时间趋势图

两因子间关联性较高，源于科技对金融技术支撑、金融对科技资金支持的循环作用机制。一方面，因子 1 与"科技驱动"相关性较高，其中与研发投入高度

---

① "科技驱动"因子从 2013 年开始震荡趋稳调整，根据国务院常务会议历次纪要，发现"大众创业、万众创新"战略于 2013 年便已开始部署，时间节点相吻合；"金融驱动"因子从 2012 年开始震荡趋稳调整，2011~2012 年世界经济普遍开始复苏，中国经济增速也在 2012 年首次破 8 进入 7 时代，货币政策也在 2012 年由总调控转为精耕细作式调控，即 2012 年开始金融深度调整的必然条件已经具备。

正相关，与研发投入强度高度负相关，即研发投入的增加会拉动经济增长，但由于中国经济体量大，尽管研发投入增速较高，但基数较低，研发投入的绝对水平仍处于低位；另一方面，作为经济增长的内生动力，短期内因子 1 甚至可以假定为常量，即单位研发投入对产出的边际效用远高于对因子 1 的边际效用，具体则表现为因子 1 与研发投入强度的负相关，本质上还是在于中国研发投入的绝对水平过低。因此，中国在推行科技创新战略的同时不仅要关注研发投入增速，更要重视研发投入量的国际差距，加大资金的支持力度，因此"科技驱动"离不开"金融驱动"的支持。金融发展对实体经济的支撑强度体现在社会融资规模与因子 2 的相关性的强度，目前处于中等水平，其中又以直接融资方式下股票融资的拉动作用最强，但债券融资与贷款融资的拉动作用则较弱，反映出中国金融市场发展的非均衡。最初由于没有充分了解债券市场的发展规律，债券市场建设波折不断，难以与股票市场的发展步调相一致，造成中国直接融资长期以股票融资占据绝对主导地位，债券融资没有发挥其应有的作用，因此要建设多层次基本市场首先要做的就是"补短板"。同时间接融资的高成本、低效率导致银行贷款也没有发挥出其应有的作用，因此有必要进行针对性的"降成本"。回看股票融资对经济增长的拉动作用，主要在于股票市场能吸收超发的货币资金，起到蓄水池的作用，并通过股市的（预期）上涨产生财富效应及托宾效应诱导消费需求与投资需求的增加，最终形成经济效应，促进经济增长，但如果股市下行，杠杆效应的存在也会导致损失加倍，2015 年动荡的股市便是这一拉动模式下潜藏巨大风险的最好例证，这需要更及时的金融监管及更科学的交易机制，显然离不开"科技驱动"的支持。因此，不同于"三驾马车"，"双轮驱动"间存在着相互强化的作用机制，增强"双轮驱动"拉动经济增长的关键在于良好的制度环境与经济结构的支持。另外，政府部门杠杆率与因子 2 关联性较低，同时与因子 1 存在较强的负相关，一方面表明政府大量举债行为的金融低效率，另一方面说明政府资本对研发投入的挤出效应，在推进国企改革的进程中，如何引进非国有资本以充分激发企业的竞争活力与研发能力？在扶持民营企业发展的过程中，如何通过简政放权、减少干预来充分提高企业的研发动力与经营效率？这是目前掣肘"创新驱动"效用的发挥的两大阻力。

比较表 5.3 和表 5.4 发现，传统经济增长动力开始逐渐减弱，新兴经济增长动力正在形成，但就关联的绝对水平而言，新兴经济增长动力与传统经济增长动力的阶段转换尚未完成，尽管传统经济增长动力的拉动作用在减弱，但其与经济基本面的关联强度仍高于新兴经济增长动力。换言之，传统经济增长动力已难以支撑，但新兴经济增长动力尚未完备，在新兴经济增长动力与传统经济增长动力交替的特殊阶段，认为只有宽松的经济政策来为中国经济托底，实现调结构与稳增长的平衡。

表 5.4　不可观测 2 因子与"双轮驱动"及可观测因子相关系数表

类别		变量名称	因子 1	因子 2
不可观测因子		因子 1	1.0000	0.6186
		因子 2	0.6186	1.0000
创新驱动	科技驱动	研发投入强度	−0.7179	−0.4503
		研发投入	0.6486	0.4322
	金融驱动	社会融资规模	−0.2811	0.4271
		社会融资规模:非金融企业境内股票融资	0.1470	0.5499
		社会融资规模:企业债券融资	0.0561	−0.2348
		社会融资规模:新增人民币贷款	−0.3780	0.1941
		政府部门杠杆率	−0.5556	0.2332
可观测因子		CPI	0.5535	0.0719
		工业增加值	0.8089	0.6539
		银行间同业拆借利率	0.4994	0.1500
		M2	0.0599	0.4703

注:科技驱动有关数据为年度数据,因此对不可观测双因子取年度平均值与之对应以进行相关性分析。研发投入强度=研发投入/名义 GDP×100%;政府部门杠杆率=政府部门债务/GDP×100%

5.3.4　结论

2008 年全球金融危机的影响还在持续,世界经济普遍仍处于复苏期或深度调整期。一个基本事实是,世界经济新平庸渐成事实,中国经济新常态渐进企稳,本质上是新兴经济增长动力与传统经济增长动力的阶段转换,其背后的逻辑在于,经济增长的每一次"跳跃"均是源自科技与产业技术革命,随着科技与产业技术革命所提供的动力的消耗殆尽,经济增速会随之放缓并陷入停滞,直到下一次科技与产业技术革命的到来。世界经济面临的困境即在于此,随着传统经济增长模式的不可持续与经济发展潜能的不断消退,现有经济体制及市场机制难以匹配经济继续增长的现实需求,导致经济增长动力不足,此时,迫切需要新兴经济增长动力的及时补位。在这样的现实背景下,本小节首先利用符号约束的 FAVAR 模型提取经济增长不可观测动力因子,基于关联性分析"三驾马车"对传统经济增长动力、"双轮驱动"对新兴经济增长动力的表征程度,并通过横向比较判断中国经济是否已完成新兴经济增长动力与传统经济增长动力的阶段转换。

(1)"三驾马车"的短期分析框架能够很好地代表传统经济增长动力:投资因子与进出口因子关联性较高,消费因子相对独立,且存在投资消费失衡现象。相比较而言，进出口因子衰退得最为严重，出口导向经济模式不可持续；消费因子较为平稳，应当大力构建消费型经济，为新兴经济增长动力的培育奠定良好的经济体制基础；在投资因子中以房地产市场的拉动作用最为强劲，且维持房地产市场的景气程度比刺激房地产市场扩张规模及速率更为重要。

（2）中国经济不存在陷入滞胀的可能性，也不存在笼统的通货膨胀风险或通货紧缩风险，准确地说是存在生活资料通货膨胀、生产资料通货紧缩的可能性，而生产资料是否面临通货紧缩风险主要取决于去产能、去杠杆、去库存进程推进的成效。

（3）中国货币政策调控存在着传统货币政策调控工具的低效率及货币量直接调整对经济基本面影响的无效率，因此，新常态下，应该降低对传统货币政策工具的使用频率，更加注重精细化调控的新型货币政策工具的使用。

（4）中国经济增速下行的本质是外需持续疲软背景下经济系统周期性运行的结果，即主要原因有外部性因素、周期性因素、结构性因素。外部性因素及周期性因素是无法通过一国的宏观调控手段与微观刺激措施明显改善的，因此中国应当坚持推进（供给侧）结构性改革，释放改革红利以保证中国经济实现中高速平稳增长。

（5）"双轮驱动"的新型认知框架能够很好地代表新兴经济增长动力：两因子相关性较高，存在着相互作用的自我强化机制。研发投入对经济增长拉动作用较强但绝对水平较低；金融发展对经济增长拉动作用较强但以股票融资对实体经济的支持为主，存在着金融市场发展失衡、间接融资成本过高等低效率现象，迫切需要"补短板"的推进。

（6）通过横向比较发现，尽管"双轮驱动"对经济增长的拉动作用较强，但仍不及正在衰退的"三驾马车"，即中国尚未完成新兴经济增长动力与传统经济增长动力的阶段转换，需要在推进结构性改革的过程中以宽松经济政策为中国经济托底。

5.4　金融不稳定性能够预测未来的宏观经济表现吗?[①]

5.4.1　引言

传统的观点认为，具有发达金融市场的成熟的经济体可以自然地实现自我均衡。然而，始于美国的金融危机的发生，迫使学术界不得不重新审视金融系统的不稳定性及其与宏观经济之间的关联影响。金融不稳定性的内生的观点、金融周

---

① 本节作者：王妍，本节对刊登于《数量经济研究》2015 年第 1 期的文章《金融不稳定性能够预测未来的宏观经济表现吗?》的内容做了部分修改。

期及系统性金融风险在危机后备受关注。内生的金融不稳定理论认为，金融不稳定性源于金融系统中参与者的集体行为所产生的共同风险暴露，强调金融不稳定性的内生性、动态性及周期性等特征。内生的金融不稳定性反映了金融系统和实体经济之间的互动影响，这种影响导致过度繁荣，并且反过来，为随后的衰退和金融收缩埋下种子。金融不稳定性在经济繁荣期形成，并且随后在经济低迷期实现。在这个观点中，金融不稳定性的产生不过分依赖于资产负债表或信息的传染机制，而是归因于随时间演变的共同的风险暴露，并且与经济周期密切相关。

内生的金融不稳定观点以 Minsky(1986)的"金融不稳定假说"为主要代表。该假说认为，随着金融系统中庞氏融资的不断增加，经济出现了投资繁荣，信贷扩张和资产价格不断高涨，金融脆弱性逐渐积累。当达到一定程度时，一个很小的冲击，如短期利率或长期利率上升到足够高时，投资繁荣将被打破并且金融系统中的这种正向促进机制也将出现反转，资产价格迅速下降，信贷逐渐萎缩，违约或损失也将通过资产负债表关联或非对称信息的方式在金融机构和金融市场中传播。投资繁荣的打破可能会导致严重的金融危机、债务通货紧缩和大萧条，或者是导致不那么严重的经济不景气。

依据内生的金融不稳定理论，金融系统中可能蕴含着未来宏观经济表现的重要信息。如果这一理论成立，那么货币政策制定者在制定货币政策时也就需要考虑金融的不稳定性及其对宏观经济的影响。本小节从研究金融不稳定性是否包含未来宏观经济表现的重要信息的角度出发，分析金融不稳定性与宏观经济之间的关联关系。本小节的研究不仅有助于检验金融不稳定的内生理论，也可以为货币政策的制定提供参考。

本小节余下的结构安排如下：5.4.2 小节总结并评述已有的金融不稳定性与宏观经济关联的理论和实证文献；5.4.3 小节介绍两个代表性的金融不稳定性综合测度指标，并分析我国金融不稳定的状态；5.4.4 小节通过宏观经济预测模型，分析金融不稳定性综合测度指标中是否蕴含宏观经济的重要信息；最后在 5.4.5 小节对本节的内容进行归纳总结，并提出应对金融不稳定性的对策建议。

5.4.2　文献综述

对金融系统与宏观经济之间关系的理论研究至少可以追溯到 Fisher(1933)的"债务-通货紧缩"理论，该理论强调了过度负债与随后的通货紧缩在经济的繁荣和萧条中所起的决定性作用。以 Minsky(1992)和 Kindleberger(1996)为代表的研究主要是从内生的金融不稳定性的角度来解释金融系统与宏观经济之间的关联影响。Minsky 的"金融不稳定假说"以凯恩斯的《就业、利息和货币通论》为基础，并且将货币和金融关系作为总需求模型中的不可分割的组成部分。该理论以具有高级和复杂金融结构的经济体为研究基础，其认为经济的内部动态性导致了一个易于发生金融危机的不稳定的金融结构。也就是说，金融不稳定性内生于经济周期，并且与经济周期相互影响。在经济繁荣期，信贷扩张和资产价格高涨导致金融脆弱性增加，并且为随后的不均衡现象、经济低迷期埋下种子。Kindleberger（1996）同样从内生的金融不稳定性的角度，强调了信贷对实体经济的影响。该理论认为，出现从狂热到恐慌的周期循环的根本原因在于信贷供给的顺周期变化。在经济良好时期的充足的信贷，方便了投资者寻找获利机会，而当经济增长放缓，信贷的增长速度急剧下降，这又进一步加速了投资者恐慌的降价销售。

　　更多的研究从实证分析的角度介绍了金融不稳定性或更广泛的金融系统对宏观经济的影响。这类实证方面的研究主要有以下几种：Bernanke 等（1999）使用企业微观面板数据模型，对企业投资、信贷的内在周期不稳定性及其与宏观经济波动的影响关系进行了研究；Cecchetti 和 Li（2008）通过面板分位数向量自回归模型，实证分析了房地产价格与股票价格等金融变量对以产出和通货膨胀为代表的宏观经济的影响，研究发现，对于 3 年的预测步长，房地产价格和股票价格的繁荣将对经济增长与通货膨胀产生显著的负向影响，即实际产出将下降到长期趋势以下，而价格会上升到长期趋势之上；Claessens 等（2011）从实证分析的角度研究了信贷、房地产价格与股票价格的周期及周期的频率、持续期和波动幅度等特征，研究发现，这三个金融变量的周期会相互作用、相互放大，尤其是在信贷和房地产周期重合的时期；Drehmann 等（2012）通过分析信贷、房地产价格和股票价格三个变量的周期性及它们的联合波动，研究了金融周期的内在特征，并分析了金融周期与宏观经济周期之间的关联。

　　国内的研究大多从货币渠道、信贷渠道或资产价格渠道等单一影响渠道出发，研究金融变量对宏观经济的影响。代表性的文章有以下几种：刘金全和隋建利（2010）对货币不确定性与宏观经济增长之间的关系进行了实证检验；赵振全等（2007）基于金融加速器理论，运用门限向量自回归模型研究以信贷市场为代表的金融系统不稳定性与宏观经济的非线性关联，非线性脉冲响应的分析结果表明，在我国的金融系统中存在金融加速器效应，在信贷市场"紧缩"和"放松"的状态下，经济波动对于外生冲击的反应呈现出非对称性；田祥宇和闫丽瑞（2012）则分别从银行信贷渠道、货币渠道及资产价格渠道出发，分析了金融变量对经济增长的影响，结果表明，三种渠道都会对我国经济增长产生影响，但资产价格渠道的影响越来越重要。少数的研究从金融系统整体稳定性的角度出发，分析金融不稳定性对宏观经济的影响。陈守东和王淼（2011）从资本充足性、资产质量、盈利能力和流动性的角度出发，构建了银行稳健性综合测度指数，并检验了银行稳健性与经济增长、信贷扩张及资产价格等宏观经济变量之间的长期协整关系和面板

Granger 因果关系，结果发现，银行稳健性对经济增长和股票价格均具有单向的 Granger 因果关系。刘晓倩(2013)从货币市场、资本市场和宏观经济三个角度出发，选取了度量我国金融不稳定性的代表性指标，并与代表宏观经济的运行状况的经济指标一起，构建了 VAR 模型，通过模型的估计结果和脉冲相应函数，分析了金融不稳定性与宏观经济之间的关联影响。陈守东等(2013)以"金融不稳定假说"为理论基础，通过对所提取的金融不稳定指数和经济增长建立一个包含外生变量的 MS-AR 模型，分析金融不稳定性对宏观经济的非对称影响。

可见，目前关于金融不稳定性与宏观经济之间关联的研究，一方面是从理论的角度揭示二者之间复杂的交互影响关系；另一方面从实证的角度建立大型的包含金融系统的经济模型或者使用简约化的 VAR 模型，检验金融不稳定变量对宏观经济变量的影响。然而，对于实证方面的研究来说，由于经济系统的复杂性，准确地建立和估计大型的结构化的宏观经济模型是非常困难的，而简约化的模型又会因为"维度灾难"问题而受到限制。因此，本小节考虑从金融不稳定性对宏观经济的预测能力的角度，分析金融系统中是否蕴含宏观经济的重要信息，从而研究金融不稳定性与宏观经济之间的关联关系。

5.4.3　金融不稳定性的测度和实证分析

本部分首先介绍两种金融不稳定性的综合测度指标：一个是捕捉金融系统趋于高风险的早期状态的金融脆弱指数；另一个是捕捉金融系统中的不确定性和损失的出现的金融压力指数。并进一步基于这两个指数分析我国金融不稳定性的动态变化，给出金融周期的一般规律。

1. 金融不稳定性的综合测度指标

研究金融不稳定性与宏观经济之间的关联关系的前提是对金融不稳定性的准确测度。目前对于金融不稳定性度量的研究主要使用的指标有：基于早期预警指标的金融困境指标(Kaminsky and Reinhart，1999；Borio and Drehmann，2009)，基于市场指标的金融压力指标(Illing and Liu，2006；Cardarelli et al.，2011)、基于资产负债表指标的金融稳健指标(IMF，2006)及刻画系统性金融风险的指标(Adrian and Brunnermeier，2011)等。本部分给出两个金融不稳定性的综合测度指标：一个是基于早期预警的金融脆弱指数；另一个是基于市场指标的金融压力指数。

金融脆弱性是金融系统趋于高风险的早期状态，并且通常伴随着经济的繁荣，其主要特征体现为信贷扩张、资产价格高涨及更易获得外部融资等金融不均衡现象。金融脆弱指数的构建思路是：通过选择金融机构各项贷款、房地产价格、股票市场流通市值三个指标,建立并估计 DFM,从多个金融指标中提取一个能够代表金融脆弱性的综合测度指标,度量我国的金融脆弱性。具体的模型形式如下(陈守东等,2013):

$$\Delta y_{it} = \gamma_i(L)\text{ffi}_t + e_{it}, \quad i = 1,2,\cdots,M \tag{5.27}$$

$$\varphi(L)(\text{ffi}_t - \mu_{S_t}) = v_t, \quad v_t \sim \text{iid}N(0,1) \tag{5.28}$$

$$\psi_i(L)e_{it} = \varepsilon_{it}, \quad \varepsilon_{it} \sim \text{iid}N(0,\sigma_i^2) \tag{5.29}$$

$$\mu_{S_t} = \mu_0 + \mu_1 S_t, \quad \mu_1 > 0, \quad S_t = \{0,1\} \tag{5.30}$$

$$\Pr[S_t = 1 | S_{t-1} = 1] = p, \quad \Pr[S_t = 0 | S_{t-1} = 0] = q \tag{5.31}$$

其中,Δy_{it} 为同步金融变量 i 的对数的一阶差分;M 为选取的同步金融变量的个数;$\gamma_i(L)$ 为滞后算子多项式;ffi_t 为反映金融系统脆弱状态的综合指数;e_{it} 为遵循 AR 形式的一个过程;$\varphi(L)$ 和 $\psi_i(L)$ 为滞后算子多项式。

不同于金融脆弱性,金融压力是金融系统在脆弱状态下受到某一冲击影响而呈现的状态。金融压力状态的主要特征是金融市场和金融机构的预期损失变化或不确定性出现(Illing and Liu,2006)。因此,金融压力指数的构建思路是:选取反映金融系统的损失或不确定性等现象的指标,通过等方差加权平均的方式,合成一个综合的测度指标。这里损失和不确定性的度量指标包括银行业的泰德利差、负的期限利差、银行业风险利差、股票市场负的收益、股票市场波动及外汇市场波动六个指标(陈守东和王妍,2011)。金融压力指数(用 fsi 表示)的数学表达式为

$$\text{fsi}_t = \frac{1}{n}\sum_{i=1}^{n}\left(\frac{x_{it} - \mu_i}{\sigma_i}\right), \quad i = 1,2,\cdots,6, \quad n = 6 \tag{5.32}$$

其中,x_{it} 为第 i 个金融压力指标在 t 期的观测值;μ_i 和 σ_i 分别为第 i 个金融压力指标的样本均值及样本标准差。

2. 我国的金融不稳定性状态分析

由图 5.19(a)的金融脆弱指数可见,我国金融脆弱性具有明显的周期性的高低波动特征,并且这种波动的周期是较短的,一般是 12 个月左右,由于每次出现波峰、波谷的时间没有特定的季节规律,排除了受到季节干扰的可能。在样本期间我国经历了两个金融系统的高金融脆弱期,分别是 2006 年 11 月到 2007 年 5 月和 2008 年 12 月到 2009 年 12 月。第一个高金融脆弱期早于国际金融危机发生并威

胁到我国金融系统的时期，也要早于我国股票市场从最高点大幅下跌的时期；第二个高金融脆弱期出现在我国政府 2009 年开始采取 4 万亿元投资计划等刺激经济措施的时期，这时我国经济出现了短期的繁荣。另外，从金融脆弱指数的动态变化还可发现金融脆弱性的一个明显特征，经历了 2006 年末到 2007 年初和 2009 年的高金融脆弱期，金融脆弱指数波动的波谷要更低，这说明我国金融系统经历了异常的高金融脆弱期后将出现低金融脆弱期。

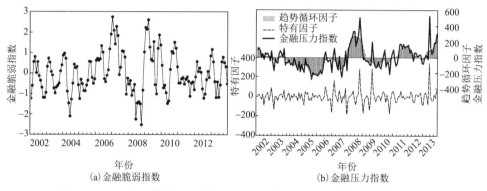

图 5.19　2002 年 1 月到 2013 年 12 月金融脆弱指数和金融压力指数的变化

观察图 5.19(b)的金融压力指数的变化可以发现，我国的金融压力位于高金融压力期的持续时间明显要短于位于低金融压力期的持续时间，同时，近些年金融系统出现高金融压力的频率在增加。金融压力指数捕捉到了我国金融系统的三个高金融压力期，分别为 2008 年 1 月到 2008 年 12 月、2011 年 4 月到 2012 年 3 月及 2013 年 5 月到 2013 年 12 月。2008 年的高金融压力期主要反映了我国金融系统受到国际金融危机的冲击影响，股票市场出现大幅下跌，并且股票市场和外汇市场的波动加大。在 2009 年，为了应对席卷全球的国际金融危机的影响，我国政府先后出台了包括四万亿元投资在内的各项刺激经济的调控政策，之后的 2010 年和 2011 年经济形势有所好转的同时，我国金融系统面临的压力也减小。然而，2011～2013 年，我国金融系统再次连续出现两轮的高金融压力期。2009 年的一系列经济刺激计划使得我国的信贷、投资高速增长，出现了短期的繁荣。然而，信贷的高速增长和投资的繁荣为随之而来的高金融压力期埋下了隐患。同时，为了应对高通货膨胀的压力，2010 年和 2011 年中国人民银行分别六次上调存款准备金率以收紧信贷，这些举措虽然有效地缓解了通货膨胀的压力，却对金融系统造成了不可逆转的重大影响。我国金融压力从 2011 年下半年开始快速积聚，可能由于时滞的货币政策效应，2012 年下半年金融压力有所缓解，但 2013 年却又再次出现高金融压力。自 2011 年以来，金融高压力频发，这反映了信贷收缩导致的银行等金融部门普遍的资金紧张、流动性风险加大及银行的盈利性下降等潜在风险状况。

通过对比金融脆弱指数和金融压力指数的变化(图 5.20)可以明显地发现，金融脆弱指数相较于金融压力指数存在一定的先行性。尤其是在 2008 年金融系统出现高金融压力期之前，金融脆弱指数已经先行地出现了高金融脆弱状态。一般来说，我国的金融脆弱期要领先于金融压力期一年到两年的时间。

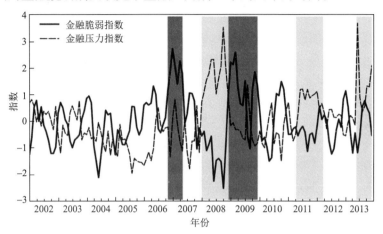

图 5.20　金融脆弱性指数和金融压力指数的对比

综合以上关于金融脆弱指数与金融压力指数之间的分析，本小节认为，我国金融周期的演变具有一定的规律性：金融周期的起点一般是经济的繁荣、信贷的宽松及资产价格的高涨，这些宏观经济和金融环境使得金融系统中的参与者进行集体的不可持续的金融冒险行为，导致对风险的共同暴露加大，金融系统逐渐由"低脆弱性"向"高脆弱性"转变；此时一个反向的冲击，会反转这些"繁荣"的景象，金融系统出现损失或不确定性导致金融压力增大，甚至可能会导致普遍的系统性金融风险。因此，金融周期的终点是金融压力的增大或系统性金融风险的出现。

5.4.4　金融不稳定性对宏观经济的预测能力分析

本部分将主要研究金融不稳定性的综合测度指标，即金融脆弱指数和金融压力指数，是否能够有助于预测经济增长，从而分析金融不稳定性与宏观经济之间的关联程度。本部分的主要研究思路是，通过与仅包含宏观经济变量的经济增长的预测模型进行对比，来分析金融不稳定性综合度量指标的预测能力。

1. 模型和预测方法

仅包含宏观经济变量的基准模型和加入金融不稳定性指标的模型分别为

$$y_t(h) = \alpha_0 + \sum_{i=1}^{p} \alpha_i y_{t-i} + \sum_{j=1}^{q} \beta_j \pi_{t-j} + \varepsilon_t \qquad (5.33)$$

$$y_t(h) = \alpha_0 + \sum_{i=1}^{p} \alpha_i y_{t-i} + \sum_{j=1}^{q} \beta_j \pi_{t-j} + \sum_{k=1}^{m} \gamma_k f_{t-k} + w_t \qquad (5.34)$$

其中，y_t 为工业增加值实际值的同比增长率序列；π_t 为由居民消费价格基期指数的对数一阶差分计算得到的通货膨胀率；f_t 为金融脆弱指数序列或金融压力指数序列；h 为预测步长；p、q 和 m 分别为相应序列的滞后阶数；α_i、β_j 和 γ_k 分别为解释变量的影响系数。滞后阶数 p、q 和 m 通过模型的显著性来确定，书中预测模型的滞后阶数 p 和 q 被设定为 3，滞后阶数 m 被设定为 6。

书中将全部样本 2002 年 1 月到 2013 年 12 月划分为两部分：第一部分将 2002 年 1 月到 2009 年 12 月作为估计样本；第二部分将 2010 年 1 月到 2013 年 12 月作为检验样本。通过采用样本外预测方法，来检验金融不稳定性综合测度指标对工业增加值实际值的同比增长率向前 1～24 步的预测能力，以便评价两个金融不稳定性综合测度指标在不同预测步长下预测能力的差异性。本小节使用滚动的样本外预测方法进行预测，即需要被预测的时点的样本数据不用来估计模型。

对仅包含宏观经济变量的基准预测模型和包含金融不稳定性指标的预测模型使用均方根误差（root mean squared error，RMSE）检验、平均绝对误差（mean absolute error，MAE）检验及 Diebold-Mariano（DM）检验，以便评价金融不稳定性综合测度指标的预测能力。

对于实际观测值 $y_t(t = 1, 2, 3, \cdots, T)$，考虑两个模型得到的预测值 $\{\hat{y}_{t1} : t = 1, 2, 3, \cdots, T\}$ 和 $\{\hat{y}_{t2} : t = 1, 2, 3, \cdots, T\}$，定义预测误差为 $e_{it} = \hat{y}_{it} - y_t$，$i = 1, 2$。损失函数是预测误差，即预测值和实际值的差值的函数：

$$g(y_t, \hat{y}_{it}) = g(\hat{y}_{it} - y_t) = g(e_{it}) \qquad (5.35)$$

RMSE 和 MAE 都是基于 e_{it} 损失函数的简单的检验方法，RMSE 或 MAE 的值越小，则说明预测值与实际值越接近，即预测能力越好。RMSE 和 MAE 的计算公式分别为

$$\mathrm{RMSE}_i = g(e_{it}) = \sqrt{\frac{\sum_{t=T_0}^{T_1} (\hat{y}_{it} - y_{it})^2}{T_1 - T_0 + 1}} \qquad (5.36)$$

$$\mathrm{MAE}_i = g(e_{it}) = \frac{\sum_{t=T_0}^{T_1} |\hat{y}_{it} - y_t|}{T_1 - T_0 + 1} \qquad (5.37)$$

其中，y_t 为样本区间的真实样本数据；$\hat{y}_t$ 为通过预测模型得到的预测值。通过对比不同预测模型下的 RMSE_i(i=1,2)或 MAE_i(i=1,2)可以比较模型的预测能力。

Diebold 和 Mariano(2002)的 DM 检验适用于非二次损失函数和多期预测，并且预测误差可以是具有非零均值的非高斯过程，同时预测误差可以存在序列相关和瞬时相关。下面给出详细的检验方法。

定义两个预测模型预测误差的损失差异，$d_t = g(e_{1t}) - g(e_{2t})$，并且假设 $\{d_t\}$ 满足方差平稳以及其他的遍历条件，可以有 $T^{1/2}(\bar{d} - \mu) \to N(0, 2\pi f_d(0))$，其中 $f_d(\cdot)$ 是损失差异序列 $\{d_t\}$ 的谱密度，并且 $\bar{d}$ 是损失差异的样本均值；

$$f_d(\lambda) = (1/2\pi) \sum_{k=-\infty}^{\infty} \gamma_d(k)\exp(-ik\lambda) , \quad -\pi \leqslant \lambda \leqslant \pi , \quad \bar{d} = \sum_{t=1}^{T}\left[g(e_{1t}) - g(e_{2t})\right]/T , \quad \gamma_d(k)$$

是 d_t 的 k 步自协方差，$\gamma_d(k) = E\left[(d_t - \mu)(d_{t-k} - \mu)\right]$。

DM 检验的统计量是

$$\text{DM} = \bar{d} / [2\pi\hat{f}_d(0)/T]^{1/2} \tag{5.38}$$

其中，$\hat{f}_d(0)$ 为 $f_d(0)$ 的一致估计。原假设是对于所有的 t，$E(d_t) = 0$，即两个预测模型具有相同的预测能力。而备择假设是 $E(d_t) \neq 0$（或者 $E(d_t) > 0$，或者 $E(d_t) = 0$）。通过判断 DM 检验值与标准单位高斯分布的临界值大小，可以确定是拒绝还是接受原假设。

2. 金融不稳定性指标的预测能力实证分析

通过 DM 检验，分析与包含金融脆弱指数的预测模型和包含金融压力指数的预测模型相比仅包含宏观经济变量的基准模型的预测能力，备择假设为包含金融脆弱指数的预测模型或包含金融压力指数的预测模型比仅包含宏观经济变量的基准模型具有更好的预测能力，而原假设为具有相同的预测能力。DM 检验值在表 5.5 中给出，其中括号内为 DM 检验对应的概率值，而加粗的概率值表示在 10% 的显著性水平下拒绝金融不稳定指数与宏观经济变量具有相同的预测能力的原假设。由检验结果可知，当预测步长 $h \geqslant 18$ 时，在 10% 的显著性水平下，拒绝了金融脆弱指数预测模型与仅包含宏观经济变量的基准模型具有相同预测能力的原假设，说明金融脆弱指数预测模型优于基准模型，同样也拒绝了金融压力指数预测模型与基准模型具有相同预测能力的原假设，说明金融压力指数预测模型优于基准模型。由此可见，金融脆弱指数和金融压力指数在长期对于经济增长具有良好的预测能力，而在短期并没有表现出优于宏观经济变量的对于经济增长的预测能力。

表 5.5　预测能力的 DM 检验

步长	DM 检验备择假设：金融脆弱指数预测模型优于宏观经济变量基准模型		DM 检验备择假设：金融压力指数预测模型优于宏观经济变量基准模型	
	DM 检验值	P 值	DM 检验值	P 值
$h=3$	0.9084	(0.8092)	0.1591	(0.5619)
$h=6$	0.1534	(0.5597)	−0.9254	(0.1865)
$h=9$	−0.2411	(0.4068)	−0.9081	(0.1908)
$h=12$	−0.3001	(0.3846)	−0.4176	(0.3418)
$h=15$	−0.6127	(0.2758)	−0.4787	(0.3204)
$h=18$	−2.6414	**(0.0108)**	−1.5416	**(0.0746)**
$h=21$	−4.8420	**(0.0002)**	−3.5603	**(0.0020)**
$h=24$	−6.2490	**(0.0000)**	−6.1991	**(0.0000)**

注：DM 检验的原假设为两个预测模型具有相同的预测能力；加粗的概率值表示在 10%的显著性水平下拒绝原假设

　　金融脆弱指数和金融压力指数对于经济增长的长期预测能力说明，金融系统的不稳定性蕴含着未来特别是一年以上的宏观经济表现的重要信息。金融脆弱指数对于经济增长的长期预测能力说明该指数确实可以作为金融脆弱性，即金融系统趋于高风险的早期状态的代表指标，而金融压力指数对于经济增长的短期预测能力也说明了该指标与金融风险的发生具有较高的一致性。因此，可以考虑将这两个金融不稳定性的综合测度指标分别作为金融不稳定性的先行指标和一致性度量指标，以便及时监控金融风险的动态变化并采取金融不稳定性的干预措施，防范系统性金融风险的发生，预防实体经济出现严重的困境。

5.4.5　结论及政策建议

　　本小节首先介绍了两种金融不稳定性的测度方式，即金融脆弱指数和金融压力指数。基于这两种综合测度指标分析了我国的金融不稳定状态，并进一步总结了金融周期的一般特征；通过对比包含金融不稳定性综合测度指标的模型和仅包含宏观经济变量的基准模型对经济增长的样本外预测能力，分析了金融系统的不稳定对宏观经济表现的预测能力。本小节得到的主要结论有以下几点。

　　(1)在 2002～2013 年，我国金融系统经历了两个明显的高度脆弱时期，分别是 2006 年 11 月～2007 年 5 月和 2008 年 12 月～2009 年 12 月。两个高金融脆弱时期都伴随着我国经济的短期繁荣。同时，我国金融系统经历了异常的高金融脆弱期后一般会出现更加深度的低金融脆弱期。

　　(2)我国金融系统出现三个高金融压力期，分别是 2008 年 1～12 月、2011 年

4 月～2012 年 3 月及 2013 年 5～12 月。金融压力位于高金融压力期的持续时间明显要短于其位于低金融压力期的持续时间，同时，近些年金融系统出现高金融压力的频率在增加。2011 年以来，频发的金融高压力反映了信贷收缩导致的银行等金融部门普遍出现的资金紧张、流动性风险加大及银行盈利性下降等潜在风险状况。

(3) 我国金融周期的演变具有一定的规律性：金融周期的起点一般是经济的繁荣、信贷的宽松及资产价格的高涨，而金融周期的终点是金融压力的增大或系统性金融风险的出现。在经济繁荣期，宏观经济和金融环境使得金融系统中的参与者进行集体的不可持续的金融冒险行为，导致对风险的共同暴露加大，金融系统逐渐由"低脆弱性"向"高脆弱性"转变；此时一个反向的冲击，会反转这些"繁荣"的景象，金融系统出现损失或不确定性导致金融压力增大，并有可能进一步演变为普遍的系统性金融风险。

(4) 金融脆弱指数和金融压力指数对于经济增长均具有良好的预测能力，尤其是在长期具有明显的优于宏观经济变量的预测能力。

在政策建议方面，本小节认为，金融系统呈现周期性的演变特征，风险于金融脆弱期开始酝酿，此时各种金融不均衡现象显现，而在金融压力期风险逐渐积聚扩大，并进一步对实体经济产生负向影响。因此，需要在出现金融不均衡的金融脆弱期，采取宏观审慎监管政策，阻止风险进一步演化。同时，鉴于金融不稳定性对宏观经济表现的预测能力，货币政策也应该适当向应对金融不稳定性的目标倾斜。另外，本小节认为，可以将金融脆弱指数和金融压力指数作为金融不稳定性的先行指标及一致性度量指标，以便动态地监测金融风险的演变，防止系统性金融风险的发生。

第6章 外部风险溢出的系统性金融风险贡献研究

6.1 区域货币联动与政策干预：中国、日本、韩国的实证分析[①]

6.1.1 引言

随着经济全球化、一体化的加深，各国之间的经济不再孤立，其与周边国家甚至是全球经济相互渗透、相互联系。某个经济体突发的经济或金融危机，会迅速而有力地波及相邻及经济往来密切的国家或地区，而汇率在其中扮演了重要的角色。金融危机的传染性使得多个资本市场之间波动集聚现象的研究越来越受到关注。基于组合投资管理理论，如果区域间各经济体货币在外汇市场存在较强的溢出效应或者协同性，则该区域间经济体共同抵御国际金融冲击的能力就相对较差，缺乏区域相关货币投资组合的风险规避效应；反之，如果区域间各经济体货币在外汇市场存在较弱的协同性甚至不存在协同性，则具有较强的风险规避效应，有利于区域经济稳定。

中国、日本和韩国作为亚洲区域最为重要的经济体，无论在地理位置上还是经济上都具有紧密的关联。当前中国、日本、韩国三国经济与金融合作不断加强，在推动货币体系改革、深化区域货币互换机制、多元化外汇储备、经济监测与金融监管等方面取得了长足的发展。随着亚洲区域性合作与交流的不断深化，特别是在中国进一步推动人民币国际化和利率市场化的今天，研究中国、日本、韩国的区域货币联动机制与政策干预效应更为有意义。

---

① 本节作者：谷家奎、陈守东，本节对刊登于《数量经济研究》2016 年第 1 期的文章《区域货币联动与政策干预：中日韩实证分析》的内容做了部分修改。

6.1.2　文献回顾与评述

　　金融资产的波动性一直是金融风险研究的热点,汇率作为开放经济体之间联系的纽带,在国际资本市场中具有举足轻重的地位。学者最早采用汇率收益率的方差或标准差来刻画汇率的波动性,后来 GARCH 模型在波动性分析中得到广泛应用,并发展出一系列 GARCH 族模型。GARCH 模型由 Bollerslev(1986)在 Engle 和 Bollerslev(1986)提出的 ARCH 模型的基础上,进一步扩展完善而成,有效地描述了金融资产的波动所表现出的时变与集群特性。Chou(2000)、曹阳和李剑武(2006)、谷宇和高铁梅(2007)等都采用 GARCH 模型度量了人民币汇率的波动性。此外,张欣和崔日明(2013)通过构建非对称随机波动模型,很好地拟合了人民币汇率波动过程中存在的时变性、持续性和非对称性特征,认为中央银行在采取措施干预和管理汇率波动时,更应注意汇率波动的非对称性。隋建利等(2013)基于经典 R/S 分析、修正 R/S 分析、GPH 检验及 ARFIMA-FIGARCH 模型估计等方法,实证研究了现行汇率机制下人民币汇率收益率及波动率中双长期记忆性。

　　在经济全球化的背景下,为了能够更好地捕捉到不同外汇市场之间的风险传递效应,促进国际金融市场稳定,考察各个经济体汇率之间的关联关系变得尤为重要。Aggarwal 和 Mougoue(1998)实证检验了日元与亚洲“四小龙”货币、日元和东南亚四国货币之间的联系,他们认为,日元与这两组国家货币汇率之间均存在协整关系。然而谢赤和刘潭秋(2003)对日元、港元、新加坡元的汇率进行实证检验后,认为它们之间并不存在协整关系。进一步地,部分学者研究了不同经济体货币的波动溢出效应。Kearney 和 Patton(2000)通过构建多元的 GARCH 模型,对欧洲货币体系中的汇率波动传导机制进行了检验,结果表明,不同货币之间具有不同的传递性,其中德国马克在传导机制中占有重要的地位。丁剑平和沈根祥(2006)通过 12 个币种对美元的即期汇率数据对区域汇率波动特征进行了分析,他们认为,欧元、英镑、澳元和日元的波动浮动都很大,亚洲货币波动幅度和波动延续时间都低于欧洲和澳大利亚货币,此外区域性货币联动性也在加强。张国梁(2008)运用向量误差修正模型(vector error correction model,VECM)和脉冲响应函数,研究了英镑、欧元、日元之间的内在波动过程,他认为,单个汇率的波动可以通过不同汇率之间的连锁反应机制而传递放大,加剧外汇市场的频繁波动。韩国高等(2011)通过构建 BEKK-MGARCH 模型分析了中国、美国、日本三国的实际均衡汇率及其波动溢出效应,他们认为,三国实际均衡汇率受经济基本面的影响不同,两两之间的联动关系存在显著的 ARCH 和 GARCH 效应。

　　汇率变动的原因是复杂的,基于购买力平价理论,两国货币购买力决定了两国货币兑换的比率,因此汇率不可避免地会受到经济体货币政策的冲击。为了解释浮动汇率制度下汇率的异常波动,Dornbusch(1976)提出了黏性价格货币模型,构建一个包含商品市场、货币市场和国际资产市场的一般均衡模型，研究货币政策冲击对汇率变动的影响，得到"汇率超调"的结论。Obstfeld 和 Rogoff(1995)的研究中将微观基础分析引入 Mundell-Fleming 模型，建立一个动态的、不完全预期的、垄断竞争的两国模型，他们指出，货币供应量、政府支出、生产力变动是决定汇率变动的重要原因，为从货币政策的视角研究汇率变动开拓了新的渠道。Mishkin(1995)研究了货币政策对汇率的传导机制，他认为，货币供给变动能够通过利率效应对汇率产生影响。Kim 和 Roubini(2000)规避价格之谜、流动性之谜等开放经济悖论，建立货币当局的反应函数和经济结构模型来识别货币政策冲击，他们认为，货币政策冲击对汇率等宏观经济变量的影响与理论模型一致。方福前和吴江(2009)比较分析了供给冲击、需求冲击和货币冲击对人民币、日元和韩元实际汇率波动的影响，他们认为，货币冲击对这三种货币的实际汇率波动都有重要影响。高山(2011)研究了中国货币政策传导渠道中汇率传导渠道的运作机制和传导效果，他认为，我国货币供应量变化能在一定程度上引起实际有效汇率的变动。高铁梅等(2013)基于弹性价格货币理论和汇率生成的微观结构模型，构建了包含相关经济变量的线性回归模型，应用 EGARCH 过程衡量市场的信息冲击对人民币汇率波动的非对称影响。

梳理已有文献发现，相关的研究主要集中在单独的货币汇率波动或货币政策冲击，对区域货币联动的研究相对较少，尤其缺乏关于亚洲区域货币的政策联合干预研究，这也是本小节研究的突破口。在借鉴前人研究成果的基础上，本小节首先考察了亚洲区域中国、日本和韩国货币汇率波动特征，然后构建基于 Cholesky 分解的 MGARCH 模型，讨论了三个国家外汇市场的协同波动性，并检验了货币政策对于外汇市场的干预效应，以期提出相关的政策建议。

6.1.3　理论模型与数据处理

本小节主要采用 GARCH 模型度量波动性，并在一元模型的基础构建基于 Cholesky 分解的三元 MGARCH 模型来研究区域货币的协同波动性，此外还使用交叉—相关系数矩阵等方法分析了区域货币的依赖性。

1. GARCH 与 MGARCH 模型

研究单变量的资产波动特征时，普遍采用 GARCH 模型，模型一般由均值方程和方差方程组成，可表示为

$$r_t = \mu + \sum_{k=1}^{m} \lambda_k r_{t-k} + a_t \tag{6.1}$$

$$h_t = c + \sum_{i=1}^{p} \alpha_i a_{t-i}^2 + \sum_{j=1}^{q} \beta_j h_{t-j} \tag{6.2}$$

$$a_t = \varepsilon_t \sqrt{h_t} \tag{6.3}$$

式(6.1)为条件均值方程；式(6.2)为条件方差方程，表示时间序列的条件方差变化特征。其中，a_t 为 t 时刻的新息；h_t 为条件方差；ε_t 为独立同分布的随机变量，通常假定是标准正态分布或者标准化的学生 t – 分布，h_t 和 ε_t 相互独立；λ_k 为均值方程的变量 AR 系数；α_i 和 β_j 分别称为 ARCH 参数和 GARCH 参数；k、i、j 分别为变量滞后阶数。

在讨论多个资产收益率波动过程之间的动态关系时，一般采用多元 MGARCH 模型，将不同资产间可能存在的协同波动性或者波动溢出效应进行估计检验。该模型是在单变量 GARCH 的基础上扩展而来的，此时方差方程转换为多变量的 VAR 形式，故又称 Vector GARCH（VGARCH）。

多元波动率建模关心的是 Σ_t（给定新息集合 $F_{t-1} = \{a_1,\cdots,a_{t-1}\}$，新息 a_t 的无条件协方差矩阵）随时间的演变特征，对 Σ_t 指定一个模型称为收益率序列 r_t 的波动率模型。建模时利用 Σ_t 的对称性将其重新参数化，主要包括两种方法：一种是利用新息 a_t 的条件相关系数和方差，直接对协方差和相关阵建模，采用极大似然估计方法对模型参数进行估计；另一种方法就是利用 Cholesky 分解方法，进行正交变换。因为 Σ_t 是正定的，所以存在具有正对角元素的对角矩阵 G_t 和具有单位对角元素的下三角矩阵 L_t，满足

$$\Sigma_t = L_t G_t L_t^{\mathrm{T}} \tag{6.4}$$

这就是著名的 Cholesky 分解，该分解的一个显著特征就是对 L_t 对角线以下的元素与 G_t 的对角元素都有很好的解释。考虑三维情形：

$$\Sigma_t = \begin{bmatrix} \sigma_{11,t} & \sigma_{21,t} & \sigma_{31,t} \\ \sigma_{21,t} & \sigma_{22,t} & \sigma_{32,t} \\ \sigma_{31,t} & \sigma_{32,t} & \sigma_{33,t} \end{bmatrix}, \quad L_t = \begin{bmatrix} 1 & 0 & 0 \\ q_{21,t} & 1 & 0 \\ q_{31,t} & q_{32,t} & 1 \end{bmatrix}, \quad G_t = \begin{bmatrix} g_{11,t} & 0 & 0 \\ 0 & g_{22,t} & 0 \\ 0 & 0 & g_{33,t} \end{bmatrix}$$

基于 Cholesky 分解，我们有

$$\begin{bmatrix} \sigma_{11,t} & \sigma_{21,t} & \sigma_{31,t} \\ \sigma_{21,t} & \sigma_{22,t} & \sigma_{32,t} \\ \sigma_{31,t} & \sigma_{32,t} & \sigma_{33,t} \end{bmatrix} = \begin{bmatrix} g_{11,t} & q_{21,t}g_{11,t} & q_{31,t}g_{11,t} \\ q_{21,t}g_{11,t} & q_{21,t}^2 g_{11,t} + g_{22,t} & q_{31,t}q_{21,t}g_{11,t} + q_{32,t}g_{22,t} \\ q_{31,t}g_{11,t} & q_{31,t}q_{21,t}g_{11,t} + q_{32,t}g_{22,t} & q_{31,t}^2 g_{11,t} + q_{32,t}^2 g_{22,t} + g_{33,t} \end{bmatrix}$$

上述矩阵方程两边的元素相等，我们得到

$$g_{11,t} = \sigma_{11,t} \,, \quad q_{21,t} = \frac{\sigma_{21,t}}{\sigma_{11,t}} \,, \quad g_{22,t} = \sigma_{22,t} - q_{21,t}^2 g_{11,t} \,, \quad q_{31,t} = \frac{\sigma_{31,t}}{\sigma_{11,t}}$$

$$q_{32,t} = \frac{1}{g_{22,t}}(\sigma_{32,t} - \frac{\sigma_{31,t}}{\sigma_{21,t}}\sigma_{11,t}) \,, \quad g_{33,t} = \sigma_{33,t} - q_{31,t}^2 g_{11,t} - q_{32,t}^2 g_{22,t}$$

这些参数其实是下述正交变换的系数和残差的方差：

$$b_{1t} = a_{1t} \,, \quad b_{2t} = a_{2t} - \beta_{21}b_{1t} \,, \quad b_{3t} = a_{3t} - \beta_{31}b_{1t} - \beta_{32}b_{2t}$$

其中，β_{ij} 为 $a_{2t} = \beta_{21}b_{1t} + b_{2t}$ ，$a_{3t} = \beta_{31}b_{1t} + \beta_{32}b_{2t} + b_{3t}$ ，最小二乘回归的系数。即我们有 $q_{ij,t} = \beta_{ij}$ ，$g_{ii,t} = \text{Var}(b_{it})$ ，且对 $i \neq j$ ，有 $b_{it} \perp b_{jt}$ 。

基于前面的讨论，Cholesky 分解相当于一个从 a_t 到 b_t 的正交变换，与波动率建模相关的参数向量表示为下述一个 $k(k+1)/2$ 维的向量：

$$\Xi_t = (g_{11,t}, \cdots, g_{kk,t}, q_{21,t}, q_{31,t}, q_{32,t}, \cdots, q_{k1,t}, \cdots, q_{k(k-1),t})^{\mathrm{T}} \tag{6.5}$$

正交变换后的似然函数大大简化，并且估计得到的相关系数 ρ_{ij} 是时变的，这也是采用 Cholesky 分解将 $\sum_t$ 重新参数化与应用相关系数方法的主要区别。利用变换后的扰动 b_{it} 之间的正交性，我们最终得到

$$\sigma_{ii,t} = \text{Var}(a_{it}|F_{t-1}) = \sum_{v=1}^i q_{iv,t}^2 g_{vv,t} \,, \quad i = 1, \cdots, k \tag{6.6}$$

$$\sigma_{ij,t} = \text{Cov}(a_{it}, a_{jt}|F_{t-1}) = \sum_{v=1}^i q_{iv,t} q_{jv,t} g_{vv,t} \,, \quad j < i, \ i = 2, \cdots, k \tag{6.7}$$

其中，对于 $v = 1, \cdots, k$ ，$q_{vv,t} = 1$ ，这些方程给出了 $\sum_t$ 在 Cholesky 分解下的参数化。

2. 交叉—相关矩阵

经济全球化背景下，单个市场的价格变动能够很容易迅速地扩散到另一个市场，因此，金融市场比以前更加相互依赖。为了更好地理解全球金融的动态结构，有必要将它们联合起来考虑，交叉—相关矩阵(cross-correlation matrix, CCM)就是一个比较有效的方法。考虑一个 k 元时间序列 $r_t = (r_{1t}, r_{2t}, \cdots, r_{kt})^{\mathrm{T}}$ ，如果它的一阶矩和二阶矩不随时间变化，则称序列 r_t 是弱平稳的。一般我们假定金融资产的收益率序列是弱平稳的，均值向量与协方差矩阵不随时间改变。

对于弱平稳的金融时间序列 r_t ，其均值向量和协方差矩阵定义为

$$\mu = E(r_t), \quad \Gamma_0 = E[(r_t - \mu)(r_t - \mu)^\mathrm{T}] \tag{6.8}$$

这里，期望是由 r_t 的联合分布对每个分量取期望得到的，均值 μ 是由 r_t 的分量的无条件期望组成的 k 维向量。协方差矩阵 Γ_0 是 $k \times k$ 矩阵，Γ_0 的第 i 个对角线上的元素是 r_{it} 的方差，而 Γ_0 的第 (i,j) 个元素是 r_{it} 与 r_{jt} 的协方差，需要用到其元素时，我们记

$$\mu = (\mu_1, \cdots, \mu_k)^\mathrm{T}, \quad \Gamma_0 = [\Gamma_{ij}(0)] \tag{6.9}$$

令 D 表示由 $r_{it}(i = 1, 2, \cdots, k)$ 的标准差构成的 $k \times k$ 对角矩阵，即

$$D = \mathrm{diag}\{\sqrt{\Gamma_{11}(0)}, \cdots, \sqrt{\Gamma_{kk}(0)}\} \tag{6.10}$$

则同步(延迟为 0)的交叉—相关矩阵表示为

$$\rho_0 \equiv [\rho_{ij}(0)] = D^{-1}\Gamma_0 D^{-1}$$

相关矩阵 ρ_0 的第 (i,j) 个元素为 r_{it} 和 r_{jt} 的相关系数，表明两个序列在同一时刻的相关性，故称为共点或同步相关系数，具体表示为

$$\rho_{ij}(0) = \frac{\Gamma_{ij}(0)}{\sqrt{\Gamma_{ii}(0)\Gamma_{jj}(0)}} = \frac{\mathrm{Cov}(r_{it}, r_{jt})}{\mathrm{std}(r_{it})\mathrm{std}(r_{jt})} \tag{6.11}$$

然而，多元时间序列分析中一个重要的主题是研究分量之间的引导—延迟关系，于是用交叉—相关矩阵来度量时间序列之间线性依赖的程度。多元时间序列 r_t 的延迟为 l 的交叉协方差矩阵定义为

$$\Gamma_l \equiv [\Gamma_{ij}(l)] = E[(r_t - \mu)(r_{t-l} - \mu)^\mathrm{T}] \tag{6.12}$$

因此，Γ_l 的第 (i,j) 个元素为 r_{it} 和 $r_{j,t-l}$ 的协方差，对于平稳序列，交叉—协方差矩阵 Γ_l 是 l 函数，与时间指数 t 无关。

延迟为 l 的交叉—相关矩阵定义为

$$\rho_l = [\rho_{ij}(l)] = D^{-1}\Gamma_l D^{-1} \tag{6.13}$$

此时，ρ_l 第 (i,j) 个元素为 r_{it} 和 $r_{j,t-l}$ 的相关系数，表示为

$$\rho_{ij}(l) = \frac{\Gamma_{ij}(l)}{\sqrt{\Gamma_{ii}(l)\Gamma_{jj}(l)}} = \frac{\mathrm{Cov}(r_{it}, r_{j,t-l})}{\mathrm{std}(r_{it})\mathrm{std}(r_{jt})} \tag{6.14}$$

当 $l>0$ 时，该相关系数度量了 r_{it} 对发生在 t 时刻以前的 $r_{j,t-l}$ 的线性依赖，如果 $\rho_{ij}(l) \neq 0$ 且 $l>0$，表示序列 r_{jt} 在延迟 l 处引导着序列 r_{it}，并且 $\rho_{ii}(l)$ 的对角元素恰为序列 r_{it} 的延迟为 l 的自相关系数。

3. 数据处理与分析

本小节选取亚洲区域的中国、日本、韩国三国的数据进行研究。中国于 2005 年 7 月对完善人民币汇率形成机制进行改革，且 2006 年 10 月正式公布上海银行间同业拆放利率[①]数据，基于数据的可得性，本部分采用的日度数据样本区间是 2006 年 10 月 10 日～2014 年 2 月 21 日。由于外汇市场和各国货币市场的交易日有所不同，我们只选取相关市场同时开放的日交易数据，共 1700 个日交易数据。书中涉及的数据指标包括人民币汇率 ERCN、日元汇率 ERJP、韩元汇率 ERKR 和人民币利率 RCN、日元利率 RJP、韩元利率 RKR，均作对数收益率处理。其中，人民币汇率、日元汇率、韩元汇率均采用对美元汇率(直接标价法)指标，人民币利率采用上海银行间同业拆放利率数据，日元利率、韩元利率采用伦敦银行间同业拆借利率[②]数据，相关数据分别来源于上海银行间同业拆放利率网站、国家外汇交易中心网站、中国金融统计年鉴、国际金融统计年鉴(International Financial Statistics)、美联储经济数据库(Federal Reserve Economic Data)等。

人民币、日元及韩元的汇率和利率收益率的描述性统计结果如表 6.1 所示。汇率方面，仅韩元汇率收益率为正，其他货币汇率收益率均为负，且所有货币汇率绝对值均接近于 0；从标准差来看，韩元汇率波动幅度最大，其次是日元，人民币波动幅度最小；同时，韩元汇率收益率的波动区间最大，人民币波动区间最小。利率方面，各国均值为负，利率呈现下降趋势；而人民币利率波动的幅度最大，日元、韩元其次；波动的区间也以人民币为最大，韩元最小。总体来看，人民币利率收益率弹性最大，韩元汇率收益率弹性最大，日元居中。

表 6.1　汇率收益率序列均值与方差描述性统计

统计量	ERCN	ERJP	ERKR	RCN	RJP	RKR
均值	−0.0001	−0.0001	0.0001	−0.0001	−0.0012	−0.0003
标准误差	0.0008	0.0077	0.0096	0.1021	0.0336	0.0206
最小值	−0.0043	−0.0432	−0.1322	−1.0781	−0.3042	−0.1796
最大值	0.0036	0.0667	0.1013	0.7758	0.3311	0.1918

① 上海银行间同业拆放利率，Shanghai interbank offered rate，即 SHIBOR。

② 伦敦银行间同业拆借利率，London interbank offered rate，即 LIBOR。

6.1.4　单独国家汇率波动性与政策干预检验

在研究区域货币联动机制之前，我们先分别研究中国、日本、韩国汇率的波动特征，并检验各国货币政策对外汇市场干预的有效性。

1. 汇率波动性分析

首先分析人民币、日元、韩元的汇率收益率序列和利率收益率序列，以对其波动情况有一个直观的认识，如图 6.1 所示。

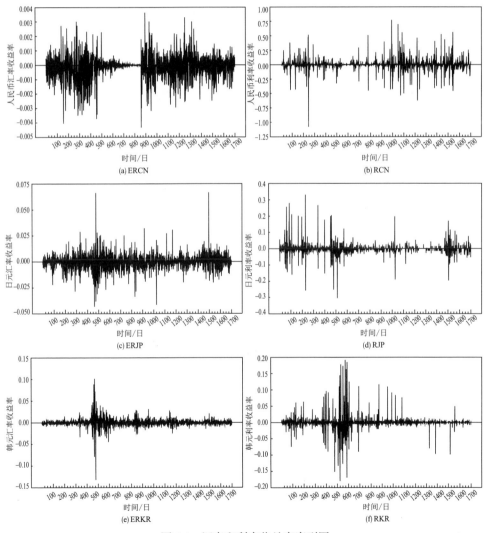

图 6.1　汇率和利率收益率序列图

从图 6.1 中可以看出，中国、日本、韩国三国汇率收益率的波动过程具有明显的集聚性，表现出条件异方差特征，可以采用 GARCH 模型刻画相关收益率的波动性。同时，我们还发现，中国、日本、韩国三国汇率波动集聚与该国利率波动集聚的时间比较吻合，汇率与利率在直观上具有溢出效应。

下面构建 GARCH 模型来刻画汇率的波动性。为了避免伪回归问题，在参数估计之前需要对汇率和利率收益率序列进行单位根检验，选用 ADF 检验方法，滞后期由施瓦茨信息准则(Schwarz information criterion, SIC)最小规则确定。单位根检验结果如表 6.2 所示，表明汇率和利率收益率序列都是平稳序列，可以直接建模使用。

表 6.2　单位根检验结果

	ERCN	ERJP	ERKR	RCN	RJP	RKR
t 统计量	−37.6203	−43.9228	−11.9260	−36.3594	−30.2982	−26.9242
显著性 P	0.0000	0.0001	0.0000	0.0000	0.0000	0.0000
检验形式	(0, nt, c)	(0, nt, c)	(16, nt, c)	(0, nt, c)	(2, nt, c)	(2, nt, c)

注：表中 ADF 检验的滞后阶数由 SIC 确定，(n, nt, c) 表示(滞后阶数，无趋势项，有截距)的检验形式

进行 GARCH 模型构建时，首先通过 ARCH 拉格朗日乘数(Lagrange multiplier, LM)检验序列的 ARCH 效应，结果表明残差平方序列存在自相关，即残差序列存在 ARCH 效应，因此采用 GARCH 模型是合理的。对于大部分资产收益率序列，如果有序列相关的话也应该很弱，因此，如果样本均值显著不为零，建立均值方程就等于从数据中移除样本均值。为了简化，研究中将三国汇率收益率时间序列的样本均值作为均值方程，方差方程采用 GARCH(1,1)[①]形式，模型估计结果如表 6.3 所示。

表 6.3　汇率收益率的 GARCH 模型检验结果

项目	参数	ERCN		ERJP		ERKR	
		估计值	显著性 P	估计值	显著性 P	估计值	显著性 P
均值方程	均值	−0.0001	0.0001***	0.0002	0.2707	−0.0003	0.0308**
方差方程	C	0.0001	0.0003***	0.0001	0.0016***	0.0001	0.0003***
	A	0.0749	0.0000***	0.0774	0.0001***	0.1170	0.0000***
	B	0.9170	0.0000***	0.8974	0.0000***	0.8832	0.0000***

和*表示 5%和 1%的置信度下拒绝原假设

模型参数估计的 Ljung-Box 检验 Q 统计量显示，标准化残差序列没有序列相

①一般而言，研究金融时间序列应用 GARCH 模型时，简单的 GARCH（1,1）模型就可以度量绝大部分的波动率，并且 α_i 与 β_j 参数估计值的和接近于 1，刻画了金融时间序列中的"波动率集聚"现象。

关性，也没有条件异方差性，因此模型估计是充分的。实证结果表明，中国、日本、韩国三国汇率收益率都具有显著的 GARCH 效应，并且参数 $A+B$ 都接近于 1，说明具有很强的持续性。模型估计得到的波动率和残差如图 6.2 所示，可以直观地看出各个时间段汇率的波动情况。人民币汇率在 2008 年金融危机之前和 2010 年之后波动性相对较为显著，在金融危机期间波动较小，这可能与当时政府为了应对金融危机而采取的外汇干预政策有关。日元和韩元汇率的波动比较平稳，但在金融危机期间波动异常，受金融危机冲击较大，在一定程度上也说明了这两国对外汇的干预有限，市场化行为更突出。从波动程度对比来看，亚洲这三个主要的经济体中，日元的波动性最为显著，其次是韩元，人民币的波动性最弱。

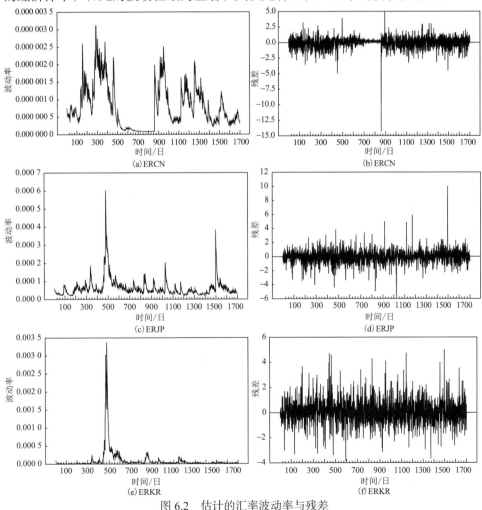

图 6.2　估计的汇率波动率与残差

2. 政策单独干预有效性检验

进一步实证研究中，将利率变量引入汇率波动 GARCH 模型的方差方程，通过检验利率对汇率的波动溢出作用，来探讨货币政策对外汇市场的干预效应。如果各国中央银行的宣示或者行动是明确且可信的，并且本国外汇市场具有效率性，则理论上中央银行通过政策干预可以干预汇率变动。考虑货币政策干预后修正的模型表示如下：

$$h_{it} = \omega + \alpha_i a_{t-1}^2 + \beta_j h_{t-1} + \gamma_i (R_{i,t-1} - m_i)^2 \tag{6.15}$$

其中，$i = 1, 2, 3$，分别表示中国、日本、韩国；γ_i 为中央银行政策干预系数，采用本国货币市场利率收益率对均值偏离的幅度 $(R_{i,t-1} - m_i)^2$ 作为中央银行政策干预的代理变量，估计结果如表 6.4 所示。

表 6.4　货币政策单独干预的检验结果

方程	参数	ERCN		ERJP		ERKR	
		估计值	显著性 P	估计值	显著性 P	估计值	显著性 P
均值方程	均值	−0.0001	0.0022***	0.0002	0.2132	−0.0003	0.0272**
方差方程	C	−0.0001	0.7957	0.0001	0.0026***	0.0001	0.0010***
	A	0.0587	0.0000***	0.0759	0.0001***	0.1182	0.0000***
	B	0.9408	0.0000***	0.8924	0.0000***	0.8795	0.0000***
	γ	0.0001	0.0000***	0.0002	0.1164	0.0005	0.1546

和*表示 5%和 1%的置信度下拒绝原假设

检验结果表明，亚洲经济体中的中国、日本、韩国三国，只有中国货币政策对外汇市场产生了有效的干预，而日本货币政策与韩国货币政策的干预作用不显著。对于中国而言，如果利率收益率为正，此时利率不断升高，则助推了中国外汇市场的波动，即偏紧缩的货币政策放大了外汇市场的波动风险。反之，偏宽松的货币政策则有利于控制人民币外汇波动风险。与中国不同的是，日本和韩国想要通过本国货币政策来干预本国外汇市场是行不通的。原因可能有多种方面，其中重要的一点应该是日本和韩国两国外汇市场的国际化程度较高，且对美元具有较强的依赖，从而导致货币政策的约束力下降，甚至不起作用。

6.1.5　区域货币联动与政策联合干预检验

在分析单独国家货币波动特征与货币政策干预的基础上，进一步将研究拓展到三元情形。首先分析中国、日本、韩国区域货币的依赖性，然后探讨区域货币的协同波动性，检验区域经济体货币政策对外汇市场的联合干预效应。

1. 区域货币依赖性分析

利用Ljung-Box统计量来考察三国汇率收益率之间的序列相关性,得到$Q(1)=$ 56.9723, $Q(4)=246.3970$, $Q(8)=306.5059$,这些检验统计量都是高度显著的,分别与自由度 9、36、72 的 χ^2 分布比较,其 P 值都接近于 0,也就是说,序列中确实存在某些序列相关性。表 6.5 是简单记号表示的人民币、日元、韩元的汇率收益率序列样本的交叉—相关矩阵前 6 个延迟。我们发现,人民币汇率收益率具有某些序列相关性,并且依赖于日元和韩元的过去收益率(见延迟 1、2);日元汇率收益率也具有某些序列相关性,仅依赖于韩元延迟 4 期的过去收益率(见延迟 1、2、4);韩元汇率收益率亦具有某些微弱的序列相关性,并且显著依赖于日元收益率的过去收益率(见延迟 1、2、3、4、6)。概括来说,人民币、日元、韩元的汇率收益率都有某些自身序列相关性,并且人民币依赖于日元和韩元的过去收益率,而日元和韩元不受人民币影响,二者之间相互有依赖关系。

表 6.5　区域货币样本的交叉—相关矩阵

	1			2			3			4			5			6		
	人民币	日元	韩元	人民币	日元	韩元	人民币	日元	韩元	人民币	日元	韩元	人民币	日元	韩元	人民币	日元	韩元
人民币	+	+	+	.	-	-	.	.	.	.	.	.	.	.	.	.	.	.
日元	.	-	.	.	-	.	.	.	.	.	.	+	.	.	.	.	.	.
韩元	.	-	.	.	-	.	.	+	-	.	.	+	.	.	.	.	+	.

注: "+"表示相应的相关系数大于或等于 $2/\sqrt{T}$, "–"表示相应的相关系数小于或等于 $-2/\sqrt{T}$, "."表示相应的相关系数介于 $-2/\sqrt{T}$ 与 $2/\sqrt{T}$,此处 $2/\sqrt{T}$ 是假定 r_t 为一个白噪声时,在5%渐进水平下样本相关系数的临界值

2. 区域货币的协同波动性检验

利用 Cholesky 分解的序贯性,我们构建三元的 GARCH 模型对区域货币的联动机制进行计量分析。由于我们主要关注人民币汇率变化,建模时先以人民币汇率为出发点。又因为日元的国际地位大于韩元,所以最终建模顺序是人民币、日元、韩元依次进入模型。

模型均值方程构建如下:

$$ER_{1t} = \mu_1 + a_{1t} \tag{6.16}$$

$$ER_{2t} = \mu_2 + a_{2t} \tag{6.17}$$

$$ER_{3t} = \mu_3 + a_{3t} \tag{6.18}$$

同样，我们采用简便的 MGARCH(1,1)模型，利用 Cholesky 分解后，转换得到的方差方程表示如下：

$$g_{11,t} = c_{11} + \alpha_{11}b_{1,t-1}^2 + \beta_{11}g_{11,t-1} \tag{6.19}$$

$$q_{21,t} = c_{21} + \alpha_{21}q_{21,t-1} + \beta_{21}a_{2,t-1} \tag{6.20}$$

$$g_{22,t} = c_{22} + \alpha_{22}b_{2,t-1}^2 + \beta_{22}g_{22,t-1} \tag{6.21}$$

$$q_{31,t} = c_{31} + \alpha_{31}q_{31,t-1} + \beta_{31}a_{3,t-1} \tag{6.22}$$

$$q_{32,t} = c_{32} + \alpha_{32}q_{32,t-1} + \beta_{32}a_{2,t-1} \tag{6.23}$$

$$g_{33,t} = c_{33} + \alpha_{33}b_{3,t-1}^2 + \beta_{33}g_{33,t-1} \tag{6.24}$$

其中，$b_{1t} = a_{1t}$；$b_{2t} = a_{2t} - q_{21,t}b_{1t}$；$b_{3t} = a_{3t} - q_{31,t}b_{1t} - q_{32,t}b_{2t}$。

表 6.6 给出了三元 MGARCH 模型的估计结果，模型总体估计显著性较好，重点关注方差方程的估计结果。方差方程(1,1)、(2,2)、(3,3)的参数都非常显著，与一元 GARCH 估计结果基本一致，说明中国、日本、韩国三国自身汇率收益率 GARCH 效应明显，并且方程参数 $\alpha_{ii} + \beta_{ii}$ 的和都接近于 1，汇率波动率序列具有 IGARCH 效应，持续性比较强。观察方差方程(2,1)、(3,1)、(3,2)的参数估计结果，不同方程存在差别。中国和日本、中国与韩国的相关方程参数估计结果表明，这两组汇率的协同波动性具有显著的持续性，不过受日元、韩元汇率变化的新息影响不显著；日元、韩元汇率的协同波动性不仅具有显著的持续性，受新息的影响亦十分显著。

表 6.6　三元 MGARCH 模型估计结果

		均值方程		方差方程			
		方程(i)	均值	方程(i,j)	C	A	B
一元	估计值	(1)	−0.0001	(1,1)	0.0001	0.0749	0.9170
	显著性 P		0.0001***		0.0003***	0.0000***	0.0000***
二元	估计值	(1)	−0.0001	(1,1)	0.0001	0.0747	0.9172
	显著性 P		0.0001***		0.0001***	0.0000***	0.0000***
	估计值	(2)	0.0002	(2,1)	0.0001	−0.0198	−0.7538
	显著性 P		0.2697		0.2910	0.2867	0.0000***
	估计值			(2,2)	0.0001	0.0802	0.8935
	显著性 P				0.0022***	0.0001***	0.0000***

续表

	均值方程		方差方程			
	方程(i)	均值	方程(i,j)	C	A	B
估计值	(1)	−0.0001	(1,1)	0.0001	0.0748	0.9171
显著性 P		0.0005***		0.0000***	0.0000***	0.0000***
估计值	(2)	0.0002	(2,1)	0.0004	0.8361	0.1549
显著性 P		0.2785		0.3123	0.0000***	0.4022
估计值	(3)	−0.0002	(2,2)	0.0001	0.0816	0.8929
显著性 P		0.0831*		0.0001***	0.0000***	0.0000***
估计值			(3,1)	0.0008	0.9602	−0.0976
显著性 P				0.1186	0.0000***	0.9454
估计值			(3,2)	−0.0001	0.9483	0.0427
显著性 P				0.4983	0.0000***	0.0001***
估计值			(3,3)	0.0001	0.1213	0.8783
显著性 P				0.0000***	0.0000***	0.0000***

（三元 置于"估计值(3)"一行左侧）

*和***分别表示 10%和 1%的置信度下拒绝原假设

　　比较来说，人民币与韩元之间汇率协同变动的持续性最长，其次是日元与韩元汇率，人民币与日元协同变动的持续性相对最弱。

　　图 6.3 给出了中国、日本、韩国三元 MGARCH 模型估计得到的两两汇率收益率的时变相关系数。可以看出，人民币和日元、人民币和韩元、日元和韩元汇率的相关系数整体较小，但仍然显著且时变特征明显。在波动增加时，两国汇率之间的相关系数增加，这与相关的汇率实证研究结论一致，两个国家汇率之间的相关性在金融危机期间倾向于增加，也就是说存在显著的汇率风险传染效应。人民币与日元汇率之间的相关系数总体较小，在 2008 年金融危机期间相关系数为正，后来逐渐减小，以至于在 2010 年相关系数变为较为明显的负值，进入 2013 年后相关系数绝对值慢慢变小，收敛到零附近；人民币与韩元汇率之间一直存在正向的相关系数，2008 年金融危机期间相关性稍有增加，在 2010 年以后人民币与韩元汇率相关性增幅较大，相关系数变动的幅度也增加；日元和韩元汇率在 2013 年以前基本都存在负向的相关性，后期转为正值，总体表现相对稳定。综合来看，亚洲这三个主要经济体汇率变动的协同性总体比较弱，这可能与相关国家的外汇市场有效性以及货币政策干预有关，这也是我们下一步研究的方向。

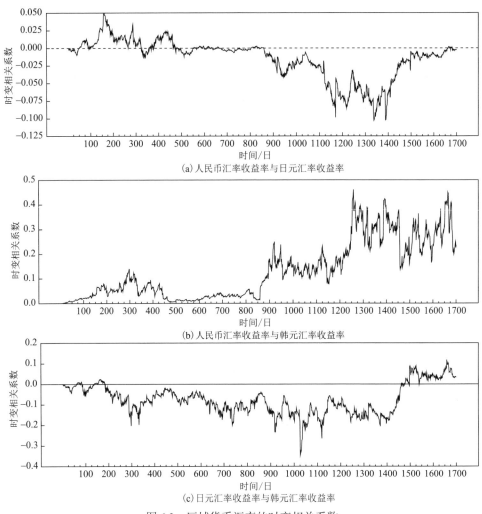

图 6.3　区域货币汇率的时变相关系数

3. 货币政策联合干预效应检验

区域经济体的货币政策既有独立性又相互合作, 于是进一步探讨中国、日本、韩国三国货币政策联合干预下的汇率协同波动机制, 并检验货币政策是否能够有效干预国家间的外汇市场。此时, 将相关国家利率收益率变量引入多元汇率波动模型的协同波动方差方程, 考察货币政策对汇率协同波动干预的有效性, 模型进一步约束如下:

$$q_{21,t} = c_{21} + \alpha_{21}q_{21,t-1} + \beta_{21}a_{2,t-1} + \gamma_{21}(R_{1,t-1} - m_1)^2 + \lambda_{21}(R_{2,t-1} - m_2)^2 \quad (6.25)$$

$$q_{31,t} = c_{31} + \alpha_{31}q_{31,t-1} + \beta_{31}a_{3,t-1} + \gamma_{31}(R_{1,t-1} - m_1)^2 + \varphi_{31}(R_{3,t-1} - m_3)^2 \quad (6.26)$$

$$q_{32,t} = c_{32} + \alpha_{32}q_{32,t-1} + \beta_{32}a_{2,t-1} + \lambda_{32}(R_{2,t-1} - m_2)^2 + \varphi_{32}(R_{3,t-1} - m_3)^2 \quad (6.27)$$

其中，m_1、m_2、m_3 分别为中国、日本、韩国利率收益率的样本均值；参数 γ、λ、φ 分别考察中国、日本和韩国利率收益率对汇率协同波动性的影响。

　　货币政策干预下的三元 GARCH 模型估计结果如表 6.7 所示。结果表明，引入货币政策干预以后，模型方差方程的参数变化不大，相关国家汇率之间协同波动性的持续性稍有降低。观察政策干预参数估计值发现，人民币和日元汇率收益率之间的协同波动性受中国利率和日本利率政策的显著正向影响，如果两国利率收益率持续为正，会显著增强中国、日本两国汇率的协同波动性；人民币和韩元汇率收益率之间的协同波动性同样显著受到中国利率和韩国利率政策的影响，只是中国利率增加减弱了两国汇率协同波动性，而韩国利率增加可以大幅增加两国汇率协同波动性；观察日元和韩元汇率协同方程，政策干预参数都不显著，也就是说日本和韩国的货币政策并不能对两国的汇率协同波动性产生显著影响，货币政策干预此时是没有效果的。综合来看，中国货币政策干预对人民币与日元、人民币与韩元汇率的协同波动性都是有效的，不过干预方向正好相反；日本和韩国货币政策仅分别对人民币与日元、人民币与韩元汇率协同波动性有效，对于日元与韩元汇率协同波动性却没有效果。

表 6.7　引入政策干预的模型估计结果

参数	均值方程		方差方程				政策干预		
	方程 (i)	均值	方程 (i,j)	C	A	B	$D1$	$D2$	$D3$
估计值	(1)	−0.0001	(1,1)	0.0001	0.0751	0.9162			
显著性 P		0.0003***		0.0000***	0.0000***	0.0000***			
估计值	(2)	0.0002	(2,1)	−0.1033	0.7984	0.1732	5.4355	22.6779	
显著性 P		0.2497		0.0679***	0.0000***	0.8725	0.0589*	0.0693*	
估计值	(3)	−0.0002	(2,2)	0.0001	0.0851	0.8891			
显著性 P		0.0725*		0.0001***	0.0000***	0.0000***			
估计值			(3,1)	0.0.0371	0.9599	−0.1421	−0.9557		49.4193
显著性 P				0.0393**	0.0000***	0.0308	0.0297**		0.0910*
估计值			(3,2)	0.0003	0.9232	0.0542		−0.1498	0.1066
显著性 P				0.4467	0.0000***	0.0628*		0.3116	0.5952
估计值			(3,3)	0.0001	0.1217	0.8711			
显著性 P				0.0000***	0.0000***	0.0000***			

*、**和***分别表示10%、5%和1%的置信度下拒绝原假设

　　模型估计结果进一步给出了政策干预后人民币、日元、韩元汇率之间的相关系数(图6.4)，直观地显示了中国、日本、韩国三国在联合干预后的汇率相关性变化。

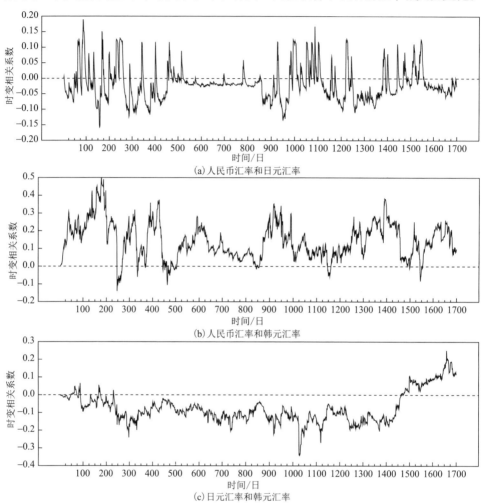

(a)人民币汇率和日元汇率

(b)人民币汇率和韩元汇率

(c)日元汇率和韩元汇率

图6.4　联合干预下的汇率时变相关系数

　　可以看出，引入政策干预后人民币和日元的汇率收益率、人民币和韩元的汇率收益率的相关性显著增大，而日元和韩元的汇率收益率序列的相关性基本没有变化，此外人民币和日元汇率相关性变动更为剧烈。实证结果表明，中国和日本、中国和韩国货币政策对外汇市场协同波动的联合干预效果显著，而日本和韩国货币政策的联合干预效果不显著。

6.1.6　结论

本小节通过构建汇率波动模型，重点探讨了亚洲区域经济体中国、日本、韩国三国货币关联机制及货币政策的干预效应，主要得到以下结论。

（1）分析了中国、日本、韩国的外汇市场汇率与货币市场利率收益率的简单统计特征。统计分析结果显示，三国汇率收益率的波动具有明显的集聚现象，条件异方差特征显著，并且汇率波动集聚的时间与该国利率的波动集聚时间比较吻合，溢出效应明显。同时中国、日本、韩国三国的外汇市场汇率和货币市场利率的变动弹性有区别，其中，人民币利率变动弹性最大，韩元汇率变动弹性最大，日元居中。

（2）构建 GARCH 模型单独研究了人民币、日元、韩元汇率的波动性，并将利率引入方差方程检验了货币政策单独干预外汇市场的有效性。实证结果表明，人民币、日元、韩元汇率都具有显著的 GARCH 效应，并且具有很强的持续性。估计得到波动率序列显示，人民币汇率在金融危机期间波动较小，而日元汇率和韩元汇率在金融危机期间波动异常，受金融危机冲击较大，这说明后两国对外汇的干预有限。比较来看，亚洲这三个主要的经济体中，日元波动性最为显著，其次是韩元和人民币。单独的货币政策干预实证结果显示，只有中国货币政策对汇率波动具有显著的干预作用，如果利率收益率为正，此时利率不断升高，则助推了中国外汇市场的波动，反之偏宽松的货币政策则有利于控制人民币外汇波动风险。而日本和韩国想要通过货币政策来干预本国外汇市场是行不通的，原因可能是多方面的，最重要的一点应该是日本和韩国两国对美元依赖性高，导致中央银行货币政策的约束力下降，甚至不起作用。

（3）检验了中国、日本、韩国三国外汇市场汇率的依赖性和协同波动性。中国、日本、韩国三国外汇市场汇率样本的交叉—相关矩阵结果显示，人民币、日元、韩元汇率都有某些自身序列相关性，并且人民币汇率依赖于日元汇率和韩元汇率的历史值，而日元汇率和韩元汇率却不受人民币汇率影响，二者之间有依赖关系。接着采用基于 Cholesky 分解的三元 GARCH 模型实证研究了三国外汇市场汇率的协同波动性。结果表明，三国汇率具有 IGARCH 效应，持续性比较强。汇率协同波动性方面，人民币和日元汇率、人民币和韩元汇率、日元和韩元汇率都具有显著的持续性，不过只有日元和韩元汇率收益率的协同波动性受新息的显著影响。其中，人民币与韩元之间汇率协同变动的持续性最长，其次是日元和韩元汇率、人民币和日元汇率。三元 GARCH 模型估计得到的两两汇率的相关系数时变特征明显，在波动增加时，两国汇率之间的相关性增强，存在显著的汇率风险传染效应。单独来看，人民币和日元汇率的相关系数总体较小，人民币和韩元汇率相关系数为正且不断增加，日元和韩元汇率在 2013 年以前基本都存在负向的相关性，后期相关系数转为正值，总体表现相对稳定。

（4）实证讨论了货币政策联合干预下人民币、日元、韩元汇率的协同波动机制。引入货币政策干预以后，相关国家汇率之间协同波动性的持续性稍有降低。中国政策干预对人民币和日元汇率、人民币和韩元汇率的协同波动性都是有效的，不过干预方向正好相反；日本和韩国货币政策仅分别对人民币和日元汇率、人民币和韩元汇率协同波动性有效，对于日元和韩元汇率协同波动性却没有效果。也就是说，中国和日本、中国和韩国货币政策对外汇市场协同波动的联合干预是有作用的，而日本和韩国货币政策对外汇市场协同波动的联合干预没有效果。

总体来看，人民币汇率的波动性相对日韩较弱，并且中国货币政策对人民币及其区域货币协同波动性的干预也相对最为有效，这可能与相关国家的外汇市场化以及政策干预程度有关，其深层次的原因有待于我们进一步探讨。在今后经济发展与对外贸易中应加强区域政策合作与交流，充分考虑亚洲区域经济体货币的协同波动性，尤其关注金融危机期间汇率风险的传染性。针对源自不同国家的外汇风险，采取适当的货币政策干预措施，以期降低汇率风险传染。

6.2　货币政策冲击对汇率变动的影响[①]

一国货币政策目标除了经济增长、充分就业、物价稳定及国际收支均衡以外，还需要具有稳定一国货币币值的作用。基于购买力平价理论，两国货币购买力决定了两国货币兑换的汇率，汇率作为两国货币之间兑换的比率，体现了两国货币的价格，因此在一定程度上将会受到两国货币政策冲击的影响。货币政策与财政政策作为政府调控经济的重要手段，发挥着不可缺少的作用，基于不同的经济运行状态，货币当局在不同的时点采取的货币政策可能存在差异。中国和美国作为全球经济的重要参与者，在复杂多变的国际、国内经济形势下，均采取了相宜的货币政策。本节从中国和美国货币政策冲击出发，研究了货币政策冲击对汇率变动的影响作用。

6.2.1　文献回顾与评述

汇率变动的原因是复杂的，该论题也一直是国内外学者研究的热点。Obstfeld和 Rogoff（1995）为解决汇率问题提出了一个新的框架，开创了新开放经济宏观经济学的研究，他们的研究中将微观基础分析引入 Mundell-Fleming 模型，建立一个

---

① 本节作者：谷家奎、陈守东，本节对刊登于《上海金融》2015 年第 7 期的文章《货币政策冲击对汇率变动的影响——基于结构动态因子模型的中美比较分析》的题目与内容做了部分修改。

动态的、不完全预期的、垄断竞争的两国模型，指出货币供应量、政府支出、生产力变动是决定汇率变动的重要原因。基于货币主义的汇率决定理论，从货币政策的视角研究汇率变动开拓了新的渠道。Mishkin(1995)研究了货币政策对汇率的传导机制，认为货币供给变动能够通过利率效应对汇率产生影响，并通过汇率变动作用于净出口和产出。Krugman(1999)在 Mundell-Fleming 模型基础上，认为货币政策独立性、资本自由流动和固定汇率制是三个不可调和的目标，即存在"三元悖论"，各经济体只能实现这三个目标中的两个。

相关的理论模型讨论了货币政策对汇率的影响，不过在理论与实证研究中，一国货币政策变化对本国汇率产生何种影响始终存在争议。为了解释浮动汇率制度下汇率的异常波动，Dornbusch(1976)提出了黏性价格货币模型，构建一个包含商品市场、货币市场和国际资产市场的一般均衡模型，研究货币政策冲击对汇率变动的影响，得到 "汇率超调"的结论。Kim 和 Roubini(2000)规避价格之谜、流动性之谜等开放经济悖论，建立货币当局的反应函数和经济结构模型来识别货币政策冲击，认为货币政策冲击对汇率等宏观经济变量的影响与理论模型一致。此外，Obstfeld 和 Rogoff(1994)、Betts 和 Devereux(2002)等也支持了上述结论。然而，Grilli 和 Roubini(1996)等采用递归约束识别货币政策冲击，发现紧缩货币冲击下，本国货币产生长达三年的持续性升值，然后才出现贬值回调，即存在 "滞后性汇率超调之谜"。与之结论相似的研究还包括 Clarida 和 Gali(1994)、Leeper 等(1996)、 Kim 和 Roubini(2008)等。可见，相关研究的争议主要存在于货币政策对于汇率变动的冲击是即时的还是存在一定的滞后期。

在研究货币政策冲击对汇率变动的影响的实证分析方法上，VAR 模型有其广泛适用性，但是容易产生价格之谜的悖论。伴随着经济计量技术的发展，越来越多的学者采用更为复杂的模型研究货币政策对汇率变动的影响。Kollmann(2002)、Chari 等(2002)、Alvarez 和 Steinbüchel(2002)、Alvarez 等(2006)、Bergin(2006)等使用了 DSGE 模型，研究货币政策冲击对汇率波动性和持久性的影响，得出与黏性价格货币模型一致的结论。Canova 和 Nicoló(2002)、Faust 和 Rogers(2003)及 Uhlig(2005)最早采用符号约束方法，很好地识别了货币政策冲击，因为模型不需要对同期影响矩阵施加严格的零约束。同时，为了规避价格之谜，Scholl 和 Uhlig(2008)也采用符号约束方法研究发现各国汇率都发生了不同程度的超调，相对于短期约束识别策略增加了研究结果的可信性。

国内关于这方面的研究不多，王爱俭和林楠(2007)在理论推演的基础上，发现人民币名义汇率存在"先升值后贬值"的超调现象，与黏性价格货币模型的结论一致。赵文胜和张屹山(2012)通过采用短期约束和符号约束方法，研究了货币政策冲击对汇率变动的影响，认为中国紧缩货币政策相对于美国宽松货币政策对汇率变动的解释能力更强，中央银行有必要进行适度的外汇干预。张瀛和王弟海

(2013)通过在两国 DSGE 模型中引入汇率制度和贷款利率等因素，对特征事实以及人民币汇率和美国量化宽松政策等问题进行了分析。姚余栋等(2014)通过构建一个包含资本流动扰动的开放经济模型，考察了在通货膨胀率与实际汇率双重目标下运用利率与对冲干预工具的"双目标双工具"货币政策框架。

梳理已有文献发现，关于货币政策冲击对于汇率变动影响的研究方法主要集中在 VAR、SVAR、符号约束等方法，其理论和实证方法对我们的研究具有重要的借鉴意义，不过许多研究在方法或者假设上仍存在一定不足，这也是本节研究的突破口。

6.2.2 货币政策冲击理论模型

因为宏观经济运行具有很强的协同性，小规模的宏观冲击会导致大量的协同，而因子模型可以使数据更加真实可靠。在异质性扰动正交的假设下，因子模型可以使用主成分或最大似然估计方法来估计。在已有研究的基础上，本节主要研究结构动态因子模型[①]。该模型由 Forni 等(2004)、Stock 和 Watson(2005)等研究宏观经济运行时最早采用。构建的结构动态因子模型解决了变量指标维数过大的问题，同时采用符号约束等方法识别模型的因子个数，相比于一般的 FAVAR 模型有其优势，因为对因子没有 $r=q$ 的约束。实证研究中采用包含有卡尔曼滤波算法的 EM 算法进行参数估计检验。

1. 结构动态因子模型

本节所采用的结构因子模型将经济波动分解为结构冲击和特异冲击两个相互正交的变量，结构冲击会影响所有变量，即为共同冲击因子，而特异冲击只影响小部分变量。假设用 x_{it} 表示标准化的宏观经济变量($i=1,2,\cdots,N$，$t=1,2,\cdots,T$)，将 x_{it} 分解为两个相互正交的变量结构冲击成分 χ_{it} 和特异冲击成分 ξ_{it}，结构冲击成分是 r 个共同因子 F_{kt} ($k=1,2,\cdots,r$)的线性组合，而 F_{kt} 又是由 q 维共同冲击 u_{jt} ($j=1,2,\cdots,q$)引起的。因此模型可以表示为

$$x_t = \chi_t + \xi_t \tag{6.28}$$

$$\chi_t = \Lambda F_t \tag{6.29}$$

$$A(L)F_t = Gu_t \tag{6.30}$$

其中，Λ 为 $N\times r$ 维矩阵，$A(L)$ 为矩阵的滞后多项式，G 为 q 维的 $r\times q$ 矩阵，

---

① 参考 Luciani(2015)。

$u_t \sim N(0,Q)$ ，$\xi_t \sim N(0,R)$。结构冲击成分和特异冲击成分在任何阶滞后下都是不相关的。对 F_t 进行参数估计时，使用包含有卡尔曼滤波算法的 EM 算法来进行估计。首先估计第 j 次迭代中的 $\hat{F}^{(j)}$ 和参数 $\hat{\theta}^{(j)} = \{\hat{\Lambda}^{(j)}, \hat{A}(L)^{(j)}, \hat{G}^{(j)}, \hat{R}^{(j)}, \hat{Q}^{(j)}\}$，进一步具体的迭代步骤如下：①通过卡尔曼滤波算法（Kim and Nelson，1999）使用 $\hat{\theta}^{(j)}$ 估计 $\hat{F}^{(j+1)}$；②利用得到的 $\hat{F}^{(j+1)}$ 使用最大似然估计得到参数 $\hat{\theta}^{(j+1)}$；③不断迭代直至过程趋于平稳。基于所用的信息，我们有滤波过程和平滑过程[①]。

2. 模型因子识别

模型共同因子个数的决定有很多不同的方法，本书主要使用 Bai 和 Ng 准则及 Onatski 测试来估计 r 与 q 的个数。

1）Bai 和 Ng 的 IC、PC

在经典因子分析中，估计因子个数的方法大都假定了某一维的大小是固定的。但是蒙特卡罗模拟表明，这些方法在适当大的 N 和 T 下都倾向于表现不好，基本原因是由经典因子模型发展而来的理论在 N 和 T 同时趋于无穷的时候不适用。采用 Bai 和 Ng 提出的信息准则（information criterion，IC）和皮特曼准则（Pitman criterion，PC）来选择决定参数的个数，可适用于 N 和 T 都比较大的情况。

首先，选取一个任意数 k（$k < \min\{N,T\}$），λ_i^k 和 F_t^k 是 k 个因子在解决以下优化问题时的估计值，$V_k = \min\limits_{\Lambda,F^k}(NT)^{-1}\sum\limits_{i=1}^{N}\sum\limits_{t=1}^{T}(X_{it} - \lambda_i^k F_t^k)^2$，服从标准化的 $\Lambda^{k'}\Lambda^k / N = I_k$ 或者 $F^{k'}F^k / T = I_k$。$\overline{\Lambda}^k$ 由 $N \times N$ 矩阵 $X^{\mathrm{T}}X$ 的 k 个最大特征值相对应的特征向量的 $\sqrt{N}$ 倍构成，标准化的 $\overline{\Lambda}^{k'}\overline{\Lambda}^k / N = I_k$ 表示 $\overline{F}^k = X\overline{\Lambda}^k / N$，定义 $\hat{F}^k = \overline{F}^k(\overline{F}^{k'}\overline{F}^k / T)^{1/2}$。于是，模型对因子个数的选择就基于如下的原则：$k+1$ 个因子对模型的匹配不差于 k 个因子，但是当有更多因子的时候有效性会降低。然后，可以通过 IC 和 PC 来估计 r，$r \leqslant k_{\max}$。

2）Onatski 检验

Onatski 检验也是一种用来估计状态空间模型因子个数的方法，这个检验可以被用来决定因子模型的点估计或者置信区间。

首先，计算数据的离散傅里叶变换 $\hat{X}_j \equiv \sum\limits_{t=1}^{T}X_t \times \mathrm{e}^{-i\omega_j t} / \sqrt{T}$ 在近似频率 ω_0 的频

---

① 由于篇幅限制，具体的滤波过程和平滑过程没有详细列出。

率 $\omega_1 \equiv 2\pi s_1/T, \cdots, \omega_m \equiv 2\pi s_m/T$ 时，$s_1, \cdots, s_m$ 是整数且 $s_j \pm s_k \neq 0$（$j \neq k$），$s_j \neq 0$，$s_j \neq T/2$，而且 $\max_j |\omega_j - \omega_0| \leqslant 2\pi(m+1)/T$。

其次，计算一个 T 检验值，$R \equiv \max\limits_{k_0 < i \leqslant k_1} \dfrac{\gamma_i - \gamma_{i+1}}{\gamma_{i+1} - \gamma_{i+2}}$，其中，$\gamma_i$ 是在频率 ω_0 时数据频谱密度 $\dfrac{1}{2\pi m} \sum\limits_{j=1}^{m} \hat{X}_j \hat{X}'_j$ 估计值的第 i 个最大特征值。

最后，当 R 高于检验表中的临界数据就拒绝这个值。通过满足以上定理和 R 值的分析，最终确定因子个数 r。

3. 模型变量的选择与处理

结构动态因子模型具有大维数变量处理的优势，因此研究货币政策冲击对汇率变动的影响时，本书试图选用与货币政策和汇率变动相关的尽可能多的变量指标数据。基于中美数据的对称性及可得性，我们选取的经济变量主要包括以下几个大类：经济增长指标、价格指数指标、货币供应量指标、利率指标、银行信贷指标、财政收支、金融市场指标、国际储备指标、就业与工资指标、社会零售指标、对外贸易指标、汇率指标等共 30 个变量指标。指标数据区间为 2005 年 8 月～2013 年 12 月，相关指标进行季度处理以去除季度因素影响。具体变量指标如表 6.8 所示。

表 6.8　基本变量选择表

编号	变量名	频率	单位	处理	分类
1	GDP	季度	本币	1	1
2	工业增加值增速	月度	%	0	1
3	CPI	月度	指数	1	2
4	PPI	月度	指数	1	2
5	货币供应量 M1	月度	本币	1	3
6	货币供应量 M2	月度	本币	1	3
7	存款利率	月度	%	0	4
8	贷款利率	月度	%	0	4
9	银行间同业拆借利率(7d)	月度	%	0	4
10	国内信贷量	月度	本币	1	5
11	商业银行外币资产	月度	美元	1	5
12	商业银行外币负债	月度	美元	1	5

续表

编号	变量名	频率	单位	处理	分类
13	财政收入	月度	本币	1	6
14	财政支出	月度	本币	1	6
15	股票价格指数	月度	指数	1	7
16	外汇储备	月度	美元	1	8
17	黄金储备	月度	美元	1	8
18	城镇登记失业率	月度	%	1	9
19	平均工资水平	月度	本币	1	9
20	社会零售指数	月度	指数	1	10
21	进口贸易额	月度	本币	1	11
22	出口贸易额	月度	本币	1	11
23	进口贸易量指数	月度	指数	1	11
24	出口贸易量指数	月度	指数	1	11
25	进口价格指数	月度	指数	1	11
26	出口价格指数	月度	指数	1	11
27	名义有效汇率指数	月度	指数	1	12
28	人民币对美元	月度	CNY/USD	1	12
29	本币对日元	月度	CNY/JPY、USD/JPY	1	12
30	本币对欧元	月度	CNY/EUR、USD/EUR	1	12

注：由于除 GDP 外都是月度数据，为了最大限度地减少信息丢失，将采用插值法转换为月度数据；处理过程 0 表示不作处理，1 表示进行变化率处理

6.2.3　中美货币政策冲击对汇率变动影响的比较分析

实证研究中主要关注人民币对美元汇率变动受货币政策的影响机制，而汇率又是二者货币价格比率的体现，因此分别从中国和美国货币政策冲击出发，比较分析二者货币政策冲击对汇率变动的作用。

1. 中国货币政策冲击对汇率变动的影响

分析中国货币政策冲击对汇率变动的影响，首先需要通过模型估计来获得货币政策冲击。模型估计时需要基于前一部分模型估计方法进行参数估计，识别因子个数，最终获得货币政策冲击序列。在计算脉冲响应函数时，通过一个 $q \times q$ 的

矩阵来识别。然后基于选择的数据识别因子个数 r 与因子冲击个数 q 的数值。在 IC 和 PC 都表现相同性质的情况下，我们选择 IC_1 作为代表，Onatski 检验及其方差和协方差结果表示如表 6.9 所示。其中，λ_i^x 为第 i 个特征值表示的矩阵 x 的方差百分比；R 为 Onatski 统计检验中 $q-1$ 个共同冲击相比于 q 个冲击的 p 值；μ_i^x 为由第 i 个特征值表示的矩阵 x 的方差协方差矩阵中的方差百分比，IC_1 是 Bai 和 Ng 的准则。可以发现，R 值在 $q=5$ 的时候形成拐点，这表明 q 在等于 5 后再增大不仅不能优化模型，反而会减弱。同时观察 IC_1 值，在 $r=7$ 时最小，因此我们最终得到中国货币冲击的静态共同因子个数 r 为 7，共同冲击个数 q 为 5。

表 6.9　货币政策冲击因子个数 r 与因子冲击 q 检验值（中国）

q,r	λ_i^x	R	μ_i^x	IC_1
1	0.4847	0.8393	0.4026	−0.3758
2	0.1940	0.1332	0.2169	−0.6746
3	0.1141	0.0414	0.1091	−0.8604
4	0.0698	0.2793	0.0715	−1.0140
5	0.0456	0.8615	0.0416	−1.0954
6	0.0310	0.7428	0.0398	−1.2338
7	0.0193	0.1742	0.0249	−1.3189

　　基于选择的中国货币政策与汇率变动相关数据，通过结构动态因子模型估计得到中国货币政策冲击 u_t 的动态路径，如图 6.5 所示。图 6.5 中的实线表示由 EM 算法估计后 u_t 的时间序列图，其中，正值表示从紧的货币政策冲击，负值表示宽松的货币政策冲击，而灰色阴影表示由现实样本中满足符号约束的约束矩阵得到的 68% 的置信区间带。发现中国货币政策冲击具有一定的正负交替性，整体偏宽松货币政策冲击，并且估计得到的货币政策冲击具有一定的持续性。

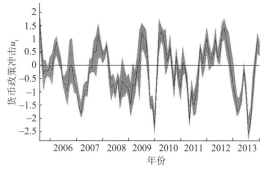

图 6.5　估计得到的货币政策冲击图（中国）

为了检验中国货币政策冲击对人民币对美元汇率变动的真实影响，研究中我们将估计得到的货币政策冲击设定为零，分析这种情况下汇率变动与真实货币政策下汇率变动的差别，进行对比分析。图 6.6 给出了汇改后货币政策冲击为零时名义有效汇率指数、人民币对美元汇率、人民币对日元汇率、人民币对欧元汇率变动的路径。

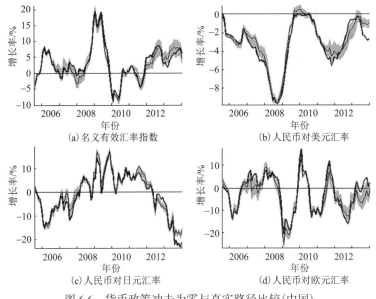

图 6.6　货币政策冲击为零与真实路径比较(中国)

图 6.6 中，细线表示估计的中国货币政策冲击为零后汇率变动的动态路径，粗线表示了真实货币政策冲击下汇率变动的真实路径。直观上来看，人民币汇率整体呈现不断升值的态势，并且货币政策冲击对不同汇率变量确实产生了一定的影响。人民币名义有效汇率，除在 2010 年初与 2011 年末小幅贬值外，总体升值趋势明显；如果没有中国货币政策冲击的作用，在 2008 年金融危机和 2012 年期间，人民币名义有效汇率升值程度将会减缓，甚至产生小幅贬值，而在 2013 年汇率升值加剧。对于人民币对美元汇率，同样存在长期升值现象，尤其在 2008 年末和 2012 年初附近升值现象严重；如果没有中国货币政策冲击的影响，在 2007 年、2010 年、2011 年末及 2013 年后期，人民币对美元的升值程度将会得到缓解，不过 2013 年初的升值程度将会加剧。对于人民币对日元汇率，2008 年金融危机后日元升值厉害，不过在 2012 年以后，日元再次展现强烈贬值的态势，与此时日本宽松的货币政策有关。对于人民币对欧元汇率，虽然整体升值，不过在某些时间段也呈现了贬值现象。值得注意的是，中国货币政策冲击对人民币对欧元汇率的影响与人民币对美元和人民币对日元的作用方向大致相反。可见，中国货币政策

冲击对人民币汇率变动的影响作用在不同的时间段甚至不同的外币标价汇率都有可能不同。

下面我们使用条件预测的方法来考察汇率变动是否只源自货币政策冲击的变化。具体操作时将货币政策利率外的所有变量都取消,使用条件预测的方法来进行运算。此时真实货币政策与估计货币政策的不同不再局限于来源货币政策冲击 u_t 的不同,而考察所有冲击的影响,即整个模型中系统冲击和非系统冲击全都包含在内,此时货币政策冲击不仅只是 u_t 中所有 q 个冲击的影响,还包含了 ξ_t 的冲击的影响。本部分实证结果分析是基于条件预测的方法来实现的。条件预测的过程主要包括以下步骤:①通过部分数据估计模型得到参数 $\hat{\theta}$, $\hat{F}_t$, $\hat{\chi}_t$ 和 $\hat{\xi}_t$;②使用另一部分数据基于 $\hat{\theta}$ 使用卡尔曼滤波估计新的因子 $\tilde{F}_t$,继而得到 $\hat{\chi}_t$;③得到条件预测的模型 $\tilde{x}_t = \tilde{\chi}_t + \hat{\xi}_t$,在条件预测模型基础上,考察脉冲响应函数来分析结论。

图 6.7 给出了只受到真实利率影响的各汇率指标条件预测值与真实值的路径比。其中,实线表示只决定于货币政策利率的条件预测值,灰色阴影部分则表示真实的汇率变动路径。发现人民币汇率条件预测值的变动幅度总体小于真实值,中国货币政策具有一定的稳定汇率波动作用,即利率指标外的其他实体经济变量除部分时间段外,具有放大汇率波动的作用。接下来具体分析人民币四种不同标价的汇率指标,人民币名义有效汇率的条件预测值在汇率变动幅度较大时小于真实值,货币政策稳定汇率作用有效,不过在 2011 年附近估计的条件预测值与真实值方向相反,也解释为货币政策干预外汇市场的政策效应无效。对于人民币对美元汇率,在 2008 年金融危机期间,估计的条件预测值明显小于真实值,说明此时利率指标外的实体经济加剧了人民币对美元升值,货币政策对汇率的影响效应因为实体经济的作用而弱化,不过在 2012 年人民币对美元真实值再次大幅升值期间,汇率的条件预测值却显著大于真实值,实体经济再次将货币政策冲击的作用弱化,收缩了人民币汇率升值的幅度。两个区间货币政策对汇率变动的影响作用不同,应该与此时估计的货币政策冲击作用方向有关,前者时期货币政策冲击为负向的偏宽松货币冲击,后期时期货币政策冲击为正向的偏紧货币冲击,宽松货币政策导致本币贬值,紧缩货币政策导致本币升值的理论得到证实。人民币对日元汇率变动的估计条件预测值与真实值动态路径比较一致,但是在部分区间升值、贬值特征相反。对于人民币对欧元汇率,估计的条件预测值变动幅度基本小于真实值,中国货币政策起到了稳定币值的作用。

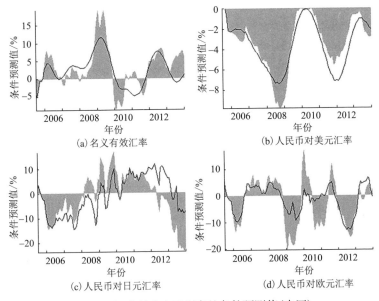

图 6.7　汇率只决定于利率的条件预测值(中国)

2. 美国货币政策冲击对汇率变动的影响

与上一部分过程相似,本部分我们选用美国相关的数据进行估计检验,来考察美国货币政策冲击对汇率变动的影响。通过符号约束与在 IC 和 PC 都表现相同性质的情况下的 Onatski 检验,我们识别因子个数 $r=7$ 与因子冲击个数 $q=4$。基于选择的美国货币政策与汇率变动相关数据,结构动态因子模型估计得到美国货币政策冲击 u_t 的动态路径,如图 6.8 所示。我们发现美国的货币政策冲击同样具有一定的正负交替性,并且更为频繁,货币冲击力度与持续性与中国相比较弱,不过仍然偏宽松的货币政策冲击居多。

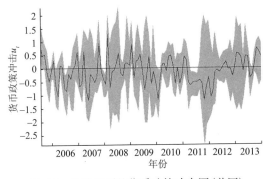

图 6.8　估计得到的货币政策冲击图(美国)

　　图 6.9 给出了美国货币政策冲击为零时汇率变动的路径，发现美国货币政策冲击对美元汇率变动基本不存在影响作用，与中国货币政策的冲击作用存在一定差别。进一步分析各种汇率表示形式，关于美元名义有效汇率，在 2008 年金融危机后大幅升值，以及 2012 年后期也存在小幅升值情形，其余时期总体贬值特征明显，美国货币政策冲击基本对实际有效汇率没有作用。对于人民币对美元汇率，美元总体贬值，在 2008 年金融危机及 2012 年附近贬值严重，美国货币政策冲击对该汇率亦基本没有影响，仅仅在 2012 年初存在稍许促进贬值的影响。日元对美元汇率，在 2008 年金融危机直至 2012 年期间美元相对日元贬值，后期由于日本宽松货币政策的影响，日元再次贬值，美国货币政策冲击在 2012 年期间可以减缓美元对日元汇率的贬值，与人民币对美元汇率作用方向相反。欧元对美元汇率贬值、升值态势交替进行，尤其在 2008 年金融危机期间美元贬值厉害，同时美国货币政策冲击对该汇率基本没有作用。总体来说，相较于中国货币政策冲击作用，美国货币政策冲击对美元汇率变动的影响微弱，甚至可以理解为基本没有作用，这也说明了美国货币政策确实达到了稳定币值的政策目标，平稳性较好。

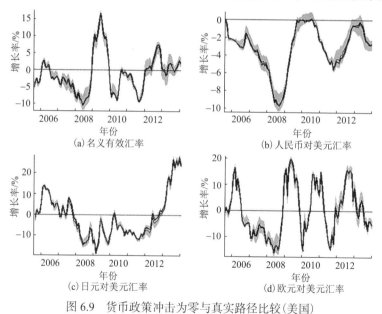

图 6.9　货币政策冲击为零与真实路径比较(美国)

　　进一步，图 6.10 给出了只受到真实利率影响的美国各汇率指标条件预测值。我们发现美元汇率条件预测值的变动幅度总体小于真实值，也就是说美国货币政策同样具有一定的稳定汇率波动作用，同时说明利率指标外的其他实体经济变量除部分时间段外，具有放大汇率波动的作用。具体分析美元四种不同标记的汇率指标，名义有效汇率的条件预测值在汇率变动幅度较大时小于真实值，货币政策稳定汇率作用基本有效，在2012年后期完全由货币政策决定的汇率应该贬值，可是真实的实体经济对汇率作用为小幅升值，可理解为货币政策干预外汇市场的政策效应此时无效。对于人民币对美元汇率，在2008年金融危机和2012年期间，估计的条件预测值绝对值明显小于真实值，说明此时利率指标外的实体经济加剧了人民币对美元升值。日元对美元和欧元对美元汇率变动的估计条件预测值与真实值动态路径比较一致，估计的条件预测值变动幅度基本小于真实值，美国货币政策同样起到了稳定币值的作用。可见，美国货币政策冲击对美元汇率变动存在一定影响，但相对于中国货币政策冲击较弱。

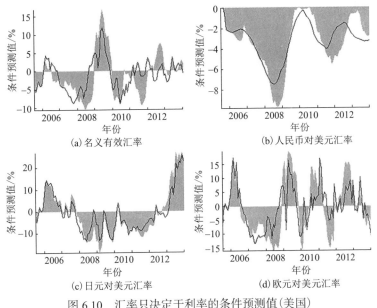

图 6.10   汇率只决定于利率的条件预测值(美国)

6.2.4 结论

本书从中国和美国货币政策冲击出发，通过构建结构动态因子模型，研究了货币政策冲击对汇率变动的影响作用，得出的结论主要包括以下几个方面。

(1)基于选择的模型与数据，实证研究了中国货币政策冲击对人民币汇率变动的影响。估计的中国货币政策冲击具有一定的正负交替性和持续性，并且总体呈现偏宽松的货币政策冲击；研究中将货币政策冲击设定为零与真实货币政策下汇率变动比较，发现中国货币政策冲击确实对人民币汇率变动产生了一定影响；进一步地将货币政策利率变量以外的冲击设定为零，发现只有利率影响的汇率变动幅度变小，也就是说中国货币政策起到了稳定人民币币值的作用，不过实体经济的传递效应可能在某些时点放大汇率波动。

(2)估计的美国货币政策冲击同样具有更为频繁的正负交替性,货币政策冲击同样偏宽松;将美国货币政策冲击设定为零时发现与真实值相比,基本没有变化,即美国货币政策冲击可能对美元汇率变动没有影响;将美国货币政策利率变量以外的冲击设定为零,发现实体经济对汇率变动的影响较显著,只有利率变化影响的汇率变动路径同样较稳定,美国货币政策稳定币值的政策目标得到有效的实现。原因是多方面的,一方面可能是美元汇率本身稳定性较好,货币政策对其干预的传导机制较弱;另一方面可能是美国货币政策实施过程中,特别注重稳定币值的政策目标,通过相关手段主动减少对美元汇率的干预。

(3)比较分析了中国和美国货币政策冲击对汇率变动的影响,重点关注人民币对美元汇率的变动。相对于美国货币政策冲击,中国货币政策冲击能够更大程度地影响汇率变动,并且不同时点偏紧或者宽松的货币政策冲击对汇率的影响不同。二者都将利率变量以外的冲击设定为零,估计的人民币对美元汇率条件预测值变动和真实的差别较大,尤其是 2012 年人民币再次大幅升值期间,中国货币政策加速人民币升值而美国货币政策放缓了人民币升值。总体而言,两国货币政策都基本实现了稳定币值的政策目标,不过美国货币政策在这方面似乎更为有效,这可能与美元的国际货币主导地位有关。

第7章 资产价格波动的系统性金融风险贡献研究

7.1 通货膨胀率动态与通货膨胀惯性度量[①]

7.1.1 引言

美国货币政策利率工具的高效性，受到广泛的认可，然而其近年来以通货膨胀为单一目标的货币政策体系也暴露出潜在的风险与执行效果上的欠缺，特别是在反思 2008 年美国金融危机前后的货币政策实施过程中，受到部分学者的质疑。在货币政策的执行过程中，如何有效地跟踪货币政策的执行效果，客观评价政策工具实施代价，对于正在推进利率市场化与发展货币政策工具的中国来说，更加重要。早在 20 世纪 90 年代，著名经济学家 Solow、Taylor 与 Friedman 在反思美国货币政策的过程中(Solow et al., 1999)，Solow 讨论"美联储应该如何谨慎行事"时，强调了由 Fuhrer(1995)提出的通货膨胀惯性(简称通货膨胀惯性，也称作通货膨胀持久性)的概念与模型的重要性，通货膨胀惯性为跟踪货币政策的执行效果与评价政策工具的实施代价提供了一种理论框架与计量模型。Fuhrer(2011)进一步定义和解释了通货膨胀惯性的经济含义。

通货膨胀惯性最初的定义来自对反通货膨胀过程的研究。Fuhrer(1995)将其定义为通货膨胀过程在受到货币政策冲击后，偏离均衡状态所持续的时间。由此，通货膨胀惯性通常被认为是导致货币政策滞后效应的原因，此处的货币政策是指以货币供给量作为中介目标的货币政策体系。通货膨胀惯性作为通货膨胀率动态的结构性特征，从通货膨胀过程受到单位冲击的角度考虑，主要以通货膨胀率 AR 过程的滞后项系数之和来衡量。考虑到近年来以利率为中介目标的货币政策体系

---

① 本节作者：陈守东、刘洋，本节对刊登于《南方经济》2015 年第 10 期的文章《通胀率动态与通胀惯性度量》的内容做了部分修改。

的发展，Fuhrer(2011)在菲利普斯曲线与利率规则的基础上，推导出通货膨胀惯性在以利率为中介目标的货币政策体系下，作为独立指标的经济含义。Fuhrer(2011)从通货膨胀率前后期关系的角度考虑通货膨胀惯性，依然是主要以通货膨胀率 AR 过程的滞后项系数之和来衡量。除了对货币政策效果的影响，以通货膨胀率 AR 过程的滞后项系数之和来度量的通货膨胀惯性，也能代表更广泛意义上的整体价格的平稳性，其变动会直接导致通货膨胀率 AR 过程的结构性变化。由于通货膨胀惯性无法直接观测且缺乏实时有效度量的计量方法，对该指标的认识并不充分，通常被简单地认为是一个接近 1 且长期稳定的数值。因此，其刻画通货膨胀过程稳定性，乃至于广泛意义上的中长期整体价格稳定性的含义，容易被忽视。

早期以货币供给量为目标的货币政策，其现实操作中的滞后性缺点十分明显。但是其具备良好的自动反周期特性，货币紧缩政策导致实际 GDP 下降后，利率也会下降，从而缓解了实际 GDP 的下降。相比之下，以利率为中介目标的货币政策在现实执行中的滞后期大为缩短，但是对其实施的代价，目前还缺乏深入的认识与有效的度量方法。在理论分析上，流动性偏好理论认为两种政策工具没有本质区别。货币政策既可以用货币供给量来描述，也可以用利率来描述。增加货币供给量的操作将导致利率的降低，调低利率的操作也会导致实际货币供给量的增加，反之亦然。从近期黏性信息经济学理论的角度分析，两种类型的货币政策工具具有显著的区别，黏性信息经济学认为公众对利率信息更加敏感。不同经济学理论对菲利普斯曲线模型进行了不同方式的扩展，以解释社会实践过程中的通货膨胀惯性和与其紧密相关的货币政策滞后性现象。例如，Gali 和 Gertler(1999)提出结合理性预期与适应性预期的混合式菲利普斯曲线模型，来解释通货膨胀惯性。Mankiw 和 Reis(2002)从信息更新过程的角度理解通货膨胀惯性，建立了黏性信息菲利普斯曲线模型。

理论上的分析判断需要通过计量模型对数据的实证分析来检验，更多的计量经济学者尝试采用计量模型对通货膨胀惯性进行度量和分析。Pivetta 和 Reis(2007)列举了三种度量通货膨胀惯性的方法，包括：①通货膨胀率动态 AR 过程的滞后项系数之和；②通货膨胀率动态 AR 过程的最大特征根的方式；③计算单位冲击对通货膨胀影响维持在 0.5 个单位根以上时间的半衰期法。其中，第一种方法得到最广泛的认可，被包括 Taylor(2000)、Levin 和 Piger(2004)、Mishkin(2007)在内的文献所广泛采用。但是不管采用哪种方法，通货膨胀惯性的度量都是以对通货膨胀率动态的分析为基础的。有充分多的文献证实通货膨胀率时间序列可能包含局部单位根过程，数据存在局部不平稳性，结构也存在不稳定性和结构断点。这不仅增加了研究通货膨胀率动态本身的困难，更使得依赖其 AR 结构度量的通货膨胀惯性指标成为一个不可直接观测的潜变量。

　　为了通过研究通货膨胀率过程以度量通货膨胀惯性，各种能够兼容不平稳性和分析结构断点的方法与非线性模型被广泛采用。Cogley 和 Sargent(2001)采用多元时变参数模型的贝叶斯方法判断美国的通货膨胀惯性在 20 世纪 70 年代早期出现过上涨，在保持了 10 年左右的高通货膨胀惯性后，转为下降。Levin 和 Piger(2004)分析了包含美国、日本等 12 个工业国家的通货膨胀惯性，认为多国的通货膨胀惯性自 20 世纪 80 年代后明显下降。Mishkin(2007)的结论支持 Levin 和 Piger(2004)的判断。Nobay 等(2010)采用平滑转移自回归(smooth transition autoregression，STAR)模型分析了 2004 年之前美国的通货膨胀率，指出该数据全局平稳且局部存在单位根，并认为美国通货膨胀惯性在 1983 年之后降低了。这些结论与包括 Stock(2001)、Pivetta 和 Reis(2007)在内的研究结果相悖。Stock(2001)通过传统方法用最大特征根的估计值来说明在 20 世纪末的 40 年里，美国的通货膨胀惯性一直居于高位，且几乎没有改变过。

　　在对我国通货膨胀惯性水平与通货膨胀动态的研究过程中，张屹山和张代强(2008)认为我国通货膨胀率是一个具有局部单位根的门限自回归(TAR)过程，在减速通货膨胀过程中是平稳的 AR 过程，在加速通货膨胀过程是具有单位根的 AR 过程，且在两种状态下都存在高通货膨胀惯性。张成思采用断点检验与 Grid Bootstrap 方法，对我国 1980~2007 年的通货膨胀过程进行分析，认为我国的通货膨胀惯性即使在低通货膨胀环境下，依然相当高。张凌翔和张晓峒(2011)采用非线性单位根检验方法检验了我国通货膨胀过程的整体平稳性。也有学者从 Friedman(1977)提出的通货膨胀不确定性的角度分析通货膨胀过程的波动性，例如，何启志和范从来(2011)采用了 MS 模型，认为通货膨胀水平与波动性有着正相关关系。

　　学者希望通过对通货膨胀惯性的有效度量解释货币政策滞后效应的变化，而 Keen(2007)基于 Mankiw 和 Reis(2002)的黏性信息经济学模型的研究发现，货币政策的滞后效应与货币工具的选择有关。当以货币供应为政策工具并存在真实刚性时，通货膨胀对政策冲击的响应具有滞后性。若以名义利率为政策工具，通货膨胀会在货币政策冲击之后立即达到峰值，不存在滞后效应。与过去相比，目前的货币政策多已转变为以利率为中介目标的政策工具来实施，这也促使 Fuhrer(2011)重新定义和解释通货膨胀惯性的经济含义。Fuhrer(2011)把简化菲利普斯曲线纳入通货膨胀惯性模型，在以利率为中介目标的货币政策体系下，推导出通货膨胀惯性作为独立指标的经济含义，并以此通货膨胀惯性的经济理论模型为基础，分析认为频繁地使用货币政策工具以实现通货膨胀率目标，将付出通货膨胀惯性的代价。

　　本小节从 Fuhrer(2011)的基于菲利普斯曲线与利率规则的通货膨胀惯性经济理论的模型出发，引入 Fox 等(2011)的 Sticky HDP-HMM 分层 Dirichlet 过程，将通货膨胀过程扩展为非线性的无限状态 Markov 区制转移的计量经济模型，以实现对通货膨胀惯性的有效度量，检验利率工具对通货膨胀惯性的影响与货币政策的代价。重点检验了金融危机前美国的货币政策工具对通货膨胀惯性的影响，分析美国货币政策的执行效果与付出的代价。进而分析我国的通货膨胀惯性与货币政策的执行效果，检验我国的通货膨胀惯性近期受货币政策的影响情况。最后将中美放在共计十个国家的通货膨胀惯性的对比中进行分析，全面总结通货膨胀惯性的共性规律，进一步确认本小节的实证结论。

7.1.2　基于菲利普斯曲线与利率规则的通货膨胀惯性模型

1. 宏观调控过程中的菲利普斯曲线与通货膨胀过程

无论是从近期经济理论发展的角度，还是从货币政策的实践过程中分析，将通货膨胀惯性仅作为通货膨胀过程的动态特征来研究，是远远不够的。只有从通货膨胀惯性的形成机理与经济活动内在关联的角度进行分析，才能全面地解释通货膨胀惯性。

可以从反通货膨胀的货币政策执行过程中分析通货膨胀惯性的含义。按照短期菲利普斯曲线的经济理论，在实施反通货膨胀的紧缩货币政策后，经济沿着短期菲利普斯曲线向下移动，即更高的失业率与更低的通货膨胀率位置。等完成短期向长期的转变后，通货膨胀预期下降，短期菲利普斯曲线向左移动，失业率重回自然失业率水平。从政策执行的效果上看，通货膨胀过程在受到货币政策冲击后，如果没有经过足够长的时间便达到了目标通货膨胀率，那显然是通货膨胀惯性受到了冲击，否则在高通货膨胀惯性的情况下，通货膨胀率只会缓慢达到政策目标。Fuhrer(1995)认为，在反通货膨胀过程中，较高通货膨胀惯性推升反通货膨胀成本，使得"牺牲率"提高，即需要为降低一个百分点的通货膨胀率付出更高的产出代价。例如，美国在 1979 年实施反通货膨胀的货币政策后，于 1983 年实现通货膨胀目标，而失业率在 1987 年才恢复到 1979 年的水平。在这次反通货膨胀过程之前，持理性预期理论的经济学者认为，如果能传递更多的信息给公众，让公众相信通货膨胀会下降，可以直接影响和降低通货膨胀预期。从这种观点出发，降低通货膨胀的代价应该比以"牺牲率"估算的小很多，甚至根本没有代价。其后的社会实践证明，美国在 1979 年开始实施的反通货膨胀过程中，付出的代价虽然很大，但确实比"牺牲率"所计算的要低。而且当时向公众传递信息的渠道，也被证明确实还没有发挥出完全的作用。可见，影响通货膨胀预期是达成最终政策目标的关键，而影响通货膨胀预期的传导机制有两种：一种是存在滞后期的传导机制，即透过实际的经济过程调节总需求，改变社会中物品与劳务的供应量，在经济环境对政策敏感性不变的情况下，经过一个滞后期，在完成从短期向长期的转变后，改变通货膨胀预期。另一种是不存在滞后期的传导机制，或者被称为"无代价"的方法，即没有经过实际的经济过程，也不需要等待短期向长期的转变，通过信息的传递或者其他手段，增强经济环境对政策敏感性，直接去影响通货膨胀预期。显然每种货币政策都同时包含这两种传导机制。而 Reis(2006)基于黏性信息理论认为，信息黏性对利率的敏感性要大得多，即利率工具所包含的第二种传导机制的成分更多。

相反，当采取扩张性货币政策时，经济沿着短期菲利普斯曲线向上移动，通货膨胀率升高，失业率降低，在完成短期向长期的转变之前，货币政策体现出其非中性的作用。直到通货膨胀预期上升，短期菲利普斯曲线向右移动，失业率回升到之前的水平，通货膨胀率还保持在上升后的水平，货币政策恢复中性特征。可见在采取扩张性货币政策时，如果经济环境对政策敏感性较强，通货膨胀预期改变得更快。在研究宏观经济的过程中，不能忽略货币政策本身的影响因素。

2. 通货膨胀惯性独立的经济含义与计量经济模型

考虑到货币政策本身在经济过程中不可忽视的影响力，Fuhrer(2011)认为目前的政策制定者有必要首先搞清楚目前本国的通货膨胀惯性是否是源于经济结构自身特点，具有独立于通货膨胀过程的经济含义，可以被认为是经济形势的稳定特征的经济指标，还是其货币政策行为作用于经济结构的结果。从通货膨胀惯性具有的独立经济含义出发，对其结构性根源进行分析，可概括为三个方面：①继承自可驱动通货膨胀过程的行为，如产出缺口与边际成本；②独立于其驱动过程的，通货膨胀过程自身的内在特征；③中央银行明确通货膨胀目标并付诸实施的行为。Benati(2008)指出，中央银行在达成本国通货膨胀目标的过程中，可以感受到惯性的下降。

理论上的分析需要建立计量经济模型来检验。Fuhrer(2011)把简化的菲利普斯曲线与货币政策纳入通货膨胀惯性模型，简单而全面地刻画了通货膨胀、产出、利率的关联，以及宏观经济环境中的敏感性与通货膨胀惯性的关系。Fuhrer(2011)为通货膨胀惯性定义的计量模型由式(7.1)～式(7.5)组成。其中，式(7.1)事实上是菲利普斯曲线的简化形式，表示当期通货膨胀率 π_t 对滞后一期通货膨胀率 π_{t-1} 的改变与产出缺口 x_t 成正比，系数是 a，代表通货膨胀变化对产出缺口的敏感性。式(7.2)表达了产出缺口 x_t 与代表货币政策的短期政策利率 f_t 的负相关关系，系数是 b，代表产出缺口对货币政策的敏感性。而式(7.3)表示短期政策利率 f_t 作为通货膨胀的正相关函数(隐含通货膨胀目标是 0)，系数是 c，代表货币政策对通货膨胀的积极响应程度。

$$\pi_t = \pi_{t-1} + ax_t \tag{7.1}$$

$$x_t = -bf_t \qquad\qquad (7.2)$$

$$f_t = c\pi_t \qquad\qquad (7.3)$$

　　而通货膨胀率与其滞后项关系被简化为式(7.4)所表述的 AR(1)过程，其 AR 系数之和 g 用于度量通货膨胀惯性。将式(7.2)～式(7.4)先后带入式(7.1)可得式(7.5)，式(7.5)左侧代表通货膨胀惯性的 g 由式(7.1)～式(7.3)中的 a、b、c 三个系数标出。

$$\pi_t = g\pi_{t-1} \qquad\qquad (7.4)$$

$$g = \frac{1}{1+abc} \qquad\qquad (7.5)$$

　　从 Fuhrer(2011)的通货膨胀惯性模型可以看出，其对通货膨胀惯性的理解，与 Fuhrer(1995)之前对通货膨胀惯性的定义相比已经有所推进，新定义从更多变化的角度考虑通货膨胀惯性，并可以得出两点重要的判断：首先，当利率对通货膨胀的响应更加频繁，导致 c 增大时，通货膨胀惯性 g 将随之降低；其次，当通货膨胀预期对货币政策的通货膨胀目标更加敏感时，式(7.4)所代表的通货膨胀率 AR 结构的稳定性将被打破，其 AR 系数之和可能产生倾向于通货膨胀目标的方向变化，使通货膨胀过程加速达到通货膨胀目标。本小节的实证分析将对 Fuhrer(2011)的通货膨胀惯性理论的新模型加以检验，分析频繁的利率政策工具对通货膨胀惯性的影响。

7.1.3　通货膨胀惯性的 IMS 模型

1. 基于分层 Dirichlet 过程的 IMS 模型

　　Fuhrer(2011)的通货膨胀惯性理论模型中描述的通货膨胀率过程，实际上是一个结构不稳定的动态过程，为了全面地反映其结构变化，有效度量通货膨胀惯性。本小节从式(7.4)所描述的通货膨胀动态过程出发，扩展为 IMS 模型。对其可能存在不平稳性与结构不稳定性的 AR 过程进行无限状态的区制拟合。有别于有限状态数量的区制模型，这种 IMS 模型可以通过其 MCMC 过程中由后验分布产生的不限状态数量的不同区制的 AR 结构对数据的充分拟合，得到 AR 系数之和的后验中值无偏估计。虽然具体形式不同，但各种基于区制假设的模型，在分析的过程中都存在检验区制数量的问题。除了通过某种方法检验再确定区制数的方法以外，在无限状态的先验假设下，进行区制分析的方法体系被越来越多的学者所采用。模型迭代过程若以 Dirichlet 分布(两区制时退化为 Beta 分布)作为区制演化过程的先验分布或前提假设，则可以突破区制数量需要先验给定的模型缺陷。Dirichlet 分布只能在给定维度的有限状态下迭代更新，而基于动态变化的 Dirichlet 分布形成的 Dirichlet 过程，是可以在迭代中，自主更新区制数量的无限状态随机过程(Ferguson，1973)。这种可以从数据中挖掘出更多信息的方法，在不断解决多个领域的复杂数据问题的过程中，业已成为一个完善的非参数方法体系，且应用广泛。Fox 等(2011)将分层 Dirichlet 过程与无限隐性 Markov 模型相结合，提出了 sticky HDP-HMM，并采用这种模型，实现了对混杂语音记录的有效识别。在计量经济学领域，Jensen 和 Maheu(2010)将其引入带有 Dirichlet 过程的随机波动率模型(stochastic volatility Dirichlet process model，SV-DPM)，捕捉更多未知信息，提升了分布预测效果。Jensen 和 Maheu(2013)亦将其引入多元 GARCH 模型(简称 MGARCH-DPM)，提高了投资组合的波动预测效果。Jochmann(2015)基于 Fox 等(2011)的 sticky HDP-HMM 实现针对美国通货膨胀率动态的区制结构断点的检验方法。Song(2014)基于 Fox 等(2011)的 sticky HDP-HMM，将区制转移与结构断点检验方法融合起来，分析美国实际汇率问题。本小节设计并实现的 IMS 模型，其实质以 Fox 等(2011)的 sticky HDP-HMM 分层 Dirichlet 过程为先验条件，将 Kim 和 Nelson(1999)的贝叶斯 MS 模型扩展到无限状态，结合 K-Means 算法构建出的 IMS 模型。为通货膨胀惯性构建的 IMS 模型，可实现对通货膨胀惯性的有效度量与区制分析，为检验通货膨胀惯性的变化与 Fuhrer(2011)的模型的有效性提供了工具。

通货膨胀惯性是以通货膨胀过程的 AR 系数之和度量的，其 IMS 模型以式(7.6)所示的通货膨胀过程为基础，其中 π_t 代表 t 时期的通货膨胀率，数据的总长度是 T。β_{0,S_t} 代表截距项，其下角标中的 0 代表它是截距项，其下角标中的 S_t 代表 t 时期 π_t 所处的区制状态的序号，在无限状态的假设条件下，该值在理论上可以为任意正整数。S_t 在后续各式中保持与此相同的含义。m 代表模型所考察的最大滞后阶数。每个滞后项 π_{t-i} 的系数 β_{i,S_t} 的下角标代表它是滞后 i 期的系数，且处于序号为 S_t 的区制状态。包括截距项 β_{0,S_t}，滞后项系数 β_{i,S_t} 与如式(7.11)所示的服从正态分布的随机误差项 ε_t 的方差 $\sigma^2_{S_t}$ 都被设计为区制转移项，用以充分适应通货膨胀过程的动态特征，使其滞后项系数与波动特征得以被充分度量。通货膨胀惯性由式(7.7)中的 g_t 表示，即 t 时刻的滞后项系数之和。由于区制转移过程的存在，g_t 是时变的，而且在无限状态假设下，g_t 可以重复已有的区制，也可以转换到未知的全新区制，这使得 IMS 模型既可以度量到通货膨胀过程的极端情况，也可以充分刻画其短期结构的变化。式(7.6)中的参数在每个区制状态下的值以双层分布过程抽取，类似于 Kim 和 Nelson(1999)所设计的贝叶斯方法，这些分布的设定也是根据共轭分布族来确定的。其中的截距项和滞后项系数，如式(7.8)所示，服从多元正态分布，该分布的均值向量 μ 与多元协方差矩阵 Σ 的值由式(7.9)与式(7.10)所示的第二层分布来抽取。第二层分布依旧是根据共轭分布族确定，如 μ 的先验分布是正态分布，其均值 b_0 与方差 B_0 的数值是作为超参数设定的。Σ 的先验分布是逆 Wishart 分布，m_0 是该分布的自由度参数，Z_0 是其尺度矩阵参数，这两个参数也是作为超参数设定的。$\sigma^2_{S_t}$ 如式(7.12)所示服从逆 Gamma 分布，c_0 是其形状参数，d_0 为尺度参数。在式(7.8)～式(7.12)所描述的双层共轭分布结构中的状态参数潜变量 S_t，它的后验边缘分布是由分层 Dirichlet 过程动态模拟形成的。

$$\pi_t = \beta_{0,S_t} + \sum_{i=1}^{m} \beta_{i,S_t} \pi_{t-i} + \varepsilon_t, \quad t = 1, \cdots, T \tag{7.6}$$

$$g_t = \sum_{i=1}^{m} \beta_{i,S_t}, \quad t = 1, \cdots, T \tag{7.7}$$

$$\beta_{\cdot,S_t} \sim N(\mu, \Sigma), \quad t = 1, \cdots, T \tag{7.8}$$

$$\mu \sim N(b_0, B_0) \tag{7.9}$$

$$\Sigma \sim \text{Inv-Wishart}(Z_0, m_0) \tag{7.10}$$

$$\varepsilon_t \sim N(0, \sigma^2_{S_t}), \quad t = 1, \cdots, T \tag{7.11}$$

$$\sigma^2_{S_t} \sim \text{Inv-Gamma}(c_0, d_0), \quad t = 1, \cdots, T \tag{7.12}$$

所谓分层结构的 Dirichlet 过程是式(7.13)与式(7.14)所表示的一个两层结构的随机抽取过程。其中第一层的 γ 是由式(7.13)所代表的断棍过程所产生的分布特征参数向量，也是第二层 Dirichlet 过程的超参数之一。DP 代表一个标准的 Dirichlet 过程，α、η、κ 是超参数，在式(7.14)所表达的 DP 过程中，第一个设定参数值 $\alpha+\kappa$ 对应可能新出现的状态，第二个参数是由 δ_j 值与 α、η、κ 组成的如式(7.14)所示的计算结果得到的向量，对应于已出现过的既有状态。其中，当 δ_j 的下角标 j 与 ω_j 的相同时，δ_j 的值为 1，否则为 0。κ 代表黏性系数，从式(7.14)中不难发现，κ 的值越大，DP 过程向自转移收敛的速度越快，不同的黏性系数 κ 适用于处理不同学科领域中自转移倾向的数据，Fox 等(2011)给出了这些超参数设定的法则。第二层的 DP 过程不仅捕获出可能存在状态数量，同时为序号为 j 的状态抽取代表该状态向包括其自身的所有状态转移的概率测度向量 ω_j，进而用于在式(7.13)所示的从 $t-1$ 时点的状态 S_{t-1} 抽取下一时点的状态即 S_t 的多项式分布的参数向量。Fox 等(2011)设计的 sticky HDP-HMM 分层 Dirichlet 过程即由式(7.13)～式(7.15)表示的可抽取代表不同时期所处区制状态的潜变量向量 $S = (S_1, \cdots, S_T)$ 的边缘后验分布。

$$\gamma \sim \text{stick-breaking}\,(\eta) \tag{7.13}$$

$$\omega_j \mid \alpha, \gamma, \kappa \sim \text{DP}\left(\alpha + \kappa, \frac{\alpha\gamma + \kappa\delta_j}{\alpha + \kappa}\right), \ j = 1, \cdots, \infty \tag{7.14}$$

$$S_t \sim \text{Multinomial}\,(\omega_{S_{t-1}}), \ t = 1, \cdots, T \tag{7.15}$$

与 Kim 和 Nelson(1999)基于贝叶斯方法的 MS 模型相比，本小节将无限状态的假设条件下，基于以上分层 Dirichlet 过程设计的此模型称为 IMS 模型，其状态的数量随着 Gibbs 过程的循环迭代过程，通过 Dirichlet 过程不断与数据本身的特征相匹配而更新。

2. 混合分层结构的 Gibbs 算法实现

通过本小节对所构建的 IMS 模型的描述，可以看出该模型的设定充分考虑到了通货膨胀过程可能存在单位根过程的不平稳性、过程中的结构不稳定性、随机扰动项波动方差的不确定性。该模型借助对通货膨胀过程的拟合，度量通货膨胀率的滞后项系数之和，即通货膨胀惯性的计量指标，并通过区制分析的方式识别通货膨胀惯性的区制状态，为研究与监控通货膨胀惯性扫清了技术障碍。

本小节通过将式(7.13)～式(7.15)所表示的分层结构 Dirichlet 过程与式(7.8)～式(7.12)所表示的分层结构的共轭分布族过程耦合于两种分层结构共同包含的区制状态潜变量向量 S，以 Chib(1996)的向前滤波与向后抽样算法对耦合过程进行模拟抽样，以此为核心实现 IMS 模型的混合分层结构的 Gibbs 算法，进而完成模型中所有无限状态区制转移变量的后验无偏估计。具体步骤描述于附录，并由 C++编程实现，以用于本小节的实证研究，其中矩阵运算部分采用了著名的 lapack 与 blas 开放标准运算库，以确保计算过程的准确性和提高程序运行的整体性能。

7.1.4　通货膨胀惯性与货币政策的实证分析

1. 美国通货膨胀率动态分析

美国的通货膨胀惯性一直是众多学者关注与争论的焦点，直到近期才得出相对接近的结论。在 Stock(2001)对持美国通货膨胀惯性有所下降观点的 Cogley 和

Sargent(2001)进行评论时，做出四点与之相反的判断，Stock(2001)认为：第一，美国在 20 世纪后 40 年时间里，通货膨胀惯性大致是不变的，并且始终较高；第二，通货膨胀与通货膨胀惯性不存在正相关的关系；第三，通货膨胀的 AR 过程的结构是稳定的，至少是很难做出拒绝其稳定性的假设；第四，从真实经济活动和通货膨胀的关系上来说，简化形式的菲利普斯曲线是稳定的。

进入 21 世纪之后，更多的社会实践经验与实证分析显示美国的通货膨胀惯性已经悄然改变。自美国 1979 年为治理其 20 世纪 70 年代的大通货膨胀过程付出较高成本后，还曾在 1989 年前后通过十多次连续提高联邦基金基准利率的方式，以两年的微弱经济衰退的代价平抑了通货膨胀率。在 2001 年为应对网络泡沫破灭与恐怖袭击后可能的衰退，下调利率十多次。2008 年应对金融危机后可能的衰退，把联邦基金基准利率调到了接近 0 利率的 0.25%。从社会实践上可以看出，美国在 20 世纪 80 年代之后的货币政策操作，其政策效应显现的滞后期明显变短了。Taylor(2000)、Levin 和 Piger(2004)、Mishkin(2007)也都认为美国的通货膨胀惯性在 20 世纪 80 年代之后明显降低了。Fuhrer(2011)在对比和总结了通货膨胀惯性相关文献的研究成果后，认为可以得出美国的通货膨胀惯性已经发生变动的结论，并以基于菲利普斯曲线与利率规则的通货膨胀惯性模型做出解释，从理论的角度分析是频繁的利率操作使美国经济付出了通货膨胀惯性的代价，本小节的实证研究首先检验 Fuhrer(2011)的理论观点。

本小节采用被广泛认为能充分代表美国通货膨胀过程的，如图 7.1(a)所示的1953 年至 2015 年第二季度的美国个人消费支出(personal consumption expenditure，PCE)平减指数的季度数据来分析美国通货膨胀惯性，数据来源于美联储网站，并根据贝叶斯信息准则选择滞后 3 阶进行分析。并检验美国通货膨胀惯性与图7.1(b)所示的美国联邦基金利率之间的一致性关联关系。

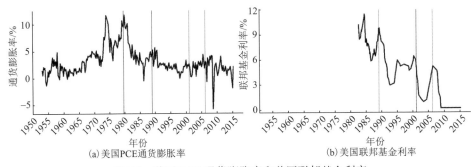

图 7.1　美国 PCE 通货膨胀率和美国联邦基金利率

图 7.2(a)显示了本小节采用 IMS 模型对美国 PCE 通货膨胀惯性的后验中值估计，图 7.2(a)的 AR 系数和与图 7.2(b)的最大特征根相比，形态相似，但是后者要更加平坦一些。两种方法虽然都反映了相同 AR 过程的结构变化，但是毕竟计量的方式不同。本小节主要以大多数文献采用的 AR 系数和的方式对通货膨胀惯性进行度量，并参考最大特征根的结果，检验通货膨胀率存在单位根过程的可能性。图 7.2(a)与图 7.2(b)中的实线代表后验中位数估计，上下虚线分别代表 10% 与 90%分位数估计。其中 1972 年至 1986 年的度量结果与 Stock(2001)的结果相近，即美国大通货膨胀时期，AR 系数和与最大特征根局部接近或超过 1 的概率较高。1953 年至 2012 年的度量结果与 Jochmann(2015)得出的估计值接近。从 AR 系数和与最大特征根都可以判断出 1986 年之后通货膨胀惯性的短期变化趋势明显。特别是将图 7.2(a)的通货膨胀惯性估计值与图 7.1(a)所示的美国 PCE 通货膨胀率数据的短期变化相比，发现自从 1989 年前后美国采用利率工具调控通货膨胀之后，在越接近 2008 年的时间里，通货膨胀惯性与通货膨胀率的短期变化趋势越显得一致。而在此之前，即便通货膨胀率的波动更加剧烈，通货膨胀惯性亦基本保持稳定。进一步通过图 7.2(c)的区制分析，发现在 1989 年的调控之后，伴随着调控效果的逐步显现，通货膨胀惯性明显下降了两个区制。图 7.2(c)中的实线代表最大概率的区制状态，虚线是以 AR 系数和估计的通货膨胀惯性指标，下方点线代表处于此区制状态的概率，多条水平的虚线代表不同区制状态的通货膨胀惯性指标水平，四条竖线突出标注出相关事件的关键时点。对照图 7.1(b)的美国联邦基金利率的操作过程可以发现，在 1989 年之后频繁的利率工具的作用下，通货膨胀率在 2006 年之前一直被控制在目标区域范围内，波动也明显降低了。在此过程中，通货膨胀惯性没有使货币政策执行效果像 1979 年那样产生很长的滞后期，而且明显地与通货膨胀率一起在响应利率工具的调控作用。此时的通货膨胀惯性在利率上升时下降，在利率下降时转为上升。直到 2008 年金融危机期间，通货膨胀惯性短期触底之后，由于美国联邦基金利率已无再降空间而保持在接近 0 利率的水平后，通货膨胀惯性开始逐渐恢复，至今仍明显低于金融危机前的水平。与通货膨胀过程越发及时地响应利率操作的现象不同，图 7.2(d)所示的美国失业率数据滞后于利率操作的时长，似乎一直保持在 3 年左右滞后期水平。可见，频繁的利率操作加快了通货膨胀率的调控效率，付出了通货膨胀惯性的代价，却对实际经济的影响有限。

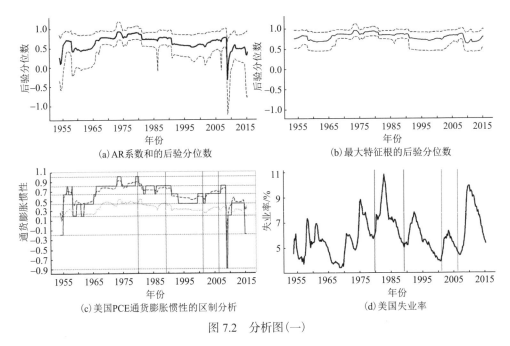

(a) AR系数和的后验分位数　　　　　　(b) 最大特征根的后验分位数

(c) 美国PCE通货膨胀惯性的区制分析　　　　　(d) 美国失业率

图 7.2　分析图(一)

进一步对图 7.3(a)显示的扰动项方差估计结果进行分析，可以看出，通货膨胀过程的不同阶段受到的冲击扰动因素不同，其扰动项方差存在明显的不确定性，并且其在大通货膨胀时期与金融危机时期波动较大。从图 7.3(b)可以看出，整个

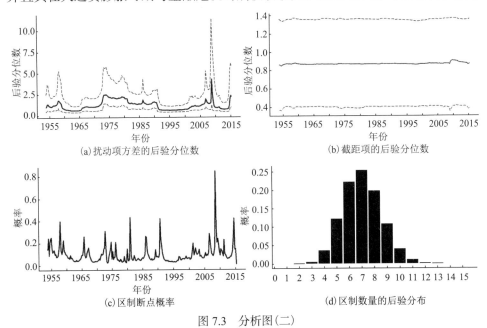

(a) 扰动项方差的后验分位数　　　　　　(b) 截距项的后验分位数

(c) 区制断点概率　　　　　　　(d) 区制数量的后验分布

图 7.3　分析图(二)

通货膨胀过程的截距项相对平稳，其动态过程主要受 AR 结构变化的驱动。从图
7.3(c)可以看出通货膨胀过程存在多个概率超过 30%的结构断点。从图 7.3(d)显
示的区制数量分布来看，通货膨胀过程最大可能性的区制数量是 7。

　　为确认利率调控对通货膨胀惯性的影响，特别是在 2008 年美国爆发金融危机
之前的这段时期利率调控与通货膨胀惯性变化之间的相关性，本小节借鉴 Dionísio
等(2006)采用互信息手段检验非线性时间序列相关性的方法，来检验美国利率数
据与美国通货膨胀惯性之间的一致性关联指数。所谓两个变量之间的互信息即
$I(X,Y)$ 由式(7.16)所示，为其联合熵 $H(X,Y)$ 与条件熵 $H(Y\mid X)$ 之差，也可表示
为两个变量的熵与其联合熵 $H(X,Y)$ 之差。进一步可由式(7.17)中的联合密度函数
$p_{x,y}(x,y)$ 与边缘密度函数的计算公式得出。将互信息即 $I(X,Y)$ 作形如式(7.18)
的变化，即得到两个变量的一致性关联指数，即式(7.18)中表示的 $\lambda(X,Y)$ 。该指
数介于 0 和 1，数值越高相关度越高，接近于 1 代表接近于完全的一致性关系。

$$I(X,Y) = H(X,Y) - H(Y\mid X) = H(X) + H(Y) - H(X,Y) \tag{7.16}$$

$$I(X,Y) = \iint p_{x,y}(x,y)\ln\frac{p_{x,y}(x,y)}{p_x(x)p_y(y)}\mathrm{d}x\mathrm{d}y \tag{7.17}$$

$$\lambda(X,Y) = 1 - \mathrm{e}^{-2I(X,Y)} \tag{7.18}$$

　　本小节所采用的互信息检验工具为 R 软件平台中的 entropy 软件包。通过互
信息检验发现，美国 2001~2007 年的利率与通货膨胀惯性的一致性相关指数达到
了 0.94 的极高水平，而在 2001 年之前，该指数维持在 0.76~0.89。本小节也采用
美国 CPI 通货膨胀率数据对美国的通货膨胀惯性进行了分析和检验，结果与基于
PCE 通货膨胀率的分析结论一致。这说明通货膨胀惯性在频繁的利率调控影响下，
在特定期间内几乎受控于货币政策工具的调整而改变，短期内已经部分脱离了经
济结构自身的特点，更倾向于反映货币政策行为作用的结果。

　　综上所述，美国的通货膨胀惯性在采取单一的利率工具，单一的通货膨胀目
标后，其通货膨胀惯性不断受到利率政策的影响而下降，验证了 Fuhrer(2011)的
分析，即当利率对通货膨胀的响应更加频繁时，将付出通货膨胀惯性的代价。在
美国央行不断加快达到其通货膨胀目标的同时，也加快了对通货膨胀预期的直接
影响，联系着实际通货膨胀率与通货膨胀预期目标的通货膨胀惯性指标，不仅不
能对货币政策产生足够的滞后效应，而且表现出顺应通货膨胀率达到通货膨胀目
标的变化趋势。由此可见，美国单一工具与单一通货膨胀目标制的货币政策，对
短期调控效率的提升，是以损失经济环境中广泛意义上的中长期整体价格稳定性
作为代价的，为经济埋下了隐患。

2. 从通货膨胀惯性看我国宏观调控政策的执行效果

前述的实证分析表明,在利率市场化体系成熟的美国,频繁的利率操作在提高通货膨胀调控效率的同时,付出了通货膨胀惯性的代价,却对实际经济的影响有限。对于坚持实行多目标制的我国,在逐步推进利率市场化的进程之中,是否也存在或者将会出现类似于美国的现象?这需要通过实证的检验来分析。本小节重点选取了被广泛认为能全面反映我国通货膨胀总体状况的 GDP 平减指数(GDP_D)与 CPI 的季度数据,对我国的通货膨胀惯性进行实证研究。数据来源于国家统计局网站。GDP_D 选取 1993 年第一季度至 2015 年第二季度时间段的季度数据,通过贝叶斯信息准则选取滞后 2 阶的模型进行分析。CPI 选取 1987 年第一季度至 2015 年第二季度时间段,通过贝叶斯信息准则选取滞后 6 阶的模型进行分析。由如图 7.4(a)所示,其中实线代表的是 GDP_D,虚线代表 CPI。

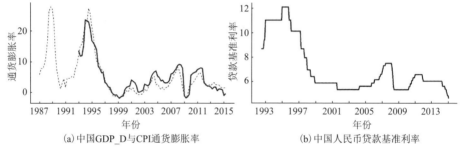

(a)中国GDP_D与CPI通货膨胀率   (b)中国人民币贷款基准利率

图 7.4   分析图(三)

结合图 7.4(b)所示的一年期人民币贷款基准利率与图 7.5(a)、图 7.5(b)的我国通货膨胀惯性估计值和区制分析的结果可以发现,在 1996 年实现"软着陆"之前,我国投资建设的扩张阶段,通货膨胀惯性出现过类似于美国在 20 世纪 70 年代的大通货膨胀时期的峰状特征。我国的 GDP_D 与 CPI 通货膨胀过程的最大概率区制数均为 5,在"软着陆"之前通货膨胀惯性甚至存在达到或超过 1 的区制状态,对应的是高通货膨胀的通货膨胀率单位根过程。"软着陆"之后我国的GDP_D 通货膨胀惯性一直比较稳定。GDP_D 通货膨胀惯性在 2003 年之后转换进入高位运行,暗示之后的潜在通货膨胀风险,但一直在过程中保持稳定。直至 2007年与 2008 年间出台连续密集的紧缩政策后,GDP_D 通货膨胀惯性在 2008 年中向下探底,其后又受到金融危机期间扩张性政策的影响,于 2009 年末回到了高惯性区制。货币政策在 2010 年再次紧缩,2011 年末适度放松后,GDP_D 通货膨胀惯性降到稍低的区制水平。从图 7.5(a)中可以看出,我国的 GDP_D 通货膨胀惯性在稳定了十多年之后,于近期开始对货币政策做出相对频繁的响应,由于相对谨慎地使用利率工具,我国的通货膨胀惯性在被货币政策短暂影响后,及时恢复到依然较高的稳定水平。

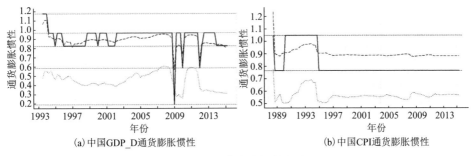

(a) 中国GDP_D通货膨胀惯性　　　　　(b) 中国CPI通货膨胀惯性

图 7.5　通货膨胀惯性(一)

　　如果从图 7.5(b)所示的 CPI 通货膨胀惯性来看,即便是近期相对密集的货币政策,也没有撼动我国 CPI 通货膨胀惯性的稳定水平。这说明,我国的货币政策主要对生产与投资过程中的通货膨胀惯性产生了影响。为了确认这一判断,本小节进一步对我国的商品零售物价指数(retail price index,RPI)、PPI 与 PPIRM 的通货膨胀惯性进行检验,通过贝叶斯信息准则选取 RPI 滞后 5 阶、PPI 滞后 1 阶、PPIRM 滞后 1 阶进行分析。

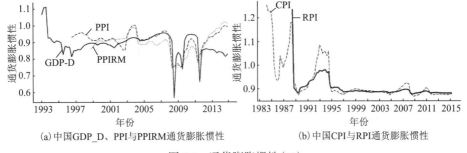

(a) 中国GDP_D、PPI与PPIRM通货膨胀惯性　　　(b) 中国CPI与RPI通货膨胀惯性

图 7.6　通货膨胀惯性(二)

　　图 7.6(b)中的虚线代表 RPI 通货膨胀惯性,虽然没有以 CPI 估计的结构一样平稳,但是与图 7.6(a)中虚线代表的 PPI 与点线代表的 PPIRM 的通货膨胀惯性度量结果相比,可以确认我国的货币政策主要对生产与投资过程中的通货膨胀惯性产生了影响。由此可见,虽然与美国相比,我国的通货膨胀惯性依然稳固,但是随着我国利率市场化体系的发展,传导效率的提高,Fuhrer(2011)提示的利率工具对通货膨胀惯性的冲击效应初步显现,警示我国在货币政策的实施过程中应慎用价格型政策工具。从图 7.4(b)可以看到,自 2014 年以来,我国央行已较为谨慎地使用利率工具。2015 年,随着经济下行压力持续加大,我国央行两次交错使用了降息和降低存款准备金率的货币政策工具,两次同时执行了降息、降低存款准

备金率的货币政策，用以降低社会融资成本和释放流动性。从图 7.6(a) 中可以看出，GDP_D 与生产和成本环节的 PPI 与 PPIRM 指数的通货膨胀惯性近期呈现分化趋势。PPI 与 PPIRM 指数的通货膨胀惯性增强，说明其近期的通货紧缩状态将趋于常态化。而被投资相关的价格水平占据更大权重的 GDP_D，其通货膨胀惯性的持续低迷，体现了投资增速放缓对经济的不利影响。随着降息、降低存款准备金率等货币政策工具的持续作用，GDP_D 的下降态势将有所缓和。

3. 十个国家通货膨胀惯性的度量与对比分析

为了进行对比分析，确认通货膨胀惯性的一些共性规律，本小节进一步选取了加拿大、英国、法国、德国、意大利、日本、韩国与泰国等国家的 CPI 通货膨胀率数据[①]，借助 IMS 模型进行对比分析，图 7.7 给出了包含中国和美国在内的十个国家的 CPI 通货膨胀惯性指标后验中值估计。

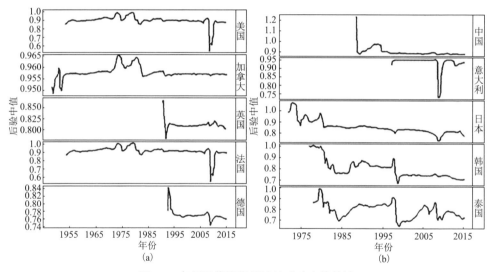

图 7.7　各国通货膨胀惯性的后验中值估计

通过对十个国家通货膨胀惯性的对比分析，可以看到不同国家的通货膨胀惯性都存在较为稳定的区制状态。在加速通货膨胀时期，各国通货膨胀惯性的形态

---

① 本书选取的季度同比数据包括：中国 CPI（1987 年第一季度～2015 年第二季度）、美国 CPI（1953 年第一季度～2015 年第二季度）、加拿大 CPI（1945 年第一季度～2015 年第二季度）、英国 CPI（1989 年第一季度～2015 年第二季度）、法国 CPI（1955 年第一季度～2015 年第二季度）、德国 CPI（1992 年第一季度～2015 年第二季度）、意大利 CPI（1997 年第一季度～2015 年第二季度）、日本 CPI（1971 年第一季度～2015 年第二季度）、韩国 CPI（1976 年第一季度～2015 年第二季度）与泰国 CPI（1977 年第一季度～2015 年第二季度）。数据来自中国国家统计局网站、美联储网站与 Wind 数据库。

基本一致，即出现大通货膨胀时期特征的峰状形态。例如，在第二次世界大战后加速投资建设时期的加拿大，20 世纪 70 年代的美国、日本、韩国、泰国，20 世纪 90 年代的我国。在这种加速通货膨胀时期，通货膨胀过程的 AR 系数和(或)最大特征根的估计值往往存在达到或超过 1 的情况，即存在单位根过程。在这种 AR 结构驱动的通货膨胀的过程中，通货膨胀惯性在稳定状态偏上的位置震荡，驱动加速通货膨胀过程。在相对稳定的时期，通货膨胀惯性也会出现相对平坦的峰状特征过程，如果不加以重视，放任其发展，存在逐渐演变为高通货膨胀过程的风险，进而被迫进行更大代价的反通货膨胀操作。

各国在经历与应对经济危机的过程中。例如，1992 年的欧洲货币危机期间的英国与德国；1997 年亚洲金融危机期间的韩国与泰国；2007～2009 年金融危机期间的美国；受危机冲击与本国政策的影响，通货膨胀惯性都出现了短暂的急促变化，通货膨胀过程在相对短期内出现结构断点的概率短促拉升，波动的幅度也随之短暂拉升。总之，无论是由内部结构驱动的持续通货膨胀过程，还是受到政策与环境冲击的短期结构变化，通货膨胀惯性从长期看都会在经济环境稳固后回到稳定状态。其中韩国的通货膨胀惯性在亚洲金融危机之后，稳定在了下降后的水平。而泰国在走出危机后，通货膨胀惯性依然相对缺乏稳定性。

为了对比各国通货膨胀惯性的曲线形态，图 7.7 的纵坐标被设置为根据数据的差异而不同，如果还原图 7.7 的纵坐标为统一尺度，将很容易地看出，在十国之中大部分国家的通货膨胀惯性的实际变化范围是非常有限的。例如，加拿大的通货膨胀惯性几乎可以被看作一条水平直线。可见虽然很多国家都实施了单一目标制与基准利率工具，但是由于各国的经济情况不同，货币政策工具的效率与执行方式也不同，其货币政策的影响与实施效果也不尽相同。

本小节对各国通货膨胀惯性在其状态的平稳期进行简单的均值统计，如表 7.1 所示。相比之下，我国属于通货膨胀惯性较高的国家，但这并不意味着我国的货币政策的滞后期一定很长，因为通货膨胀惯性在货币政策的过程中并非一定是固定不变的。同时这也从一个侧面表明，我国的宏观经济的运行具有一定的稳定性。

表 7.1　各国的通货膨胀惯性比较

国家	AR 系数和	最大特征根	通货膨胀率数据类型	滞后期	最大概率区制数
中国	0.92	0.92	GDP_D	2	5
中国	0.89	0.92	CPI	6	2
美国	0.67	0.81	PCE	3	7
美国	0.89	0.87	CPI	3	5

国家	AR 系数和	最大特征根	通货膨胀率数据类型	滞后期	最大概率区制数
加拿大	0.96	0.97	CPI	13	1
英国	0.79	0.99	CPI	8	1
法国	0.73	0.73	CPI	1	1
德国	0.76	0.74	CPI	3	2
意大利	0.91	0.91	CPI	1	3
日本	0.83	0.83	CPI	4	4
韩国	0.68	0.84	CPI	4	4
泰国	0.71	0.80	CPI	4	5

注：模型的滞后期长度通过参考相关文献与贝叶斯信息准则确定

7.1.5　结论

本小节的研究证实货币政策工具在加速实现政策效果的同时，也导致了通货膨胀惯性的不稳定，甚至打破了通货膨胀惯性所代表的经济形势的整体稳定性，暴露出单一目标货币政策框架的缺陷。正如包括 Mishkin(2011)在内的针对 2007 年至 2009 年金融危机的反思文献所达成的共识：单纯地或者过分地强调通货膨胀目标的达成，可能付出更大的成本。通货膨胀预期在通货膨胀决定与货币政策向宏观经济传导的过程中，起到非常关键的作用。货币政策与金融体系的影响力可能超过了原本的认识水平，仅通过中介目标实现的货币政策，不能达成所有的目标，必须强调稳定通货膨胀预期与宏观审慎监管的重要性。

本小节的实证分析表明：第一，通货膨胀过程存在结构不稳定性，包含结构变点，并在高通货膨胀区域内存在单位根过程；第二，通货膨胀的动态过程除了受不确定性波动因素的影响之外，主要受 AR 过程的结构性变化所驱动，即以其AR 系数之和度量的通货膨胀惯性并非稳定不变，其脱离稳定状态的变化可直接驱动通货膨胀过程；第三，虽然通货膨胀惯性存在相对稳定的区制状态，但是在高通货膨胀过程中，通货膨胀惯性会向上震荡，并形成峰状特征，这种特征在不同国家的实证分析中普遍存在，有助于分析通货膨胀风险；第四，美国近期通货膨胀惯性产生了区制变动，与其基准利率政策高度相关，证实了 Fuhrer(2011)的通货膨胀惯性模型的有效性，警示利率工具频繁使用的代价，利率工具在加速实现政策效果的同时，也导致了通货膨胀惯性的不稳定，甚至在金融危机期间短暂失效，打破了通货膨胀惯性所代表的广泛意义上中长期整体价格的稳定性，暴露出单一目标货币政策框架的缺陷；第五，我国的通货膨胀惯性也明显对近期的利率政策做出了值得关注的响应，显示我国已经初步形成了较为敏感和有效的市场化利率体系与传导机制，提升我国货币政策效率的同时，也凸显了组合政策工具与完善宏观审慎政策框架的重要性；第六，合理的政策滞后期效应使我国的通货膨胀惯性在被货币政策短暂影响后，可以有足够的时间有效恢复；第七，2014年至2015年，我国中央银行多次降低存款准备金率、降息等系列货币政策工具的采用，辅以综合利用其他多种提供流动性的工具，可在维持通货膨胀惯性基本稳定的状态下，实现抵御通货紧缩的作用。

我国目前处于经济转型升级的过程中，且受到国内外多重因素的影响，为保持经济的平稳增长，要求货币政策同时兼顾维护低通货膨胀、促增长、保就业、维护国际收支平衡与维护价格总水平基本稳定等多重目标。在这种环境下，科学的货币政策与合理的政策滞后期，综合利用多种提供流动性的工具，有利于保持通货膨胀惯性的长期稳定。这表明坚持实行多目标、多手段与宏观审慎政策相结合的调控模式，对我国经济中长期发展与维护经济环境稳定的重要性。

7.2　房价泡沫及其对经济增长的非对称影响[①]

7.2.1　引言

房地产业在我国经济发展的过程中具有重要的地位。1998年，我国政府将住宅建设作为新的经济增长点。近年来，我国各地不断上涨的房价，加剧了学者们对潜在资产价格泡沫的关注和担忧。房地产价格过快上涨，其与经济基本面的分离，不仅带来经济效率降低的负面影响，而且来自日本、美国等国家和地区的历史经验表明，房地产市场泡沫破灭后引发金融危机的代价很大。

Mishkin(2011)在反思2007~2009年的美国金融危机后，强调了应对潜在的资产价格泡沫和"压制"信贷泡沫的重要性。在这次美国金融危机之前，Greenspan(2002)主张的货币政策不应主动压制资产价格泡沫的观点曾经占据主导地位。资产价格泡沫很难在现实中被测定，是Greenspan(2002)坚持应该在资产价格泡沫破灭后进行清理的首要理由。另外，资产价格泡沫的计量问题一直是计量经济学家们研究的重要课题，泡沫的理论基础与计量方法得到不断发展和改进。

Gürkaynak(2008)对资产价格泡沫的计量方法进行了文献综述，总结了泡沫计

---

① 本节由刘洋、陈守东完成。

量方法的进展，认为现有的方法依然无法给出泡沫检验的明确结果，时变与区制转移框架下的泡沫检验方法有待发展。Hall 等 (1999) 总结了 Flood 和 Garber(1980)、Flood 等 (1984) 对标准泡沫计量方法的认识，即检验理性泡沫的持续性。Hall 等 (1999) 将 Dickey 和 Fuller(1981) 与 SaðÈd 和 Dickey(1984) 提出的 ADF 检验与 Hamilton(1989，1990) 的区制转移方法相结合，提出 MS-ADF 检验，用于计量美国股票市场的泡沫。Shi 和 Song(2014) 将 MS-ADF 检验与 Fox 等 (2011) 的无限隐性 Markov 模型相结合，扩展了 Hall 等 (1999) 的先验假设，并以 Fox 等 (2011) 结合 Ishwaran 和 James(2001) 的方式设计实现了多种先验假设下无限隐性 Markov 模型扩展形式，并在计量美国纳斯达克股市的泡沫问题上进行对比分析。栾惠德 (2007) 对带有结构变化的单位根检验方法做了文献综述，总结了该领域的一些重要成果。

本小节在泡沫的计量方法上，以陈守东和刘洋 (2015) 的 IM 模型的先验假设扩展 MS-ADF 检验方法为 IMS-ADF 检验，在算法实现上将刘洋和陈守东 (2016a) 针对时变因果关系模型的混合分层结构的 Gibbs 算法，扩展到 IMS-ADF 检验方法的算法实现。与 Shi 和 Song(2014) 实现的多种无限隐性 Markov 模型扩展形式相比，本小节实现的 IMS-ADF 检验方法与实现算法更有效率。在以 IMS-ADF 检验方法完成对我国 70 个大中城市新建住宅价格的面板数据泡沫计量的基础上，本小节进一步以刘洋和陈守东 (2016b) 的时变因果关系模型计量房价与工业增加值所代表的经济增长的时变关系，发现房价泡沫对经济增长存在着非对称影响关系。

7.2.2 计量房价泡沫的 IMS-ADF 检验方法

1. 房价泡沫的计量含义与数据说明

股市泡沫和房价泡沫都存在着多种不同的计量含义与检验方法。股市泡沫一般通过股价或者收益率减去股利的方式计量，然后运用单位根检验考察其分布特征，检验泡沫的存在性。房价泡沫一般通过房价收入比、房价房租比、房地产价格增长率与实际 GDP 增长率之差等方式计量。如式 (7.19) 所示，本小节采用房价同比增长率 P_t 作为实际收益率，减去二手住宅租金回报率 D_t 代表的基本收益率，得到 y_t 所代表的超额收益率，或者称为理性泡沫 (Diba and Grossman，1988a)。以 IMS-ADF 检验超额收益率的可持续性，间接检验房价泡沫，以式 (7.20) 中的 β_{S_t} 系数计量房价泡沫潜在破灭的风险。

$$y_t = P_t - D_t \qquad t = 1, \cdots, T \tag{7.19}$$

2. 房价泡沫的 IMS-ADF 检验方法

以 Fox 等(2011)的 sticky HDP-HMM 分层 Dirichlet 过程作为 Markov 区制状态变量的先验假设，本小节将 Hall 等(1999)的 MS-ADF 检验扩展到无限状态 Markov 区制转移的先验假设下，即由式(7.20)～式(7.25)组成的 IMS-ADF 检验方法。并通过 MCMC 的模拟方法得到如式(7.26)所示的 ADF 检验方程中各个系数的区制时变后验估计值。如式(7.27)所示，通过判断 β_{S_t} 大于 0 的概率来计量潜在破灭的房价泡沫，当此系数大于 0 的概率超过 50%时，说明当前状态无法长期持续，该城市的房价存在泡沫潜在破灭的风险。

$$\Delta y_t = \phi_{0,S_t} + \beta_{S_t} y_{t-1} + \sum_{i=1}^{m} \phi_{i,S_t} \Delta y_{t-i} + \varepsilon_t \ , \ \varepsilon_t \sim N(0,\sigma_{S_t}^2), \ t=1,\cdots,T \qquad (7.20)$$

$$S_t \mid \phi_{0,j},\beta_j,\phi_{1,j},\cdots,\phi_{m,j}, \ \sigma_j^2 \sim \text{sticky HDP - HMM}, \ j=1,\cdots,\infty, \ t=1,\cdots,T \quad (7.21)$$

$$\phi_{0,S_t},\beta_{S_t},\phi_{1,S_t},\cdots,\phi_{m,S_t} \sim N\left(\mu,\Sigma\right), \ t=1,\cdots,T \qquad (7.22)$$

$$\mu \sim N\left(b_0,B_0\right), \ t=1,\cdots,T \qquad (7.23)$$

$$\Sigma \sim \text{Inv-Wishart}\left(Z_0,m_0\right) \qquad (7.24)$$

$$\sigma_{S_t}^2 \sim \text{Inv-Gamma}(c_0,d_0), \ t=1,\cdots,T \qquad (7.25)$$

$$\Delta y_t = \phi_{0,S_t}^{\text{RTV}} + \beta_{S_t}^{\text{RTV}} y_{t-1} + \sum_{i=1}^{m} \phi_{i,S_t}^{\text{RTV}} \Delta y_{t-i} + \varepsilon_t, \ \varepsilon_t \sim N(0,\sigma_{S_t}^{2\,\text{RTV}}), \ t=1,\cdots,T \ (7.26)$$

$$P(\beta_{S_t}>0)\mid \Delta y_t,y_t,\phi_{0,S_t},\dots,\phi_{i,S_t}, \ t=1,\cdots,T \qquad (7.27)$$

Teh 等(2006)在 Dirichlet 过程的基础上提出的分层 Dirichlet 过程的形式，即 Dirichlet 过程的生成过程基于另一个 Dirichlet 过程实现，使得潜在状态变量的随机模拟过程具有更加灵活的适应性。Fox 等(2011)将分层 Dirichlet 过程与无限隐性 Markov 模型相结合，提出了 sticky HDP-HMM，并采用这种模型，实现了对混杂语音记录的有效识别。

sticky HDP-HMM 分层结构的 Dirichlet 过程是由式(7.28)与式(7.29)所表示的一个两层结构的随机抽取过程。其中第一层的 γ 是由式(7.28)所代表的断棍过程产生的参数向量，作为 DP 代表的第二层 Dirichlet 过程的参数，其中，α、η、κ 为超参数；δ_j 为示性变量，当其下角标 j 与 ω_j 的相同时，δ_j 的值为 1，否则为 0。分层 Dirichlet 过程为式(7.30)所表示的状态潜变量的多项式分布过程提供了在理论上不限状态数量的无限维度。

$$\gamma \sim \text{stick-breaking}\,(\eta) \tag{7.28}$$

$$\omega_j\mid \alpha,\gamma,\kappa \sim \text{DP}\left(\alpha+\kappa,\frac{\alpha\gamma+\kappa\delta_j}{\alpha+\kappa}\right),\ j=1,\cdots,\infty \tag{7.29}$$

$$S_t \sim \text{Multinomial}\,(\omega_{s_{t-1}})\,,\quad t=1,\cdots,T \tag{7.30}$$

为了更好地适应非平稳数据,将 Kim 和 Nelson(1999)的共轭分布族结构进一步扩展为分层的共轭分布结构,其中式(7.22)所表示的 ADF 方程的截距项、滞后项与差分项系数的正态分布的均值和方差超参数也被作为随机变量考虑,假设服从如式(7.23)~式(7.24)的第二层共轭分布。式(7.20)中随机扰动项的方差被假设服从如式(7.25)所示的逆 Gamma 分布,其逆 Gamma 分布的超参数被假设为先验参数,与 Shi 和 Song(2014)相比,我们简化了随机扰动项的第二层共轭分布的先验假设,提高了方法的效率,这使其成为更适合本小节的实证研究。

7.2.3　房价泡沫的实证研究

本小节选取国家统计局网站公布的我国 70 个大中城市新建住宅价格的同比增长率数据,作为房价同比增长率数据。二手住宅租金回报率数据来源于中原地产。在本小节选取的 2005 年 7 月~2016 年 5 月时间段,我国主要大中城市的房价经历过三轮快速增长阶段,分别是 2008 年前夕、2010 年前后与 2015 年至今。众多城市之间,经济增长水平和经济发展结构不同,房价动态也不相同。通过 Dickey 和 Fuller(1981)与 SaõÈd 和 Dickey(1984)的 ADF 单位根检验方法,对大中城市的理性泡沫收益率进行平稳性检验。如表 7.2 所示,重点选出 16 个具有代表性城市的检验结果,进行对比分析。计量结果显示,虽然以深圳为代表的北上广深一线城市,2015 年至今出现了房价快速上涨的情况,但是从 ADF 单位根检验结果上看,这些城市房价的理性泡沫收益率依然平稳,拒绝单位根过程的概率都超过了 99%的水平。而包括合肥、南京、厦门在内的近期房价上涨较快的二线城市,无法通过 5%显著性水平下的平稳性检验。曾经在 2010 年前后,经历过房价快速上涨的海口,在 ADF 检验下得到拒绝单位根假设的,肯定其平稳性的检验结果。也曾经历过房价相对较快上涨的杭州、贵阳、宁波、大连等城市,其 ADF 平稳性检验结果不同。相比之下,2005 年以来房价上涨相对温和的武汉、长春、哈尔滨、昆明等城市中,多数可通过 ADF 检验证明其平稳性。

表 7.2　部分大中城市新建住宅价格同比增长率数据的 ADF 检验结果

城市	时间段	滞后阶	ADF 值	标准差	t 统计量	P 值	平稳性（5%）
北京	2005 年 7 月～2016 年 5 月	4	−0.070 613	0.013 791	−5.120 342	0.000 0	是
上海	2005 年 7 月～2016 年 5 月	3	−0.049 468	0.010 118	−4.888 973	0.000 0	是
广州	2005 年 7 月～2016 年 5 月	2	−0.062 411	0.013 054	−4.780 972	0.000 1	是
深圳	2005 年 7 月～2016 年 5 月	1	−0.043 908	0.012 122	−3.622 022	0.006 6	是
合肥	2005 年 7 月～2016 年 5 月	1	−0.046 693	0.021 594	−2.162 289	0.221 2	否
南京	2005 年 7 月～2016 年 5 月	2	−0.054 616	0.021 546	−2.534 851	0.109 7	否
厦门	2005 年 7 月～2016 年 5	3	−0.060 844	0.021 573	−2.820 421	0.058 2	否
海口	2005 年 7 月～2016 年 5 月	1	−0.051 114	0.016 356	−3.125 105	0.027 2	是
杭州	2005 年 7 月～2016 年 5 月	2	−0.066 321	0.020 003	−3.315 529	0.016 2	是
贵阳	2005 年 7 月～2016 年 5 月	1	−0.049 343	0.025 325	−1.948 356	0.309 4	否
宁波	2005 年 7 月～2016 年 5 月	4	−0.055 242	0.016 717	−3.304 611	0.016 7	是
大连	2005 年 7 月～2016 年 5 月	2	−0.050 405	0.021 202	−2.377 338	0.150 2	否
武汉	2005 年 7 月～2016 年 5 月	4	−0.079 293	0.017 877	−4.435 558	0.000 4	是
长春	2005 年 7 月～2016 年 5 月	5	−0.075 518	0.019 915	−3.792 053	0.003 9	是
哈尔滨	2005 年 7 月～2016 年 5 月	4	−0.085 898	0.022 435	−3.828 766	0.003 4	是
昆明	2005 年 7 月～2016 年 5 月	1	−0.057 843	0.023 151	−2.498 555	0.118 2	否

注：滞后阶基于施瓦茨信息准则确定

　　我国大中城市房价多半经历过至少两次短期快速增长的阶段，同时在 2008 年以后，多次推出了房地产调控政策，房价增长率数据存在结构性变化的可能性很大。张建华和涂涛涛(2007)的研究认为，忽视时间序列数据结构变化的 ADF 检验，随着结构变化程度的增大，不考虑结构变化而进行常规单位根检验得出"伪检验"的可能性也会增大。因此，本小节以支持结构性变化的贝叶斯非参数的 IMS-ADF 检验方法，对可预期破灭的房价泡沫进行检验，其中重点的 16 个城市的检验结果如图 7.8 所示。

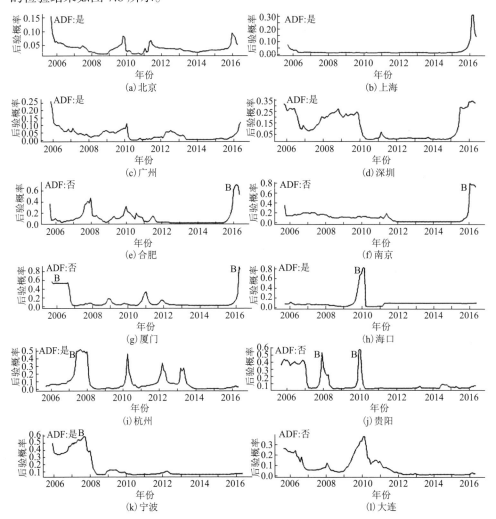

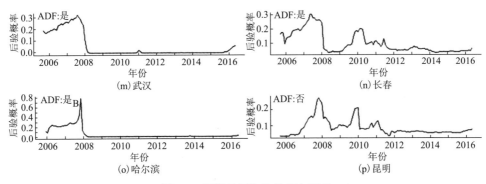

图 7.8　预期破灭泡沫的存在概率

IMS-ADF 方法的检验结果多数与 ADF 一致，并在海口、杭州、宁波、大连与哈尔滨的检验结果上相悖。对于 2015 年至今出现了房价快速上涨的北上广深等一线城市，IMS-ADF 检验结果与 ADF 一致，理性泡沫收益率依然平稳。而合肥、南京、厦门等这轮房价快速上涨的二线城市，出现了预期破灭泡沫的概率大于 50% 的情况，说明这些城市的房价已出现预期破灭的泡沫现象，值得高度重视。应采取有针对性的政策，避免房价泡沫快速积聚，走向破灭而被动清理。

7.2.4　房价动态对经济增长率的影响

本小节进一步利用刘洋和陈守东 (2016a) 的时变因果关系检验方法，对房价与工业增加值的因果关系进行时变度量，计量结果如图 7.9 所示。其中实线代表大中城市的新建住宅价格的同比增长率数据，虚线部分是以刘洋和陈守东 (2016a) 的方法估计的房价动态对工业增加值累计同比增长率的影响系数。

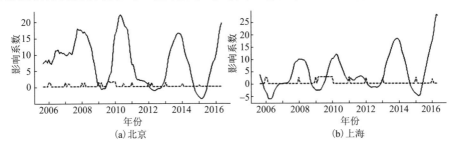

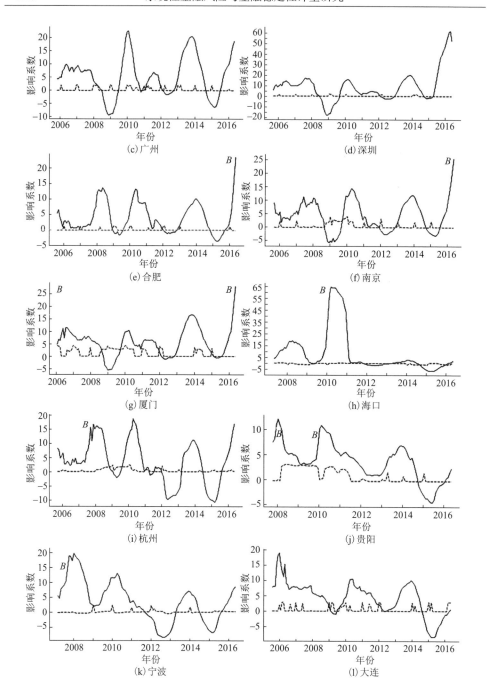

(c)广州

(d)深圳

(e)合肥

(f)南京

(g)厦门

(h)海口

(i)杭州

(j)贵阳

(k)宁波

(l)大连

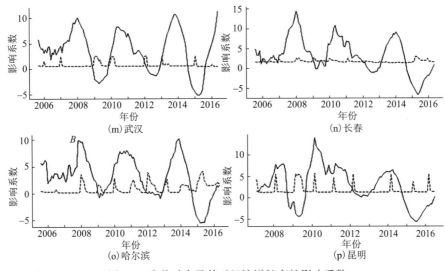

图 7.9　房价动态及其对经济增长率的影响系数

B 表示泡沫即将破裂的点

　　对于经济实力较强的一线城市，房价对经济增长率的影响较小，特别是
2013 年以后，北京、上海、广州、深圳的经济增长率几乎都完全与房价无关。
相比之下，以武汉、长春、哈尔滨与昆明为代表的，房价动态相对温和的城市，
房价对工业增加值的影响系数始终大于 0，持续保持着关系。对于曾经经历过
房价泡沫破灭风险的杭州、贵阳、宁波等城市来说，房价对工业增加值的影响
作用几乎都在房价增长率下降的时期，这种非对称的影响关系存在于房价泡沫
的破灭阶段。

7.2.5　结论

　　资产价格泡沫引发对信贷泡沫的担忧，放任其发展而事后清理泡沫破灭后果
的做法将付出巨大的成本。应该结合有针对性的信贷调控政策，对房价泡沫加以
关注，对信贷泡沫提前进行管理。传统 ADF 检验方法在处理带有结构变化的时间
序列数据时存在不足。本小节提出贝叶斯非参数的 IMS-ADF 检验方法，可以解
决其不足并给出时变估计的概率度量方法，用于房价泡沫的间接检验方法，对我
国主要大中城市的房价泡沫进行实证分析。结果表明，一线城市的泡沫不存在破
灭风险，经济增长也已摆脱房价的影响。部分二线城市的泡沫存在破灭风险，逆
周期性的宏观审慎管理有针对性地抑制房价泡沫的产生，增加银行抵御风险的能
力，避免在泡沫破灭的过程中，房价动态对经济增长的非对称影响。部分房价增长
率相对稳定的二线和三线城市，房价对经济增长依然具有持续的影响关系，房地产
有稳定经济增长的作用，因而对房价泡沫的管控，还需要采取差异化的调控政策。

7.3　中国股市泡沫的实证研究[①]

7.3.1　引言

　　长期以来，投机泡沫被认为是经济和金融不稳定的重要因素，从 17 世纪的荷兰郁金香泡沫，到 19 世纪末的日本泡沫再到 21 世纪初的美国互联网泡沫，投机泡沫的生成、膨胀、破裂几乎贯穿于世界范围内所有的资本市场，因此投机泡沫的研究一直是金融研究的热点问题。虽然"适度"的投机泡沫的产生对于经济发展、培育新生力量、开启新周期有较为积极的作用，但投机泡沫的进一步积累及其非理性演化则会造成资产的损失以及对资本市场的强烈干扰，进而加剧金融系统的脆弱性。当投机泡沫积累到一定程度而破裂时则会导致产生大量的不良债，严重的通货紧缩等问题，以至于大量的金融机构倒闭进而引发金融危机，甚至会使经济长期处于低迷状态。我国的宏观经济长久以来保持着稳定的增长，虽然近几年增速减慢，但整体经济运行态势相对稳定，而与此形成鲜明对比的是大幅波动的股票市场，股票市场的不稳定走势与宏观经济运行态势发生了偏离。当股票价格长期偏离其基本价值时，股票市场就会产生泡沫，而泡沫的过度膨胀以及破裂会危害经济的整体发展，因此准确地度量、检验我国股市泡沫的规模以及研究其生成演化机制变得尤为重要。Kindleberger(1987)将泡沫阐述为"泡沫状态为一种或者一系列资产在一个连续过程中的突然上涨，最初的价格上涨会使人们产生价格会继续上涨的预期，从而吸引大量的新的买主。一般来说，投资者关心的是买卖价差所带来的收益而忽视了资产本身的盈利能力，这种价格上升随着预期的逆转而结束，接着就是价格的暴跌，最后以金融危机而告终"。这种定义是基于市场的有效性，当以赚取买卖价差的投机参与者居多时泡沫破裂的可能性会加大。根据泡沫的定义通常将泡沫分为理性泡沫与非理性泡沫。Blanchard 和 Watson(1982)基于投资者的理性预期提出了理性泡沫模型，该模型的结论表明，投资者的理性预期会使得资产价格偏离它的基本价值，从而产生理性泡沫。而行为金融学的学者认为，要求市场参与者全部为理性投资者与现实不吻合，几乎所有的参与者都是有限理性的，因此行为金融学的研究者在"金融噪声"理论的基础上对非理性泡沫的生成演化机制展开了研究。

---

　　① 本节由陈守东、林思涵、刘洋及祖明宇完成。

7.3.2　研究现状

　　纵观国内外的研究，关于投机泡沫的检验方法主要分为两类，分别是直接检验法和间接检验法。直接检验法预先设定一个具体的泡沫过程，通过分析和检验泡沫生成过程的参数的显著性来识别泡沫的存在。Froot 和 Obstfeld(1991)提出的现值模型，将股利的折现值求和作为股票的基础价值，再用股票的实际价格与基础价值之差来度量股票的泡沫成分，进而直接来研究泡沫成分的演化机制。Felthama 和 Ohlson(1995)开创性地提出了一种基于账面价值和未来收益的内在投资价值模型，即 F-O 模型，用此模型来度量股票的基础价值，这实质上是现值模型的改进。投机泡沫被定义为一段时间内资产价格对其基础价值的偏离量。然而，市场的基础价值通常是很难被准确和一致地计算出来。标准的现值模型就是通过计算市场的基础价值来估算股市泡沫的，现值法在估计市场的基础价值时要用到大量的财务数据，标准的现值模型经常由于过度地简化而不能准确地估计出股票市场的基础价值，导致不同的泡沫检验方法往往得到截然相反的结果而饱受诟病。在相应的国内研究中，刘熀松(2005)试图改进 F-O 模型来测算中国股市的基础价值，但是在泡沫测量上方法过于简单而不能充分识别我国股市的投机泡沫。陈国进等(2009)通过使用剩余收益模型来度量股票的基础价值来研究再售期权和通货膨胀幻觉对于我国股市泡沫的影响。

　　泡沫的间接检验法在研究股市泡沫时不依赖于泡沫的定义而是基于泡沫的特征来识别泡沫的方法，间接检验法不预先设定投机泡沫的具体演化过程，而是通过分析股票价格(收益率)与股利的某些分布特征入手来检验投机泡沫的存在。如 Shiller(1988)的方差边界法和 West(1987)的两步法，但都拒绝了泡沫存在的原假设。Diba 和 Grossman(1988a)通过对股票价格差分序列的单位根检验以及对股价与股利的协整关系的检验，证明了理性股市泡沫的不存在。Evans(1991)对上述方法的有效性提出了质疑，并通过仿真模拟对上述结论进行了检验，他认为单位根检验和协整检验只关注股市泡沫的线性特征，因此只能检验出样本区间内持续存在并且不会破裂的确定型理性泡沫，不能检验随机的、周期性膨胀和收缩的理性泡沫，这种泡沫的存在使得股价表现为高度的非线性和非对称性调整，但与爆炸性过程相比又是相对稳定的，表现为局部爆炸性特征。因此传统的单位根检验和协整检验无法识别这类周期性破灭型泡沫(periodically collapsing bubbles)。Evans 的批判并没有使泡沫的单位根检验陷入绝境，为了充分识别股市泡沫的非线性特征进而识别周期性破灭型泡沫，研究者对传统的 ADF 单位根检验模型进行了改进。如 Hall 等(1999)将 Dickey 和 Fuller(1981)与 Saõèd 和 Dickey(1984)提出的 ADF 模型与 Hamilton(1989,1990)提出的区制转移方法相结合，进而形成 MS-ADF

模型，用该方法将泡沫变化划分为膨胀和收缩两个区制，对 Evans(1991)的模型进行了检验，并识别出了该数据生成过程所产生的周期性破灭型泡沫。van Norden 和 Vigfusson(1998)对 Evans(1991)的泡沫检验方法进行了研究，他发现即使数据样本很大，两种方法所得到的结果也不尽相同，其原因可能为上述模型的使用没有充分识别泡沫的非线性特征。为了进一步识别泡沫的非线性特征，后续研究者还提出了很多改进的方法。如 Phillips 等(2007,2013)所提出的上确界 ADF 方法(简称 SADF)，该方法通过向前改变样本的数量进行递归回归来估计检验爆炸性单位根。然后使用递归的 ADF 统计量的上确界来判断泡沫是否存在。这种方法的附属产品是它可以估计到泡沫产生和破灭的时间，即"泡沫时间"。国内的研究中，赵鹏和曾剑云(2008)对我国的周期性泡沫进行检验，识别了我国周期性泡沫的存在。简志宏和向修海(2012)采用修正的倒向上确界 ADF 方法检验我国股市泡沫，识别出了间隔较短的两个泡沫区间。

以往的研究表明，泡沫的区制转换特征是很突出的，MS 模型能很好地度量泡沫的动态非线性行为，进而识别投机泡沫。例如，Brooks 和 Katsaris(2005)的两区制 ADF 检验和三区制 ADF 检验。但是这种区制的设定是主观的，很可能是不准确的。并且所检验的非线性特征很可能与有限区制的设定相关。因此，本小节采用无限隐性区制的 MS-ADF 检验来检验泡沫，将 MS-ADF 检验方法扩展为 IMS-ADF 检验。本小节将参考 Shi 和 Song(2014)、刘洋和陈守东(2016b)的工作论文，将区制的数量设定为一个未知参数，和模型中其他参数同时进行估计。这种策略为模型提供了足够的灵活性来捕捉泡沫的复杂非线性动态性，并能够更好地识别泡沫在不同区制间的转换特征。在算法实现上使用刘洋和陈守东(2016a)针对时变因果关系模型的混合分层结构的 Gibbs 算法，将其扩展到 IMS-ADF 检验方法的算法实现。

本小节结构安排如下：第三部分介绍投机泡沫检验的基础理论与 ADF 检验的原理，并且在此基础上构建检验投机泡沫的 IMS-ADF 模型；第四部分运用 IMS-ADF 模型对我国沪深市的泡沫存在性问题进行实证分析；第五部分是本小节研究结论和政策建议。

7.3.3　投机泡沫检验的理论基础

投资者购买股票是为了获取收益，根据现值理论，在无套利条件下，资产价格的形成过程可用式(7.31)来反映：

$$P_t = \frac{1}{1+R} E\left(P_{t+1} + D_{t+1}\right) \tag{7.31}$$

其中，P_t为t时期股票的实际价格；P_{t+1}为$t+1$时期股票的实际价格；$R(R>0)$为贴现率；D_{t+1}为t期到$t+1$时期的占有资产所有权所获得的利息收入。通过迭代方法可以得到式(7.31)的一个特解：

$$P_t^* = \sum_{x=1}^{\infty} \frac{E_t(D_{t+x})}{(1+R)^x} \tag{7.32}$$

式(7.32)并不是式(7.31)的通解。Blanchard和Watson(1982)证明了式(7.31)的通解为以下形式：

$$P_t = P_t^* + B_t \tag{7.33}$$

其中，P_t^*为股票的基础价值，由未来的利息收入现金流决定；B_t反映了股票价格对基础价值的偏离程度，我们称之为泡沫成分，并且该成分有如下性质。当泡沫设定为理性泡沫时，泡沫有如下性质：

$$B_{t+1} = (1+R)B_t + z_{t+1} \tag{7.34}$$

$$E_t(B_{t+1}) = B_t(1+R) \tag{7.35}$$

理性泡沫是在理性预期的基础上产生的，泡沫的变化过程由式(7.34)给出，其中R是利率。

而当泡沫是非理性泡沫时泡沫的性质如下：

$$B_{t+1} = cB_t + e_{t+1} \tag{7.36}$$

本性质由消费狂热模型给出，其中e_t是均值为零的独立同分布随机过程，c为泡沫收敛或衰减的速度参数。理性泡沫与非理性泡沫的基本形式相似，不同点在于泡沫的收敛速度的区别，理性泡沫的收敛速度是确定性的，而非理性泡沫的收敛速度是随机性的。

Diba和Grossman(1988a)通过将式(7.31)对数线性化的结果分析，基础价值P_t^*的平稳性与d_t的平稳性相关联，其中$d_t = \log(D_t)$。根据现值模型当泡沫不存在时$\log(P_t)$和$\log(D_t)$是协整的。Shi和Song(2014)的研究中所使用的变量为$\log(P_t/D_t)$，根据上述结论$\log(P_t/D_t)$的平稳性依赖于$\log(P_t)$和$\log(D_t)$的协整关系，当协整向量为$[1,-1]$时，即$\log(P_t)$和$\log(D_t)$是协整的，此时$\log(P_t/D_t)$为$I(1)$序列，即单位根序列。当$\log(P_t)$为爆炸性序列，$\log(D_t)$为$I(1)$序列时，$\log(P_t/D_t)$

为爆炸型序列。因此在使用间接检验法时可以通过检验 $\log(P_t/D_t)$ 序列的局部爆炸性来识别股市泡沫的存在。

采用 IMS-ADF 模型进行泡沫的存在性检验[①]。模型估计方面，通过 MCMC 方法得到式 (7.20) 中各个参数的时变的后验估计值。并通过分析 β_{S_t} 的后验估计值的后验分布特征来判断式 (7.20) 所示的 AR 过程的局部爆炸性状况，进而检验泡沫的存在性。根据式 (7.27) 当 $P(\hat{\beta}_t > 0|I)$ 大于 0.5 时，我们认为该时点存在投机泡沫，否则不存在投机泡沫。当 $P(\hat{\beta}_t > 0|I)$ 较大时，证明该时点存在局部爆炸性的概率较大，则存在泡沫的概率也较大。

7.3.4　股市泡沫的实证检验

现值模型中反映基础价值的变量是占有权益所得到的利息收入，研究者一般使用上市公司每期分给权益者的股利数据作为该变量，但考虑到我国很多上市公司并不分红，导致股利数据不完整这一事实，我们选用每股收益作为代理变量来反映上市公司的基本价值情况。参照 Shi 和 Song(2014) 的检验方法所使用的 $\log(P/D)$ 数据，我们选用上证综合指数 2007 年 1 月～2016 年 5 月的对数市盈率即 $\log(P/E)$ 月度数据来检验我国股市泡沫状况，由于市盈率数据的数据比较完整，每股收益 E 的核算包含股利数据 D，并且能紧密地联系股票价格和股票市场的基础价值，因此此处选择对数市盈率有其合理性。此外，为进一步研究板块之间的关系，以及各自板块的特征，我们使用深圳证券交易所的 2007 年 1 月～2016 年 5 月中小板市场的对数市盈率数据与 2010 年 12 月～2016 年 5 月创业板对数市盈率数据进行投机泡沫检验，数据均来源于 Wind 数据库。

1. 单位根检验方法

参照 Diba 和 Grossman(1988a) 的检验结果，当反映基础价值的每股收益序列是平稳的或者是单位根时，如果实际价格序列是爆炸性序列，那么此时就说明该资产存在恶性的泡沫，因为该资产的基础价值波动没有实际价格波动剧烈，并且实际价格表现为爆炸性增长。为进一步比较两个序列的平稳性，我们用 EViews 对三个板块的对数市盈率序列进行 ADF 检验，检验结果如表 7.3 所示，根据单位根检验的 P 值可以判断，在样本区间 2007 年 1 月～2016 年 5 月内，上证主板市场的对数市盈率是单位根序列而非爆炸性序列，由此也可以知道，在反映基础价值的每股收益序列存在单位根的前提下，实际价格序列的检验结果也是存在单位

---

① 模型具体设定形式参见 7.2.2 小节。

根的，因此单位根检验的结果为在该时间区间内不存在投机泡沫。同理对深证中小板、深证创业板的对数市盈率进行的单位根检验结果显示，在 2007 年 1 月～2016 年 5 月内中小板的对数市盈率序列与 2010 年 12 月～2016 年 5 月的创业板对数市盈率为单位根序列而非爆炸性序列，因此没有爆炸性特征，即不存在恶性膨胀的泡沫。

表 7.3　主板、中小板及创业板的市盈率单位根检验结果

时间序列	原序列值	差分序列 P 值
样本区间	2007 年 1 月～2016 年 5 月	
上证主板对数市盈率	0.5229	0.0000
深证中小板对数市盈率	0.5281	0.0000
样本区间	2010 年 12 月～2016 年 5 月	
深证创业板对数市盈率	0.9223	0.0000

2. IMS-ADF 检验方法

单位根检验的检验结果显然与我国股市的实际状况不符，作为新兴市场国家，我国的资本市场与国外发达的资本市场相比起步较晚，市场发展的诸多方面相对滞后，我国股市存在严重的不稳定性和不成熟性，加之市场参与者的异质性高，信息不对称等诸多因素，使我国股票价格暴涨、暴跌的现象时有发生，如上证综合指数从 2005 年 6 月的最低点 998 上涨到 2007 年 10 月 16 日的 6124 高点，短短两年之间股市攀升了近 5200 点，总市值一度超过 2006 年的 GDP，之后股票指数经历了一个迅猛的暴跌时期。从这种暴涨、暴跌现象可以看出，我国股市存在泡沫风险。传统的 ADF 方法之所以无法检验出我国股市的泡沫现象很可能是无法识别局部的爆炸性特征，当时间序列数据的局部存在爆炸性时，如果对时间序列进行整体的单位根检验时，检验结果很可能出现平稳或单位根结果而检验不出局部爆炸性现象，因为传统的 ADF 检验忽视了时间序列数据的结构变化，随着时间序列数据结构变化的增大，传统的 ADF 出现伪检验的可能性加大，相关理论可以参考张建华和涂涛涛(2007)的理论结果。

因此，本小节使用刘洋和陈守东关于检验我国房价泡沫的工作论文中所使用的 IMS-ADF 模型，对我国股市泡沫的存在性进行实证分析。使用 IMS-ADF 检验方法分别对上证主板市场、深证中小板市场、深证创业板市场进行泡沫存在性检验，IMS-ADF 检验将泡沫存在定义为被检验序列的后验概率大于 0.5，即

$P(\hat{\beta}_t > 0 | I) > 0.5$。当 $\hat{\beta}_t > 0$ 的后验概率值大于 0.5 时，说明该时点的价格的后验分布存在爆炸性的概率大于 0.5，因此可以推断在该时点存在爆炸性特征。

对于上证综合指数的 IMS-ADF 检验结果如图 7.10 所示，其中虚线表示上证综合指数的实际值，实线为 $P(\hat{\beta}_t > 0 | I)$ 在每个区制的取值。在每股收益为单位根序列的条件下，$P(\hat{\beta}_t > 0 | I) > 0.5$ 的时间区间分别是 2007 年 1~7 月、2007 年 10 月~2008 年 1 月、2009 年 3~10 月、2010 年 1~2 月与 2015 年 1~5 月，由单位根检验的结果可知，在该时间区间内存在恶性扩张的理性泡沫，在其余时间内处于泡沫破裂状态。在该时间区间内，我们共检验到五个股市泡沫且检验出的泡沫持续时间为 2~10 个月不等，泡沫的生成、膨胀、破裂、收缩的变化过程比较频繁。该检验结果显示，最近一期的泡沫破裂时间为 2015 年 5 月，我们的主板市场目前处于泡沫破裂状态，新一轮泡沫膨胀以至破裂的可能性较小。

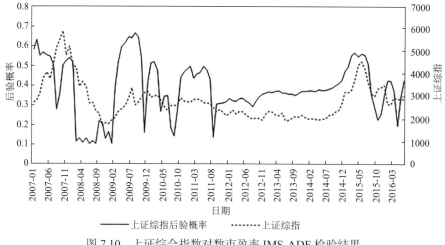

图 7.10　上证综合指数对数市盈率 IMS-ADF 检验结果

为进一步研究各板块市场的特征与关系，我们对中小板以及创业板进行了进一步分析。中小板综合指数的检验如图 7.11 所示，后验概率值大于 0.5 的时间区间是 2010 年 7 月~2015 年 5 月，因此在该区间存在股市泡沫。中小板的股市泡沫相对于主板市场泡沫数量较小但规模较大、持续时间较长，该泡沫持续时间为 59 个月且后验概率的最大值为 0.58，该泡沫的破裂时间为 2015 年 5 月与主板市场一致。

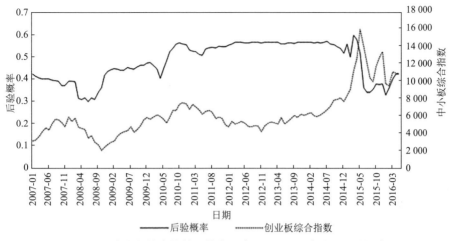

图 7.11　中小板综合指数对数市盈率 IMS-ADF 检验的后验概率

创业板的检验结果如图 7.12 所示，创业板在 2015 年后出现三次短暂的每股收益的后验概率的模拟值小于 0.5 的区间，在该区间内每股收益没有局部爆炸性特征，但每股收益的后验概率值与主板和中小板的后验概率值相比相对较大，这表明主板以及中小板的每股收益变化幅度与创业板每股收益的变化幅度相比较小。在每股收益的检验没有爆炸性的前提下，创业板综合指数在 2010 年 11 月～2016 年 5 月区间内所检验的泡沫存在区间 2010 年 11 月、2011 年 2 月～2015 年 5 月[①]、2015 年 9～11 月、2016 年 3～5 月。共检验出四个泡沫，持续时间最长的

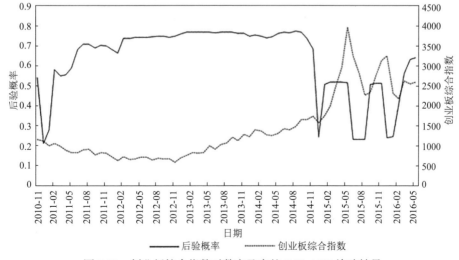

图 7.12　创业板综合指数对数市盈率的 IMS-ADF 检验结果

---

① 除去 2014 年 12 月，由于只是一个时点，可忽略不计。

泡沫为 2011 年 2 月～2015 年 5 月的泡沫，该泡沫的破裂时间与主板及中小板的泡沫破裂时间一致且均持续 50 个月以上，目前创业板市场处于泡沫膨胀时期。创业板综合指数与主板、中小板市场相比，其后验概率值较大，最大值达到 0.8 左右。这表明创业板的泡沫规模与之前两个板块的泡沫相比更大。

7.3.5　结论

　　根据上证主板、深证中小板、深证创业板的检验结果，我们知道主板市场检验出的泡沫数量最多，因此主板市场对于价格的变化反应得更为灵敏，消化泡沫的能力更为突出，没有形成诸如中小板和创业板 2010 年 7 月～2015 年 5 月和 2011 年 2 月～2015 年 5 月的超级泡沫；而相比于其他两个板块，检验出的中小板泡沫的持续时间最长，长达 59 个月，这说明中小板市场消化泡沫的能力较差；相比于其他两个板块，创业板的泡沫规模最大，其后验概率最大值为 0.8，由此可知创业板市场的泡沫积聚问题最为严重，由于创业板市场的体量较小，泡沫膨胀的速度快，在 2015 年 6 月股市震荡导致泡沫破裂后，创业板泡沫又迅速膨胀，目前我国创业板仍处于小规模的泡沫膨胀之中。相比于主板市场，中小板和创业板的泡沫问题更为严重，从被检验出的两个超级泡沫可以看出这两个板块的泡沫风险更为严重。

　　自 2005 年的股权分制改革后，我国股市利好信息增多，加之 2005 年之后宽松的货币政策与优越的信贷环境，导致股票价格进入了新的增长时期，而在此期间股票的大幅上涨导致了 2007 年几乎一整年的泡沫积聚，直至 2008 年 1 月破裂，美国次贷危机的爆发将该泡沫刺破。该泡沫的破裂使我国股市一度跌落谷底，政府为避免类似于次贷危机的国际冲击再次对我国股市进行强烈干扰，对股市进行了深度调整，同时推出四万亿元投资计划，一系列政策调整使得股市于 2008 年底显著回升，以四万亿元投资计划为代表的经济政策在提高市场信心的同时，也助长了 2009 年新一轮泡沫的积聚，新一轮的泡沫持续期间大概为七个月，但由于 2008 年经济危机没有见底，新的股市繁荣并没有持续下去，这轮泡沫在 2009 年 10 月破裂，这一轮股市泡沫的破裂不仅使得处于金融危机中的中国经济雪上加霜，同时扰乱了投资者对于市场的判断，陈国进和张贻军(2009)的研究表明，我国股市在该阶段投资者异质性信念加大，加大的投资者异质性进一步加剧了泡沫破灭的风险，异质性的提高以及投资者对政策刺激的信心不足导致了 2010 年股市短暂繁荣后泡沫的再一次破裂。虽然此次泡沫的持续期仅有两个月但却表明了经济危机的危害基本见底，从此我国股市进入稳定的发展阶段。我国经济彻底走出经济危机阴霾后，在人民币强烈的升值预期等众多利好因素下，我国股市在 2014 年进入快速高涨时期，这一阶段的快速增长，积聚了 2015 年上半年股市迅速膨胀的恶性泡沫，该泡沫于 2015 年 6 月破裂，泡沫破裂后上证综合指数基本维持在 3000 点左右，没有进一步泡沫积聚的现象。目前，由于人民币升值压力大，信贷环境恶劣等因素使得资金更多地流向房地产投资，导致一线城市的房地产行业的繁荣，房地产市场的繁荣表明股市泡沫有向房地产泡沫转移的趋势，因此我国主板股市泡沫进一步积聚的概率不大，股市高涨的可能性很小，但由于创业板的泡沫膨胀迅速且破裂风险较大，也应加大对创业板市场的风险监管。

过高的股市泡沫会加剧泡沫破裂风险，而泡沫破裂对股票市场产生的危害更是巨大的，进而干扰宏观经济运行，而适度的股市泡沫则有助于经济培育新生力量，拉动经济增长，如何适度地控制我国股市泡沫，是我国证券行业发展所面临的重要课题。

第8章　货币政策变动的系统性金融风险贡献研究

8.1　货币政策对流动性去向的动态效应分析[①]

8.1.1　引言

近年来,很多发展中国家及发达国家都或多或少地出现了流动性问题(流动性不足或流动性过剩),尤其在 2008 年全球金融危机后,美国货币当局接连推出四轮量化宽松,进一步为全球金融市场注入了大量流动性,我国为避免全球金融危机可能引起的经济硬着陆也推出了一揽子的四万亿元投资计划,短期内成功地稳定了经济增长,实则造成了投资效率的低下与短期内流动性的泛滥,使我国一度面临巨大的通货膨胀压力,而随着美国退出量化宽松、经济回暖抽走全球流动性,我国等部分经济体又出现了不同程度的"钱荒",即流动性不足。就全球范围来看,流行性问题已然成为全球经济体面临的共同难题而非只存在于某一个或某几个经济体,因此对流动性问题的研究对各国经济发展均具有深远的现实意义。

利率长期作为我国的货币政策工具,货币供应量作为我国货币政策的中介目标,二者之间往往显著相关,且二者的绝对水平(存量)表征了金融市场上的流动性,因此货币政策的变化势必引起金融市场流动性的变化。以流动性过剩为例,当宽松的货币政策以持续的超额货币供给(超过货币需求)的形式表现(张浩和陈昭,2008),或者滞后的货币政策未能根据宏观经济的变化及时做出反应时(任碧云和王越凤,2007),均会引起流动性过剩,即宽松的货币政策始终是流动性过剩的一大原因(钱小安,2007)。过剩流动性的流向往往会促进 GDP 的增长及资产价格的高涨。例如,苏国强(2008)认为,过剩流动性与投资过热、经济过热之间相

[①] 本节作者:陈守东、孙彦林、刘洋,本节对刊登于《财经科学》2015 年第 10 期的论文《货币政策对流动性去向的动态影响》的题目和内容做了部分修改。

互影响；货币主义学派认为，通货膨胀在任何时候都是一种货币现象(Friedman，1970)；许文彬(2008)认为，超额货币供给相当部分形成了流动性寻利资本而涌入房地产市场与股票市场最终造成房价与股价的急剧膨胀。就我国而言，近年来社会融资总额同比始终维持两位数的增长，但我国的 GDP 增速、PPI、采购经理指数(purchasing managers index，PMI)等经济(先行)指标却渐进下行，即社会融资高增长与经济复苏疲软、经济下行压力较大的现象并存。"用好增量、盘活存量"的提出，其目的之一也是为改善社会融资结构，改善流动性的过剩与短缺。那么，究竟什么原因造成了我国在经济发展过程中出现"有货币资金、无经济增长"的矛盾？与之对应，我国货币供应量增速长期远高于 GDP 增速，被实体经济(GDP)消化的货币资金是否真正支持了实体经济的增长及未被实体经济消化的货币资金又流向何处成为本小节试图分析与解决的核心。

　　简单线性分析可揭示一定的渐进趋势变化，但并不能说明宏观经济变量间存在真实的领先滞后行为或多元因果关系。Granger(1969)给出了计量经济学领域的因果关系的明确定义，经过 Sims(1992)、Granger(1988)等的不断拓展与完善，Granger 因果关系检验已然成为计量经济学领域研究因果关系的重要方法，但多数局限于二元因果关系检验(俞世典等，2001；Roca et al.，1998)，显然由于很可能忽略更具解释能力的解释变量而造成不同的结果(Sims，1980)，需要更为全面的多元因果关系检验。另外，时间序列本身可能不平稳并具有潜在的结构不稳定性，若采用通常的对数差分等处理显然会损失大量时间序列包含的信息并造成实证结果的不可靠，也不能真实反映出时间序列间的动态演变关系，Fox 等(2011)提出的经 sticky HDP-HMM 分层 Dirichlet 过程拓展后的 VAR 模型为更为准确、合理的多元因果分析提供了可能。传统的 VAR 模型是建立在线性模型与正态分布假设的基础上的，Granger 因果关系检验也是基于这样的假设。对线性假设进行拓展为非线性模型的一类典型即 MS-VAR 模型，但区制个数需要先验给定，且一般局限于 2～3 区制，应用过程中具有一定的局限性。而依托可动态变化的 Dirichlet 分布(只能在给定有限状态的前提下进行迭代更新)所生成的 Dirichlet 过程(Ferguson，1973)将有限状态拓展为无限状态(在迭代过程中可自发地进行区制个数的更新)，并在贝叶斯框架下通过 Gibbs 抽样实现模型估计，为多元因果关系的应用与实现提供了无限可能。本小节安排如下：第一部分阐明选题背景与意义，并对相关领域文献进行述评；第二部分从数理角度阐明流动性不足及过剩产生的内在机理；第三部分为 Dirichlet-VAR 模型构建；第四部分为实证结果的经济学解释，根据得到的考察变量间的核心传导结构分析货币政策的影响路径及流动性去向的动态效应；第五部分为结论。

8.1.2　对流动性问题的内生化解释

张雪春(2007)、成思危(2008)等从不同角度对流动性问题的成因进行了分析，本质上，流动性问题并不是由外汇占款形式的基础货币投放等外生传染渠道所产生的，而是由货币政策、货币供求综合作用的结果(唐亮和万相昱，2013)，本小节将在价格黏性的假设[①]下对货币政策的变化诱发流动性的内在原因及动态效应进行分析，分析过程中以货币供应量 M 作为货币政策工具变量。根据费雪方程有

$$M(p, Y)V(t) = p(M, Y)Y(t) \tag{8.1}$$

其中，$M(p, Y) = \begin{cases} M(t), & p'_M > \overline{p} \\ M(p'_t, Y'_t), & p'_M \leqslant \overline{p} \end{cases}$ ；V 为货币流通速率；p 为价格指数；Y 为产出水平。这表明若价格灵敏，货币供给将只随时间变化，稳定增长(货币主义)；若价格黏性，货币供给增长将与其他经济变量有关(凯恩斯主义)。类似地，

$V(t) = \begin{cases} V(t), & p'_M > \overline{p} \\ V(M, t), & p'_M \leqslant \overline{p} \end{cases}$ ，这表明若价格灵敏，货币流通速率将只随时间变化(货币主义)；若价格黏性，货币流通速率还将受货币供应量的影响(凯恩斯主义)。

由凯恩斯总需求函数(暗含价格黏性假设及有效需求不足、产出缺乏价格弹性假设)有

$$Y(t) = C(p, Y) + I(i, p) + G \tag{8.2}$$

其中，C[②]、I、G 分别为消费、投资和政府支出。利率水平同样作为重要的货币政策工具变量，可将其替换为货币供应量 M，即

$$Y(t) = C(p, Y) + I(M, p) + G \tag{8.3}$$

式(8.3)意味着货币政策调控的中介目标及政策工具均由货币供应量刻画，在凯恩斯分析框架(价格黏性假设)下，分别对式(8.1)、式(8.3)对 M 求偏微分得

$$Y'_M(t) = C'_p(p, Y)p'_M(M, Y) + C'_Y(p, Y)Y'_M(t) + I'_M(M, p) + I'_p(M, p)p'_M(M, Y)$$

$$M(p, Y)V'_M(M, t) + V(M, t) = p(M, Y)Y'_M(t) + \left[p'_M(M, Y) + p'_Y(M, Y)Y'_M(t) \right]Y(t)$$

---

① 渠慎宁等（2012）通过考察我国居民消费价格波动的特征事实，发现其存在一定程度的价格黏性现象。

② 消费函数 C 与货币供给函数 M 性质类似，即价格灵敏时消费不受货币政策影响，价格黏性时货币政策可影响消费。

考虑 $p'_M = 0$（价格水平与货币供应量的变化无关）的极端情形，整理得

$$\frac{I'_M(M,p)}{1-C'_Y(p,Y)} = Y'_M(t) = \frac{M(p,Y)V'_M(M,t)+V(M,t)}{p(M,Y)+p'_Y(M,Y)Y(t)}$$

进而

$$V'_M(M,t) = \frac{I'_M(M,p)\left[p(M,Y)+p'_Y(M,Y)Y(t)\right]}{\left[1-C'_Y(p,Y)\right]M(p,Y)} - \frac{V(M,t)}{M(p,Y)}$$

又由于 $\dfrac{V(M,t)}{M(p,Y)} \to 0$，$\left[1-C'_Y(p,Y)\right]M(p,Y) > 0$，$I'_M(M,p) > 0$，因此 $V'_M(M,t)$ 与 $p(M,Y)+p'_Y(M,Y)Y(t)$ 同号，即

$$V'_M(M,t) > 0 \Leftrightarrow -\frac{\mathrm{d}Y(t)}{\mathrm{d}p(M,Y)} \times \frac{p(M,Y)}{Y(t)} > 1$$

$$V'_M(M,t) < 0 \Leftrightarrow -\frac{\mathrm{d}Y(t)}{\mathrm{d}p(M,Y)} \times \frac{p(M,Y)}{Y(t)} < 1 \tag{8.4}$$

根据需求的价格弹性的定义，从式 (8.4) 可知，需求缺乏价格弹性 $V'_M(M,t) < 0$，需求富有价格弹性 $V'_M(M,t) > 0$。根据凯恩斯总需求函数，需求缺乏价格弹性是经济运行的常态，在有效需求不足的现实背景下，这是必然结果，这也符合我国的经济现状 (李玲玲，2013)，因此货币供应量的增加会引起货币流通速率的降低。鉴于货币流通速率与居民消费水平、金融市场发达程度、经济发展状况、产业结构等息息相关，在短期内可视为外生稳定，货币中性，但货币供给增加仍将直接推动宏观经济的发展，并造成商品市场价格、金融资产价格等的上涨。从长期看，货币供给增加的同时会导致货币流通速度的下降，这意味着相当部分的货币并没有进入实际流通领域，形成大量的货币滞存，不仅滞存于金融系统的各个环节，表现为交易费用（充当价格水平的自动稳定器）和真实的货币滞存（导致流动性被囤积而流通领域缺乏流动性的直接原因），还会源源不断涌入并滞存于房地产市场、股票市场等"蓄水池"，不论以交易费用以外的何种形式滞存，都将造成各个市场的通货膨胀压力及泡沫积聚的同时实际流通领域却流动性匮乏。简言之，在价格黏性假设和需求缺乏价格弹性的现实背景下，货币供应量的增加引起货币滞存，造成商品市场、金融市场等各个市场的通货膨胀压力与泡沫积聚，同时造成实际流通领域的流动性不足，并最终通过价格水平影响实体经济。就我国目前来看，上述假设均被满足，因此应当重视货币政策引起流动性过剩或（及）不足可能导致的有关风险。

8.1.3 Dirichlet-VAR 模型构建

本小节采用经 Dirichlet 随机过程拓展的非参数贝叶斯框架下的 Dirichlet-VAR 模型(Fox et al., 2011)进行实证分析。模型实质是通过 sticky HDP-HMM 分层 Dirichlet 过程来扩展传统 VAR 模型，将随机误差项的正态分布假设扩展为由分层 Dirichlet 过程驱动的无限正态分布的混合，即在理论上跳出参数化分布假设条件，通过对数据的学习过程拟合出后验分布，并采用分位数的方式计算后验估计结果。[①]

$$Y_t = A_0 + \sum_{i=1}^{p} A_i Y_{t-i} + E_t, \quad E_t \sim N(0, \Sigma), \quad t = 1, \cdots, T \tag{8.5}$$

$$y_t = \beta_0 + \sum_{i=1}^{p} \beta_i y_{t-i} + \varepsilon_t, \quad \varepsilon_t \sim N(0, \sigma^2), \quad t = 1, \cdots, T \tag{8.6}$$

$$y_t = \beta_{0,S_t} + \sum_{i=1}^{p} \beta_{i,S_t} y_{t-i} + \varepsilon_t, \quad \varepsilon_t \sim N(0, \sigma_{S_t}^2), \quad S_t = 1, \cdots, \infty, \quad t = 1, \cdots, T \tag{8.7}$$

$$S_t \sim \text{Multinomial}(\pi_{S_{t-1}}), \quad S_t = 1, \cdots, \infty, \quad t = 1, \cdots, T \tag{8.8}$$

其中，$\beta_{\cdot,j}$ 为在第 j 个区制状态下，方程的截距项与滞后项系数，其状态下标 j 的取值范围被设定为无限区间。区制状态 S_t 服从的多项式分布如式(8.8)所示，其中关键的系数向量 $\pi_{S_{t-1}}$ 代表着从上一状态 S_{t-1} 转移到其他状态的概率。式(8.9)～式(8.12)给出了有关参数的先验分布。α、η、κ 是人工设定的超参数，在式(8.12)中，第一个参数 $\alpha+\kappa$ 对应可能新出现的状态，第二个参数是由 δ_j 值与 α、η、κ 计算而得到的向量，对应现有各个状态。其中，当 δ_j 的下角标 j 与 π_i 的下角标 i 相同时，δ_j 的值为 1，否则为 0。κ 代表黏性系数。Fox 等(2011)给出了这些超参数的设定。

$$\beta_{\cdot,j} \sim N(\mu, \Sigma), \quad j = 1, \cdots, \infty \tag{8.9}$$

$$\sigma_j^2 \sim \text{Inv-Gamma}(c_0, d_0), \quad j = 1, \cdots, \infty \tag{8.10}$$

$$\gamma \sim \text{stick-breaking}(\eta) \tag{8.11}$$

---

① 陈守东和刘洋 2014 年工作论文《我国价格传导机制的多元时变分析》，陈守东个人主页提供了有关程序及数据的下载。

$$\pi_i \mid \alpha, \gamma, \kappa \sim \mathrm{DP}\left(\alpha + \kappa, \frac{\alpha\gamma + \kappa\delta_j}{\alpha + \kappa}\right), \quad j = 1, \cdots, \infty \tag{8.12}$$

本小节将式(8.7)～式(8.12)表示的以 sticky HDP-HMM 分层 Dirichlet 过程驱动的，含有无限状态 Markov 区制转移过程的时变向量自回归模型，称为 Dirichlet-VAR 模型。其中，系数为正表示存在正向传导的 Granger 因果关系，系数为负表示不存在正向传导的 Granger 因果关系，在判断 Granger 因果关系存在与否的同时，因其实现的是 Gibbs 抽样下的无限状态区制时变参数估计，所以能更精确地推断经济变量间的区制时变关系。

8.1.4　实证结果的经济学解释

1. 区间选取与变量设定

自 1978 年 12 月党的十一届三中全会召开以来，我国经济体制开始了由计划经济向市场经济过渡的历史进程，经历了计划经济为主与市场调节为辅(1978～1984 年)、有计划的商品经济(1985～1992 年)、社会主义市场经济体制初步形成(1993～2007 年)三个重要的历史时期，其中，于 2003 年 10 月召开的党的十六届三中全会最终通过的《中共中央关于完善社会主义市场经济体制若干问题的决定》标志着我国社会主义经济体制的初步建立，自此步入完善社会主义市场经济体制阶段。另外，从 2003 年开始，其后的十年间，我国经济发生了结构性转变，在实现宏观经济高速增长的同时，不再伴随本币持续贬值的态势，而是在宏观经济继续稳定、高速增长的同时，出现了本币升值压力持续的新局面，也即从 2003 年开始，我国宏观经济以美元衡量增速第一次赶超以本币衡量增速、名义追赶增速也第一次高于实际追赶增速，自此，世界经济格局逐渐迎来了"中国时代"。因此，本小节最终选取的数据为 2003 年 1 月至 2015 年 3 月的数据。

就货币供应量来看，M1 反映的是消费和终端市场活跃情况，M2 反映的是投资和中间市场活跃情况。若 M1 增速远高于 M2，则反映出当前市场投资不足却需求旺盛，存在需求推动型通货膨胀风险；若 M2 增速远高于 M1，则反映出当前市场需求不足却投资过热，存在泡沫堆积甚至金融危机风险。我国泡沫最为严重的当属房地产市场，因此为简化分析，以房地产开发新增固定资产(real estate development of new fixed assets，REDNFA)来分析我国资产市场的泡沫堆积情况，并以金融机构新增人民币贷款(new RMB loans of financial institutions，NRMBLFI)刻画金融(借贷)市场的泡沫堆积情况，以上证综合指数(Shanghai composite index，SHCI)描述以股票市场为代表的虚拟经济的泡沫堆积情况，并以 CPI 衡量我国商品市场的泡沫堆积情况。此外，以 7 天银行间同业拆借加权利率(weighted lending interest rate between banks，WLIRB)作为货币政策工具变量，以 GDP 表征实体经济发展水平。数据均来源于 Wind 数据库，采用月度数据进行回归分析，对于不存在月度频率的数据，日度数据选取当月最后一个数据作为月度数据，累计值通过差分处理得到当月(季)值，季度数据通过插值法转化为月度数据。最终均进行同比转化。

2. 线性趋势分析

就总体趋势[图 8.1(a)]来看，2003 年以来我国 GDP 增长率始终在小范围内波动，并且呈现出波谷渐进升高、波峰渐进降低的趋势特点，在一定程度上说明我国货币政策的有效性。但从另一角度分析，并与 M2 增长率进行对比后发现，我国 GDP 增速远低于 M2 增速，即我国 GDP 的增长是建立在泛滥的货币超发的基础之上的，相当部分的超发货币并没有被实体经济消化，这最终导致我国出现严

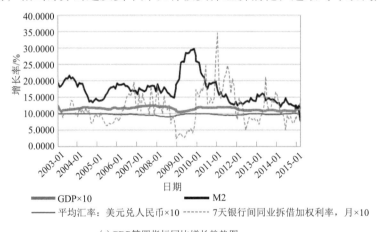

(a) GDP等四指标同比增长趋势图

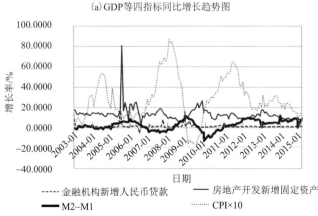

(b) 新增贷款等四指标同比增长趋势图

图 8.1　GDP、新增贷款等指标同比增长趋势图

重的产能过剩下的 CPI 与 PPI 相背离、GDP 和汇率相背离、流动性同利率相背离等一系列不尽如人意的现象。本小节将重点对紧缩性的货币政策冲击下我国货币供给与利率的响应机制进行分析，并试图回答未被实体经济消化的大量流动性最终流向哪里，以及被实体经济消化的货币资金又主要流向哪里。

1）宽货币将导致通货膨胀，宽信贷将导致泡沫堆积

如图 8.1(b)所示，出现严重通货膨胀的 2003~2004 年、2007~2008 年、2010~2011 年对应的 M2 与 M1 增速之差为负值或在零线附近，而房地产急速扩张的 2005~2006 年、2009 年、2013 年对应的 M2 与 M1 增速之差为正值或在零线附近，"货币政策的本质即是在 GDP 增速、通货膨胀水平、就业水平三者之间进行权衡取舍"[①]，近十几年来，我国基本实现了较高的 GDP 增长，但没有发生严重的通货膨胀，因而评价我国货币超发是不合理的，但笔者认为，还是应适当控制我国货币供给。另外，金融机构新增人民币贷款与房地产开发新增固定资产基本趋势同步，并且在一定程度上金融机构新增人民币贷款趋势变化略微领先于房地产开发新增固定资产。分析脉冲响应图发现 M2 与 CPI 总体趋势趋同，但 M2 领先于 CPI 变化，M1 与金融机构新增人民币贷款趋势变化相同且均领先于房地产开发新增固定资产。综上分析可初步认为，宽货币将导致通货膨胀，宽信贷将导致泡沫堆积，甚至金融危机爆发。

2）货币政策新常态处于渐进稳态阶段

代表流动性指标的 M2 与短期利率趋势相背离现象明显[图 8.1(a)]，并且我国短期利率在一定程度上领先于 M2 变化，但进入 2013 年后，这一趋势不再稳定，源于我国货币政策工具已逐渐取代为更为精细化公开市场操作。同时，M2 一直以正速率实现总量的不断增加，实际利率[②]却基本维持在负利率水平，意味着货币市场流动性不断增加甚至泛滥的同时，资本成本却始终很低甚至是负资本成本，这势必会引起资产市场资产价格增加。实际利率与房地产开发新增固定资产趋势变化[图 8.2(a)]存在明显反向变动关系，一定程度上表明我国房地产泡沫的大量堆积是由于我国长期的负利率水平造成的。因为长期的实际负利率水平会刺激居民产生强烈的保值增值欲望，使得货币资金体外循环现象不断加深，非法集资规模不断扩大，导致资产价格快速上涨，最终房地产成了居民进行增值保值的"黄金之选"，房地产泡沫由此日益严重，货币政策调控难度随之加大，调控效果也

---

① 中国人民银行调查统计司司长盛松成在 2014 年 1 月 15 日中华人民共和国国务院新闻办公室举行的新闻发布会中表示中国货币供应量不存在超发现象。

② 实际利率= 7 天银行间同业拆借加权利率 – 通货膨胀率。对比趋势图发现，实际负利率水平主要是由高通货膨胀造成的。

随之大打折扣。

(a)房地产开发新增固定资产等五指标同比增长趋势图

(b)上证综合指数等四指标同比增长趋势图

图 8.2　房地产开发新增固定资产、上证综合指数等指标同比增长趋势图

　　2003~2012 年，我国货币政策存在以金融危机为分水岭的两段对比鲜明的历史时期，这点从实际利率趋势变化也可甄别出来[图 8.2(a)]。一是 2003~2007 年，以维持经济平稳增长为核心目的所采取的"稳中从紧"货币政策；二是 2008~2012年，以修复、恢复我国经济增长水平并保持经济持续平稳增长的货币政策。2012年 9 月以来，中央银行逐渐放弃了直接通过准备金率、存款利率进行的总调控，而渐进地采取精细化调控。在 2013 年初央行推出短期流动性调节工具(short-term liquidity operations，SLO)和常备借贷便利(standing lending facility，SLF)后，对SLO、SLF 及不同期限的调控流动性的公开市场操作工具的搭配使用日渐娴熟，据此对货币政策进行预调、微调，充分发挥货币政策具备的逆周期调节作用，达到熨平周期性产出缺口的期望效果，做到"定向宽松、结构优化"。在货币政策

的调控基调由适度宽松转为稳健的基本方向下，货币政策工具取而代之的是精耕细作的公开市场操作，在保持货币总量稳定的基础上引导货币资金的流向，更好地助力实体经济的结构调整与产业转型升级，此即货币政策的"新常态"（管清友，2014；马骏，2014）。2013 年后，M2 增速、CPI 与实际利率均渐进趋稳，与货币政策"新常态"相互印证。

3）流动性去向的动态效应

长期以来，我国 M2 增速一直远高于 GDP 增速，即我国经济的快速增长是建立在货币供应量高速增发的基础之上的。不禁要问，被实体经济消化的大量流动性主要流向何处？未被实体经济消化的过剩流动性又何去何从？

前文已有分析，我国长期负利率水平刺激了我国房地产市场非理性繁荣，同时我国长期以外汇占款的形式发行了大量货币，并且发行的货币以美元作为担保，这使得金融机构所担负的流动性成本为零，因而有大量的流动性流向房地产市场，进一步推动了房地市场的繁荣，因此才会出现利率不断上调、房价不降反升的异象。但随着全球经济危机过后美国经济逐渐复苏、美国退出量化宽松的货币政策，美元渐进升值，美元开始回流美国本土市场，全球的流动性不断被抽走，我国金融机构的流动性成本不再为零，金融机构对房地产的定向贷款将大幅减少，我国房地产行业将很可能面临前所未有的危机，从而波及实体经济与虚拟经济，甚至诱发更为严重的金融经济危机。2008 年全球金融危机爆发后，对于货币政策是否应对房价做出反应及如何反应等问题始终是理论学界争论的热点之一。在这样的现实背景下，我国的货币政策若能充分利用房价变化影响产出和通货膨胀的有用信息，则货币政策应该对房价变化做出间接反应，若所利用的有用信息不仅包含过往信息，还包含当期信息，则调控效果更为显著（谭政勋和王聪，2015）。

商业银行作为债券市场绝对主体，随着利率升高，信贷从紧，其放贷能力下降、房贷规模严重受限，同时还要计提存款准备金，这进一步削弱了可用来盈利的资本规模和能力。出于获利止损需要，投资债券市场便成为商业银行进行配置资产的一大主要渠道，随着资金不断涌入债券市场，需求增加，债券价格被推高，同时债券收益率下降。当债券收益率下降到一定程度时，由于资本逐利性的存在，资金又会逐渐抽离债券市场，直到利率水平下降到足够低。由于我国实际负利率现象的长期存在，股票市场流动性并未被大规模抽走，相反，我国短期利率水平上升时期也是通货膨胀大幅上升时期，即实际负利率水平进一步恶化时期 [图 8.2(a)]，其中上证综合指数与实际利率变化趋势渐进一致，实际利率趋势变化略领先于上证综合指数。

3. 多元因果关系分析与检验

根据线性趋势分析可初步推断各变量间的协同变化关系，为进一步验证和补充线性趋势分析所得结果，本小节采用经 Dirichlet 随机过程拓展的非参数贝叶斯框架下的 Dirichlet-VAR 模型，通过 1000 次预烧、5000 次抽样的 Gibbs 方法，分析经济变量间的多元时变 Granger 因果关系，实现对相关系数的时变估计，即基于 Dirichlet-VAR 模型，从三个角度对货币政策变动对流动性去向的动态效应进行分析。

1) 宽货币将导致通货膨胀，宽信贷将导致泡沫堆积

若 M1 的增速远高于 M2，则反映出当前市场投资不足却需求旺盛，存在需求推动型的通货膨胀风险；若 M2 的增速远高于 M1，则反映出当前市场需求不足却投资过热，存在泡沫堆积甚至金融危机风险。为此，本小节构造变量 M2 与 M1 的增速之差（即 M2–M1），将其与 CPI、REDNFA、NRMBLFI 进行时变相关系数估计，将滞后阶数设定为 1。结果如下。

首先，M2–M1 滞后项、CPI 滞后项与 NRMBLFI 滞后项是 M2–M1 的 Granger 原因，REDNFA 滞后项不是 M2–M1 的 Granger 原因[图 8.3 (a)]，其中，M2–M1 与其自身滞后项的时变相关系数接近于 1，而与 CPI 滞后项、与 NRMBLFI 滞后项维持在 0.2 的水平以内，即 M2 与 M1 增速之差惯性较强，并在一定程度上受到 CPI 与 NRMBLFI 的影响，我国的货币政策存在一定的滞后效应；同时，M2–M1 滞后项与 NRMBLFI 滞后项存在明显的反向变动关系，即对 M2–M1 存在此消彼长的影响关系，通过变动 NRMBLFI 可撬动 M2–M1 的惯性，为我国对货币供应量增速的调控提供了新的思路。

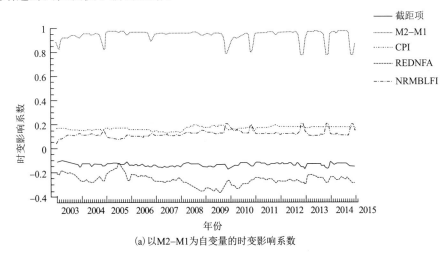

(a) 以 M2–M1 为自变量的时变影响系数

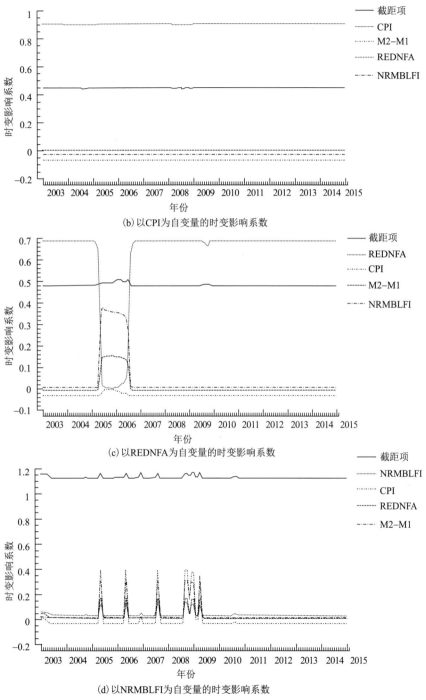

(b) 以CPI为自变量的时变影响系数

(c) 以REDNFA为自变量的时变影响系数

(d) 以NRMBLFI为自变量的时变影响系数

图 8.3　各自变量的时变影响系数

其次，CPI 滞后项是 CPI 的 Granger 原因，且时变相关系数高位恒定，趋近于常数，表明我国通货膨胀惯性较强且十分稳定，几乎不受其他因素影响[图 8.3(b)]，这是导致货币政策失效或者存在滞后效应的重要原因之一(Fuhrer and Moore，1995)，同时 M2-M1 不是 CPI 变动的 Granger 原因，这表明我国通货膨胀是一个货币现象的说法缺乏依据。我国 CPI 的统计口径下，近 1/3 的比重由食品类构成，食品价格及部分农产品价格往往受其自身供求状况的影响强烈，最终冲击 CPI 并导致 CPI 暴涨、暴跌(王少平等，2012)，即紧缩性货币政策可能并不能有效控制我国价格水平，如 2003～2007 年我国采取"稳中从紧"货币政策，但在 2007 年仍旧出现以房价为首、部分原油及肉类短期阶段性供应短缺所导致的结构性的物价快速上涨(王小广，2007；杨小军，2011)，即价格之谜出现，因此我国通货膨胀更多的是结构失衡所导致的结构性通货膨胀，控制通货膨胀应重点从调结构入手，而非频繁地运用货币政策手段。

再次，REDNFA 滞后项是 REDNFA 唯一显著的 Granger 原因，但在 2005～2006 年，我国房地产新增固定资产的惯性趋势被严重打破，仅在这一区间受到 M2-M1 滞后项与 NRMBLFI 滞后项的显著影响[图 8.3(c)]，以 2005 年为例，由于在 2005 年我国商品房库存量过高，拖欠农民工工资、暴力征地等乱象时有发生，同时商品房住宅价格与居民收入严重失衡，房地产市场的过热直接导致钢筋、水泥等原材料与资源供应短缺，原材料市场与能源市场价格上涨过快，我国政府开始对房地产市场进行了一系列的严格政策调控：2005 年 3 月深入改革房地产税，老国八条出台，将房地产市场的调控上升到政治高度。同年 5 月，新国八条出台，进一步加强了对房地产市场的调控。9 月，中国银行业监督管理委员会发布 212 号文要求收紧房地产信托。10 月，国家税务总局重申二手房买卖需缴纳个税。一系列政策调控使得房地产过热发展势头得到缓解，由于调控背后的商业银行对房地产定向贷款减少，房地产流动性短缺，房地产新增固定资产扩张速度受到金融机构新增贷款与货币供应量增速的影响骤升。随着步入房地产市场的"乱象之年"——2007 年，楼市、股市掀起新一轮炒作热潮，金融机构新增贷款与货币供应量增速对房地产新增固定资产的扩张速度影响不再，新增固定资产扩张速度继续维持 2005 年之前的惯性水平稳定发展，在 2008 年全球金融海啸中也没有被打破。

最后，在多数时间区间内 NRMBLFI 并不受其自身滞后项及其他经济变量滞后项的显著影响，仅在 2005 年初、2006 年初、2007 年底、2009 年前后存在着四变量滞后项对 NRMBLFI 的显著影响，其中尤其以 CPI 的影响最为强烈[图 8.3(d)]。值得注意的是，在这四个时间区间内，无不对应着宽松信贷政策的实施，以 2009 年前后为例，我国于 2008 年 11 月推出 4 万亿元投资计划，并从 2008 年 9 月 25 日起，随着我国法定存款准备金率的不断下调、公开市场操作频率与规模的不断下降，金融市场流动性不断得到补充，信贷政策日渐宽松，这点从国务院于同年 12 月 8 日颁布的《关于当前金融促进经济发展的若干意见》中也可以得到印证，即我国的信贷政策方向发生根本性转变，由数月前的严控信贷增长变为刺激信贷增长，使得 NRMBLFI 不仅受其自身滞后项的影响开始显现，同时代表供给端的 M2-M1 与代表需求端的 CPI、REDNFA 滞后项的影响也开始显现。随着一系列宽松货币政策与巨额的救市计划的弊端日益凸显，我国逐渐收紧信贷，NRMBLFI 受到自身及其他变量的影响才又逐渐消失。

综上分析，得出 M2-M1、CPI、REDNFA 及 NRMBLFI 的正向传导与反向倒逼的四元时变核心传导结构(图 8.4)。可以看出，符号约束下的第一个实证结果稳健。值得注意的是，CPI 对 M2-M1 存在直接的反向倒逼机制，而 M2-M1 对 CPI 的直接正向传导机制却被以 REDNFA 为中间变量的间接传导机制所取代。这是由于长期以来 M2 增速居高不下，同时我国居民受传统思想禁锢倾向于储蓄与买房，流动性中有相当部分均涌入了房地产市场，助推了房地产市场的繁荣，在这一过程中，房地产市场起到了吸纳资金的大容器的作用。一旦房地产市场调控加剧，大量的流动性被封堵在房地产市场外，无处可去的货币资金大量囤积于货币市场，最终势必造成物价水平的上涨。因此，我国在利用货币政策控制通货膨胀等的过程中，要更多从控制货币供应量的角度入手，以数量型工具为主导，积极运用价格型工具，重视行业层面货币政策传导过程中不同的成本、信贷等传导渠道，更好地实现货币供应量、经济增长与通货膨胀三者之间的均衡。

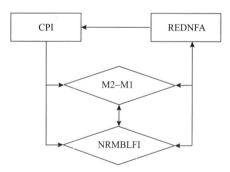

图 8.4　四变量的多元时变核心传导结构

2) 货币政策新常态处于渐进稳态阶段

同样利用 Dirichlet-VAR 模型对 WLIRB、M2 与 CPI 的三元时变 Granger 因果关系进行分析发现(图 8.5)，M2 只受其滞后项影响显著，且时变相关系数显著接近于 1，单位根过程显著。与之相似，M2 滞后项与 CPI 滞后项虽然是 WLIRB 的 Granger 原因，但影响十分微弱，WLIRB 同样受其滞后项影响显著，且时变相关系数显著接近于 1，存在显著的单位根过程。M2 与 WLIRB 单位根过程的显著存在表明货币供应量与利率惯性较强，我国货币政策新常态处于渐进稳态阶段。CPI 的单位根过程虽然同样显著，但同时受到 WLIRB 滞后项的显著影响，但受到 M2 的影响较为微弱。这表明，货币供应量与利率均作为货币政策的中介目标与工具，但在我国的操作时间过程中被割裂开来，二者的不一致严重制约了我国货币政策实施的有效性，导致我国货币政策滞后性更加明显。同时，我国存在显著的利率向 CPI 的正向传导机制，而 M2 到 CPI 的正向传导机制被替代，这再次说明了我国通货膨胀并非是一个简单的货币现象，在通货膨胀惯性较高的现状下，利率才是撬动通货膨胀的重要原因[①]。

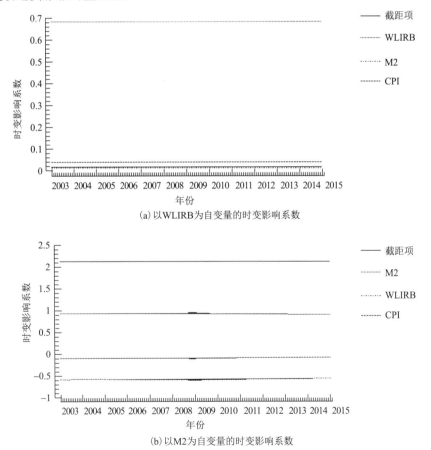

(a) 以WLIRB为自变量的时变影响系数

(b) 以M2为自变量的时变影响系数

---

① 陈守东和刘洋 2014 年工作论文《利率撬动了通胀惯性》，陈守东个人主页 http://sdchen.com/econ/提供程序及数据下载。

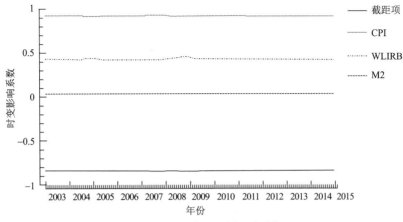

(c) 以CPI为自变量的时变影响系数

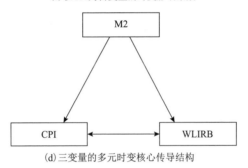

(d) 三变量的多元时变核心传导结构

图 8.5　时变影响系数图及传导结构图

3）流动性去向的动态效应

分析 REDNFA 与 M2 的时变 Granger 因果关系发现（图 8.6），REDNFA 滞后项是 M2 的 Granger 原因，但影响并不十分显著；与之相似，M2 滞后项也是 REDNFA 的 Granger 原因，影响也不十分显著，但在 2005～2006 年 M2 的影响骤升，这与前文分析一致。这也表明，我国的房地产市场泡沫的快速积累并不仅仅是由过剩的流动性造成的，流向实体经济的货币资金中的绝大部分并没有涌入房地产市场，而是真正地支撑了实体经济的发展，房地产市场的非理性繁荣更多的是由于我国长期保持负利率水平且缺少有价值的投融资标的，这使得房地产被迫成为一种投机性资产而不断被炒作所导致的。因此，我国当下最为迫切的并不是压制房地产泡沫的累积，而是健全与完善多层次的资本资产市场，为广大投资者提供更多有价值的投融资标的，为货币市场上观望的流动性提供更好的资金融通渠道，炒作的外衣褪去，房地产市场自然会随着我国金融市场的日益完善而降温。

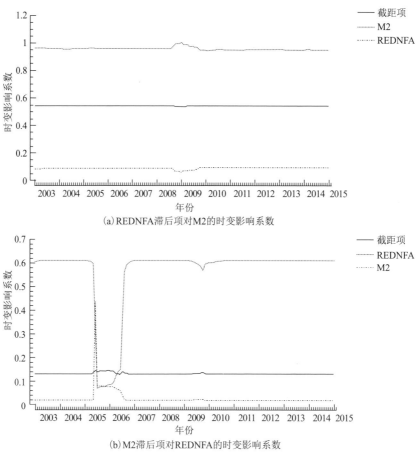

(a) REDNFA滞后项对M2的时变影响系数

(b) M2滞后项对REDNFA的时变影响系数

图 8.6　REDNFA 与 M2 的时变 Granger 因果关系图

与 M2 增长率进行对比发现，我国 GDP 的增速远低于 M2 的增速，即我国 GDP 的增长是建立在泛滥的货币超发的基础之上的，同时，我国有相当部分的货币没有被实体经济吸收，那么未被实体经济吸收的货币最终流向了哪里？对比 GDP 增速与 M2 增速之差和上证综合指数(SHCI)同比增长率发现，二者的趋势变化惊人地相似，股票市场作为我国最后一个还未泛泡沫化的金融市场，据此猜想未被实体经济消化的流动性有相当部分涌入了股票市场。通过对 M2 与 GDP 增速之差(即 M2–GDP)和 SHCI 进行时变 Granger 因果关系分析发现(图 8.7)，SHCI 滞后项不是 M2–GDP 的 Granger 原因，只存在 M2–GDP 到 SHCI 的单向传导机制，但 M2–GDP 滞后项对 SHCI 的影响并不十分强烈。这表明，我国 M2 增速远高于 GDP 增速，其的确推动了我国股市的繁荣，但所引起的过剩流动性并没有被以股票市场为代表的虚拟经济所消化。

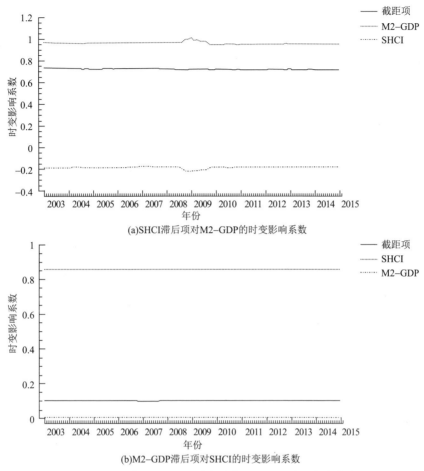

图 8.7　SHCI 与 M2–GDP 进行时变 Granger 因果关系检验图

即被实体经济消化的流动性并不是造成房地产市场非理性繁荣的重要原因，未被实体经济消化的流动也并不是以股票市场为代表的统计口径下虚拟经济过热的重要原因，但房地产市场与股票市场的确受到货币政策宏观调控的稳定影响，与前文分析相一致。未被实体经济消化的过剩流动性究竟流向何处，是本小节接下来要做的工作。

8.1.5　结论

本小节基于价格黏性对流动性问题进行了内生化解释。并在此基础上，结合趋势分析，利用经 Dirichlet 随机过程拓展的非参数贝叶斯框架下的无限区制的 Dirichlet-VAR 模型，分析经济变量间的多元时变 Granger 因果关系，实现了对相关系数的时变估计，据此得到考察变量间正向传导与反向倒逼的核心传导结构，据此分析货币政策的变化对流动性去向的动态效应。一系列工作在国内均具有一定的开创性与领先性，实证结果极具启发性，期望能为货币政策的制定以及学者的学术研究提供一定的指导与借鉴。

(1)结合反映消费、投资的 M2 与 M1 增速之差、房地产开发新增固定资产与金融机构新增人民币贷款的趋势变化判断我国资产市场、虚拟经济的泡沫堆积情况，并通过四元时变 Granger 因果分析，最终得到 M2 与 M1 增速之差、CPI、房地产开发新增固定资产与金融机构新增人民币贷款相关系数的时变估计，即四变量间正向传导与反向倒逼的核心传导结构。

(2)结合 M2 与 7 天银行间同业拆借加权利率、实际利率的趋势变化甄别我国2003 年以来的货币政策周期，并通过三元时变 Granger 因果分析，最终得到 M2、CPI、7 天银行间同业拆借加权利率相关系数的时变估计，即三变量间正向传导与反向倒逼的核心传导结构。

(3)我国 M2 增速近年来居高不下，由此产生巨大的流动性是否最终流向了房地产市场与股票市场并导致房价高企、股市繁荣是学术界普遍关心的问题。本小节通过分析，并对 M2 和房地产开发新增固定资产、M2 与 GDP 增速之差和上证综合指数进行 Granger 因果时变参数估计，认为被实体经济消化的流动性并不是造成房地产市场非理性繁荣的重要原因，未被实体经济消化的流动也并不是以股票市场为代表的统计口径下虚拟经济过热的重要原因。

8.2　货币市场利率和资本市场利率的多元时变传导机制研究[①]

8.2.1　引言

货币市场基准利率是货币政策调控的重要金融工具，是货币政策向实体经济传递过程中最重要的中介变量。在有着健全完善基准利率体系的国家中，中央银行设定的短期目标利率会顺畅地传递到对实体经济有影响的中长期利率，从而实现价格、产出等货币政策的最终目标。由于市场中的多种利率在不同市场环境下存在着复杂的影响关系，货币市场基准利率和市场利率之间的传导效率会直接影响货币政策传导的有效性，影响市场的流动性和资金使用成本。因此，深入分析各种利率的影响关系及传导核心路径对于研究央行货币政策执行效果和

---

① 本节作者：陈守东、章秀、刘洋，本节对刊登于《西安交通大学学报(社会科学版)》2015 年第 4 期的文章《货币市场利率和资本市场利率的多元时变因果关系研究》的题目和内容做了部分修改。

我国利率市场化建设有重要意义，有助于稳步推进利率市场化，建立健全由市场供求决定的利率形成机制，使中央银行能通过运用货币政策工具引导市场利率(易纲，2009)。

　　货币市场基准利率是市场主体在进行投融资行为时，所考虑和比较的利率水平。基准利率是央行在制定政策时，可以较为容易地直接调控的利率，如央行基准利率和存款利率，调节变量是银行自主利率浮动幅度。而其他利率是在参考基准利率的基础上，根据市场供需关系调节形成的市场化波动的利率，因此，不同的基准利率会对市场利率的水平和波动幅度产生影响。目前对于引导市场利率的货币市场基准利率的选择有不同的观点：部分学者认为管制利率即存款利率更适合作为基准利率，蒋贤锋等(2008)从资产定价的角度分析了银行间同业拆借市场利率、银行间国债回购利率、存款利率三种利率，方意和方明(2012)从非线性的角度应用有向无环图(directed acyclic graph，DAG)方法对市场利率和管制利率的度量和关系进行了研究，二者研究结果均表明，相比于其他所研究的利率，存款利率更适合作为基准利率。也有学者认为市场化利率更适合作为基准利率，从定性分析的角度，戴国强和梁福涛(2006)比较了货币市场利率，发现银行间债券回购利率更适合作为短期基准利率。从实证分析的角度，彭红枫和鲁维洁(2010)通过 VAR 模型比较分析了银行间债券回购利率、银行间同业拆借利率和 SHIBOR，发现银行间债券回购利率和 SHIBOR 更适合作为基准利率。姚余栋和谭海鸣(2011)基于 Granger 因果关系检验和预测方差分解的方法，研究发现央票发行利率已经初步具备了中央银行基准利率特征。综合国内学者的相关研究发现，央票发行利率、定期存款利率、银行间债券回购利率、银行间同业拆借利率和 SHIBOR 较常作为货币市场基准利率的选择范围。所以本小节的研究也主要选取央票发行利率、定期存款利率、银行间同业拆借利率和银行间债券回购利率为研究对象。

　　就一般而言，货币市场基准利率、货币市场利率和资本市场收益率之间存在着较复杂的影响关系。货币市场基准利率影响着货币市场收益率的水平，重要的是影响货币市场利率的下限，其调整会改变货币市场利率的波动幅度。资本市场收益率影响着货币市场利率的上限，由于资本市场收益率自身的波动和风险特征，资本市场收益率对货币市场利率的影响更加不稳定，制定货币政策首先确定利率调整对经济均衡状态的影响，即对货币市场利率的影响；其次，考虑对资本市场收益率的调整作用，即改变的投资和货币供求数量。当资本市场收益率变化，货币市场利率会自然地变化，货币市场基准利率也会进行调整，这意味着，货币市场基准利率是起始，资本市场收益率是结果，货币市场利率是中介。根据新古典经济学理论，货币政策传导渠道依赖于短期利率，影响实体经济的中长期利率和消费者、投资者、需求三者之间的关系。短期名义利率的变化影响实际利率和对中长期利率的预期，然后作用于实体经济。货币政策短期利率工具可以改变消费者和投资者的需求，根据投资组合理论，短期利率的变化影响投资者对于不同期限的投资工具的选择，重新匹配进行套利。关于利率传导的研究，Bernanke 和 Blinder(1992)、Mishkin(1995)认为，中央银行通过短期名义利率(货币政策工具)影响长期利率和真实利率，进而影响投资和真实经济产出。Rigobon 和 Sack(2004)指出，短期利率上涨会导致股票价格下降和债券收益率曲线变化。Bernanke 和 Kuttner(2005)指出，联邦利率非预期的下降会导致股票市场指数的上升，非预期货币政策导致预期收益的额外增加大部分来源于股票价格。Goyenko 和 Ukhov(2009)指出，债券市场流动性是货币政策影响股票市场流动性的重要传导渠道。

就市场利率对货币政策利率的影响而言，市场利率包含的信息对货币政策的执行有着直接影响。货币政策的执行过程中，货币政策当局对市场传递的政策信号会影响市场对货币政策的反应，所以市场利率包含了政策预期变化的信息，对估计政策行动的特殊时点和有效性具有借鉴意义(Smets，1997)。市场利率是整个利率体系形成的基础，它可作为中央银行制定基准利率的价格信号和参照系数(赵进文和高辉，2004)。市场对未来政策利率调整方向和幅度的预期，是市场在评估当前经济状况和洞察央行已采取的货币政策操作的基础上，对未来货币政策操作力度所做出的判断(郑振龙和莫天瑜，2011)。市场包含了对未来政策的预期，货币政策制定需能反映市场的流动性，并通过市场的利率有效传递到实体经济。

在研究方法上，以往的研究分别利用 VAR 模型、向量误差修正模型、Granger 因果关系检验方法及有向无环图方法进行检验，判断货币市场基准利率或是研究了货币市场基准利率和市场利率之间的关系。由于宏观经济数据具有非平稳性的特点，在差分处理的过程中会损失许多经济信息；二元的因果关系可能会忽略其他变量在二元变量相互作用的过程中发挥的作用。需要引入新的研究方法，探讨基准利率(政策利率)、市场利率、资产收益率三者之间的复杂关系，Dirichlet-VAR 模型提供了对于包含非平稳性与结构不稳定性的经济数据的多元因果关系的度量。本小节的结构安排如下：8.2.2 小节给出 Dirichlet-VAR 模型；8.2.3 小节采用 Dirichlet-VAR 模型的混合分层结构的 Gibbs 算法对我国的现行利率进行实证分析，从结合各利率之间的二元关系时变分析得到传导机制的总体结构，通过多元关系的对比提取出我国基准利率(政策利率)、市场利率传导机制的核心结构，同时加入金融市场的资产收益率，确定核心利率对市场传导的传导机制，以时变分析的角度揭示利率传导机制的动态演变过程，总结动态演变过程的总体趋势；8.2.4 小节总结该节的全部内容，归纳本小节的研究成果与实证结论。

8.2.2　货币市场短期利率影响关系多元结构实证分析

利率之间的传导机制很可能存在着动态演变的过程，单纯地对利率之间因果关系做出存在与否的判断性检验，无法全面和准确地描述利率之间的传导机制。两个变量的因果关系检验容易忽略更具解释能力的其他变量，两变量因果关系检验的结果，当引入更具解释能力的第三变量时，可能得出不尽相同的结论。Sims(1980)就曾指出,如果在Granger(1969)的实际产出与货币的关系方程中引入利率变量，那货币供给对实际产出的解释作用将显著下降，即利率比货币量具有更强的解释产出的能力。显然在两个被检验出因果关系的价格指数之间，存在着更具解释能力的其他价格指数的可能性很大，因此要准确地描述价格传导机制，必须对被考虑范围之内的变量做全面的多元关系检验，避免误判。为此本小节引入Dirichlet-VAR模型，该模型提供了非平稳数据的多元因果关系的度量，以适应对多元非平稳数据进行时变分析，并对主要利率之间的相互影响关系进行分析。

本节采用易晓溦等(2014)给出的分层Dirichlet过程的sticky HDP-HMM与分层共轭分布族结构相结合，组成混合分层结构的Gibbs算法，构建非参数贝叶斯方法，为多元的经济指标建立的RTV-VAR模型进行估计，以研究多个非平稳变量之间时变的因果影响关系[①]。通过滞后项系数向量 $\beta_{i+m,t}$ 的后验无偏中位数估计值结果是否大于0来判断说明是否存在时滞性的因果影响关系。与经典的Granger因果影响关系的检验方法相比，这种方法不仅能够完全适应非平稳数据的实证分析问题，还可以对时变的因果关系进行检验。

在变量选取方面，货币市场利率包含管制利率和市场利率：央票发行利率、存贷款基准利率(一年期以下)、银行间同业拆借利率、银行间质押式债券回购利率和SHIBOR等。由于贷款利率是在存款基准利率基础上得到的,SHIBOR于2006年 10 月开始正式运行，样本区间较短，所以本小节不考虑贷款基准利率和SHIBOR。由于央票发行利率和存款基准利率属于由央行直接控制的利率，在货币政策传导过程中属于上游利率，银行间同业拆借利率和银行间债券回购利率属于下游利率，所以本小节选取3个月央票发行利率(简称央票发行利率YP)、3个月定期存款利率(简称定期存款利率DC)、7天银行间同业拆借利率(CHIBOR)、7天银行间债券回购利率[②]作为货币市场基准利率的参考选择利率。样本区间长度为 2002 年 8 月到 2011 年 12 月，数据来源为 Wind 数据库。

对于这组利率数据,应用Dirichlet-VAR模型方法,可以检验出YP、DC、REPO、CHIBOR 之间所有二元影响关系，可以判断出传导机制所有可能存在的正向传导和反向影响关系，本小节称之为传导机制总体结构。图 8.8 为四个利率的动态路

---

① 模型的具体设定形式参见 8.1.3 小节。

② 回购，是出售及回购协议的简称，即 sale and repurchase agreement，其简称为 REPO。

径，可以看出总体走势形状上相类似，但是短期存在波动差异。图 8.9 是四种利率二元传导机制的总体结构。

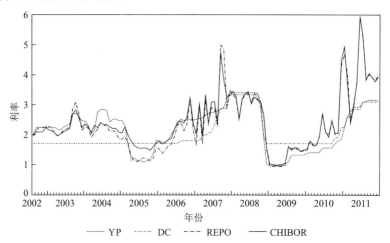

图 8.8　YP、DC、REPO、CHIBOR 动态路径图

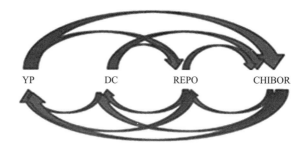

图 8.9　二元传导机制总体结构

　　由于在市场中，变量之间是相互作用的，单独计算两两变量之间的关联性很难刻画观测变量整体间的关系。特别是当多个变量在一起时，任何一个变量的变化，都会引起其他变量产生相关性的变化，所以需要考虑多元变量的影响关系的情况。因此，本小节应用 Dirichlet-VAR 模型考虑多元关系的对比分析，对前述总体结构做进一步检验。在 YP、DC、REPO、CHIBOR 之间二元关系组合的方程中，增加其他利率变量，组成三元或四元关系的方程，提取出 YP、DC、REPO、CHIBOR 之间利率传导的核心结构，即无法被其他变量所取代的每个利率的最直接影响因素。

　　从四个利率滞后项对变量影响的多元动态路径图(图 8.10)中可以看到，就货币政策短期工具对货币市场的影响而言，央票发行利率和定期存款利率对CHIBOR 和债券回购利率具有较强的解释能力，这种解释能力在 2006 年 6 月～2007 年 12 月和 2010 年 4 月～2011 年 12 月有较大波动。这两个时间段央票发行利率和定期存款利率分别有了两次向上利率调整的动作，货币市场利率也及时地对货币政策工具的变化做出了较为迅速的反应，即央行紧缩性货币政策起到了调控货币市场流动性的作用。从图 8.10(c)中还可以看到，2006 年末央票发行利率和定期存款利率对于货币市场利率的影响增强，在 2007 年 9 月达到极值。2008年下半年货币政策当局开始实行较为宽松的货币政策，但政策工具的变动较小，2008 年末开始，短期货币政策工具对市场利率的影响开始减少且变得较为平稳。2010 年开始央行又进入紧缩的货币政策调整阶段，相应货币市场利率受到央票发行利率和定期存款利率的影响增大。就货币市场对货币政策短期利率的反向影响关系而言，债券回购对央票发行利率、定期存款利率几乎没有影响[图 8.10(a)、图 8.10(b)]，而 CHIBOR 是央票发行利率和定期存款利率最直接的反向影响关系[图 8.10(a)、图 8.10(b)]，且影响关系比较平稳。虽然，央票发行利率和定期存款利率不会随着 CHIBOR 和债券回购利率的短期变动而随时变动，但是，货币政策短期利率的调整会考虑货币市场流动性的变化。最后，单从货币市场看，CHIBOR 对于债券回购利率具有直接影响关系[图 8.10(c)]，但是债券回购利率对CHIBOR 没有反向影响关系[图 8.10(d)]，货币市场上银行间同业拆借利率更好地反映了货币市场的流动性。

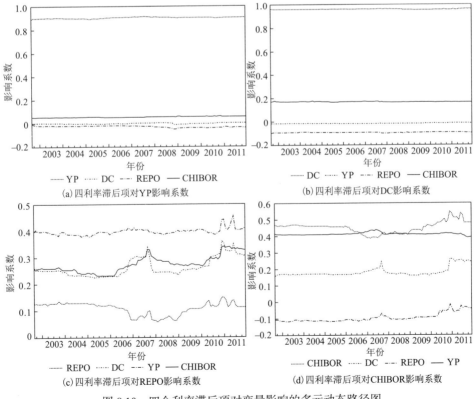

图 8.10　四个利率滞后项对变量影响的多元动态路径图

　　综合以上多元关系的对比分析，从前述的我国政策核心利率传导机制的总体结构中，提取出由央票发行利率、定期存款利率、同业拆借利率与债券回购利率之间的直接影响关系，图 8.11 给出四个利率之间核心结构。从分析中可以看出作为货币政策工具的央票发行利率和定期存款利率可以解释货币市场利率的波动，即央票发行利率和定期存款利率是货币市场利率波动的原因。同时，央票发行利率和定期存款利率作为央行直接调控的政策工具，具有一定的稳定性，货币市场的短期波动不会直接改变它们。但是作为货币政策工具的这两种利率的调整会考虑货币市场的流动性。相对于管制利率定期存款利率而言，央票发行利率具有更大的市场性，所以央票发行利率更适合作为货币市场的基准利率。在货币市场，相对于银行间债券回购利率，银行间同业拆借利率更能反映货币市场的流动性。

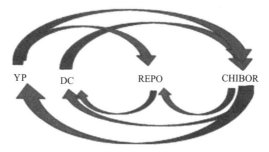

图 8.11　货币市场短期利率传导机制核心结构

8.2.3　货币市场利率与资本市场收益率之间的多元传导关系

　　基准利率作为短期货币政策目标最终会通过金融市场影响中长期利率，最后作用于实体经济，因此本小节引入金融市场，研究货币市场短期利率和资本市场利率的多元关联性。货币市场选取银行间同业拆借利率(CHIBOR)，债券市场选择银行间国债到期收益率的利率期限结构(简称债券市场收益率 DEBT)代表，股票市场选择沪深 300 股票收益率(简称股票市场收益率 STOCK)代表。其中，债券市场中银行间国债到期收益率的利率期限结构应用主成分方法从各期限银行间国债到期收益率中提取主成分，第一主成分解释能力为 88.7%，用第一主成分代表债券收益率 DEBT。样本区间为 2002 年 8 月到 2011 年 12 月，资料来源为 Wind 数据库，各变量历史走势如图 8.12 所示。

　　运用 Dirichlet-VAR 模型方法计算货币政策工具央票发行利率、定期存款利率、CHIBOR 债券市场收益率和股票市场收益率之间的传导关系，选择一阶滞后。货币市场利率和资本市场收益率之间的传导关系如图 8.13 所示，二元关系影响系数在图 8.14(a)、图 8.14(b)和图 8.14(c)中综合给出。

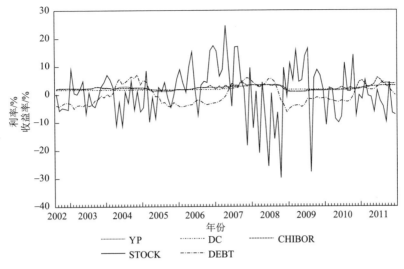

图 8.12　货币市场利率和资本市场收益率序列

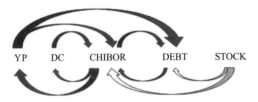

图 8.13　货币市场利率和资本市场收益率之间传导关系总体结构

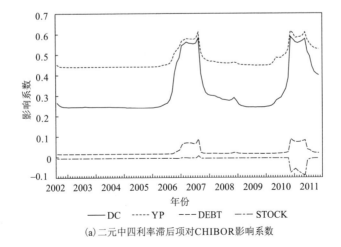

(a)二元中四利率滞后项对CHIBOR影响系数

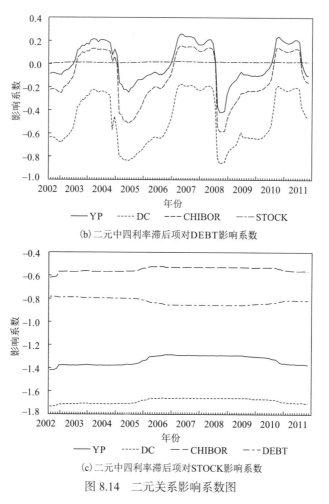

(b)二元中四利率滞后项对DEBT影响系数

(c)二元中四利率滞后项对STOCK影响系数

图 8.14　二元关系影响系数图

　　多元影响关系方面，对货币市场而言，央票发行利率和定期存款利率对 CHIBOR 和债券回购利率具有较强的解释能力，这种解释能力在 2006 年 12 月～2008 年 6 月和 2010 年 9 月～2011 年 12 月有较大波动。对于债券市场而言，作为货币政策短期工具的央票发行利率、定期存款利率和货币市场的 CHIBOR 对它都有较强的影响关系，但是在多元关系中发现央票发行利率和 CHIBOR 是债券市场的直接影响原因[图 8.15(b)]。央行通过公开市场操作影响了货币市场的流动性，从而影响了长期市场中债券市场的收益。央票发行利率和 CHIBOR 对债券市场影响较强的时间段是 2003 年 9 月～2004 年 9 月、2006 年 12 月～2008 年 6 月、2010 年 9 月～2011 年 11 月。从多元关系中我们可以看出，股票市场受央票发行利率和 CHIBOR 直接影响，这种影响非常平稳与显著[图 8.15(c)]。其中，央票发行利率可以分为基准利率成分和市场波动成分，其中基准成分反映货币政策导向，类似于定期存款利率，较为平稳，而市场波动成分是市场力量决定的，类似于银行间同业拆借成分，会有偏离基准成分的变化，而这部分偏离基准成分的未预期变化对于股票市场的影响更加明显。银行间同业拆借市场的流动性对股票市场的影响较大[图 8.15(c)]，值得注意的是银行系统的流动性在 2006 年末到 2011 年末对股票市场影响较为强烈。

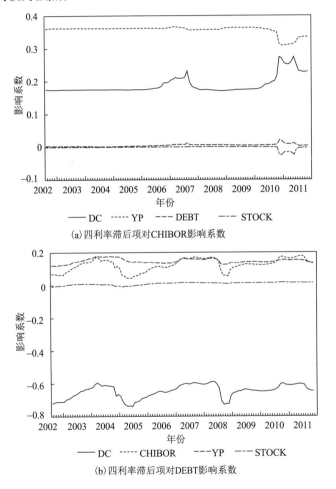

(a) 四利率滞后项对 CHIBOR 影响系数

(b) 四利率滞后项对 DEBT 影响系数

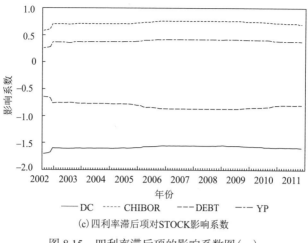

(c) 四利率滞后项对STOCK影响系数

图 8.15　四利率滞后项的影响系数图(一)

　　货币政策当局通过利率工具调整货币政策时，货币市场和资本市场都做出了积极的响应，体现了货币政策的有效传导。针对流动性过热和防范通货膨胀，央行在 2006 年末到 2008 年上半年采取了较为紧缩的货币政策，定期存款利率和央票发行利率在此期间都有过连续的上调，货币市场、债券市场和股票市场都有及时的反应。2008 年针对国际上的金融危机，我国采取较为宽松的货币政策刺激经济，缓冲金融危机对国内经济的冲击。针对美国的量化宽松政策，2011 年作为"十二五"开局之年，货币政策当局重新实行了稳健的货币政策来控制通货膨胀。对于央票发行利率和定期存款利率的上升，货币市场、资本市场也同时做出了敏感的反应。央票发行利率的变化直接影响了货币市场、股票市场，说明在货币政策调控渠道中，货币政策不但可以通过改变货币市场的流动性来改变中长期市场的预期收益率，同时未预期的货币政策调控对股票市场也产生了影响，最终通过股票市场作用于实体经济。

　　市场流动性的变化对于政策调整的反向影响分析中，可以看到 CHIBOR 对央票发行利率和定期存款利率的 AR 影响系数分别在 0.05 左右[图 8.16(a)、图 8.16(b)]，债券市场收益率和股票市场收益率对央票发行利率、定期存款利率和 CHIBOR 的 AR 影响系数都在 0 附近徘徊[图 8.16(a)、图 8.16(b)、图 8.16(c)]，说明作为货币政策短期工具，央票发行利率和定期存款利率的调整考虑了市场的情况，但是不会因为市场的短期波动而随时发生变化。货币市场流动性的变化对货币政策的调控变化影响较大。央行在调整货币政策短期工具时也会根据市场的反应了解市场信息，进一步进行政策调整。据此可得货币市场短期利率对资本市场长期利率传导的总体结构，如图 8.17 所示。

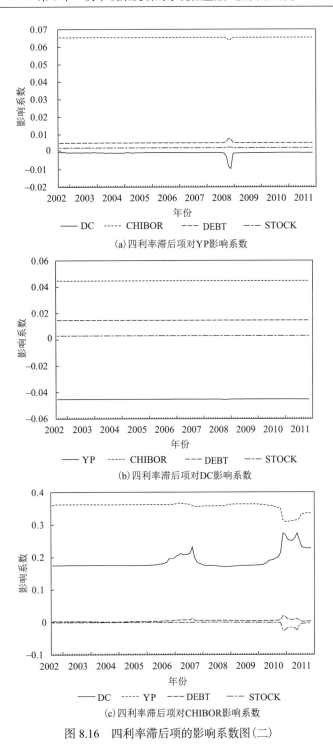

(a) 四利率滞后项对 YP 影响系数

(b) 四利率滞后项对 DC 影响系数

(c) 四利率滞后项对 CHIBOR 影响系数

图 8.16 四利率滞后项的影响系数图(二)

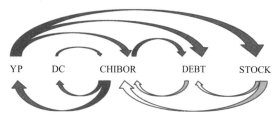

图 8.17　货币市场短期利率对资本市场长期利率传导的总体结构

综上所述，当所有变量共同进入模型中时，在货币政策向市场传导的过程中，宽松和紧缩的货币政策调整有效地调控了货币市场的流动性，再影响了资本市场的流动性。可见作为货币政策基准利率的央票发行利率的调整向市场传递了货币政策信息，向市场发出了信号，对市场的流动性产生了调控作用。央行在调整货币政策短期工具时也会根据市场的反应来了解市场信息，进一步进行政策调整。对于银行间同业拆借利率，央票发行利率和定期存款利率与它之间都有完整的传导环，即政策变化有效地影响了拆借利率，货币政策短期工具也反映了货币市场的信息。其中，具有市场性的货币政策工具央票发行利率可以通过影响货币市场的流动性，进而影响实体经济的中长期利率，分别对债券市场和股票市场产生影响。

8.2.4　结论

本小节应用 Dirichlet-VAR 模型，从多元数据因果关系检验与时变分析方面检验了政策利率的核心结构、政策利率与市场利率之间的传导机制，Dirichlet-VAR 模型避免了数据处理过程对原始数据中短期动态信息的损失，可实现对多元影响关系的时变度量。央票发行利率和定期存款利率引导了银行间同业拆借利率和银行间债券回购利率，同时，作为货币政策短期利率工具，央票发行利率相对于定期存款利率更具有市场性，对货币市场利率的影响更具有时变效应，所以适合作为货币市场的基准利率。货币市场利率和资本市场利率的传导过程中，作为货币市场基准利率的央票发行利率的调控能有效地影响货币市场其他利率和资本市场收益率，顺畅地传递了货币政策信息，对市场的流动性产生了调节作用。具有市场性的货币政策工具央票发行利率可以通过影响货币市场的流动性，进而影响中长期利率，分别对债券市场和股票市场产生了影响。债券市场和股票市场的市场信息也会给予央行调控货币政策工具参考信息。利率市场化进程中，有必要建立货币市场基准利率，以提升货币政策当局对市场传递政策信息和稳定市场利率的作用。

8.3　银行间市场与资本市场流动性的相依性分析[①]

8.3.1　引言

由货币市场与资本市场为代表的金融市场中，流动性正常可以作为金融市场健康有序运行的指标之一。在正常时期，投机性资金的充裕可以帮助缓解出现短缺资金的市场，使得资金恢复合理的交易价格。在流动性危机时期，由于整个市场的资金短缺，相应的投机性资金也短缺，促使基金或是交易商减少甚至是放弃他们的交易，由此产生市场上的利率大幅波动，市场上利率的这种异常波动是市场短缺投机性资金的征兆。市场流动性的急剧扩张、逆转和最后的流动性短缺和金融危机的爆发有着紧密的关联。流动性冲击的传导机制强调金融市场上出现的流动性冲击在市场间的金融传染。2013 年 6 月和 12 月的末期，我国银行间同业拆借利率飙升和国债市场出现的大规模抛售，甚至出现 1 年期国债收益率飙涨至与 10 年期国债收益率最多倒挂 30 个基点情形。在银行流动性危机导致的"钱荒"中，仅在 6 月 24 日当天，沪深股票市场就蒸发掉 13 400 亿元市值；金融股同期蒸发 8612.18 亿元市值。流动性变化这种关联性本质上是极端情况下银行间同业拆借市场和债券市场、股票市场之间的相依性。深入了解银行间同业拆借市场和资本市场之间的相依性、研究它们之间的传导机理和相互影响机制，对于中央银行针对金融市场监管和制定有效的货币政策及监管部门制定保持金融稳定政策和对投资者进行投资管理具有重要现实意义。

极端事件可以通过信息传递、流动性短缺以及跨市场的投资重新组合引发"金融传染"。Forbes 和 Rigobon(2002)采用市场波动上的条件相关系数，度量出 1997 年亚洲危机、1994 年墨西哥危机和 1987 年美国市场危机中相关系数并没有增大，但相依性增加。Pericoli 和 Sbracia(2003)的研究表明某个金融市场遭遇冲击导致其他金融市场出现危机的概率增大。Chiang 等(2007)应用动态系数相关模型检验了 1990～2003 年亚洲市场的相关性，发现在 1997 年亚洲金融危机期间市场相关性显著增加。在考察极端事件发生时市场间相依性变化方面，Longin 和 Solnik(2001)、Poon 等(2004)发现运用多元极值理论尾部分布测度优于传统的相关系数方法，通过极值相依性发现欧美发达股市收益率的极值相依性的非对称性。Rodriguez(2007)使用转移参数的 Copula 方法研究了亚洲金融危机和墨西哥比索危机时金融市场间的传染，危机时期东亚五国股市间的尾部相依性上升而拉丁美

---

① 本节作者：陈守东、章秀、易晓溦，本节对刊登于《统计与决策》2016 年第 6 期的论文《基于二元 POT 极值模型的货币市场与资本市场相依性分析》的题目和内容做了部分修改。

洲四国间则表现为尾部渐进独立性，即危机期间亚洲国家市场之间发生传染而美洲国家之间未出现传染。国内运用极值理论(extreme value theory，EVT)研究市场风险的研究包括：王永巧和刘诗文(2011)应用对称 Joe-Clayton Copula 模型刻画了国际主要股市和中国股市之间的非线性相依性与尾部相依性，实证表明中美股市之间存在微弱的下尾相依性。叶五一和缪柏其(2009)应用以收益率的尾部相依指数作为传染程度大小的一种度量，通过阿基米德 Copula 的变点检测方法来检验传染效应的存在性。于建科和韩靓(2009)通过比较危机前后 Copula 函数相关性的大小刻画了金融危机中中美金融市场之间的传染效应。陈守东等(2007)应用GARCH-EVT 对金融收益序列的尾部进行估计，并比较了条件极值和无条件极值下 VaR 与 ES，极值方法度量风险值效果更好。韦艳华和张世英(2007)应用多元Copula-GARCH 模型对上海股市进行研究，多元极值模型捕捉了金融市场间的非线性相关性，并且可以用于资产投资组合 VaR 分析。

在债券市场、货币市场和股票市场等三个市场的研究中，Rigobon 和Sack(2003a)度量了货币政策对股票市场的冲击大小，实证结果表明股票市场有着显著的货币政策脉冲响应。Rigobon 和 Sack(2003b)分析了美国金融市场间的传染效应，同时通过实证发现市场之间的传导的方向在不同时段不相同。Bernanke 和Kuttner(2005)研究了货币政策的变化对股票市场的影响，研究发现联邦储备利率25 个基点的下降会给股票指数价格带来 1%的上升。Ehrmann 等(2011)将研究拓展到国际分析中，还发现不同国家的不同市场之间也存在显著的溢出效应。国内股票市场与货币市场关联性的研究中，王一萱和屈文洲(2005)应用2001 年到2004年的股票数据采用协整检验和 Granger 因果关系检验的方法检验了货币市场(同业拆借和债券回购市场)与股票市场之间的关联性，发现货币市场和股票市场联通程度较低。余元全和余元玲(2008)研究发现货币市场利率对股票市场反应程度小。罗瑜(2012)从商业银行资产配置的角度分析了货币市场和债券市场之间的关联性。

国内学者目前的研究证实了市场间存在关联性，但缺乏对极端条件下银行间同业拆借利率市场和债券市场、股票市场之间溢出效应的关联性考察。本小节在国内外学者研究的基础上，采用二元极值理论峰值超过阈值(peak-over threshold，POT)方法研究市场间的风险溢出效应，充分捕捉市场间的极端点的动态相依性，对我国银行间同业拆借市场和资本市场间的溢出效应进行研究。

8.3.2　流动性的相依性与相依性结构度量

1. 流动性冲击与相依性描述

货币市场是货币供求关系的集合，银行间同业拆借市场是货币市场的重要组成部分，是中央银行进行货币政策执行的主要场所，是银行进行短期借贷的主要场所；资本市场是投资性资金供求关系的集合，债券市场、股票市场是资本市场的重要组成部分，是宏观经济的"晴雨表"，是投资性资金存放的主要场所。货币市场与资本市场紧密相连。流动性冲击的传导机制强调金融市场上出现的流动性冲击在市场间的金融传染。金融传染可视为一个受到金融冲击之后极端市场条件下市场间相依性的显著增加；冲击的传染可以通过金融市场间的波动溢出效应度量，在高波动水平下，金融市场间的相关关系趋于增强。市场之间的风险溢出效应是通过投资者的交易实现的，这种交易可以简单地概括为"flight-to-liquidity"，也称作"跷跷板效应"。正是由于波动溢出效应的存在，金融市场的系统风险往往高于其他市场。由极值事件发生引发的"金融传染"，统计上关注的是小概率事件发生时金融市场间的极值风险，市场间的这种极值风险与尾部相依性紧密联系。尾部相依性衡量了银行间同业拆借市场拆借利率和债券市场收益率、股票市场收益率同时发生极端事件的可能性，特别是右尾部相依性反映了负面异常事件发生时，市场间的风险溢出效应。

2. 极值理论的相依性结构度量

多元极值问题使用连接函数描述相依性结构，能够有效分离边缘分布与相依性，并克服相关性存在的许多问题。极值相依性可以刻画出随机变量之间的非线性相关性。基于 POT 方法的相依结构包含随机变量尾部分布的联合特征的信息，能够提供更为丰富和准确的变量相依性信息。相对于线性相关系数（皮尔逊相关系数），极值相关性可以区别出极端值分布的左右尾部。

对于随机向量 (X, Y)，存在独立性、完全相关性、渐进独立性和渐进相依性四种相依性结构。

(1)独立性：如果 X、Y 满足 $P(x, y) = P_X(x)P_Y(y)$，那么在 X、Y 的整个范围上称随机变量 X、Y 相互独立，这里 $P(x, y)$、$P_X(x)$、$P_Y(y)$ 分别表示相应的联合分布与边缘分布。

(2)完全相关性：如果存在函数 g 使得 $Y = g(X)$，那么 X, Y 完全相关，特别是如果函数 g 是线性的，那么 $\rho_{X,Y} = 1$。

(3)渐进独立性：如果对于 X, Y 序列中间部分没有限制，X, Y 序列的尾部存在独立性，那么称 X, Y 序列之间存在渐进独立性。

(4)渐进相依性：如果对于 X, Y 序列中间部分没有限制，X, Y 序列的尾部存在相关性，则称 X, Y 序列之间存在渐进相依性。

Ledford 和 Tawn(1996)通过将二元变量转换为服从边缘分布为 Frechet 分布的二元向量，研究了两分量同时出现最大值的概率极限，并用 Frechet 边缘分布区分了相依结构。Frechet 分布形式为

$$F(x) = \begin{cases} \exp\left[-(1+\varepsilon x)^{\frac{1}{\varepsilon}}\right], & x > -\dfrac{1}{\varepsilon} \\ 0, & x \leqslant -\dfrac{1}{\varepsilon} \end{cases}$$

其中，$\varepsilon > 0$；$x = (x_n - \beta_n)/\alpha_n$ 且当 n 趋于无穷时收敛到一个非退化分布，α_n 为尺度因子序列，β_n 为位置序列；ε 为形状参数。

设 $F(x,y) = \Pr(X < x, Y < y)$ 为二维随机变量 (X,Y) 的分布函数，对已知 (X,Y) 二元极值分布，$F_X(x)$、$F_Y(y)$ 分别为随机变量 X 与 Y 的边缘分布函数。

设

$$S = -1/\log F_X(x)$$
$$T = -1/\log F_Y(y)$$

则

$$\begin{aligned} F(s) = P(S \leqslant s) &= P(-1/\log F_X(x) \leqslant s) \\ &= P(F_X(x) \leqslant \exp(-1/s)) = \exp(-1/s) \end{aligned}$$

又 $F_X(x)$ 服从均匀分布，所以对任意的 $s > 0$，有

$$P(S > s) = P(T > s) = s^{-1} + O(s^{-2})$$

命题 (X,Y) 和 (S,T) 有着相同的概率结构。

事实上，由

$$\begin{aligned} P(q) &= P[F(T) > q \mid F(S) > q] \\ &= P[e^{-1/T} > q \mid e^{-1/S} > q] \\ &= P[e^{\log F_Y(y)} > q \mid e^{\log F_X(x)} > q] \\ &= P[F_Y(y) > q \mid F_X(x) > q] \\ &= P[Y > F_Y^{-1}(q) \mid X > F_X^{-1}(q)] \end{aligned}$$

由此我们给出如下的尾部相依性定义。

(1) 如果当 $q \to 1$ 时，$P(q) \to 0$，则称 (X,Y) 是渐进独立的。

(2) 如果当 $q \to 1$ 时，$P(q) \to q_0 (q_0 > 0)$，则称 (X,Y) 是渐进相依的。

(3) 如果当 $q \to 1$ 时，$P(q) > 1 - q$，则称 (X,Y) 是正相依的。

(4) 如果当 $q \to 1$ 时，$P(q)=1-q$，则称 (X,Y) 是独立的。

(5) 如果当 $q \to 1$ 时，$P(q)<1-q$，则称 (X,Y) 是负相依的。

对于金融时间序列 T 和 S 的尾部相依性，令 χ 为金融时间序列 T 和 S 的尾部相依系数，则

$$\chi = \lim_{q \to 1} P(q) = \lim_{s \to \infty} P(T>s \mid S>s) = \lim_{s \to \infty} \frac{P(T>s, S>s)}{P(S>s)}$$

由此，χ 满足 $0 \leqslant \chi \leqslant 1$，显然当 $\chi>0$ 时，(S,T) 是渐进相依；当 $\chi=1$ 时，(S,T) 是完全相依。

当 $P(T>s \mid S>s)$ 接近 0 时，令 $\bar{\chi}$ 为金融时间序列 T 和 S 的尾部相关性系数，

$$\bar{\chi} = \lim_{s \to \infty} \frac{2\log P(S>s)}{\log P(T>s, S>s)} \tag{8.13}$$

其中，$\bar{\chi}$ 满足 $-1 \leqslant \bar{\chi} \leqslant 1$。

(1) 当 $\bar{\chi}=1$ 时，令 $P(S>s,T>s)=P(S>s)$，则 (S,T) 是完全相依的。

(2) 当 $\bar{\chi}=0$ 时，令 $P(S>s,T>s)=[P(S>s)]^2$，则 (S,T) 是相互独立的。

(3) 当 $\bar{\chi}>0$ 时，则 (S,T) 是正渐进相关的。

(4) 当 $\bar{\chi}=0$ 时，则 (S,T) 是相互独立的。

(5) 当 $\bar{\chi}<0$ 时，则 (S,T) 是负渐进相关的。

应用 Hill 估计估计尾部相依系数 χ，Mason (1982) 假设 $L(s)$ 是一个阶数较低的慢收敛函数，当 $s \to \infty$ 时，$P(S>s, T>s) \sim L(s)s^{-1/\eta}$，$0<\eta \leqslant 1$，$\eta$ 是渐进分布的尾部指数。令 $Z=\min(S,T)$，则 $\bar{\chi}=2\eta-1$ 即为 Z 的尾部指数估计，又因为 $\bar{\chi}=1$，那么 $\eta=1$ 并且 $\chi=\lim_{s \to \infty} L(S)$。我们应用 Z 估计 η，其中当 $z>u$ 时，

$$\begin{aligned} P(Z>z) &= P(\min(S,T)>z) \\ &= P(S>z, T>z) \\ &= L(z)z^{-1/\eta} \end{aligned} \tag{8.14}$$

那么，Hill 估计为 $\hat{\bar{\chi}} = \dfrac{2}{n_u}\left[\sum_{j=1}^{n_u} \log\left(\dfrac{z(j)}{u}\right)\right]-1$，其中 $\bar{\chi}$ 的方差为 $\operatorname{var}(\hat{\chi}) = (\hat{\bar{\chi}}+1)^2/n_u$。当 $\hat{\bar{\chi}}=0$ 时，$\chi=0$；当 $\hat{\bar{\chi}} \sim 1$ 时，$\hat{\chi} = \dfrac{un_u}{n}$，$\operatorname{var}(\hat{\chi}) = \dfrac{u^2 n_u(n-n_u)}{n^3}$。

　　确定合理的阈值是二元 POT 极值模型的关键，本小节运用 Beirlant(2004)的检验图为二元 POT 极值模型选出合适的超出阈值的个数 k。我们首先将数据变化成标准的 Frechet 边缘分布，令

$$x_{*ij} = -1/\log u_{ij}, \quad i = 1,2,\cdots,n, \quad j = 1,2$$

(X_{*i1}, X_{*i2}) 是标准化分布后数值组合，令 $r_i = x_{*i1} + x_{*i2}$，$w_{ij} = x_{*ij}/r_i$，$i = 1,2,\cdots,n$，$j = 1,2$，其中 r_i 按照升序排列 $r_{(1)} \leqslant \cdots \leqslant r_{(n)}$，观测到和最大 r_i 相关的 k 值，那么通过 $(k/n)r_{(n-k)}$ 来确定阈值，$k = 1,2,\cdots,n-1$。通过谱估计函数 H 得到的估计方程可以写成

$$\tilde{H}(\cdot) = \frac{r_{(n-k)}}{n} \sum_{i=1}^{n} 1\left\{ r_i > r_{(n-k)}, w_{i1} \in \cdot \right\}$$

其中，$H(\cdot)$ 为 $H([0,1]) = 2$ 的估计值，其中 $w \in [0,1]$，因此，我们挑选使 $(k/n)r_{(n-k)}$ 最接近 2 的最大 k 值。

　　在二元 POT 极值模型中，可以用 Pickands(1981)相依函数表示两个序列尾部极值之间的相依性。令 G 为二元极值分布函数，G_1 和 G_2 为分布函数的边际分布函数。Pickands 相依函数可以通过 $G(y_1, y_2)$ 定义，其中 $A(\cdot)$ 为相依函数：

$$G(y_1, y_2) = \exp\left[\log\left\{ G_1(y_1) G_2(y_2) \right\} A\left(\frac{\log\left\{ G_2(y_2) \right\}}{\log\left\{ G_1(y_1) G_2(y_2) \right\}} \right) \right], \quad (y_1, y_2) \in R^2$$

　　应用 Smith(1991)提出的 bilogistic 模型最大似然方法和 Pickands(1981)的非参数方法估计二元极值分布的相依函数。

8.3.3　市场相依性的数值分析

　1. 数据样本描述

　　本小节选用了 2010 年 1 月 4 日至 2014 年 4 月 23 日 7 天上海银行间同业拆放利率(SHIBOR7)、负的上证综合指数收益率和负的中债综合指数收益率作为样本，全样本数据个数为 1075 个。银行间同业拆借利率刻画了银行间拆借市场资金供求关系，可以反映银行间市场流动性的充裕或紧缺；上证综合指数收益率能够反映股票市场资金供求关系，可以反映沪市和深市的流动性变化；中债综合指数

收益率反映债券市场资金供求关系，可以反映债券市场的流动性变化。数据来源为 Wind 数据库，应用 R8.0 软件实现。

样本期间 SHIBOR7、负的上证综合指数收益率和负的中债综合指数收益率的动态路径如图 8.18～图 8.20 所示，样本的基本描述统计如表 8.1 所示。

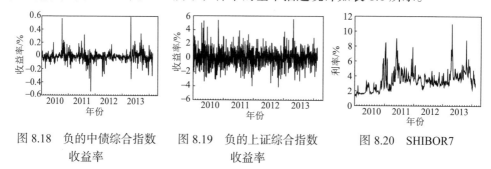

图 8.18　负的中债综合指数　　图 8.19　负的上证综合指数　　图 8.20　SHIBOR7
收益率　　　　　　　　　　　收益率

表 8.1　样本的统计量

样本	均值/%	最大值/%	最小值/%	标准差/%	偏度	峰度	JB 统计量	ADF
负的中债综合指数收益率	−0.012 52	0.587 777	−0.540 17	0.073 886	0.515 912	15.216 97	6 733.041	0
负的上证综合指数收益率	0.049 851	5.595 866	−4.145 26	1.184 474	0.354 914	5.060 689	212.773 6	0
SHIBOR7	3.466 259	11.004	1.361 3	1.323 188	1.179 461	5.789 23	597.714	0

在样本区间，从标准差可以看出股票市场和银行间拆借市场的波动要比债券市场的波动更大，从样本的偏度和峰度可以看出单个样本序列服从尖峰厚尾的分布，JB 统计量也可以判断样本序列拒绝正态分布。对两个序列进行单位根检验，在 5%的显著性水平下，ADF 检验拒绝了单位根原假设，即三个序列是平稳序列。

SHIBOR7、负的上证综合指数收益率和负的中债综合指数收益率两两之间的影响关系可以通过线性 Granger 因果关系刻画，Granger 因果关系检验结果如表 8.2 所示。SZ 表示负的上证综合指数收益率，ZZZ 表示负的中债综合指数收益率。

表 8.2　样本序列间的线性 Granger 因果关系检验

原假设	F 统计量	概率
SZ 不是 ZZZ 的 Granger 原因	7.3763	0.000 7
ZZZ 不是 SZ 的 Granger 原因	2.936 1	0.053 5
SHIBOR7 不是 ZZZ 的 Granger 原因	3.2111	0.040 7
ZZZ 不是 SHIBOR7 的 Granger 原因	4.3244	0.013 5
SHIBOR7 不是 SZ 的 Granger 原因	0.2335	0.791 8
SZ 不是 SHIBOR7 的 Granger 原因	3.2743	0.038 2

从检验结果可以看出，负的中债综合指数收益率和 SHIBOR7 在 5% 的显著性水平下二者互为 Granger 因果关系；负的上证综合指数收益率和负的中债综合指数收益率之间是单向 Granger 因果关系，其中，负的中债综合指数收益率不是负的上证综合指数收益率的 Granger 原因；负的上证综合指数收益率和 SHIBOR7 也是单向 Granger 因果关系，其中 SHIBOR7 不是负的上证综合指数收益率的 Granger 原因。基于上述因果关系检验结果，为了进一步分析银行间市场和股票市场、债券市场之间的非线性影响关系，考虑建立银行间市场和股票市场、银行间市场和债券市场之间的极值理论分析。

2. POT 极值估计

应用二元 POT 极值模型的尾部相依性分别检验和度量银行间同业拆借市场及资本市场中股票市场和债券市场之间的金融传染效应。两个序列的散点图如图 8.21、图 8.22 所示。

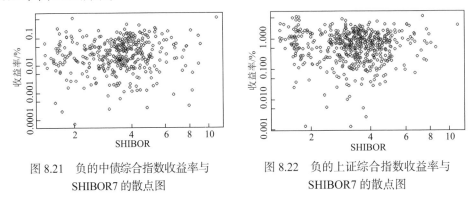

图 8.21　负的中债综合指数收益率与　　　图 8.22　负的上证综合指数收益率与
　　　　 SHIBOR7 的散点图　　　　　　　　　　 SHIBOR7 的散点图

通过 Beirlant(2004)提出的选取最大 k 值检验图的方法确定了阈值(图 8.23、图 8.24)。

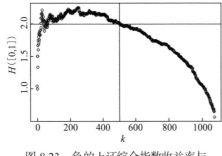

图 8.23 负的上证综合指数收益率与
SHIBOR7 的 k 值选取图

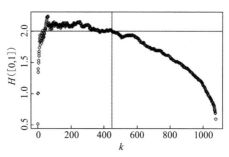

图 8.24 负的中债综合指数收益率与
SHIBOR7 的 k 值选取图

我们得出，在银行间同业拆借市场与债券市场之间尾部相依性的度量中，SHIBOR7 和负的中债综合指数收益率的阈值分别为 4.2590 和 0.020 129，银行间同业拆借市场和股票市场之间尾部相依性的度量中，SHIBOR7 和负的上证综合指数收益率的阈值分别为 4.1592 和 0.732 566。由此，我们得到由二元 POT 极值模型给出的极值分布的边缘分布，用 zmar1 和 zmar2 表示银行间同业拆借市场及债券市场分布的边缘函数，gmar1 和 gmar2 表示银行间同业拆借市场与股票市场分布的边缘函数，参数估计由表 8.3 中给出。

表 8.3 极值分布参数估计

	规模参数	形状参数
zmar1	1.0352	0.0777
zmar2	0.0480	0.1671
gmar1	0.9692	0.1104
gmar2	0.8183	0.0223

应用 Smith(1991) 提出的 bilogistic 模型的最大似然方法和 Pickands(1981) 的非参数方法估计给出二元极值分布的相依函数图，如图 8.25、图 8.26 所示。图中实线为参数估计结果，虚线为非参数估计结果。从相依函数的图表上我们可以看出，两个样本间具有相对较强的正相关的相依性，将两个相依函数进行比较，可以看出非参数的估计方法的结果要优于参数估计方法的结果。同时我们给出在不同分位数下极值点的参数估计和阈值的方位比较，如图 8.27、图 8.28 所示。结果表明，超过阈值的样本极值的个数远大于 2.5% 样本数据的尾部点的个数。

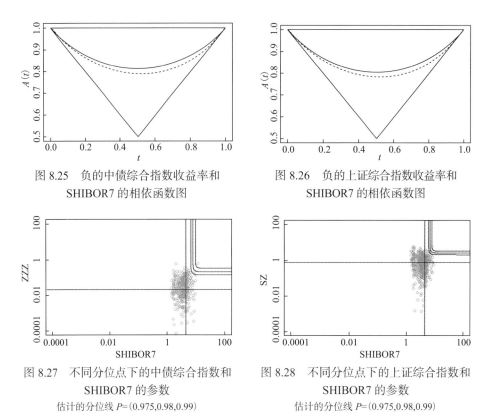

图 8.25　负的中债综合指数收益率和
SHIBOR7 的相依函数图

图 8.26　负的上证综合指数收益率和
SHIBOR7 的相依函数图

图 8.27　不同分位点下的中债综合指数和
SHIBOR7 的参数
估计的分位线 $P=(0.975, 0.98, 0.99)$

图 8.28　不同分位点下的上证综合指数和
SHIBOR7 的参数
估计的分位线 $P=(0.975, 0.98, 0.99)$

通过 χ 图检验两个序列的尾部渐进相依性，我们可以看出银行间同业拆借市场和股票市场、银行间同业拆借市场和债券市场之间具有正的渐进相依性（图 8.29、图 8.30）。进一步通过尾部相依性对于两个序列尾部的渐近相依性做进一步的印证。从图 8.29 和图 8.30 我们可以看出银行间同业拆借市场与债券市场和银行间同业拆借市场与股票市场的尾部极值 χ 都大于 0，说明银行间市场和债券市场与银行间市场和股票市场之间有正的尾部极值相依性。

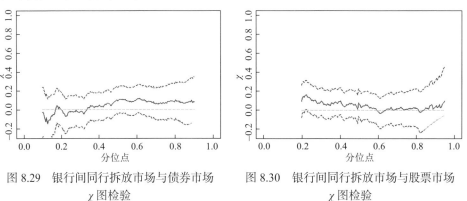

图 8.29　银行间同行拆放市场与债券市场
χ 图检验

图 8.30　银行间同行拆放市场与股票市场
χ 图检验

　　我们通过 Hill 估计得到尾部相依性系数(图 8.31、图 8.32)。负的中债综合指数和 SHIBOR7 之间尾部相依性系数为 0.672 212 9、负的上证综合指数收益率和 SHIBOR7 序列尾部之间的相关性为 0.604 614 2,说明银行间市场和债券市场、银行间市场和股票市场尾部之间存在正关联的相依性,即银行间市场的极端情况下与债券市场和股票市场之间的极端情况相互关联。

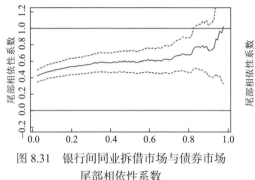

图 8.31　银行间同业拆借市场与债券市场
尾部相依性系数

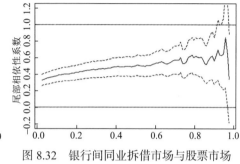

图 8.32　银行间同业拆借市场与股票市场
尾部相依性系数

　　通过对 SHIBOR7 和负的中债综合指数收益率、负的上证综合指数收益率尾部的极值分析,发现两组样本序列的尾部具有正的渐进相依性,说明在极端情况下银行间同业拆借市场和债券市场与银行间同业拆借市场和股票市场之间有相互溢出的效应。债券市场、股票市场和银行间同业拆借市场之间存在密切的相互关联。流动性在市场之间的流通、流动性冲击在市场之间的传导可以体现市场或是不同资产之间的相依关系。流动冲击的传导机制强调市场上出现流动性冲击的时候,冲击传染到与其相关联的市场上。金融市场上总的流动性水平和可能的投机性资金相关。正常环境中,诸如机构投资者和基金拥有充裕的资金用来供应流动性,可以帮助缓解市场流动性短缺。因此,偏离基本价格的大部分可以通过投机的力量消灭,资产在接近它们基本价值的价格上交易。在市场发生危机的情况下,资金会变得稀缺。整个市场中的流动性枯竭。充裕的投机性资金的缺乏限制了投机性力量,所以资产可能以偏离它们基本价格很多的价格成交。

　　利率是货币和资本的价格,反映金融市场上资金的供求关系。戈登模型(Gorden model, GM)

$$P = D/(r + i - g)$$

方程左边为股票价格 P,方程右边为预期基期每股股息 D、贴现率 i、货币市场利率 r、股息增长率 g。戈登模型刻画了市场利率与股票价格之间的动态关联性,当货币市场利率上升,股票市场的风险报酬率也上升,股息不变的条件下,股票价格下降,股票价格和货币市场利率反方向变动。市场运行正常时,股票价格主要反映上市公司的业绩和货币市场的利率水平。当市场间出现预期收益率的差异,在追求利润的驱动下，投资主体会选择高的市场进行投资，从而产生了市场间的资金流动。当总的流动性充裕的时候，银行间同业拆借市场和资本市场之间的利差给投资者带来了套利的机会，市场交易量增加，货币市场和资本市场之间的资本流动实现了价格发现的作用，分散了发生危机市场的风险。

债券市场与货币市场方面，债券市场中的长期限利率可以看成是市场投资者对未来短期利率的预期，短期利率的波动会影响投资者对市场的预期，从而影响投资者的投资行为。银行作为被监管者确信中央银行在市场出现极端情况时会扮演最后贷款者的角色来救助市场维护金融稳定。在这样流动性的保证下，银行会把可用资金投入信贷和债券市场进行投资提高经营利润。当实施从紧的货币政策时，商业银行贷款发放受到一定限制，大量剩余资金会在债券市场投资。所以，当货币市场出现利率上升的时候，短期利率的上升会推高市场对长期利率的预期，当货币市场与债券市场出现预期收益率的差异，资金会从债券市场向货币市场转移，提高了资金的配置效率。

从图 8.33 和图 8.34 中我们可以看出银行间同业拆借市场和债券市场之间极值相对应的区域。银行间同业拆借市场和债券市场之间两次较为严重发生溢出的时间段为 2010 年 12 月 29 日～2011 年 1 月 4 日、2011 年 5 月 23 日～10 月 10 日、2011 年 12 月 29 日～2012 年 2 月 24 日、2012 年每个季度末期、2013 年 6 月 21 日～8 月 2 日、2013 年 11 月 21 日～12 月 30 日、2014 年 1 月 20 日～2 月 14 日时间段。银行间同业拆借市场和股票市场之间两次较为严重发生溢出的时间段为 2011 年 5 月 23 日～10 月 10 日、2011 年 12 月 29 日～2012 年 2 月 24 日、2013 年 6 月 21 日～8 月 2 日、2013 年 11 月 21 日～12 月 30 日、2014 年 1 月 20 日～2 月 14 日时间段。从银行间同业拆借市场和债券市场和股票市场的溢出，在 2011 年初和 2013 年中、2013 年末的时候都出现了银行间市场与债券市场、股票市场的较长时间的风险溢出，可以判断在 2011 年和 2013 年中及 2013 年末的时段银行间同业拆借市场的流动性相对较为紧缺。2011 年和 2013 年中和年末银行间同业拆借市场流动性紧缺也反映了银行短期流动性紧张。

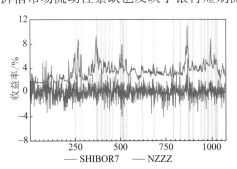 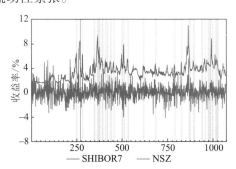

图 8.33　银行间同业拆借市场和中债综合指数　图 8.34　银行间同业拆借市场和上证综合指数
　　　　　　极值点对应区间　　　　　　　　　　　　　　极值点对应区间

从客观上看，银行在年中和年末需要补缴存款准备金、进行股息支付及应对监管考核，且年中和年末的节假日相对较多，这在某种程度上会产生较大的流动性需求，进而造成银行短期流动性的相对紧张。但是，在 2010 年和 2012 年并没有相同的银行间同业拆借市场流动性紧缺的时间段，所以可以得出流动性紧张的客观原因并不是造成 2011 年和 2013 年中及 2013 年末银行流动性紧张的主要原因。现今低利率的市场环境下，个人投资者开始寻找收益更高且相对风险小的投资产品，而这对银行的零售存款业务产生了冲击。许多银行开始转向资本市场寻求融资渠道和方式，如批发市场工具和同业拆借市场。银行通过短期拆借来补充资金用于长期贷款，在资本结构上存在长短期错配问题，累积了风险。银行期限错配容易引起银行短期流动性短缺。2011 年年中和年末，2013 年中及 2013 年末的银行流动性紧缺都相伴着国家房地产市场调控政策变化：2011 年初颁布的"国八条"及"限购令"的出台，"新建住房价格控制目标"的制度确定，2011 年二、三季度国家多次上调存款准备金，特别是国务院于 7 月份提出房价上涨过快的二三线城市要采取限购措施，商品房住房的销售持续期明显延长；2013 年 2 月 20 日颁布"国五条"建立健全稳定房价工作的考核问责制度，并且针对二三套房调控。

8.3.4　结论

本小节通过二元 POT 极值模型应用参数和非参数的估计方法分析了银行间同业拆借市场和债券市场、股票市场在极端情况下的尾部相依性，研究得到的主要结论和建议如下。

(1)线性 Granger 因果关系检验结果表明，SHIBOR7 和负的中债综合指数收益率之间存在互为因果的 Granger 关系，而 SHIBOR7 和负的上证综合指数收益率之间存在单向 Granger 因果关系。

(2)二元 POT 极值模型刻画了 SHIBOR7 和负的中债综合指数收益率、SHIBOR7 和负的上证综合指数收益率之间的关联性，标志银行间同业拆借市场流动性的 SHIBOR7 和代表债券市场的负的中债综合指数收益率、代表股票市场的负的上证综合指数收益率的尾部之间存在正关联的渐进相依性，说明极端情况下银行间同业拆借市场和债券市场、股票市场间存在"跷跷板"效应。

(3)最后通过银行间同业拆借市场和债券市场、股票市场的极值点定位极端事件的时段，在 2011 年和 2013 年中及 2013 年末的时候市场间的"跷跷板"效应比较明显，银行间市场流动性相对紧缺。银行流动性紧张除了客观因素外，我国房地产市场的调控政策对银行间市场流动性影响较大。

第9章 银行体系稳健性变化的系统性金融风险贡献研究

国际金融系统近年来不断地发生重大变化，金融机构、金融市场以及金融与实体经济之间的关联性不断增强，同时也积累了巨大的风险。特别是 2008 年国际金融危机的发生，引起了监管部门和理论界关于银行在金融系统中的作用及银行受货币政策影响的反思，银行风险和宏观审慎监管的作用在危机后备受关注。Minsky(1982a) 提出的"金融不稳定假说"认为，银行业自身具有内在的不稳定性，是由其高负债经营的行业特点决定的，经济繁荣阶段，风险偏好型和投机性的借款者所占比例可能导致频繁违约，从而引发大规模的银行破产，导致金融危机的发生。大量的理论和实证研究表明，商业银行监管不力是美国次贷危机的重要成因之一，金融危机造成的影响大部分是由银行危机引起的，因此银行业的稳定是金融稳定的核心。

亚洲金融危机爆发后，诸多学者从理论和实践层面研究了我国银行的不稳定性问题，他们认为，我国银行存在东亚银行体系的通病，即政府的干预更强，同时政府的担保导致银行盲目扩张信贷，使银行承担的风险更大。与此同时，学者们逐渐发现，依靠以控制通货膨胀为目标的货币政策尚不足以维护金融体系的稳定，各国金融监管的目标正随着对金融体系、银行体系的研究深入而改变，以防范系统性金融风险为目的的宏观审慎监管方式正逐步代替以资本监管为核心的微观审慎监管，成为主要发展趋势。加强宏观审慎监管，并将宏观和微观审慎监管进行有机结合，能够更加全面地维持金融稳定并保证实体经济稳定增长(李妍，2009；李文泓，2009)。

然而，目前关于银行稳健性的度量和影响尚未达成明确统一的认识，对银行系统的风险与货币政策的影响机制以及逆周期资本监管对银行稳健性的作用缺乏深入的研究，宏观审慎监管工具的开发和实施也因此受到了限制。虽然我国尚未出现内部风险引发的金融危机，但是近些年金融系统中的不稳定现象越发明显，风险呈现不断积累的状态，主要体现在以下几个方面：首先，我国进入经济增长新常态。经济增长的放缓通过对实体经济的影响扩散至银行，同时银行作为金融系统的重要部分，需要承担在经济下行期稳定信贷市场和金融环境的作用，导致银行面临的风险增加。其次，影子银行业务风险暴露加重。我国的影子银行主要指银行体系外的金融中介活动(王妍和陈守东，2014b)，越来越多的银行理财产品、表外业务，以及小额贷款公司和民间投资公司等机构的中介业务等扩充了经济活动中的资金来源，但也对金融系统的稳定产生了冲击，对银行的稳健经营产生影响。最后，我国房地产市场蕴含波动风险。我国房地产市场对银行信贷的依赖通常涉及房地产融资及开发的各个环节，尤其是房地产企业占银行信贷的比例非常高，房地产市场的波动将对金融系统的各个方面产生重要影响，并可能通过连锁反应导致整体金融系统的风险，房地产市场所隐含的风险不容忽视。

很多现有的文献将货币政策对银行的传导渠道分为三类：银行信贷渠道、贷款者资产负债表渠道及银行资本渠道(Drumond，2009)。其中，银行信贷渠道是货币政策对需提取法定准备金的债务对银行贷款行为产生的影响；贷款者资产负债表渠道关注贷款者财务表现和贷款者外部融资的成本；银行资产渠道则代表货币政策由银行资本对银行信贷行为产生影响，关注银行资本质量、出于市场需求和监管要求进行的资本储备，以及贷款和经济周期的外生冲击。

贷款者资产负债表渠道关注贷款者财务表现和贷款者外部融资的成本；利率变化会导致企业或家庭的偿债能力和偿债意愿变化，由此影响到银行的债务质量；货币供给量则会影响贷款者获得新贷款的难度，当货币政策产生变化时，银行的稳定性受到资产质量、不良贷款率和新贷款规模的影响而产生波动。由于宏观经济环境恶化和紧缩型货币政策，引起包括代理成本在内的企业融资成本的上升(田敏等，2013)，导致企业资产负债表的恶化，引发贷款者还款能力下降和道德风险问题(Bernanke and Gertler，1989)，并且市场不完全和信息不对称，利率上升导致企业投资减少和逆向选择问题，会反向影响宏观经济环境。

银行信贷渠道是货币政策通过影响银行对私人部门的信用供给向真实经济体传导，利率是这种银行信贷渠道的重要因素，当货币政策紧缩时，利率上升，银行需要削减新贷款以应对存款和存款准备金的下降，并且这种贷款缺口很难通过其他融资途径弥补，对借款者来说，银行借款的减少也难以通过金融市场融资等其他途径获得，导致实体经济受到货币政策变动的影响。

银行资本渠道则是较新的理论，Berger 等(1995)以资本占资产的比率定义了银行资本渠道，并认为在缺少资本监管需求时，合理的资本率能够最大化银行的价值，并在现有的监管框架下保证了银行系统的稳健性。由于银行信贷渠道和银行资本渠道均假定货币政策的影响经由银行货币供给产生，银行资本渠道往往与银行信贷渠道被归类为同类型的货币政策渠道，然而，银行资本渠道及银行资产负债表渠道除受到货币政策的影响之外同样受到其他因素的影响，因此银行资本渠道能够成为宏观审慎监管的有效工具。银行资本渠道的理论模型解释了《巴塞尔协议 II》资本监管框架导致的顺周期性，并能够为缓和顺周期性的监管措施提供改进（Drumond，2009）。

Sunirand（2003）发现银行资本渠道对货币政策存在放大效应导致了金融不稳定性加剧。Kiyotaki 和 Moore（1997）及 Bernanke 等（1999）认为，资产净值受到资产价格的冲击，而资产价格对资产净值具有反馈作用，该循环放大了货币政策原始冲击。Aikman 和 Paustian（2006）的研究同样支持了银行资本渠道的放大效应，他们认为宏观经济和金融变量受到货币政策、银行资本的持续冲击，并且金融摩擦会放大这种冲击。

从银行公开发布的信息来看，我国的银行体系的不稳定性主要表现为银行规模分布的严重不均衡、不良资产的累积及信息披露的不完全，导致银行体系受到外部冲击时稳健性的波动。银行的不同性质导致银行面临的风险程度和风险类型不同，我国商业银行的种类众多，包括国有商业银行、股份制商业银行、城市商业银行、城市农商行及外资银行等，也使制定有效的统一监管措施更为困难，因此需要加强对货币政策对商业银行的影响及商业银行稳健性的研究。本书的研究将从理论和实践层面研究我国银行的稳健性问题，有助于对我国金融系统中银行稳健性、银行面临的风险和带来的问题清晰认识；有助于宏观审慎监管工具的开发及有效实施，防范银行体系的系统性金融风险发生并维持金融稳定。

9.1　利率与银行贷款行为的规模分布效应研究[①]

9.1.1　引言

货币政策通过影响银行对私人部门的信用供给向真实经济体传导，利率是这种银行信贷渠道的重要传导机制，当货币政策紧缩时，利率上升，银行需要削减新贷款以应对存款和存款准备金的下降，并且这种贷款缺口很难通过其他融资途径弥补，对借款者来说，银行借款的减少也难以通过金融市场融资等其他途径获得，导致实体经济受到货币政策变动的影响。我国商业银行系统包括国有商业银行、股份制商业银行、城市商业银行和农村商业银行等，大型的全国性商业银行更容易从银行间拆借市场和金融市场获得资金，相对于中小银行，大型银行贷款变化的幅度较小，因此银行的贷款规模受到利率变化的影响

---

① 本节作者：张丁育、陈守东，本节对刊登于《学习与探索》2015 年第 5 期的文章《利率与银行贷款行为的规模分布效应研究》的内容做了部分修改。

也就具有分布效应。

　　学者们通过规模或流动性对银行进行分类以解释银行贷款行为受利率影响的分布效应。Kashyap 和 Stein(1995)将美国银行按照相对规模分成了三类,并分析联邦基金利率变化对各类银行的整体借款的影响,不同类别银行对利率变化的反应程度有所不同。Fruhwirth -Schnatter 和 Kaufmann(2006)以奥地利银行为样本,将对利率变化具有相似反应的银行归为一组,并发现资产规模较大的分组受到利率变化的影响显著异于其他两组规模较小的银行,但后两组银行仅占总银行市场的 3.5%,银行信贷渠道的证据显得不够充分。Jimborean(2009)对新加入欧盟的10 个国家商业银行贷款规模进行了分析,并发现一些银行的银行规模、流动性和资本化等银行特征能够在短期内影响银行贷款行为对利率变化的反应,但这种效应并不能推广到全部样本银行。Matousek 和 Sarantis(2009)通过动态面板估计对东欧和中欧 8 个国家的大量银行进行分析,发现银行规模和流动性对银行贷款受货币政策影响的分布效应具有十分显著的影响。此外,一些国外学者探讨了银行贷款随时间变化的特征,Asea 和 Blomberg(1998)通过 MS 模型分析,认为银行借款价格随着经济周期发生变化。Fruhwirth-Schnatter 和 Kaufmann(2002)发现单个美国银行贷款受到联邦基金利率变化的非对称影响,利率对贷款行为的影响具有时变性。Matousek 和 Sarantis(2009)对 8 个欧洲国家银行信贷渠道的研究发现,这些国家的总贷款供给与宏观经济的联系非常紧密。Gambacorta 和 Marques-Ibanez(2011)的实证研究则认为分布效应对银行贷款具有明显的冲击,且在 2007～2010 年的金融危机前后存在结构变化。

　　我国学者对货币政策影响银行信贷行为的分布效应的研究起步较晚,许友传(2012)通过非平衡面板数据研究了全国性商业银行、城市商业银行和外资银行对货币政策冲击的信贷行为反应与分布特征,发现规模更大、股权资本更多的银行对货币紧缩态势有更大的信贷行为反应;李涛和刘明宇(2012)以 25 家银行的非平衡面板数据对货币政策传导的银行贷款渠道进行了研究,他们认为,资本充足率越高、资产规模越小和流动性比例越大的银行越易受到货币政策的冲击;现有的研究都是通过面板数据模型对我国商业银行的银行信贷行为进行研究,结论也并不一致。本小节对我国商业银行对利率的信贷行为的分布效应和区制转特征进行研究,建立了带有宏观经济状况控制变量的非线性 VARX 模型,通过贝叶斯MCMC 方法,估计出银行信贷行为受到货币政策影响的区制转移结构。研究结果表明,将银行按规模大小分成三类时,规模较大的一组受到利率变化的影响较小,另外两组规模较小的银行对利率变化的反应则更大,表明银行贷款对利率变化的反应具有分布效应,且所有的银行分组对利率变化的反应具有区制转移特征,规模较小的银行这种特征更加明显。

9.1.2　银行贷款行为的理论模型

本小节的理论基础是 Bernanke 和 Blinder(1988)微观层面的货币政策——信用传导机制模型。Stein(1998)也曾以此为基础研究了关于银行资产负债管理的逆向选择模型，提供了银行贷款对货币政策操作响应的解释，并描述了货币政策通过影响银行对私人部门的信用供给，对真实经济产生的冲击和传导作用。本小节沿用了 Fruhwirth-Schnatter 和 Kaufmann(2006)对前人模型进行的扩充，认为银行贷款行为受利率的影响具有时变性，银行贷款行为具有分布效应。假设将银行分为高风险和低风险两类，银行在信贷市场充当垄断者并在存款市场充当价格接受者(即存款市场是完全竞争的)，在此基础上对银行贷款行为提出三个假设：假设一认为，存款者总是有转换成本，因此银行对存款者具有黏性；假设二认为，银行存款利率就是市场出清的存款利率，存款和购买债券对储蓄者是完全替代的，具有相同的利率 i；假设三认为，全部银行均以利润最大化为目标进行贷款决策。

高风险和低风险两类银行均有两种获得新贷款 L 的可能性，应提取准备金、风险较低(往往视为无风险)的存款 D 或无担保的风险资金 E，如普通股或 CD。假设每家银行的现有资产 A 都能够被已有的资金 P 覆盖，$A=P$。然而，各银行间现有资产 A 的不同是不公开的，导致了存款者信息不对称。低风险银行资产价值为 A_G，高风险银行资产价值为 A_B，且 $A_B < A_G$。信息不对称程度可表述为 γ，$\gamma = 1 - A_B / A_G$，即为低风险银行的相对资产价值。对全部银行，资产负债表可简略地表示为式(9.1)：

$$L + R + A = D + P + E \qquad (9.1)$$

其中，L 为新增贷款；R 为提取的存款准备金；A 为银行的现有资产；D 为新增存款；P 为银行的现有资金；E 为新增的风险资金。因此，式(9.1)左边为银行资产，右边为银行负债。由于存款 D 需要提取 R 的储备金，准备金率以 φ 表示：

$$L = E + (1 - \varphi) D \qquad (9.2)$$

整个贷款市场面临着市场出清的贷款利率 r 和贷款需求弹性 b，因此向下倾斜的贷款需求曲线可表示为

$$L^D = a - br \qquad (9.3)$$

对银行提供贷款的行为，分别对高风险和低风险银行进行局部均衡模型的分析，依据 Stein(1998)及 Fruhwirth-Schnatter 和 Kaufmann(2006)，高风险银行面临的贷款供给曲线为

$$L^B = (a - bi) / 2 \tag{9.4}$$

而 B 银行追求利润最大化的原则下，全部通过无担保的风险融资 E 作为贷款的资金来源。即通过每个银行的外部风险融资 E(的大小)决定银行的类型。

$$L^B = E^B \tag{9.5}$$

$$L^G = L^B - Z \tag{9.6}$$

低风险银行风险融资的数量小于高风险银行，即 $E^G < E^B$，且新增的贷款比高风险银行更少，因此，

$$E^G = L^B - Z - D^G (1 - \varphi) \tag{9.7}$$

当中央银行决定了准备金 R，银行需要决定无担保外部融资 E 的数量，然后依据已知的市场存款利率 i，选择最佳的资产负债水平。激励约束使高风险银行的反应与低风险银行不同，若它们与低风险银行采取相同的策略，通过发行高价股票获得的收益不应超过预期利润的损失。对高风险银行，均衡状态的约束为式 (9.8)，其中左边是减少贷款 Z 和在存款市场增加 D^G 存款带来的成本，右边为股票价值上升的收益：

$$Z^2 / b + \varphi_i D^G = \gamma E^G \tag{9.8}$$

一期内改变股权融资和贷款规模决策是很困难的，式 (9.7) 中 E^G 和 L^B 保持不变时可得式 (9.9)：

$$D^G = Z / (1 - \varphi) \tag{9.9}$$

低风险银行的外部融资为 E^G 时，Z 和 D^G 决定了 Z 的最优选择为式 (9.10)：

$$Z = \varphi_i b / 2 (1 - \varphi) \tag{9.10}$$

因此，低风险银行和高风险银行的贷款额度有 Z 的差异，且差异的额度与存款准备金率 φ、市场出清利率 i 和贷款需求弹性 b 有关。贷款需求弹性取决于宏观经济状况的变化，经济状况良好时更易获得流动性，贷款者从其他途径 (如留存收益或发行债券) 获得资金的可能性更大，贷款需求弹性更大。当宏观经济环境的状况越好时，贷款需求弹性越大，低风险银行和高风险银行的贷款规模差异也越大。将 Z 和 E^G 带入式 (9.8)：

$$D^G = \left(\frac{la}{2} - \frac{lbi}{2(1-\varphi)} \right) - \frac{i^2 \varphi^2 b}{2(1-\varphi)} / \left(\varphi_i + \gamma(1-\varphi) \right) \tag{9.11}$$

由式(9.11)可知,各银行非对称信息的暴露程度不同,货币政策变化导致的贷款变化也不同。低风险银行的贷款受可用储备金的正向影响;且这种影响程度受信息不对称程度 γ 和贷款需求弹性 b 的影响,银行信息不对称程度越高,贷款需求弹性越小,贷款受紧缩的货币政策影响越大。

9.1.3　银行贷款行为的分布效应计量模型

1. 银行贷款行为的 VARX 模型

根据银行贷款行为模型,货币政策变化导致的贷款变化受信息不对称程度 γ 和贷款需求弹性 b 的影响,银行信息不对称程度越高,贷款受紧缩的货币政策影响越大;贷款需求弹性越小,贷款受紧缩的货币政策影响越明显。以往研究往往通过普通最小二乘法等研究银行贷款行为与货币政策的线性关系,但忽略了变量之间可能存在的滞后影响,VAR 模型对描述经济变量之间的关系有良好的表现,因此本小节采用了 VAR 模型。由于不同银行间和不同的外部环境下银行贷款行为受到利率变化的影响不同,对银行贷款行为的分布效应和经济状态变量进行研究,加入控制变量对 VAR 简化式方程进行了扩充,得到 VARX 模型:

$$
\begin{aligned}
\mathrm{BLG}_{it} = &\sum_{j=1}^{p} \alpha_j \mathrm{BLG}_{i,t-j} + \sum_{j=1}^{q} \beta_{S_{i,j}}^G \mathrm{dir}_{t-j} + \sum_{j=1}^{q} \beta_{S_{i,j}}^R \left(I_t - 1 \right) \mathrm{dir}_{t-j} + \alpha_{1,p} \mathrm{NLP} \\
&+ \alpha_{2,p} \mathrm{BPR} + \alpha_{p+1} \mathrm{dGDP}_t + \alpha_{p+2} \mathrm{dinf}_t + \sum_{j=1}^{3} \alpha_{p+j} D_{jt} + \alpha_0 + \varepsilon_{it}
\end{aligned}
\tag{9.12}
$$

其中,BLG_{it} 为银行 i 在 t 时点的贷款变化,以银行的季度贷款增长率衡量,本小节假定 BLG_{it} 对利率变动的响应在不同银行间和不同时点是有区别的;dir_t 为代表货币政策变化的利率增长率。p 和 q 分别代表银行贷款与利率的滞后期。并引入衡量银行信用风险水平的控制变量不良贷款率(用 NLP 表示)和银行产权控制变量股权属性(用 BPR 表示)。宏观经济控制变量为 GDP 增长率和通货膨胀预期率,并假定贷款增长率对 GDP 增长率和通货膨胀预期率无法即期响应,即 GDP 增长率和通货膨胀预期率对贷款规模的变化仅存在滞后效应。为消除季节效应,引入季节虚拟变量 D_{jt},j=1,2,3。S_i 为银行 i 的分组指标,按银行资产规模对银行 i 进行分组,i=1,2,3。

为衡量经济信用环境,选择状态变量 I_t,$I_t = 0$ 代表经济状况更好,贷款需求弹性更大,利率变化带来的负面效应更小。$I_t = 0$ 时利率影响为 $\beta_{S_{i,j}}^G - \beta_{S_{i,j}}^R$,$I_t = 1$

时利率影响为 $\beta_{S_{i,j}}^G$，同样 I_t 对每组都是相同的，但 $\beta_{S_{i,j}}^R$ 对每组不同。即不同组银行的变化程度不同。状态变量 I_t 在时间 t 为 0 或 1 的概率依赖于 $t-1$ 期的状态 I_{t-1}：

$$Pr\left(I_t=j\,\middle|\,I_{t-1}=i\right)=\tau_{ij},\ \ i,j=0,1 \tag{9.13}$$

并且假设 τ_{ij}、τ_0 和 τ_1 分别服从独立的 Dirichlet 分布，$\tau_i\sim\left(f_{i0,0},\cdots,f_{i1,0}\right)$ 且 $\sum_{k=1}^K\tau_{ij}=1$。

残差服从标准正态分布，但考虑到银行间的不同变量，因此考虑残差的条件异方差性，以调整每个银行对总方差的变化，ε_{it} 的条件分布为

$$\varepsilon_{it}\,\middle|\,\lambda_i\sim N\left(O,\sigma_i^2\right),\ \sigma_i^2=\lambda_i^{-1}\sigma^2 \tag{9.14}$$

权重 λ_i 表示各银行方差占总体方差的比例，采用贝叶斯方法，我们假设其参数 λ_i 和 σ^2 的先验分布分别为 Gamma 分布和逆 Gamma 分布：$\lambda_i\sim G\left(v/2,v/2\right)$，$\sigma^2\sim\mathrm{IG}\left(v_{\varepsilon,0},G_{\varepsilon,0}\right)$。

2. 模型估计

银行的贷款规模增长率可视为具有固定效应，即所有银行贷款规模受到利率影响的方向与效应大小基本相同。模型估计之前首先将式(9.12)简化为式(9.15)：

$$\mathrm{BLG}_{it}=x_{it}^1\alpha+x_{it}^2\left[\beta_{S_{i,j}}^G+\beta_{S_{i,j}}^R\left(It-1\right)\right]+\varepsilon_{it} \tag{9.15}$$

其中，BLG_{it} 为银行 i 在 t 时刻的数据；向量 x_{it}^1 包括全部不受组间效应和状态效应影响贷款增长率的指标，$x_{it}^1=\left(\mathrm{BLG}_{i,t-1},\cdots,\mathrm{BLG}_{i,t-p},\mathrm{BPR}_t,\mathrm{NLP}_t,\mathrm{dGDP}_t,\mathrm{dinf}_t,D_{1t},D_{2t},D_{3t},1\right)$；$x_{it}^2$ 表示利率对 BLG_{it} 具有组间效应和区制转移效应的滞后影响，$x_{it}^2=\left(\mathrm{dir}_{t-1},\cdots,\mathrm{dir}_{t-q}\right)$。固定效应模型的回归参数 $\alpha=\left(\alpha_p,\alpha_{1p},\alpha_{2p},\alpha_0\right)$，$\alpha$ 服从正态分布 $N\left(c_0,C_0\right)$。组别向量 $\beta_{S_{i,j}}^G=\left(\beta_{S_{i,1}}^G,\cdots,\beta_{S_{i,j}}^G\right)$，状态虚拟变量 $\beta_{S_i}^R=\left(\beta_{S_{i,1}}^R,\cdots,\beta_{S_{i,j}}^R\right)$。且 $\left(\beta_{S_{i,j}}^G,\beta_{S_{i,j}}^R\right)\sim N\begin{pmatrix}b_0&B_0&B_0\\0&B_0&2B_0\end{pmatrix}$。

以向量 θ 表示模型的全部参数，包括参数向量 $\alpha,\beta_1^G,\cdots,\beta_k^G,\beta_1^R,\cdots,\beta_k^R$，方差 σ 和转移概率 $\tau=\left(\tau_{00},\tau_{01},\tau_{10},\tau_{11}\right)$。并加入扩充的参数向量 $\psi=\left(\theta,\lambda^N,I^T\right)$，其中方差权重 $\lambda^N=\left(\lambda_1,\cdots,\lambda_N\right)$，状态指标 $I_t=\left(I_0,I_1,\cdots,I_t\right)$。

　　虚拟变量 I^T 无法通过最大似然法进行估计，因为最大似然法的似然函数随着观测值的增加而变大，因此选择了贝叶斯 MCMC 方法估计 π 的后验分布，进而得到相应的参数估计。

　　根据贝叶斯定理，参数 ψ 的后验分布与模型拟合函数及参数先验分布密度函数的乘积成正比：

$$\pi\left(\psi\big|y^N\right) \propto \prod_{i=1}^{N}\prod_{t=p+1}^{T} f_N\left(y_{it}\big|\lambda_i,I_t,\alpha,\beta_1^G,\cdots,\beta_k^G,\beta_1^R,\cdots,\beta_k^R,\sigma^2,y_i^{t-1}\right)\pi(\psi)$$

其中，$f_N\left(y_{it}\big|\cdot\right)$ 服从正态分布，通过式(9.12)和式(9.14)可推得其方差和均值：

$$E\left(y_{it}\big|\lambda_i,I_t,\alpha,\beta_1^G,\cdots,\beta_k^G,\beta_1^R,\cdots,\beta_k^R,\sigma^2,y_i^{t-1}\right) = x_{it}^1\alpha + x_{it}^2\left[\beta_{S_{i,j}}^G + \beta_{S_{i,j}}^R\left(It-1\right)\right]$$

$$V\left(y_{it}\big|\lambda_i,I_t,\alpha,\beta_1^G,\cdots,\beta_k^G,\beta_1^R,\cdots,\beta_k^R,\sigma^2,y_i^{t-1}\right) = \lambda_i^{-1}\sigma^2$$

$\pi(\psi)$ 为先验分布：

$$\pi(\psi) = \pi\left(I^T\big|\tau\right)\pi\left(S^N\big|\eta\right)\pi\left(\lambda^N\big|v\right)\pi(\theta)$$

其中：

$$\pi\left(I^T\big|\tau\right) \propto \prod_{j=0}^{I}\tau_{jj}^{\#(I_t=j,I_{t-1}=j)}\left(1-\tau_{jj}\right)^{\#(I_t=1-j,I_{t-1}=j)}$$

$$\pi\left(\lambda^N\big|v\right) \propto \prod_{i=1}^{N}\pi\left(\lambda_i\big|v\right)$$

$$\pi(\theta) = \pi(\tau)\pi\left(\alpha,\beta_1^G,\cdots,\beta_k^G,\beta_1^R,\cdots,\beta_k^R\right)\pi\left(\sigma^2\right)$$

　　由于联合后验分布是高维的并且难以直接获得，为获得无约束后验分布的估计，避免抽样仅有局部收敛特征，通过对之前列出的 5 个参数块进行随机信号的区制转换迭代，保证 5 个参数块均有效遍历后验分布的每一个模型。由于全部条件概率密度都服从几种标准的分布，可使用 MCMC 方法进行 (Chib，1996；Fruhwirth-Schnatter and Kaufmann，2006)，其程序如下。

　　(1)区制转移概率 τ 从 $\pi\left(I^T\big|\tau\right)$ 中抽取，τ_1 和 τ_0 分别服从独立的Dirichlet分布 $D\left(f_{i0,T},f_{i1,T}\right)$，$i=0,1$。其中，$f_{ij,T} = f_{ij,0} + 1_{(I_t=j,I_{t-1}=i)}$，$i=0,1$；$j=0,1$。

(2) 从 $\pi\left(\alpha^*\big|\sigma^2,I^T,\lambda^T,y^N,\right)$ 中联合抽取全部回归参数 $\alpha,\beta_1^G,\cdots,\beta_k^G,\beta_1^R,\cdots,\beta_k^R$，当 I^T 确定，式 (9.13) 可表述为：$y_{it}=Z_{it}\alpha^*+\varepsilon_{it}$，$\varepsilon_{it}\sim N\left(0,\sigma^2\big/\lambda_i\right)$，其中，$Z_{it}=x_{it}^1\alpha,x_{it}^2D_i^{(1)},\cdots,x_{it}^2D_i^{(K)},x_{it}^2D_i^{(1)}\left(I_{t-1}\right),\cdots,x_{it}^2D_i^{(K)}\left(I_{t-1}\right)$。当 $S_i=k(k=1,2,3)$ 时，$D_i^{(K)}=1$。α^* 的后验分布通过正态分布 $\pi\left(\alpha^*\big|\sigma^2,I^T,\lambda^T,y^N\right)$ 获得。

(3) 通过 $\pi\left(\sigma^2\big|\alpha,\beta_1^G,\cdots,\beta_k^G,\beta_1^R,\cdots,\beta_k^R,I^T,\lambda^T,y^N\right)$ 进行方差抽样，方差 σ^2 后验分布仍为逆 Gamma 分布 $\mathrm{IG}\left(v_{\varepsilon,N},G_{\varepsilon,N}\right)$，其中：

$$v_{\varepsilon,N}=v_{0,N}+N\left(T-p\right)/2;\quad G_{\varepsilon,N}=G_{0,N}+\frac{1}{2}\left(\sum_{i=1}^N\lambda_i\sum_{t=p+1}^T\left(y_{it}-\widehat{y_{it}}\right)^2\right)。$$

(4) 状态指标从 $\pi\left(I^T\big|\theta,\lambda^T,y^N\right)$ 中抽取，通过向前滤波的方法从 $t=1$ 的初始分布 $\pi\left(I^0\right)$ 计算 $\pi\left(I_t\big|\theta,\lambda^T,y^{N,t}\right)\propto f\left(y_{it}\big|\lambda_i,\theta,I_t,y_i^{t-1}\right)\pi\left(I_t\big|\theta,\lambda^T,y^{N,t-1}\right)$，其中 $y^{N,t-1}$ 包括全部银行的观测值，$f\left(y_{it}\big|\lambda_i,\theta,I_t,y_i^{t-1}\right)$ 服从正态分布 $N\left(\widehat{y_{it}},\sigma^2\big/\lambda_i\right)$；

$\pi\left(I_t\big|\theta,\lambda^T,y^{N,t-1}\right)=\sum_{I_{t-1}=0}^1\pi\left(I_{t-1}\big|\theta,\lambda^T,y^{N,t-1}\right)\tau_{I_{t-1},I_t}$。当得到滤波概率时，从 $t=T$ 开始进行向后抽样，从 $\pi\left(I_t\big|\theta,\lambda^T,y^{N,t}\right)$ 中抽取 I_t。对 $t=T-1,\cdots,0$，从 $\pi\left(I_t\big|I_{t+1},\cdots,I^T,\theta,\lambda^T,y^N\right)$ 中抽取 I_t：

$$\pi\left(I_t\big|I_{t+1},\cdots,I^T,\theta,\lambda^T,y^N\right)=\pi\left(I_t\big|I_{t+1},\theta,\lambda^T,y^{N,T}\right)\propto\pi\left(I_t\big|\theta,\lambda^T,y^{N,t}\right)\tau_{I_t,I_{t+1}}$$

(5) 方差权重：$\pi\left(\lambda^N\big|\theta,I^T,y^N\right)$，由于 $\lambda_1,\cdots,\lambda_N$ 对给定的 θ,I^T,y^N 是条件独立的，λ_i 从服从 Gamma 分布的 $\pi\left(\lambda_i\big|\theta,I^T,y_i\right)\sim G\left(v_{N,i}/2,g_{N,i}/2\right)$ 中抽取，其中 $v_{N,i}=v+T-P$，P 为贷款的 AR 滞后期，$g_{N,i}=v+\frac{1}{\sigma^2}\sum_{t=p+1}^T\left(y_{it}-\widehat{y_{it}}\right)^2$。

式 (9.15) 并未先验的定义状态虚拟变量参数，似然函数 $f\left(y_N\big|\theta\right)$ 对于状态变量是对称的，即 $f\left(y\big|\alpha,\beta_1^G,\cdots,\beta_k^G,\beta_1^R,\cdots,\beta_k^R,\tau_{00},\tau_{11},\sigma^2\right)=f\left(y\big|\alpha,\beta_1^G-\beta_1^R,\cdots,\beta_k^G-\beta_k^R,-\beta_1^G,\cdots,-\beta_k^G,\tau_{00},\tau_{11},\sigma^2\right)$，并对等式右侧进行 $\tilde{I}_t=1-I^T$ 的置换。

对已知的两种状态，似然值有 2 种等价区制，由于似然值的一致性和齐次性，边际后验分布 $\pi\left(\theta\big|y^N\right)$ 也具有这样的性质。模型的识别是通过识别 2 个后验区制

对状态参数的约束得到的，通过 MCMC 方法以无约束的后验分布，得出状态变量的边际分布和模型参数估计。

9.1.4　货币政策与银行贷款行为的实证分析

本书选取了 2007 年第一季度至 2013 年第四季度的我国商业银行季度数据作为样本，数据来源于 Bankscope 数据库和 Wind 数据库，缺失数据通过上市银行的财务报表获得。由于我国商业银行及合资银行仅披露年度数据，并且披露的银行数据往往只有几期，选取披露季度数据的上市商业银行进行分析。若 p 阶滞后的内生变量在时间序列开始时即出现缺失值，它们的估计可能是不稳定的，因此在样本期开始时存在连续缺失值的中国农业银行及中国光大银行被排除，选取平安银行、宁波银行、上海浦东发展银行、华夏银行、中国民生银行(China Minsheng Banking Corp.,Ltd，CMBC)、招商银行、南京银行、兴业银行、北京银行、交通银行、中国工商银行(Industrial and Commercial Bank of China，ICBC)、中国建设银行、中国银行和中信银行共 14 家上市银行。为了尽可能地保留样本信息，银行数据的缺失值和统计上的异常值首先以当期贷款增长率均值替代，并不断迭代为全样本信息的估计值。样本期间的异常值为每个银行贷款增长率超出 97.5% 和小于 2.5% 的值。

利率选择银行间同业拆借 30 天利率，银行控制变量不良贷款率为不良贷款占全部贷款的比例，股权属性为商业银行的实际产权归属。宏观经济控制变量通货膨胀率以 CPI 的增长率计量，由于 GDP 增长率的季节特征十分明显，通过季节调整除去 GDP 增长率的季节趋势。银行贷款增长率的 AR 超过 1 期不显著，利率的滞后项超过 2 期不显著，因此 p 和 q 的初始值分别为 $p=1$，$q=2$；通过相对资产规模对银行分为三组，以 10 000 次迭代获得了样本的后验分布，其中前 4000 次迭代作为预烧期以避免对初始数据的依赖性。

学者们往往通过银行资产规模或流动性等分类方法解释利率对银行贷款行为影响的分布效应。其中，很多学者通过银行资产规模和代表资产负债表强度的流动资产比例对银行进行了分类，并发现了银行贷款行为受利率影响的分布效应(Kashyap and Stein, 1995；Fruhwirth-Schnatter and Kaufmann, 2006；Matousek and Sarantis, 2009)。通过 Pearson 相关系数检验发现，银行资产规模和资产负债率正相关，相关系数为 0.146，在 99% 的水平下显著。资产规模越高，权益融资所占比例越低，银行的风险越小。因此我们以银行资产规模为分类指标，对每一季度的银行资产规模以 15%，85% 的分位点分为三组，每期分类一次，每家银行进入最多的组别作为银行的分组依据。其中资产规模最大的一组均为国有控股的上市银行，而最小组中全部为地区商业银行，说明我国的商业银行资产规模分布与银行的股权特征有紧密联系。

1. 商业银行贷款及资产的描述性统计

分别以 2007～2013 年的银行季度数据为例,分析银行的分组情况以及各组银行资产和贷款规模。各组银行的资产和贷款规模如表 9.1 所示。

表 9.1　描述性统计

	第一组		第二组		第三组	
银行数量	2		12		2	
时间	2007 年第 1 季度	2013 年第 4 季度	2007 年第 1 季度	2013 年第 4 季度	2007 年第 1 季度	2013 年第 4 季度
银行资产规模	134 844.4	342 810.0	124 573.1	429 779.6	1 284.5	9 018.3
相对资产规模	51.72%	43.86%	47.78%	54.99%	0.49%	1.15%
(95%置信区间)	(2/56)		(13/280)		(5/56)	
银行贷款规模	63 248.6	185 124.3	70 586.1	219 669.6	586.8	3 181.51
相对贷款规模	47.05%	45.38%	52.51%	53.84%	0.44%	0.78%
(95%置信区间)	(3/56)		(11/280)		(6/56)	
银行信用风险	2.57%	0.89%	2.04%	1.02%	1.30%	0.86%

注: 资产规模和贷款规模为组内各银行之和,信用风险指标为组内均值;95%置信区间为 2.5%～97.5%的区间;单位为亿元

样本期间总银行资产规模从 260 702.0 亿元增加至 781 607.9 亿元,规模最大的第一组期初时为 134 844.4 亿元,期末为 342 810.0 亿元,绝对规模增加,而相对规模则从占总规模的 51.72%下降到了 43.86%,第一组银行资产规模的增速比银行总资产规模的增长速度慢,但样本期间第一组的两家银行就占总资产规模近一半的比例,说明我国银行资产在大型银行的聚集性很强;中间一组的资产规模则在样本期内迅速增加,绝对规模从 124 573.1 亿元增长至 429 779.6 亿元,增加了 2 倍以上,相对规模从 47.78%上升到占总资产规模的 54.99%;而规模最小的第三组资产规模处于迅速扩张阶段,由 1284.5 亿元上升到 9018.3 亿元,相对规模变化较小,从 0.49%增加至 1.15%。

银行的贷款规模从 134 421.5 亿元增加至 407 975.41 亿元,其中第一组的贷款规模从 63 248.6 亿元增加到 185 124.3 亿元,相对贷款规模在 2007 年第 1 季度时达到 47.05%,2013 年第 4 季度则下降到 45.38%,与资产规模的变化比例相似;第二组银行的贷款规模由 70 586.1 亿元迅速增长至 219 669.6 亿元,相对规模也由样本期开始时的 52.51%上升到 53.84%,第二组的贷款规模超过了第一组,占总贷款规模的一半以上;第三组银行的贷款规模由 586.8 亿元增长至 3181.51 亿元,贷款相对规模一直在 1%以下,对银行总贷款的影响非常小。

此外,2007年第1季度第一组和第二组的贷款规模分别占资产规模的46.90%和56.66%,2013年第4季度则分别占资产规模的54.00%和51.11%,样本期间变化较小,大多数上市商业银行的贷款规模超过了资产的50%。三组银行的信用风险都处于较低水平,且样本期间信用风险水平下降,第一组银行信用风险下降幅度最大,由2.57%降至0.89%,第二组由2.04%下降到1.02%,第三组由期初的1.30%下降到仅0.86%。第一组银行的异常值最少,第三组银行的异常值比例较高。

2. 银行贷款规模对货币政策反应的参数估计

通过贝叶斯 MCMC 方法对银行贷款规模对货币政策反应的参数估计,以无约束的后验分布得出状态变量的估计,样本期间银行贷款行为受货币政策变化影响的区制转移概率如图9.1所示。

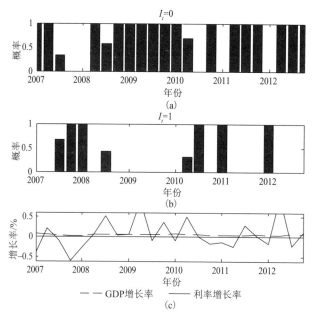

图9.1 银行贷款规对货币政策反应的区制概率图与货币政策趋势图

对所有银行,同一时期的宏观经济状况都是一致的,因此三组银行的区制转移是同时发生的,但三组银行受到经济状况影响的程度有所不同。图9.1 的前两个图为后验的组别概率均值,$I_t = 0$ 时经济状况较好,$I_t = 1$ 时经济环境则处于较差的状态。2007年9月至2008年6月银行面临的宏观经济状况较差,主要是受到2007年8月美国次贷危机和2008年国际金融危机对中国的经济环境的影响,而2010年6月至2011年初出现外部经济环境较差,则可能是由于2010年上半年的欧洲债务危机影响了金融体系的信心,导致银行的贷款行为受到影响。

图 9.1 最下方的折线图为利率增长率和 GDP 增长率的时间序列图,由该图可知,经过季节调整的 GDP 增长率一直处于较低的状态,但一直大于零;而我国的利率增长率则一直处于波动状态,自 2008 年 6 月至 2010 年 6 月利率增长率基本为正,但自 2010 年 6 月以后,除 2012 年 6 月的利率增长率较高之外,利率增长率总体维持在较低的水平,波动幅度也较小。除了宏观经济金融环境的影响之外,我国货币政策于 2008 年 7 月~2010 年处于扩张性阶段,2011 年则实行了紧缩性货币政策,也能够解释 2008 年 6 月之后利率增长率上升,2011 年年初至年末则经历了增长幅度不明显的阶段。如图 9.1 所示,当经济状况发生转换时利率增长率也存在较大的变化,说明利率的变化同样受到经济环境影响。

根据状态变量的估计结果,通过贝叶斯 MCMC 方法对全部模型参数进行了估计,得出货币政策冲击银行贷款行为的分布效应和时变效应,见表 9.2。

表 9.2　银行贷款反应的组别参数估计

$I_t=0$	β_1^G	β_2^G	β_3^G	$\beta_1^G-\beta_1^R$	$\beta_2^G-\beta_2^R$	$\beta_3^G-\beta_3^R$
dir_{t-1}	−0.11	−0.38	−0.76	−0.03	−0.13	−0.23
	(−0.26, 0.03)	(−0.74, −0.02)	(−1.62, 0.09)	(−0.05, −0.01)	(−0.21, −0.05)	(−0.57, 0.09)
dir_{t-2}	0.03	0.06	0.21	−0.01	−0.02	−0.36
	(0.01, 0.06)	(0.00, 0.13)	(−0.13, 0.54)	(−0.03, 0.01)	(−0.05, −0.00)	(−0.71, −0.01)
总和	−0.08	−0.32	−0.55	−0.04	−0.15	−0.59
	(−0.17, 0.01)	(−0.68, 0.04)	(−1.19, 0.11)	(−0.06, −0.01)	(−0.26, −0.04)	(−1.20, 0.02)

$I_t=1$	β_1^G	β_2^G	β_3^G			
dir_{t-1}	−0.03	−0.39	−0.52			
	(−0.06, 0.00)	(−0.82, 0.05)	(−1.11, 0.06)			
dir_{t-2}	0.09	0.67	0.99			
	(0.05, 0.12)	(0.13, 1.12)	(0.12, 1.88)			
总和	0.06	0.28	0.47			
	(−0.00, 0.04)	(0.01, 0.54)	(−0.02, 1.03)			

注:组别参数为组内估计值的均值,置信区间为最小的 95% 参数估计区间

对银行按资产规模分组后,以各组的组内均值作为参数估计结果。由组别参数的估计结果可以看出,尽管各组的参数都较小,但各组之间还是存在显著的组间效应,第一组规模较大的银行受到利率变化的影响较小,第三组规模最小的银

行受到利率变化的影响最明显。其中规模较大的银行受到利率变化的影响仅为 −0.04，而规模较小的两组银行受到利率变化的影响较大，分别为 −0.15 和 −0.59。第一组银行受到经济环境变化的影响很小，而规模最小的银行受到经济环境变化的影响最大，验证了之前的结论：银行信息不对称程度不同，货币政策变化导致的贷款变化也不同。

$I_t = 0$ 时经济状况较好，三组银行的贷款行为对利率变化均产生负向响应，利率变化对第一组银行的总影响为 −0.04，其中利率滞后一期和滞后二期的影响分别为 −0.03 和 −0.01，第二组银行受到利率变化的影响为 −0.15，其中利率滞后一期和滞后二期的影响分别为 −0.13 和 −0.02，规模最小的银行贷款规模对利率变化的反应最大，为 −0.59，利率对银行贷款规模滞后一期的影响显著地高于滞后二期。$I_t = 1$ 代表着外部经济状况较差，由于宏观经济金融环境的恶化，贷款的需求弹性减小，此时三组银行的贷款行为对利率变化产生正向响应，规模较最大的第一组银行受到利率变化的影响仍是最小的，其中利率滞后一期的影响为 −0.03，利率滞后二期的影响为正且大于滞后一期，导致总的利率影响大于 0，为 0.06；而规模较小的两组银行受到利率变化的影响较大，分别为 0.28 和 0.47，同样由于滞后二期的影响为正且大于滞后一期，总的利率影响为正。

根据参数估计的结果，宏观经济环境较好时，货币政策对银行贷款的影响较大；宏观经济环境较差时，货币政策的变化对银行贷款规模具有正向影响且较小。这可能是因为经济状况良好时实体经济更易获得流动性，借款者获得其他资金（如留存收益或发行债券）更容易，而经济环境越差时，贷款者从其他途径获得资金的可能性越小，贷款需求弹性越小，因此银行的贷款规模反而随着利率下降而扩大。

3. 39 家商业银行年度数据的检验

通过扩大样本的范围，以 bankscope 数据库中我国商业银行为样本，对银行贷款行为受利率变化的分布效应进行检验。在样本期间存续经营的全部国有商业银行、股份制商业银行、地区商业银行、农村商业银行中，剔除三大政策性银行、样本期内经营存在异常和连续缺失值的银行，共选择 39 家商业银行作为样本。由于 bankscope 中大多数银行仅公开年度数据，银行贷款面板数据的序列较短，区制转移特征不显著。仍将银行相对资产规模以 15%，85% 的分位点分为三组，每期分类一次，每家银行进入最频繁的组别作为银行的分组依据。其中资产规模最大的一组基本为国有控股的上市银行，而规模最小的第三组全部为地区及农村商业银行，说明我国的商业银行资产规模分布与银行的股权特征有紧密联系。

　　39 家商业银行年度数据的检验结果（表 9.3）表明，各组银行贷款对利率反应的参数都较小，但各组之间还是存在一定的组间效应，规模较大的银行受到利率变化的影响较小，而规模最小的银行受到利率变化的影响最明显。三组银行之间平均资产规模和平均贷款规模存在较大差异，2013 年末，第一组银行的平均资产规模为 103 021 亿元，平均贷款规模为 55 585 亿元，第二组银行的平均资产规模和平均贷款规模分别为 12 435 亿元和 5964 亿元，第三组银行的规模最小，平均资产规模和平均贷款规模仅为 835 亿元和 483 亿元。

表 9.3　银行年度数据的组别参数估计

项目	β_1^G	β_2^G	β_3^G
dir_{t-1}	−0.019	−0.043	−0.066
	(−0.048，0.017)	(−0.103，0.018)	(−0.128，−0.005)
dir_{t-2}	0.011	0.032	0.049
	(−0.029，0.040)	(−0.002，0.644)	(0.017，0.082)
银行数量	6	27	6
平均资产规模	103 021	12 435	835
平均贷款规模	55 585	5 964	483

　　注：组别参数为组内估计值的均值，置信区间为最小的 95%参数估计区间；平均资产规模和平均贷款规模为样本期末的组内均值；单位为亿元

　　各组银行滞后一期的贷款对利率反应均为负，其中第一组银行的贷款规模变化受到利率变化的影响为−0.019，后两组则较大，分别为−0.043 和−0.066。银行滞后一期的贷款对利率反应则均大于零，三组银行的贷款反应分别为 0.011、0.032 和 0.049，仍是第一组最小而第三组最大。尽管三组银行贷款受利率的总体影响相差不多，但滞后一期和滞后二期的利率参数在三组银行间具有明显区别。由此可见，尽管由于时间序列过短而没有表现出区制转移特征，通过扩大样本的范围验证了本小节的观点，即利率变化对银行的影响具有分布式效应，规模较大的银行受到货币政策的影响较小。

9.1.5　结论

　　本小节运用中国 14 家上市银行 2007～2013 年的季度面板数据，对我国货币政策与银行贷款行为的关系进行了分类研究。对我国银行的信贷行为及其分布特征的研究结果表明，我国商业银行在货币政策冲击下有着不同的信贷行为反应，规模越大的银行对货币政策的变化信贷行为的反应越小，而规模越小的银行受到货币政策的变化的影响越明显。并且银行针对货币政策的变化信贷行为的反应具

有时变性。通过扩大样本的范围进行的稳健性检验也表明，滞后一期和滞后二期的利率参数在三组银行间具有明显差异，说明三组银行贷款行为受到货币政策的影响存在组间效应，第一组银行的贷款规模变化受到利率变化的影响最小，而第二组和第三组受到的影响较大，但三组银行贷款受利率的总体影响差异较小。

区制转移和参数估计结果表明，宏观经济环境较好时，货币政策对银行贷款的影响较大；宏观经济环境较差时，货币政策的变化对银行贷款规模具有正向影响且较小。这可能由于样本银行基本为我国大中型商业银行，普遍受到政府的隐性保护，对银行业有较高的资本要求，当宏观经济环境较差时具有较强的抵御能力。

受限于我国绝大多数银行开始经营的时间较短或公布的数据较少，样本数量较少，即使将样本扩大至样本期内仅披露年度数据的银行，样本银行也仅有 39家，且按资产规模分类的 3 组银行之间规模相差很大。尽管大型商业银行对利率变化的抵御能力较强，一味扩大现有的大型商业银行的规模可能导致银行信贷渠道的传导能力减弱，并对银行系统带来不利影响，我国中小银行的发展势在必行。并且样本银行中，国有商业银行的相对资产规模较大，政府向银行委派出资人代表并选择国有银行的高级管理人员的委托代理过程，导致国有商业银行应对外部环境变化的能力较差，加之决策层和管理层的人员往往更关注给予其职权的政府和领导的利益，对可能存在的风险不够重视，可能导致银行应对外部环境的变化的能力不足。从银行自身经营的角度，我国商业银行注重经营模式的改革和经营效率的提升，提高银行的风险控制能力。

9.2　我国银行治理特征与银行稳健性的关系研究[①]

9.2.1　引言

Minsky(1982a)提出的"金融不稳定假说"认为，银行业自身具有内在的不稳定性，是由其高负债经营的行业特点决定的，经济繁荣阶段，风险偏好型和投机型的借款者所占比例可能导致频繁违约，从而引发大规模的银行破产，导致金融危机的发生。大量的理论和实证研究表明，商业银行监管不力是美国次贷危机的重要成因之一，金融危机造成的影响大部分是由银行危机引起的，因此银行业的稳定是金融稳定的核心。

---

① 本节作者：陈守东、张丁育，本节对刊登于《南京农业大学学报(社会科学版)》2015 年第 1 期的文章《我国银行治理特征与银行稳健性的关系研究》的内容做了部分修改。

亚洲金融危机爆发后，诸多学者从理论和实践层面研究了我国银行的不稳定性问题，认为我国银行存在东亚银行体系的通病，即政府的干预更强，同时政府的担保导致银行盲目扩张信贷(胡祖六，1998)，使银行承担的风险更大，我国的银行体系脆弱性主要表现为大量不良资产(黄金老，2001)。近年来学者们开始对我国银行的风险水平进行定量度量，万晓莉(2008)选取了中央银行对金融机构的信贷等五项银行内外部风险指标对银行面临的风险进行评价(万晓莉，2008)，陈守东等(2011)从信贷、流动性、汇率风险三个方面选取了 6 项指标合成了我国银行脆弱性测度指数，发现我国银行脆弱性自 2007 年开始处于较高的水平，未来一段时间也将持续这种高水平。在研究银行风险和风险水平时，大多数学者认为我国银行面临着较高的风险。曹廷求和王裕瑾(2011)认为，商业银行倒闭的根本原因是银行治理结构的缺陷以及由此产生的薄弱风险控制体系。在银行的风险控制活动中，占主导性地位的是银行的治理行为，因此对商业银行治理特征的研究有助于规避银行风险。

巴塞尔银行监管委员会于 1999 年提出加强银行的公司治理有助于提高监管效率，其认为公司治理对于保证金融系统的稳健发展是必要的，并于 2003 年进一步强调了董事会在风险控制中的作用，建议银行通过强化公司治理规避风险。银行的经营方式和所有权结构都与一般企业有所不同，银行作为一种以货币为经营对象的特殊企业，股本在银行总资产中的比例很低，且不用于日常经营和购买流动性资产；银行在经营过程中要兼顾银行股东与公众利益，因此金融监管当局往往通过行政性法规、命令、指引或经济手段，限制银行管理者追求股东利益最大化的行为。尽管银行的所有权结构和经营目标具有特殊性，但只要所有者与经营者之间存在利益不一致，交易费用的存在使这种冲突无法通过建立完全契约解决，代理问题就必然存在(Hart，1995)。

目前，商业银行治理与银行风险之间的关系正逐渐成为全球银行界和理论界关注的热点，银行治理与银行风险之间关系密切，有效的银行治理对规避风险具有积极作用(Egoavil，2003)。国外学者基于日本、印度尼西亚、澳大利亚和美国的研究都认为银行治理对银行风险控制具有积极作用，学者们普遍认为控股股东性质、股权集中度、高管薪酬和董事会规模等银行治理特征变量对银行的治理绩效有着显著的影响(曹廷求和王裕瑾，2011)。我国商业银行治理的研究起步较晚，但近年来学者们对银行治理的重视逐渐增加。杨军和姜彦福(2003)引入了银行治理结构这一概念，以西方商业银行为例介绍了银行公司治理的重要性，提出了国有商业银行治理结构改革的建议。应展宇(2007)回顾了美国银行事前治理与事后治理模式的融合形成，并比较了美国、日本等银行的不同治理模式。王淼和陈守东(2013)将董事会特征的多个变量合成了董事会组织结构和董事会运作效率的评价指标，并分析得出二者均对银行稳健性具有正向促进作用。

国内外学者以不同的样本进行了银行治理的研究，普遍认为董事会规模、独立董事比例等银行治理因素对银行的绩效和风险控制具有显著影响，但以往银行治理的研究较多地集中于治理与绩效之间的关系方面，对银行治理与银行经营稳健性关系的研究较少；同时，探究银行治理特征与银行经营业绩之间的关系时，大多仅考察了少数董事会治理特征指标，然而银行的治理特征包括董事会、监事会及高管的特征，各特征之间往往具有显著的相关性，分析少数变量对银行绩效的独立影响并不能很好地反映银行公司治理的效果。因此，本小节从治理结构特征、激励特征、股权特征三个方面共选择 26 个变量提取银行治理特征的动态共同因子，从资产质量、资本充足性和流动性方面选取度量银行风险的 9 个变量合成了银行稳健性指标，并构建 Panel SVAR 模型刻画了银行治理特征因子与银行稳健性之间的相互影响关系。

9.2.2　银行治理的特征变量

银行治理的有效运行依赖于董事会、监事会、管理层及其他银行治理主体的运行状况。董事会具有决定可用资本、确定债务评级及为银行业务单元分配风险额度三大风险管理职能(Morrison，2009)，对提高银行稳健性十分重要，监事会在治理结构中承担着监督公司经营运作的功能，管理层则是企业日常运作的主导。根据董事会、监事会和管理层及股东治理的职能，银行治理的特征可划分为治理结构特征、激励特征、股权特征三个方面。

银行治理结构对银行的稳健性具有较大影响，以董事会特征为例，董事会的规模会影响到企业的决策乃至于价值创造活动，董事会规模的适度扩大会增强决策能力；但过大会影响到董事会的协调和组织能力(Lipton and Lorsch，1992)；大多数学者认为，引入独立董事能提高董事会的独立性，广泛接收不同意见，使得决策更客观和科学，独立董事的比例与银行绩效具有正相关关系(Cornett et al.，2009)；专业委员会是董事履行职责的重要平台，独立董事作用的发挥也很大程度依托于专业委员会，因此专业委员会的完善程度对董事会的运行具有较大影响；董事会会议主要讨论公司的相关制度建设和人事变化等，使得董事会成员有机会交流高管的监控和公司战略方面的意见，因此董事会会议的频率越高，董事会对高管的监控越强，咨询职能也越完善(Andres and Vallelado，2008)。监事会、管理层和股东治理的相关研究较少，对监事会的研究大多选择监事会规模和监事会会议次数并认为监事会特征与企业的绩效表现相关，对管理层的研究与监事会相似。银行治理结构特征中，董事会特征变量选择董事会会议次数、董事会规模、独立董事比例、独立董事出席董事会比例、专业委员会总数，监事会和管理层特征以监事会会议次数、股东大会次数、监事会规模、高管人数衡量。

　　商业银行激励机制主要包括现金形式的工资和奖金、股份或股票期权激励及其他形式的福利。高管人员的激励对商业银行的经营绩效有重要影响(陈学彬，2005)，薪酬是对员工努力工作的激励措施，过低的薪酬不利于银行获得和维持优质人力资源，从而损害商业银行的竞争优势(李克文和郑录军，2005)。董事会成员持股是重要的激励机制，董事与经理层持股比例处于较低水平时，持股比例的增加会使其更加关心企业价值(潘敏和李义鹏，2008)。因此，银行治理激励特征变量选择董事前三名薪酬总额，高管前三名薪酬总额，以及董事、监事及高管年薪总额衡量银行的薪酬激励水平，以董事会持股比例、监事会持股比例及管理层持股比例衡量银行的长期激励(股票和期权)，同时考察了董事、监事未领取薪酬人数。

　　股权特征的不同会引起公司治理方式的差异，学者们研究银行公司治理时往往将长期表现与国有控股、股份制、外资等所有制联系起来。对这些所有制及这些所有制发生的私有化、并购等动态效应的分析认为，国有银行的业绩表现更差，但经过私有化后绩效有明显的提高(Berger et al.，2005)。美国银行的股权分散度比德国、日本等国家更高，2007 年底，美国银行、花旗银行、摩根大通等银行最大股东的持股比例不足 5%，前五大股东总持股比例低于 20%，股权的高度分散使美国银行的大股东对银行的控制力更弱，导致银行经营活动的风险控制力不足。对股权分散程度的度量，选择第一大股东和前十大股东持股比例、前两大股东持股数之比的 Z 指数及衡量股东持股比例平方和的 Herfindahl 指数。

9.2.3　变量和模型

1. 变量和数据

　　银行治理的特征变量中，治理结构特征变量来源于上市银行年报及 CSMAR 数据库，激励特征变量和股权特征变量来源于 CSMAR 数据库。变量的计算和处理方法如表 9.4 所示。

表 9.4　银行治理特征变量操作性定义

类别	代码	变量名称	单位	处理方法	备注
治理结构特征	BMeet	董事会会议次数	数值	1	当期董事会会议次数
	SMeet	监事会会议次数	数值	1	当期监事会会议次数
	GMeet	股东大会次数	数值	1	当期股东大会次数
	BSize	董事会规模	数值	3	当期董事会成员数量
	Ssize	监事会规模	数值	3	当期监事会成员数量
	Esize	高管人数	数值	1	当期高管数量

续表

类别	代码	变量名称	单位	处理方法	备注
治理结构特征	DBR	独立董事比例	%	2	独立董事数量占董事会总人数比例
	DBMeet	独立董事出席董事会比例	%	1	独立董事出席董事会会议次数比例
	CN	专业委员会总数	数值	2	当期董事会专业委员会数量
激励特征	BSto	董事会持股比例	%	2	董事会成员总持股比例
	SSto	监事会持股比例	%	1	监事会成员总持股比例
	ESto	管理层持股比例	%	2	管理者总持股比例
	TSal	董事、监事及高管年薪总额	百万元	3	董事、监事及高管年薪总额
	BSal	董事前三名薪酬总额	百万元	3	董事前三名薪酬总额
	ESal	高管前三名薪酬总额	百万元	3	高管前三名薪酬总额
	BUP	董事未领取薪酬人数	数值	1	董事未领取薪酬人数
	SUP	监事未领取薪酬人数	数值	1	监事未领取薪酬人数
股权特征	PR	第一大股东性质	0-1	1	0=国有股，1=其他
	OCS	两权分离度	%	1	直接所有权和实际控制权分离程度
	OC1	第一大股东持股比例	%	1	第一大股东持股比例
	OC10	前十大股东持股比例	%	2	前十大股东持股比例
	Z2	Z 指数	%	3	第一、第二大股东持股数之比
	H1	Herfindahl 指数	%	2	第一大股东持股比例平方和
	H3	Herfindahl3 指数	%	2	前三大股东持股比例平方和
	H5	Herfindahl5 指数	%	2	前五大股东持股比例平方和
	H10	Herfindahl10 指数	%	2	前十大股东持股比例平方和

注：数据的处理方法，1=无转换；2=一阶差分；3=取自然对数

描述银行稳健性的变量包括资产质量、资本充足性和流动性三方面，选取不良贷款率、拨备覆盖率、总资本充足率、资产收益率、净资本收益率、净利差、成本收入比、流动资产比例和存贷比指标，以均值和标准差为基准对以上指标标准化后，通过算术平均的方法合成银行稳健性指标(用 BSI 表示)。不良贷款率、成本收入比和存贷比指标与其他指标的经济含义相反，因此取倒数纳入模型。

$$\text{BSI}_{i,t} = \frac{1}{m} \sum_{i=1}^{m} \left(\frac{x_{i,j,t} - \mu_{i,j}}{\sigma_{i,j}} \right), \quad i=1,\cdots,n; \quad j=1,2,\cdots,m \tag{9.16}$$

其中，$\mu_{i,j} = \frac{1}{T} \sum_{i=1}^{T} (\mu_{i,j,t})$，$\sigma_{i,j} = \frac{1}{T} \sum_{i=1}^{T} (\sigma_{i,j,t})$，$i$ 为第 i 家银行，j 为银行稳健性变量的第 j 个指标。

根据数据的可获得性和准确性原则，本小节选取我国 16 家上市的商业银行作为研究样本。其中，国有控股的商业银行 5 家（即国有商业银行 5 家），包括中国工商银行、中国银行、交通银行、中国建设银行和中国农业银行；股份制商业银行 11 家，包括深圳发展银行、上海浦东发展银行、中国民生银行、招商银行、华夏银行、兴业银行、中信银行、中国光大银行、宁波银行、南京银行和北京银行，其中城市商业银行（宁波银行、南京银行和北京银行）按股权属性划分为股份制商业银行。由于 2005 年以前银行治理特征变量的缺失值较多，选择 2006~2012 年为样本期，银行的稳健性数据来源于 Wind 数据库，银行治理特征数据来源于各上市银行财务报表及国泰安 CSMAR 数据库。

2. Panel SVAR 模型

VAR 模型对于总体经济变量在资料描述和预测方面有良好的表现，但受限于参数的自由度限制，其关注变量的个数往往较少，然而现实经济中，各元素往往存在复杂的相关性，低维度的模型可能会遗漏重要信息。FAVAR 模型以共同因子捕捉大量原始变量 X_t，将因子分子与 VAR 模型相结合（Bernanke and Boivin，2003），本小节借鉴了 FAVAR 模型的思想，通过广义 DFM 对银行治理变量提取动态共同因子，并据此分析银行治理特征因子与银行稳健性之间的影响。面板数据动态因子模型的形式如下：

$$X_{it} = \Lambda F_{it} + e_{it} \tag{9.17}$$

$$Y_{it+h} = \beta_F' F_{it} + \beta_W' Z_{it} + \varepsilon_{it+h}, \quad i=1,2,\cdots,N, \quad t=1,2,\cdots,T \tag{9.18}$$

其中，i 和 t 分别为截面维度和时间维度；X_{it} 为可观测解释变量；Y_{it+h} 为 $t+h$ 时刻响应变量的观测值；F_t 为 $r \times 1$ 维的潜在因子；Λ 为 $p \times r$ 维因子载荷向量（系数）；$q \times 1$ 维向量 Z_{it} 为不可观测的滞后项成分；ε 为随机误差项，其中误差项允许含有序列相关性和弱截面相关性（Stock and Watson，2002）。

由于本小节样本为我国 16 家上市银行，同行业的样本差异性很小，将模型设定为固定效应模型。Panel SVAR 模型中，简缩的 PVAR 形式（Pedroni，2013）可表示为

$$X_{it} = \Gamma_1 X_{it-1} + \Gamma_2 X_{it-2} + \cdots + \Gamma_p X_{it-p} + f_i + u_{it} = \Gamma(L) X_{it} + f_i + u_{it} \tag{9.19}$$

其中，i 和 t 分别为银行和年份；此时 X_{it} 为 3×1 的向量（$X_{it}=[F_1，F_2，\mathrm{BSI}]$），其中，$F_1$ 和 F_2 为银行治理特征因子，BSI 为银行稳健性指标；f_i 为时间效应；L 为滞后期；$\Gamma(L)$ 为 3×3 的协方差矩阵；u_{it} 为服从正态分布的随机扰动项。

SVAR 模型在每个方程中包含内生变量的即期影响，在同期内银行稳健性可能受到银行治理的影响，如董事会会议做出的决策能否有效应对风险，独立董事能否提供合理的外部建议，薪酬激励能否促进董、监事会应对风险的效率，股权结构是否合理等。因此，银行治理机制与银行稳健性之间很可能具有同期反应。对所有样本银行，SVAR 模型的 A 和 $B(L)$ 矩阵都是一致的（Pedroni，2013）。SVAR 模型可表示为式（9.20）[①]：

$$\begin{bmatrix} 1 & 0 & 0 \\ a_{21} & 1 & 0 \\ a_{31} & a_{32} & 1 \end{bmatrix}\begin{bmatrix} \hat{F}_t^1 \\ \hat{F}_t^2 \\ \hat{\mathrm{BSI}}_t \end{bmatrix} = B(L)\begin{bmatrix} \hat{F}_{t-1}^1 \\ \hat{F}_{t-1}^2 \\ \hat{\mathrm{BSI}}_{t-1} \end{bmatrix} + \varepsilon_t \tag{9.20}$$

其中，$\hat{F}_t^1$，$\hat{F}_t^2$ 和 $\hat{\mathrm{BSI}}$ 为每个观察值中减去其组内平均值，通过截面均值差分除去每个变量不随时间变化的部分；A 为体现内生变量同期关系的 3×3 维的矩阵，A 的非对角元素代表不同变量之间的同期相关性；L 为滞后算子；$B(L)=B_0+B_1L+B_2L^2+\cdots$ 为滞后算子多项式；ε_t 服从零均值、无序列相关的分布。本小节通过截面均值差分去除时间效应，克服其造成的估计系数偏差，对模型进行 GMM 估计，根据脉冲响应函数的收敛情况选择滞后期为 2 期。

9.2.4　银行治理特征与银行稳健性的计量分析

1. 平稳性检验与面板动态因子分析

面板单位根检验结果显示，董事会会议次数、监事会会议次数、股东大会次数、高管人数、独立董事出席董事会比例、监事会持股比例、董事未领取薪酬人数、监事未领取薪酬人数、第一大股东性质、两权分离度、第一大股东持股比例平稳，服从 $I(0)$ 过程；董事会规模，监事会规模，高管前三名薪酬总额，董事前三名薪酬总额，董事、监事及高管年薪总额和 Z 指数经对数化后平稳；独立董事比例、专业委员会总数、董事会持股比例、管理层持股比例、前十大股东持股比例、H1 指数、H3 指数、H5 指数、H10 指数经过一阶差分后均已平稳，服从 $I(1)$ 过程。

共同因子的个数可根据不同因子个数下的估计结果来判定（Bernanke et al.，2005），因此我们对银行治理特征提取了两个动态共同因子 $F1$ 和 $F2$。银行治理特

① 作者感激 Peter Pedroni 教授对模型和数据处理方式提出的建议，但文责自负。

征动态共同因子与其自身的相关系数图分别由图 9.2(a)、图 9.2(b)表示。

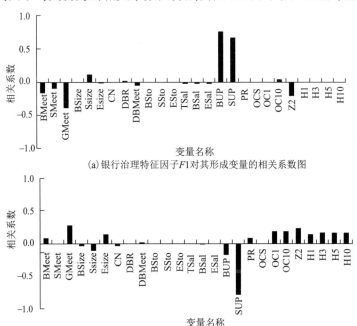

(a)银行治理特征因子F1对其形成变量的相关系数图

(b)银行治理特征因子F2对其形成变量的相关系数图

图 9.2　银行治理特征因子对其形成变量的相关系数图

由图 9.2(a)可知，银行治理特征因子 F1 与大多数治理特征变量呈负相关关系，仅与监事会规模、未领取薪酬董监事人数为正向相关关系，与董事会会议次数、监事会会议次数、股东大会会议次数和 Z 指数均有显著的负相关性。在银行治理中，薪酬往往被视为有效的激励因素，因此未领取薪酬人数的增加会降低银行治理效率，监事会规模的扩大也可能导致监督和决策的效率降低，银行治理特征因子 F1 与除了这些变量的大多数变量负相关，因此，将银行治理特征因子 F1 命名为银行治理非效率因子(F_{IE})。

图 9.2(b)表示银行治理特征因子 F2 与董事会会议次数、股东大会次数、高管人数、第一大股东性质、第一大股东持股比例、前十大股东持股比例、Z 指数、H1 指数、H3 指数、H5 指数及 H10 指数均有较高的正向相关关系，仅与未领取薪酬董事、监事人数之间具有较高的负向相关性。因此，将银行治理特征因子 F2 命名为银行治理效率因子(F_E)。

2. 面板协整检验

分别对国有商业银行和股份制商业银行采用 Pedroni Residual 协整检验和 Kao Residual 协整检验，检验结果如表 9.5 所示。

表 9.5　面板协整检验

检验方法	银行类型	国有商业银行		股份制商业银行	
		t 统计量	概率	t 统计量	概率
Pedroni Residual 协整检验	面板 v-统计量	−0.876 34	0.809 57	−1.890 59	0.970 66
	面板 rho-统计量	0.573 37	0.716 80	1.312 65	0.905 34
	面板 PP-统计量	0.007 59	0.503 01	0.819 59	0.793 77
	面板 ADF-统计量	1.357 22	0.912 64	−8.805 15	0.000 00
Kao Residual 协整检验	ADF 检验	−12.793 78	0.000 00	−3.317 60	0.000 53

Kao Residual 协整检验结果显示，国有商业银行和股份制商业银行的 ADF 检验结果均在 1% 的显著性水平下显著，因此，我们认为银行稳健性与银行治理特征因子之间存在着长期均衡关系。

3. 脉冲响应分析

本小节分别对国有商业银行和股份制商业银行的银行治理特征因子与银行稳健性进行脉冲响应分析，国有商业银行以中国工商银行为例，股份制商业银行以中国民生银行为例。通过给予各变量一个标准差的冲击，得到滞后期数为 8 期的脉冲响应图，并给出 95% 的置信区间。图 9.3 和图 9.4 分别为中国工商银行与中国民生银行的脉冲响应图。

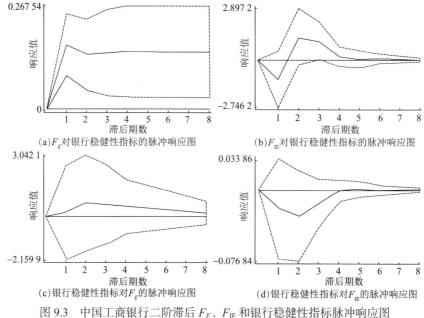

(a) F_E 对银行稳健性指标的脉冲响应图

(b) F_{IE} 对银行稳健性指标的脉冲响应图

(c) 银行稳健性指标对 F_E 的脉冲响应图

(d) 银行稳健性指标对 F_{IE} 的脉冲响应图

图 9.3　中国工商银行二阶滞后 F_E、F_{IE} 和银行稳健性指标脉冲响应图

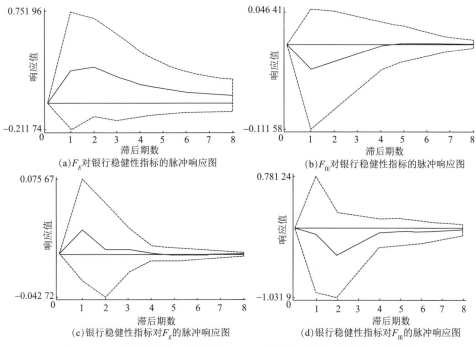

(a)F_E对银行稳健性指标的脉冲响应图　　　(b)F_{IE}对银行稳健性指标的脉冲响应图

(c)银行稳健性指标对F_E的脉冲响应图　　　(d)银行稳健性指标对F_{IE}的脉冲响应图

图 9.4　中国民生银行二阶滞后 F_E、F_{IE} 和银行稳健性指标脉冲响应图

图 9.3 的脉冲响应结果表明：①如图 9.3(a) 所示，给 F_E 一个标准差的冲击，最初会对银行稳健性指标产生迅速增加的正向影响，影响程度在第 2 期后基本保持平稳，这说明银行治理效率因子对银行稳健性具有长期的正向影响；②如图 9.3(b) 所示，给 F_{IE} 的冲击会在 0～1 期对银行稳健性指标产生负向影响，随后在第 3 期转为正向影响且响应值逐渐减小，可见 F_{IE} 对银行稳健性指标有短期的负向冲击，说明国有商业银行的治理非效率因子短期内对银行稳健性造成了损害；③如图 9.3(c) 所示，对银行稳健性指标施加一个标准差的冲击，会在前两期产生正向影响并逐渐减弱，说明银行稳健性对银行治理特征效率因子具有滞后的长期正向促进作用；④如图 9.3(d) 所示，给银行稳健性指标的冲击会在当期对 F_{IE} 产生微小的负向影响，响应值在 3～4 期逐渐减小并在第 5 期转为正向，但总体来说银行稳健性对银行治理非效率因子的影响极为微弱。

因此，国有商业银行中的中国工商银行的银行治理效率因子对银行稳健性产生当期和长期的正向冲击，对银行稳健性水平的提高具有积极意义，银行治理非效率因子在短期内对银行稳健性产生负向影响；银行稳健性受到银行治理效率因子的正向影响，而银行的稳健性水平对非效率因子的影响较弱。

由图 9.4 的脉冲响应结果可知，①如图 9.4(a) 所示，对 F_E 的冲击会立刻使银行稳健性指标产生正的响应状态，从第 3 期开始影响程度有所减少，说明银行治理效率因子会对银行稳健性产生短期和长期的正向冲击；②如图 9.4(b) 所示，给 F_{IE} 一个标准差的冲击，会迅速对银行稳健性指标产生当期的负向冲击并逐渐减弱，可见 F_{IE} 对银行稳健性指标有短期的正向冲击，但长期影响并不显著；③如图 9.4(c) 所示，对银行稳健性指标的冲击最初会产生微弱的正向影响，但这种冲击在第 2 期开始减弱并趋向于零，说明银行稳健性对银行治理特征效率因子产生正向作用，但影响不具有长期性；④如图 9.4(d) 所示，给银行稳健性指标施加一个标准差的冲击会产生负的响应状态，响应值在前两期逐渐增大，随后在 3~4 期逐渐减小，这说明银行稳健性的变动对银行治理非效率因子有着微弱的负向影响，但影响程度先增大后减小。

因此，对股份制商业银行中的中国民生银行，银行治理效率因子会对银行稳健性产生短期正向冲击，银行治理非效率因子对银行稳健性的影响较弱，而银行稳健性水平对银行治理效率因子具有正向影响，对银行治理非效率因子具有较小的负向影响。

4. 方差分解

为了直观准确地观察银行稳健性与银行治理特征因子之间的相互影响程度，利用方差分解得出国有商业银行和股份制商业银行 SVAR 方程的冲击反应对内生变量波动的贡献度。选取 10 个预测期的分析结果和选取 20 个预测期的结果基本一致，由此可见，系统在第 10 个预测期之后已基本稳定，不再对结果造成影响。

国有商业银行的银行治理效率因子自身的方差贡献率约为 80%，银行稳健性对银行治理效率因子波动的解释程度超过了 10%，而股份制商业银行稳健性对银行治理效率因子的影响接近 20%，这说明银行稳健性对银行治理效率因子有一定的影响，且股份制商业银行的稳健性对银行治理效率因子的影响比国有商业银行更大。国有商业银行的银行治理非效率因子自身的方差贡献率超过 80%，而股份制商业银行则为 70% 左右，这说明，国有商业银行的银行治理非效率性黏性比股份制商业银行更加严重。同时，国有商业银行的银行治理非效率因子受到银行稳健性的影响较小，这可能是因为在国有商业银行中，根据银行稳健性水平对董监事会和管理层进行结构与薪酬调整更为困难，而股份制商业银行能够更好地根据银行面临的风险来调整银行治理模式。

银行稳健性主要受自身和 F_E 的影响，说明银行治理效率因子能够增强银行的稳健性。国有商业银行中银行稳健性受自身的影响更大，而股份制商业银行的银行治理效率因子的贡献更大, 说明股份制商业银行能够更好地通过银行治理来增强银行的稳健性, 银行治理效率更高。由方差分解的结果(表 9.6)可以看出, 股份制商业银行的银行治理效率因子对银行稳健性的影响比国有商业银行更强。

表 9.6 面板结构方差分解

银行类型	滞后阶数	F_E			F_{IE}			BSI		
		$\hat{F}_E$	$\hat{F}_{IE}$	$\hat{BSI}$	$\hat{F}_E$	$\hat{F}_{IE}$	$\hat{BSI}$	$\hat{F}_E$	$\hat{F}_{IE}$	$\hat{BSI}$
国有商业银行	1	0.8104	0.1407	0.0489	0.0467	0.8723	0.081	0.0553	0.0053	0.9394
	2	0.8006	0.1509	0.0485	0.0558	0.8378	0.1064	0.0550	0.0191	0.9259
	3	0.7981	0.1549	0.0470	0.0675	0.8166	0.1159	0.0545	0.0224	0.9231
	4	0.7801	0.1552	0.0647	0.0653	0.8107	0.1240	0.0397	0.0370	0.9233
	5	0.7812	0.1551	0.0637	0.0665	0.8104	0.1231	0.0176	0.0594	0.9230
	10	0.7816	0.1551	0.0633	0.0666	0.8105	0.1229	0.0198	0.0572	0.9230
股份制商业银行	1	0.7553	0.0537	0.1910	0.1225	0.7166	0.1609	0.0737	0.0319	0.8944
	2	0.7948	0.0539	0.1513	0.1193	0.7130	0.1677	0.0856	0.0219	0.8925
	3	0.7875	0.0439	0.1686	0.1122	0.7069	0.1809	0.0979	0.0134	0.8887
	4	0.7915	0.0422	0.1663	0.1208	0.7027	0.1765	0.1005	0.0111	0.8884
	5	0.7769	0.0417	0.1813	0.1205	0.7002	0.1793	0.1116	0.0083	0.8801
	10	0.7792	0.0404	0.1804	0.1229	0.6988	0.1783	0.1045	0.0069	0.8886

9.2.5 结论

本小节选取 30 个银行治理特征变量进行动态因子提取并得到银行治理因子, 通过构建 Panel SVAR 模型分析了银行治理特征对银行稳健的影响。结果表明, 银行治理特征对银行稳健性的影响呈显著的正相关关系, 即提高银行治理效率能够促进银行的稳健经营。本小节得出以下结论。

(1)对国有商业银行和股份制商业银行, 银行治理效率因子均会对银行稳健性产生正向冲击, 对银行稳健性水平的提高具有积极意义, 银行治理非效率因子对银行稳健性具有较弱的负向影响, 而银行稳健性对银行治理效率因子均具有较小的正向影响。这说明, 提高银行治理水平能够对银行稳健性产生积极影响, 而银行治理的非效率性会损害银行稳健性; 而银行稳健性水平对银行治理效率具有较小的正向促进作用, 说明银行在稳健性较高, 即面临风险水平较低的情况下能更好地提升银行治理效率。

(2)股份制商业银行银行稳健性指标对银行治理非效率因子具有负向影响, 说明股份制商业银行稳健性水平较高时, 能够抑制银行治理的非效率性, 促进银行治理效率的提升；而国有商业银行银行稳健性指标对银行治理非效率因子的影响最初的负向冲击转向为正向冲击，说明国有商业银行治理对银行稳健性变动的反应更慢，并且可能由过度调整导致银行治理非效率性的加剧。

（3）股份制商业银行中银行稳健性对银行治理效率因子的影响更大，银行稳健性对非效率因子的方差贡献率也比国有商业银行更大。这说明，国有商业银行的银行治理应对环境变化的能力更差，这可能是因为国有商业银行受到更多的制度约束，内部人控制问题也更加突出。国有商业银行非效率因子自身的方差贡献率非常高，受到银行稳健性的影响较小且对银行稳健性的反应较为缓慢，说明国有商业银行治理的非效率性具有黏性，银行治理应对外部环境变化的能力较差，国有商业银行的层级化更为严重，可能导致银行治理需要更多的时间应对银行稳健性的变化。

（4）国有商业银行中银行稳健性自身的方差贡献率较高，而股份制商业银行治理效率因子对稳健性的贡献更高，这说明，股份制商业银行能够更好地通过提升银行治理效率来增强银行的稳健性。而国有商业银行的银行治理效率因子对银行稳健性的影响较小，则可能由于政府对国有商业银行的干预较为严重，这种行政干预对银行治理目标的实现产生了负面影响。

银行治理效率能够对银行稳健性产生正向影响，因此提高我国商业银行治理水平对增强银行稳健性十分重要，尤其国有商业银行银行治理机制仍有待完善。为改善这种现状，我国应精简银行组织结构，完善涵盖董事会、监事会和高管层的绩效考核体系，提出更为有效的激励机制。

9.3　贷款者资产负债表渠道与商业银行稳健性[①]

银行在金融系统调节资金的供给和需求上发挥着重要的纽带作用，银行处于理想的稳健状态时，银行系统在信贷机构、金融市场乃至经济体中，即使在极端情况下，也能够充分履行职责。Calomiris 和 Mason（2003a，2003b）及 Keeley（1990）的研究发现，银行的风险承担、贷款行为和盈利能力对金融系统乃至整个经济体的稳定具有重要作用。因此，我们的研究将从贷款者资产负债表渠道的角度，对政策制定者形成、修订和实施银行监管提供意见。然而，银行体系自身的特征决定了银行体系内部存在着天然的内在风险，在面对银行内部风险和宏观经济、金融异常波动等外部冲击时都会导致银行体系的不稳定，甚至可能引发整个金融体系的不稳定。

货币政策的变化透过贷款者资产负债表渠道对银行的信用风险产生影响，进

---

① 本节由张丁育完成。

而影响银行的稳健性。贷款者资产负债表渠道关注贷款者财务表现和贷款者外部融资的成本；利率变化会导致企业或家庭的偿债能力和偿债意愿变化，由此影响到银行的债务质量；货币供给量则会影响贷款者获得新贷款的难度，当货币政策产生变化时，银行的稳定性受到资产质量、不良贷款率和新贷款规模的影响而产生波动。由于我国银行稳健性数据及货币政策时间序列的非平稳性和潜在结构不稳定性，VAR 等线性传统经济预测模型不足以进行银行信用风险研究(Drehmann et al.，2012)。因此，本章将传统 VAR 模型扩展为 RTV-VAR 模型以讨论银行稳健性与货币政策的动态时变结构，检验我国银行稳健性与货币政策指标之间的多元时变因果关系。

9.3.1 货币政策的贷款者资产负债表渠道

随着信息技术的发展和交易成本的降低，银行稳健性与宏观经济环境之间的联系越来越紧密，货币政策等宏观经济因素变化通常会导致存贷款成本、还款意愿和信贷规模的变动,并通过影响经济主体的预期引发对商业银行稳健性的冲击。这种传导作用可以促进货币政策等宏观调控工具发挥作用，但在风险传播过程中也可能被放大导致危机的发生。银行稳健性是对银行运行过程中潜在风险的度量，银行信贷业务难以避免地伴随着信用风险，这种违约风险有很多是由宏观经济的变化引起的，一个国家的宏观经济条件、宏观经济政策及金融监管等在很大程度上决定该国商业银行稳健性程度(蒋鑫，2009)。

货币政策的变化主要通过贷款者资产负债表渠道对银行的信用风险产生影响，进而影响银行的稳健性。贷款者资产负债表渠道关注贷款者财务表现和贷款者外部融资的成本；利率变化会导致企业或家庭的偿债能力和偿债意愿变化，由此影响到银行的债务质量；货币供给量则会影响贷款者获得新贷款的难度，当货币政策产生变化时，银行的稳定性受到资产质量、不良贷款率和新贷款规模的影响而产生波动。随着对银行稳健性的研究不断发展，学者们发现，货币政策对银行稳健性具有重要影响，银行对实际利率和资产价格的变化尤为敏感(Havrylchyk，2010)。当前，我国正处于经济增速逐步放缓的压力下，银行业作为金融体系的核心，其风险水平对经济的稳健发展具有重要作用，对银行稳健性、货币市场之间风险溢出的研究有助于金融政策的制定与实施及银行风险控制。

在经济繁荣期，金融不稳定性持续累积，在风险大规模增加的同时私人部门的资产负债表大规模扩张，这种不稳定的扩张导致破产风险提高，由此产生了通货紧缩和金融经济的萧条。经济繁荣可能由通货膨胀导致紧缩性货币政策的出台进而转向衰退，也可能由于贷款者的资产负债表过度扩张而崩溃。货币政策的冲击在此过程中扮演了非常重要的角色，金融自由化导致信贷和资产价格的波动扩散为经济波动，高的信贷增长和资产价格上升会导致通货膨胀及难以持续的经济快速扩张，换言之，严格控制银行信贷能降低资产价格对经济波动的敏感性，促使经济低通货膨胀和稳定增长(Borio，2014)。

商业银行往往对信用风险和市场风险单独进行度量和管理，因此提高贷款损失准备金是银行解决信用状况恶化的方法。然而，在传统研究中仅通过资产价值来衡量信用风险的大小是片面的，20 世纪 90 年代以来，Wilson(1997a，1997b)首次将信用风险和宏观经济环境纳入同一体系进行研究，以各经济部门的违约概率与一系列宏观经济变量的敏感度建模，模拟了宏观经济波动冲击下银行面临的违约率。在此基础上，Boss(2002)以改进的宏观经济信贷模型分析了奥地利银行风险受到宏观经济环境的影响。此后，大量研究表明，货币政策及经济增长、通货膨胀率等其他宏观经济环境变量对借款者的债务负担和偿债能力产生影响。Demirguc-Kunt 和 Detragiache(1998)发现，低增长或负增长的不利经济环境下高利率和高通货膨胀率会导致银行风险；Aliaga-Diaz 和 Olivero(2011)的研究表明，宏观经济环境的恶化是银行信用风险增加的重要原因，经济不景气期间银行会将资产组合转换为流动性风险较小的资产，使得贷款成本提高并导致企业的生产活动和投资活动被破坏；Castro(2013)对希腊、爱尔兰、葡萄牙、西班牙和意大利的研究发现，利率与信用风险之间具有稳定的长期关系，他认为，高利率会增加借款者的负担，进而导致银行的信用风险乃至破产。

我国学者对货币政策与银行稳健性关系的研究起步较晚。任宇航等(2007)利用 Logit 回归测试的方法分析我国宏观经济变动冲击对银行信用风险的影响，他们认为，利率对违约的影响最大，GDP 增长率和货币供给对违约概率也存在影响；吴婷和段明明(2009)在 Logit 转换的基础上对信用风险和货币政策进行了 AR 分析，考虑了包括货币政策在内的宏观经济变量的内在相互影响，以及金融体系对宏观经济波动的回馈效应，他们发现，当期、滞后一期的贷款基准利率对不良贷款率有影响。

然而，通过宏观压力测试对银行信用风险进行研究并未考虑非线性和时变性的存在，由银行不良贷款的大幅剥离和贷款总额增加导致银行信用风险数据的跳点及不平稳(常婷婷等，2011)，以及我国宏观经济数据时间序列的非平稳性和潜在结构不稳定性，VAR 等线性传统经济预测模型不足以进行银行信用风险研究(Drehmann et al.，2007)。采用不同时期的数据，宏观经济环境变量与银行信用风险的研究结论往往不一致。因此，将传统 VAR 模型扩展为 RTV-VAR 模型，其能够适应数据的非平稳性或潜在的结构不稳定性，可适用于银行稳健性与货币政策动态时变结构的讨论。利用该模型，本节检验我国银行稳健性与货币政策指标之间的因果关系，分析在我国经济发展和货币政策调整的过程中，特别是在近期我国持续实施稳健的货币政策与外需下滑等因素的作用下，银行稳健性与宏观经济状况相互影响的时变特征。

9.3.2　理论模型和变量选择

1. 贷款者资产负债表渠道理论模型

银行的风险承担、贷款行为和盈利能力共同对银行稳健性产生影响（Calomiris and Mason，2003a，2003b；Keeley，1990）。贷款者资产负债表渠道主要通过影响银行的风险承担向银行稳健性传导，即货币政策影响银行的信用风险，进而影响银行稳健性。考虑一个由银行和企业构成的金融体系，银行向企业投资获得收益，但因为经济环境恶化、企业投资决策错误和道德风险问题，银行的信贷是有风险的；企业通过自有资产和银行贷款进行生产，当项目利润足以支付银行本息时向银行全额偿还借款。对银行的信贷行为假设银行存款利率就是市场出清的存款利率（Fruhwirth-Schnatter and Kaufmann，2006），因此所有银行具有相同的存款利率 i。

违约概率 d 受到企业偿债能力的影响，企业的偿债能力由企业的预期收益能力和新贷款的可得性决定：

$$d = d(P_E, L_{t+1}) \tag{9.21}$$

1）企业的预期收益能力

企业投资一个项目的资金 C_T，自有资金为 C_S，贷款 $L = C_T - C_S$，项目完成后企业应偿还银行的本金与利息 $P = L(1+r)$，银行存款利率为无风险利率 i，r 为银行利息。假定企业投资项目的回报率是一个随机变量 δ，$\delta \in (\delta_g, \delta_b)$。$\delta_g$ 和 δ_b 分别代表经济环境好与不好的情况。企业投资项目的预期净利润为项目收益去掉企业自有资金的机会成本：

$$P_E = E(\delta) - (1+i)C_s - L(1+r) \tag{9.22}$$

其中，$E(\delta)$ 为期望投资收益；$(1+i)C_s$ 为无风险收益。当经济处于扩张阶段时，企业收入和盈利更高（Castro，2013），而在经济衰退期企业获得利润更加困难。因此，$E(\delta_g) > E(\delta_b)$，$E(\delta_g)$ 和 $E(\delta_b)$ 分别为经济繁荣期与经济衰退期企业的预期收益，S 为划分经济时期的门限变量，企业的预期净利润可表示为

$$P_E = sE(\delta_g) + (1-s)E(\delta_b) - (1+i)C_s - L(1+r) \tag{9.23}$$

因此，企业投资的预期净利润受到利率、经济环境和通货膨胀的影响。

2)新贷款的可得性

银行提供的贷款规模受到贷款市场供求双方的影响,依据 Stein(1998),整个贷款市场面临着市场出清的贷款利率 r 和贷款需求弹性 b,因此向下倾斜的贷款需求曲线可表示为

$$L_t^D = L(b,r) \tag{9.24}$$

银行提供贷款的行为即贷款供给曲线为

$$L_t^B = L(b,i) \tag{9.25}$$

其中,i 为市场存款利率。银行需要依据已知的市场存款利率 i 选择最佳的资产负债水平。贷款需求弹性 b 受到货币供给量 m 和宏观经济状况 y 的影响,货币供给量较大和经济状况良好时更易获得流动性,贷款者从其他途径(如留存收益或发行债券)获得资金的可能性更大,因此贷款需求弹性更大。银行贷款规模受到利率、货币供给量和经济状况的影响:

$$L_t = L(m,y,i,r) \tag{9.26}$$

违约概率 d 受到企业的预期收益能力和新贷款可得性的影响,由式(9.21)～式(9.26)可得

$$d = d(m,y,c,i,r) \tag{9.27}$$

货币政策的变化透过贷款者资产负债表渠道对银行的信用风险产生影响,进而影响银行的稳健性。由贷款者资产负债表渠道理论模型,利率变化会导致企业或家庭的偿债能力和偿债意愿变化,由此影响到银行的债务质量和信用风险水平;货币供给则会影响影响贷款者获得新贷款的难度,不良贷款率上升而银行的稳健性下降。因此,当货币政策产生变化时,银行的稳定性由于受利率和货币供给的影响而产生波动。

2. 数据和变量选择

为检验银行稳健性和货币政策之间的关系,考虑我国商业银行稳健性指标数据及货币政策、宏观经济指标数据的可得性,本节选择 2007 年第一季度至 2015 年第三季度的数据作为研究样本,并参考国内外学者的研究,选择了以下指标变量作为测度银行信用风险和宏观经济环境关系的变量。

(1)银行稳健性指标。本节以 2007 年起全部上市银行为样本,从银行资本充足性、资产质量、银行赢利能力及流动性水平四个方面,选取贷款规模对数、不良贷款率、拨备覆盖率、不良贷款/全部资本、总资本充足率、核心资本充足率、

产权比率、资产负债率、资产收益率、净资本收益率、净利差、成本收入比、流动资产比例和存贷比共 14 个指标,对每个指标进行中心化后,通过 DFM 提取共同因子,作为我国商业银行稳健性指标[1]。

(2)货币政策指标。随着货币政策从数量型调控向价格型调控转变,以利率作为货币政策中介目标的要求越来越强烈(张雪莹,2012),但由于我国利率市场化尚未完成,完全以利率代替货币供应量作为中介目标尚不可行,货币政策同时以货币供应量和利率作为主要的操作工具。因此,选取货币供给量增长率、利率作为货币政策指标,分别以广义货币增长率(dM2)即广义货币供给量的同比增长率衡量货币供给增长,利用货币市场基准利率测度利率(Jiménez and Saurina,2006),同业拆借利率选择银行间一月同业拆借利率的当月加权平均值。资料来源于中国经济网统计数据库和国家统计局数据库。

(3)银行信用风险。银行系统的信用风险主要表现为贷款资产的违约率,不良贷款率通常被作为银行信用风险的替代变量(Moretti et al.,2008)。商业银行整体的不良贷款率由国有商业银行、股份制商业银行、城市商业银行、农村商业银行和外资银行的不良贷款率加权平均得到。数据来源于原中国银行业监督管理委员会网站。

对样本期间银行稳健性指标、信用风险及货币政策指标进行描述性统计分析,结果如表 9.7 所示;货币政策指标的时间序列图见图 9.5。

表 9.7 银行稳健性指标及货币政策指标的描述性统计结果

指标	银行稳健性指标	IR	dM2	BCR
最小值	0.3335	0.0104	0.1205	0.0090
最大值	−0.4826	0.0679	0.2931	0.1960
均值	−0.0005	0.0341	0.1728	0.0540
标准差	0.0741	0.0139	0.0405	0.0549
偏度	1.1850	0.4754	1.4326	1.1850
峰度	0.4419	−0.3825	2.0826	0.4419
ADF 检验	−4.1217 (0.0022)	−2.5436 (0.1121)	−2.4104 (0.1447)	−4.1217 (0.0022)

---

[1] 指标的选择沿用了陈守东等(2011)描述银行稳健性的指标选取方法,即本书中的具体指标和选择依据。通过 DFM 提取共同因子的计算方法,应用了第 2 章对主成分方法、卡尔曼滤波方法及 EM 算法进行比较时效果最好的主成分方法。

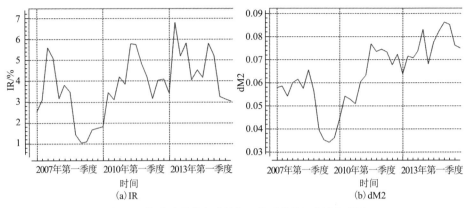

图 9.5 货币政策指标(利率、货币供给)时间序列图

从表 9.7 的描述性统计可知，我国广义货币增长率和商业银行不良贷款率的波动率较大，利率的波动则较小。银行信用风险和全部货币政策变量峰度均不大于 3，不存在明显的"厚尾"特征。不良贷款率、广义货币增长率、利率偏度均大于 0，即全部指标都呈现右偏。序列平稳性的 ADF 检验结果表明，不良贷款率在 1%的显著性水平下不存在单位根，为 $I(0)$ 阶的平稳序列；但利率的广义货币增长率的序列不平稳。将传统 VAR 模型扩展为 RTV-VAR 模型，其能够检验我国银行稳健性与货币政策指标之间的时变的因果关系，而不必将序列不平稳的数据化为 $I(1)$ 序列从而导致数据信息的损失。

9.3.3 基于混合分层结构 Gibbs 算法的 TVP-VAR 模型

Sims(1980)的以 VAR 模型为基础的检验方法为 Granger 因果关系的分析提供了一个宽松的框架，这种以 AR 模型的滞后项系数为基础的检验方法得到了广泛应用，但这种基于假设检验的方法对数据平稳性有着特定的要求，且只对时间序列之间稳定的因果关系给出是非性的判断。然而，宏观经济时间序列数据之间的相关性往往是不稳定的，宏观经济时间序列数据之间因果关系的时变性是广泛存在的(Stock and Watson，1996)，这使传统方法的检验在选取不同数据区间的情况下得到不同结果。因此，本章引入了以分层 Dirichlet 过程驱动的 RTV-VAR 模型(刘洋和陈守东，2016b)，该模型提供了非平稳数据的多元因果关系的度量，以充分适应数据的非平稳性或潜在的结构不稳定性。建立 RTV-VAR 模型表示如下：

$$\text{BSI}_t = \beta_0^{s_t} + \sum_{i=1}^{m} \beta_i^{s_t} \text{BSI}_{t-i} + \sum_{i=1}^{m} \sum_{k=1}^{6} \beta_{k,i+m}^{s_t} x_{k,t-i} + \varepsilon_t, \quad \varepsilon_t \sim N(0, \sigma_{s_t}^2), \quad t = 1, \cdots, T \quad (9.28)$$

$$S_t \mid \beta_{0,j}, \beta_{1,j}, \cdots, \beta_{2m,j}, \sigma_j^2 \sim \text{sticky HDP-HMM}, \quad j = 1, \cdots, \infty, \quad t = 1, \cdots, T \quad (9.29)$$

其中，BSI_t 为银行稳健性指标；$x_{k,t}$ 为货币政策 k 即 $[IR, dM2]$ 在 t 时刻的值；$\beta_0^{s_t}$ 为截距项；在滞后项系数 $\beta_i^{s_t}$ 和 $\beta_{k,i+m}^{s_t}$ 中，i 代表滞后 i 期，m 代表模型的最大滞后期阶数，s_t 代表 t 时期数据模型所处的区制状态序号，在无限状态的假设条件下为任意正整数。在式(9.29)中，sticky HDP-HMM 过程基于 Kim 和 Nelson(1999)与 Fox 等(2011)提出的分层 Dirichlet 过程与共轭分布族结构。在无限状态 Markov 过程的假设条件下，以 sticky HDP-HMM 驱动区制状态 S_t，通过 x 变量滞后项系数 $\beta_{k,i+m}^{s_t}$ 的后验无偏中位数估计值，来检验滞后期经济变量 x_{t-i} 对当期经济变量 y_t 的因果影响关系。x 变量滞后项系数大于 0 代表 x 变量对 y 变量存在显著的正向因果影响关系，x 变量滞后项系数小于等于 0 代表 x 变量对 y 变量存在负向影响但不显著。

$$\beta_{\cdot, s_t} \sim N(\mu, \Sigma), \quad t = 1, \cdots, T \tag{9.30}$$

$$\varepsilon_t \sim N(0, \sigma_{s_t}^2), \quad t = 1, \cdots, T \tag{9.31}$$

$$\omega_j \mid \alpha, \gamma, \kappa \sim DP\left(\alpha + \kappa, \frac{\alpha\gamma + \kappa\delta_j}{\alpha + \kappa}\right), \quad j = 1, \cdots, \infty \tag{9.32}$$

$$S_t \sim Multinomial(\omega_{s_{t-1}}), \quad t = 1, \cdots, T \tag{9.33}$$

sticky HDP-HMM 过程与 Markov 区制转移的截距项、AR 系数与扰动项方差的双层结构的共轭分布可分别描述为式(9.30)~式(9.33)的形式。式(9.30)中的截距项和滞后项系数服从多元正态分布，该分布的均值向量 μ 与多元协方差矩阵 Σ 的值服从第二层分布：μ 的先验分布是正态分布，正态分布的均值 b_0 与方差 B_0 作为超参数设定。Σ 的先验分布是逆 Wishart 分布，m_0 和 Z_0 作为该分布的自由度参数和尺度矩阵参数，m_0 和 Z_0 分别作为超参数进行设定。$\sigma_{s_t}^2$ 服从以 c_0 和 d_0 为形状参数及尺度参数的逆 Gamma 分布。

由式(9.32)与式(9.33)所示的分层结构 Dirichlet 过程是一个双层随机抽取过程，第一层的 γ 是由式(9.32)所代表的 stick-breaking 过程产生的分布特征参数向量，也是第二层 Dirichlet 过程的超参数之一。双层共轭分布结构中，状态参数潜变量 s_t 服从分层结构的 Dirichlet 过程。式(9.33)中，DP 代表标准的 Dirichlet 过程，其中，α、η、κ 是超参数，δ_j 的下角标 j 与 ω_j 的相同时，δ_j 的值为 1，否则为 0。κ 代表黏性系数，κ 的值越大，Dirichlet 过程向自转移收敛的速度越快。第二层的 Dirichlet 过程不仅捕获出可能存在状态的数量，而且为序号为 j 的状态抽取代表该状态向包括其自身的所有状态转移的概率测度向量 ω_j。由此，式(9.32)~式

(9.33)实现了可抽取代表不同时期所处区制状态潜变量向量 $S = (s_1,\cdots,s_T)$ 边缘后验分布的动态模拟。区制状态潜变量 S 通过 Chib(1996)的 FFBS 算法进行模拟抽样，其中，向前滤波以 t 时点的数据向前一步计算对 $t+1$ 时点状态潜变量预测概率，结合 $t+1$ 时点对状态潜变量的更新概率，计算得到状态潜变量向前滤波概率，向后抽样为 $p(s_t\,|\,s_{t+1},\theta,y,x) = \dfrac{p(s_{t+1}\,|\,s_t,\theta)p(s_t\,|\,\theta,y_t)}{\displaystyle\sum_{\varsigma=1}^{L}p(s_{t+1}\,|\,\xi,\theta)p(\xi\,|\,\theta,y_t,x_t)}$，其中 $p(s_t\,|\,\theta,y_t)$ 源自 FF 步骤的向前滤波概率，以计算所得的向后抽样概率，从后向前对区制状态潜变量向量 S 进行模拟抽样，实现了混合分层结构的 Gibbs 算法(刘洋和陈守东，2016a)，共进行 $M_0 + M_1$ 次迭代，其中前 M_0 次为预烧期，预烧期结束时结果将达到稳定，再继续迭代 M_1 次该 MCMC 过程以得到统计结果，其中以 $t=1,\cdots,T$ 时 x 滞后项系数 $\{\beta_{i+m,t}\}_{i=1}^{m}$ 的后验中位数，作为 x 变量滞后项系数的区制时变的后验估计值。本部分在实证中采用的预烧期 M_0 均为 1000 次， M_1 均为 5000 次。

9.3.4 模型估计与多元时变因果关系检验

根据 2007 年第一季度到 2015 年第三季度的样本数据，参考相关系数和贝叶斯信息准则，确定了银行稳健性与货币政策指标之间相互影响的滞后阶数，该滞后阶数为滞后二阶。因此，本节建立滞后二阶的 RTV-VAR 模型并进行参数估计。

1. 描述性统计

如图 9.6 所示，2007 年第一季度至 2015 年第一季度，我国经历了经济周期的多个不同阶段和随之而来的货币政策调整，2007 年至 2008 年金融危机发生前，宏观经济总体运行稳定，经济增长速度较快，货币政策因通货膨胀的压力由稳健转向紧缩；2008～2009 年国际金融危机期间，汇率上升和外需不足导致经济增长放缓，央行通过扩张性货币政策应对金融风险的压力和经济增长的压力；由于金融危机期间投放的信贷量较大，金融危机过后我国重新面临较高的通货膨胀压力，因此，到 2011 年末为止货币政策是紧缩的；其后随着欧债危机的扩散及长时间收缩性货币政策导致的经济衰退风险，央行采取了扩张性货币政策；2013～2015 年，央行保持了稳健的货币政策，货币政策保持稳健的总体基调并偏向宽松，以应对我国经济增长速度放缓和。

由式(9.25)广义 DFM 提取的商业银行稳健性指标可以看出，商业银行稳健性受到经济周期和货币政策的影响，在样本期间商业银行稳健性的变化经历了几个不同阶段，由于美国次贷危机和国际金融危机对我国经济环境的预期产生了很大冲击，2007 年至 2008 年初银行稳健性迅速下降，随后经历了 2008 年缓慢下降的过程，自 2009 年开始受美国量化宽松政策和欧债危机的影响，经历了第二个快速下降的阶段，直到 2013 年开始逐渐回升。总体来说，样本期间我国宏观经济环境和货币政策多次发生改变，银行稳健性水平也受到其影响。

2. 动态相关性分析

为了检验货币政策和银行稳健性之间是否存在跨期的相互影响作用，对货币政策和银行稳健性进行交叉相关系数检验，结果如表 9.8 所示。

表 9.8　货币政策指标与银行稳健性的交叉相关系数

利率与银行稳健性交叉相关系数		i	滞后	超前
IR，BSI$(-i)$	IR，BSI$(+i)$	0	0.5572	0.5572
		1	0.4871	0.5301
		2	0.4248	0.5245
		3	0.4291	0.4999
		4	0.4562	0.4451
		5	0.3644	0.3301

货币供给与银行稳健性交叉相关系数		i	滞后	超前
dM2，BSI$(-i)$	dM2，BSI$(+i)$	0	−0.7298	−0.7298
		1	−0.7255	−0.6692
		2	−0.7047	−0.5784
		3	−0.6571	−0.4823
		4	−0.6247	−0.3783
		5	−0.6185	−0.2711

在表 9.8 中，货币政策指标与银行稳健性的交叉相关系数表明，银行稳健性与利率及货币供给量的各期滞后项之间存在显著的相关关系，银行稳健性与利率之间存在显著的正相关关系，且相关性均随着滞后期的增加而缓慢减弱；银行稳健性与广义货币增长率的长期相关性为负，银行稳健性对 dM2 的负向影响不断减弱，而广义货币增长率与银行稳健性滞后项的负相关性则一直保持在较高的水平。综上，银行稳健性与各货币政策指标的滞后项之间均表现出了不同程度的关联

性。尽管货币政策通过贷款者资产负债表渠道向银行稳健性传导，其中银行信用风险的影响是非常重要的环节，但信用风险与广义货币增长率的长期相关性并不明显，反而稳健性与广义货币增长率的负相关性很强，该现象的原因将在下文中进行分析。

3. 货币政策指标与银行稳健性的多元时变因果关系

根据混合分层 Dirichlet 过程对 RTV-VAR 模型进行估计，分析银行稳健性与货币政策指标之间的时变因果关系。考虑到多个变量之间可能存在的挤出效应，首先对银行稳健性与货币政策指标(利率和货币供给量)建立三元 RTV 模型，并由于货币政策主要通过贷款者资产负债表渠道向银行稳健性传导，考虑挤出效应的影响，进一步分析货币政策变量向银行稳健性传导过程中受到银行信用风险的影响，分别建立利率和货币供给量经由银行信用风险向银行稳健性传导的多元时变模型。对 RTV-VAR 模型的滞后项系数估计结果表明，银行稳健性与货币政策指标之间存在显著的时变因果关系。

表 9.9 概括了银行稳健性与货币政策指标间的滞后项系数估计，Panel a 为利率、货币供给与银行稳健性之间的区制时变因果关系系数。Panel b 和 Panel c 分别为利率及货币供给经贷款者资产负债表渠道向银行稳健性的传导，即利率、信用风险与银行稳健性的滞后项系数，以及货币供给、信用风险与银行稳健性的滞后项系数估计。

表 9.9　货币政策与银行稳健性滞后项系数估计

	Panel a　银行稳健性与货币政策指标			
时变系数	IR-BSI	dM2-BSI	BSI-IR	BSI-dM2
$\beta_{t-1}^{s_t}$	0.005	0.397	0.803	−0.001
	(0.004, 0.006)	(0.391, 0.401)	(0.790, 0.814)	(−0.005, 0.001)
$\beta_{t-2}^{s_t}$	0.000	0.079	−0.150	−0.020
	(−0.001, 0.001)	(0.077, 0.082)	(−0.166, −0.132)	(−0.022, −0.018)
	Panel b　利率经贷款者资产负债表渠道向银行稳健性的传导			
时变系数	IR-BSI	BCR-BSI	BSI-IR	BSI-BCR
$\beta_{t-1}^{s_t}$	0.021	0.062	−0.278	−0.079
	(0.000, 0.027)	(0.042, 0.068)	(−0.294, 0.250)	(−0.104, −0.068)
$\beta_{t-2}^{s_t}$	0.036	−0.049	0.083	0.235
	(0.018, 0.042)	(−0.053, −0.047)	(0.067, 0.089)	(0.227, 0.242)

续表

	Panel c　货币供给经贷款者资产负债表渠道向银行稳健性的传导			
时变系数	dM2-BSI	BCR-BSI	BSI-dM2	BSI-BCR
$\beta_{t-1}^{s_t}$	0.148	0.050	−0.083	−0.301
	(0.138，0.165)	(0.041，0.056)	(−0.090，−0.076)	(−0.319，−0.291)
$\beta_{t-2}^{s_t}$	0.198	−0.063	0.163	0.301
	(0.183，0.217)	(−0.068，−0.059)	(0.153，0.179)	(0.292，0.309)

注：括号内为滞后项系数序列的 0.05 和 0.95 分位数；时变系数的具体区制特征见图 9.6、图 9.7 和图 9.8

　　银行稳健性与货币政策指标的估计结果表明，利率对银行稳健性存在滞后一阶的正向影响，但滞后二阶因果关系不显著，即利率对银行稳健性的滞后一阶影响为负，广义货币增长率对银行稳健性存在滞后一阶和滞后二阶的显著时变因果关系，同时滞后一阶的影响系数远远超过滞后二阶；银行稳健性对利率存在滞后一阶的时变因果关系，并且影响系数非常大，对广义货币增长率的滞后一阶和滞后二阶影响均不明显，滞后项系数估计值表明，广义货币增长率对银行稳健性的影响更加显著，银行稳健性对广义货币增长率的反向影响则较小。综上，货币政策变化对银行稳健性的影响非常显著，利率对银行稳健性存在负向影响，而货币供给增加往往代表银行稳健性增加。银行稳健性程度也会由企业的运行反向影响实体经济的增长，但总体来说这种影响非常微弱。

　　考虑贷款者资产负债表渠道的情况下，利率对银行稳健性的滞后一阶、滞后二阶影响均显著，且明显大于未考虑贷款者资产负债表渠道的情况。银行信用风险对银行稳健性的滞后一阶影响显著为正，滞后二阶系数则不显著，说明银行信用风险对银行稳健性的影响即时性较强。银行稳健性对利率和信用风险存在滞后二阶的时变因果关系，滞后一阶的影响系数不显著，说明银行稳健性的逆向传导过程存在很高的滞后性。由于挤出效应的存在，银行稳健性对利率的正向影响在引入信用风险的模型中大幅度减小了，主要是因为信用风险对利率的影响更加显著。当利率上升时，企业的融资成本增加，削弱了企业还款能力，使得银行信用风险增加，进而导致银行稳健性下降。

　　货币供给对银行稳健性的影响考虑贷款者资产负债表渠道的情况下变化不大，银行稳健性受到货币供给滞后一阶和滞后二阶的显著正向影响，但滞后一阶和滞后二阶的时变因果关系系数差距比 Panel a 中明显减小。银行稳健性对货币供给存在滞后二阶的时变因果关系，对信用风险存在滞后二阶的时变因果关系。货币供给增加则代表社会可供信贷的资金量增加及银行获得新贷款的能力提高，其降低了银行的信用风险，银行稳健性随着货币供给的增加而提高。

1）货币政策指标与银行稳健性的时变系数图

图 9.6 为利率、货币供给与银行稳健性之间的区制时变因果关系系数图。

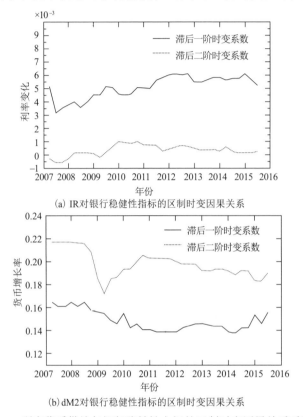

（a）IR对银行稳健性指标的区制时变因果关系

（b）dM2对银行稳健性指标的区制时变因果关系

图 9.6　利率货币供给与银行稳健性之间的区制时变因果关系系数图

图 9.6(a) 中区制时变系数的估计结果表明，利率对银行稳健性存在滞后一阶的正向影响，滞后二阶因果关系则由不显著的负向影响转为正向，即利率对银行稳健性的滞后一阶影响为负，同时滞后一阶的影响系数远远超过滞后二阶；2007～2009 年利率的区制时变系数经历了短暂的下降后有所回升，说明国际金融危机期间利率对银行稳健性的影响有所增强，其后时变系数保持着小幅度的波动上升，但整个样本期间货币政策对银行稳健性的断点概率保持在非常低的水平（围绕0.05 波动），说明考虑利率、货币供给与银行稳健性关系的模型中，利率变化对银行稳健性的正向影响显著但较小，尽管存在一定的时变性但不具有明显的区制转移特征。

滞后一阶和滞后二阶的利率对银行稳健性的影响一直处于波动状态，但自

2013 年后变化较小。2008～2009 年国际金融危机期间利率的区制时变系数发生了
两次波动，以及 2011 年后区制时变系数先增加后减少，说明总体经济环境越差，
利率对银行稳健性的影响越小，说明银行稳健性虽然受到利率影响，但随着经济
环境的恶化这种影响有其刚性存在，印证了 Bertay 等(2015)提出的国有银行在商
业周期中起到了稳定信贷的重要作用，尤其在政府监管有效的国家中国有银行受
到经济周期的影响非常小。

广义货币增长率对银行稳健性滞后一阶和滞后二阶的显著时变因果关系由图
9.6(b)可知，广义货币增长率对银行稳健性存在正向的区制时变因果关系，广义
货币增长率导致银行贷款的真实价值下降和贷款者获得新贷款的渠道增加，因此
广义货币增长率对银行的影响取决于实体经济环境和还款者意愿，由于我国信贷
的特点，广义货币增长率对银行稳健性产生正向影响。国际金融危机期间利率的
区制时变系数发生了明显的区制变化，滞后一阶系数在 2008 年 6 月后发生了快速
的大幅度下降，2009 年后才缓慢回升，滞后二阶的时变系数在整个金融危机期间
则一直处于缓慢下降的趋势，2010 年才出现回升。

2) 贷款者资产负债表渠道对货币政策传导的影响

考虑到多个变量之间可能存在的挤出效应，进一步分析货币政策变量向银行
稳健性传导过程中，贷款者资产负债表渠道向银行稳健性传导的效果，分别建立
利率和货币供给量经由银行信用风险向银行稳健性传导的多元时变模型，并进行
稳健性检验。图 9.7 和图 9.8 分别表示利率经由信用风险对银行稳健性的传导及广
义货币增长率经由信用风险对银行稳健性的传导。

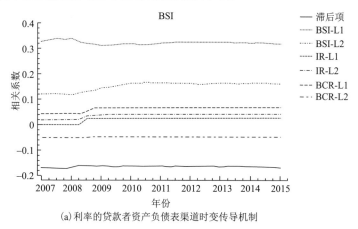

(a)利率的贷款者资产负债表渠道时变传导机制

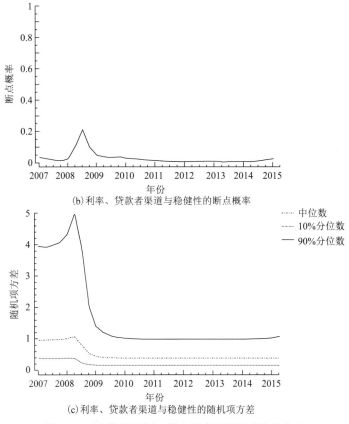

(b)利率、贷款者渠道与稳健性的断点概率

(c)利率、贷款者渠道与稳健性的随机项方差

图9.7　时变传导机制、断点概率及随机项方差(一)

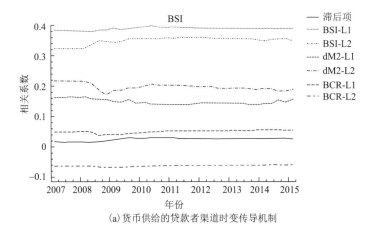

(a)货币供给的贷款者渠道时变传导机制

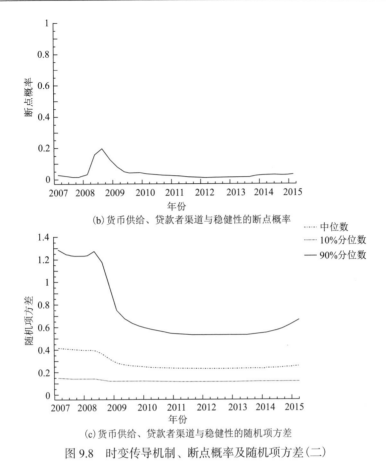

(b) 货币供给、贷款者渠道与稳健性的断点概率

...... 中位数
.... 10%分位数
———— 90%分位数

(c) 货币供给、贷款者渠道与稳健性的随机项方差

图 9.8　时变传导机制、断点概率及随机项方差(二)

在图 9.7(a)中，滞后一阶和滞后二阶的利率对银行稳健性的影响显著为正，信用风险对稳健性同样具有滞后一阶的正向影响，但滞后二阶的区制时变系数为负，这说明银行的债务负担和偿债能力直接对银行稳健性产生影响。在加入不良贷款率指标后，利率对银行稳健性的影响大幅增加，这说明信用风险在利率变化影响银行稳健性的过程中具有重要的传导作用。利率对稳健性的影响系数和信用风险对稳健性的影响系数均在 2008~2009 年出现了大幅增加，宏观经济环境的变化会导致利率与银行稳健性之间的相互作用发生变化，在金融危机时期，企业对未来的预期更差，因此对货币政策的变化更加敏感，贷款者资产负债表渠道导致利率的变化出现了区制变化。

图 9.7(b)和图 9.7(c)表明，利率对银行稳健性区制时变因果关系在 2008 年 6 月具有较高的断点概率，随机项方差的时间序列图也表明了这一点。该现象表明，货币政策对银行稳健性的影响在 2008 年 6 月存在较高的断点概率，利率对银行稳

健性的影响在该时刻出现区制变化的概率很高。经济繁荣期企业的盈利能力更强,偿债能力不易受到利率变化的影响,但在金融危机发生时,企业偿债能力对利率变化更加敏感,因此在金融危机发生时,利率对银行稳健性的影响表现出了明显的区制转移特征。

由图 9.8(a)可知,广义货币增长率对银行稳健性存在滞后一阶和滞后二阶的正向影响,货币供给增加为经济运行提供了更多流动性,对银行信用风险存在抑制作用,同时,货币供给的增加时往往信用较好的贷款者从其他途径获得资金的可能影响,货币供给增加为经济运行提供了更多流动性,对银行信用风险存在抑制作用,同时,货币供给增加时往往信用较好的贷款者从其他途径获得资金的可能性更大,因此广义货币增长率增加降低了违约概率,金融危机期间,广义货币增长率和信用风险对银行稳健性的时变影响系数同时下降,说明对金融危机的悲观预期导致了广义货币供给和信用风险对银行稳健性的影响降低,同时银行稳健性的 AR 系数有所增加,表示银行出于维持稳定而进行的政策调整导致了顺周期性的产生,也使得银行稳健性自身的黏性增加。

图 9.8(b)和图 9.8(c)表明,货币供给对银行稳健性区制时变因果关系在 2008年均具有较高的断点概率,货币供给对银行稳健性的影响自 2008 年 3 月起出现了较高的断点概率,直到 2008 年 9 月开始下降,随机项方差的时间序列图也具有同样的特点。这表明广义货币增长率对银行稳健性的影响在 2008 年 3～9 月持续存在很高的区制转移概率。经济繁荣期企业对获得新贷款保持着非常乐观的预期,因此偿债意愿不易受到广义货币增长率变化的影响,而当金融危机发生时,货币供给对企业偿债能力和意愿的影响更大,尤其是在国际金融危机期间,由贷款者预期所导致的货币供给影响的区制转移,不仅发生的时间比利率影响的新区制早,持续时间也更久。但利率和货币供给的区制转移都仅在金融危机时期发生,说明样本期间我国经济环境仅在该时段产生了对银行而言不同于平时的、剧烈的变化。

9.3.5　结论

本章基于 RTV-VAR 模型,以我国 2007 年第一季度到 2015 年第三季度的货币政策数据和银行稳健性数据为研究对象,通过混合分层结构的 Gibbs 算法估计了我国商业银行稳健性与货币政策变量的多元时变因果关系,实证结果表明,利率对银行稳健性存在滞后一阶的正向影响,但滞后二阶因果关系不显著,即利率对银行稳健性的滞后一阶影响为负;广义货币增长率对银行的稳健性存在显著的滞后一阶和滞后二阶时变因果关系,同时滞后一阶的影响系数远远超过滞后二阶;利率对银行稳健性存在负向影响,广义货币增长率对银行稳健性的正向影响更加显著,银行稳健性程度也会由企业的运行反向影响实体经济的增长,但总体来说这种影响非常微弱。仅考虑货币政策与银行稳健性的关系时,各滞后项的系数虽具有时变性,但没有明显的区制转移特征。

　　考虑到多个变量之间可能存在的挤出效应,本节进一步分析贷款者资产负债表渠道在货币政策向银行稳健性传导过程的效果,分别建立利率和货币供给量经由银行信用风险向银行稳健性传导的多元时变模型,发现信用风险在利率变化影响银行稳健性的过程中具有重要的传导作用,使利率对稳健性的影响系数出现了大幅增加;广义货币增长率对银行稳健性存在滞后一阶和滞后二阶的正向影响,货币供给增加为经济运行提供了更多流动性,也往往使贷款者从其他途径获得资金的可能性更大,货币供给和信用风险共同作用时广义货币增长率银行稳健性的影响降低,同时银行稳健性的 AR 系数有所增加,这表示银行出于维持稳定而进行的政策调整导致了顺周期性的产生,也使得银行稳健性自身的黏性增加。利率和货币供给的区制转移都仅在金融危机时期发生,这说明样本期间我国经济环境仅在该时段产生了对银行而言不同于平时的、剧烈的变化。

　　鉴于本部分的研究结论,可以看出,货币政策和商业银行稳健性之间有着密切的联系,在国际金融危机、欧债危机等影响全球的金融事件中,我国的商业银行虽然没有面临严峻的危机,如倒闭等,但近年来我国商业银行的不良贷款率有所回升,所处的宏观经济环境也存在经济增长放缓等问题,因此商业银行应重视风险管理体系的建立,完善风险控制和管理制度,熟练掌握和运用先进的风险量化工具。在风险管理的执行层面上,尤其是国有商业银行迫切需要改变行政管理模式,提高自身的风险意识,建立并不断改进银行风险管理信息系统。

第10章　总结与展望

　　本书对风险在金融系统内的生成、积聚、风险实现及向宏观经济传导扩散等方面的研究进行了梳理，揭示出了金融风险的形成过程，厘清了金融系统与宏观经济之间关联影响的机制；在理论上对风险的生成演化及传导扩散机制清晰认识的基础上，采用多种计量方法对我国金融系统内不同阶段的风险进行计量分析，包括风险生成阶段的金融不稳定性、积聚阶段的金融压力及风险实现阶段的系统性金融风险；同时进一步研究了我国金融系统的周期性、稳定性特征，计量分析金融系统与宏观经济之间的关联影响，以对风险在我国金融系统内的传播和对实体经济的溢出影响有更直观的认识。具体而言，本书在对金融风险进行深入剖析和准确度量的基础上，对系统性金融风险的防范、稳定性和周期性展开研究。研究主要包括三个方面：一是从识别系统性金融风险的来源出发，研究系统性金融风险传染性、内生性及生成演化机制；二是从不同的视角对系统性金融风险进行量化分析与评价，从宏观与区域层面研究系统性和区域性金融风险的防范对策，探索宏观审慎监管与微观审慎监管的风险防范协调机制，并提出相应政策建议；三是研究我国金融系统的周期性、稳定性特征，计量分析金融系统与宏观经济之间的关联影响，包括设计一个具有可操作性的金融风险预警体系，并评价我国金融系统的整体稳定性。本书的主要研究结论如下。

10.1　系统性金融风险与金融稳定的理论研究结论

　　(1)"繁荣是萧条的唯一原因"，经济繁荣增加了投资者的风险偏好，加之外部投资约束宽松，带来更多的投资和信贷量，杠杆和资产价格增加，风险在系统中不断累积。当遇到反向负面冲击时，金融系统出现损失，增加金融系统的压力，甚至会引起系统性金融危机。系统性金融风险演进共有三个阶段：累积—扩散—爆发。而在金融稳定性方面，传统的观点将金融不稳定的产生归因于单一金融机构的倒闭，通过一系列传染机制传播到整个金融系统。资产负债表的内在关联及信息不对称带来的过激反应是主要传播渠道。传统观点强调金融风险的传染效应，或者通俗地说，强调"多米诺骨牌"效应。内生的金融不稳定理论则认为，金融不稳定源于金融系统中参与者的集体行为所产生的共同风险暴露，强调金融不稳定的内生性、动态性及周期性等特征，这反映了金融系统和实体经济之间的互动影响，这种影响导致过度繁荣，并且反过来，为随后的衰退和金融收缩埋下种子，即金融不稳定在经济繁荣期形成，并且随后在经济低迷期实现。在这个观点中，金融不稳定的产生不过分依赖于资产负债表的或信息的传染机制，而是归因于随时间演变共同的风险暴露，并且与经济周期密切相关。简言之，系统性金融风险的生成演化和金融系统的结构变化与金融稳定性之间存在交叉感染环路及交互影响效应。

（2）从金融周期角度的实证研究表明，中国金融周期与货币政策周期高度一致，根据"峰—峰"的周期划分方法，将三个金融周期（泡沫积累、泡沫破灭、泡沫平复）称作一个金融景气周期循环，据此中国金融状况现已经历了两个完整的金融景气周期循环，并处于第三个金融景气周期循环的"泡沫破灭"阶段。金融状况指数可作为金融经济变量的先行指标：尽管由宏观经济变量、货币政策变量及价格体系变量合成，仍先行于各个指标变量，金融状况指数是金融状况与实体经济运行的"晴雨表"。金融危机期间的刺激政策存在滞后效应，没能及时、充分发挥其作用。根据泡沫的发展规律，将泡沫积聚—泡沫破灭—泡沫平复的一次循环称作一次完整的金融景气周期循环，中国目前已经历了两次完整的金融景气周期循环，且处在第三次循环的泡沫破灭阶段并深陷于此。但结果表明，中国在 2016 年实现金融状况的反弹预期是大概率事件。随机性趋势与金融状况指数趋势高度一致，周期性短期波动与金融状况指数同步反向变化，市场情绪及投资者预期非理性掩护下的随机冲击是中国金融状况剧烈波动的原因，即中国金融状况是周期性短期波动与随机性冲击综合博弈的结果。

10.2　经济增长与金融稳定的研究结果

（1）无论是过去的发达经济体，还是近期的新兴经济体，在发展历程中都存在经济增长从不稳定向稳定过渡的转型阶段；中国经济增长率与通货膨胀率在 2010 年之后，呈现出动态趋势稳定、波动性降低、局部平稳等新常态特征；相比之下，不同的经济增长方式和内在结构上的差异使不同经济体在经济增长的稳定性与抵御冲击风险的能力方面有着明显的区别；2008 年的金融危机及随之而来的一系列冲击，对发达经济体与新兴经济体的冲击都存在着非对称性，新兴经济体的经济增长在后金融危机时代，更是存在着明显的分化现象。

　　(2)2016 年以来民间投资增速下滑的直接原因是泡沫挤出行为的宏观现象，但同时表现出泡沫的迅速被迫压缩，风险的集中爆发不无可能。一方面，这是资本逐利性与风险厌恶及市场基础变化的必然结果；另一方面，面对不确定性因素增加的经济基本面，民企持币待投资的普遍现象也说明投资的盲目性逐渐改善，这在某种意义上也是民企日渐理性与成熟的表现。泡沫挤出行为的最终结果将是企业部门杠杆率的下降，这有利于供给侧结构性改革的有效推进。

　　(3)"三驾马车"的短期分析框架能够很好地代表传统经济增长动力：投资因子与进出口因子关联性较高，消费因子相对独立，且存在投资消费失衡现象。相比较而言，进出口因子衰退得最为严重，出口导向经济模式不可持续；消费因子较为平稳，应当大力构建消费型经济，为新兴经济增长动力的培育奠定良好的经济体制基础；在投资因子中以房地产市场的拉动作用最为强劲，且维持房地产市场的景气程度比刺激房地产市场扩张规模及速率更为重要。中国经济不存在陷入滞胀的可能性，也不存在笼统的通货膨胀风险或通货紧缩风险，准确地说是存在生活资料通货膨胀、生产资料通货紧缩的可能性，而生产资料是否面临通货紧缩风险主要取决于去产能、去杠杆、去库存进程推进的成效。中国货币政策调控存在着传统货币政策调控工具的低效率及货币量直接调整对经济基本面影响的无效率，因此，新常态下，应该降低对传统货币政策工具的使用频率，更加注重精细化调控的新型货币政策工具的使用。中国经济增速下行的本质是外需持续疲软背景下经济系统周期性运行的结果，即主要原因有外部性因素、周期性因素、结构性因素。外部性因素与周期性因素是无法通过一国的宏观调控手段与微观刺激措施明显改善的，因此中国应当坚持推进(供给侧)结构性改革，释放改革红利以保证中国经济实现中高速平稳增长。"双轮驱动"的新型认知框架能够很好地代表新兴经济增长动力：两因子相关性较高，存在着相互作用的自我强化机制。研发投入对经济增长拉动作用较强但绝对水平较低；金融发展对经济增长拉动作用较强但以股票融资对实体经济的支持为主，存在着金融市场发展失衡、间接融资成本过高等低效率现象，迫切需要"补短板"的推进。通过横向比较发现，尽管"双轮驱动"对经济增长的拉动作用较强，但仍不及正在衰退的"三驾马车"，即中国尚未完成新兴经济增长动力与传统经济增长动力的阶段转换，需要在推进结构性改革的过程中以宽松经济政策为中国经济托底。

　　(4)在 2002～2013 年，我国金融系统经历了两个明显的高度脆弱时期，分别是 2006 年 11 月～2007 年 5 月和 2008 年 12 月～2009 年 12 月。两个高金融脆弱时期都伴随着我国经济的短期繁荣。同时，我国金融系统经历了异常的高金融脆弱期后一般会出现更加深度的低金融脆弱期。我国金融系统出现三个高金融压力期，分别是 2008 年 1～12 月、2011 年 4 月～2012 年 3 月及 2013 年 5～12 月。金融压力位于高金融压力期的持续时间明显要短于其位于低金融压力期的持续时间，同时，近些年金融系统出现高金融压力的频率在增加。自 2011 年以来，频发的金融高压力反映了信贷收缩导致的银行等金融部门普遍出现的资金紧张、流动性风险加大及银行盈利性下降等潜在风险状况。我国金融周期的演变具有一定的规律性：金融周期的起点一般是经济的繁荣、信贷的宽松及资产价格的高涨，而金融周期的终点是金融压力的增大或系统性金融风险的出现。在经济繁荣期，宏观经济和金融环境使得金融系统中的参与者进行集体的不可持续的金融冒险行为，导致对风险的共同暴露加大，金融系统逐渐由低脆弱性向高脆弱性转变；此时一个反向的冲击，会反转这些繁荣的景象，金融系统出现损失或不确定性导致金融压力增大，并有可能进一步演变为普遍的系统性金融风险。金融脆弱指数和金融压力指数对于经济增长均具有良好的预测能力，尤其是在长期具有明显的优于宏观经济变量的预测能力。

10.3　外部风险溢出的系统性金融风险贡献研究结果

(1)统计分析结果显示，中国、日本、韩国三国汇率收益率的波动具有明显的集聚现象，条件异方差特征显著，并且汇率波动集聚的时间与该国利率的波动集聚时间比较吻合，溢出效应明显。同时中国、日本、韩国三国的外汇市场汇率和货币市场利率的变动弹性有区别，其中，人民币利率变动弹性最大，韩元汇率变动弹性最大，日元居中。

(2)人民币、日元、韩元汇率都具有显著的 GARCH 效应，并且具有很强的持续性。估计得到波动率序列显示，人民币汇率在金融危机期间波动较小，而日元汇率和韩元汇率在金融危机期间波动异常，受金融危机冲击较大，这说明后两国对外汇的干预有限。比较来看，亚洲这三个主要的经济体中，日元波动性最为显著，其次是韩元和人民币。单独的货币政策干预实证结果显示，只有中国货币政策对汇率波动具有显著的干预作用，如果利率收益率为正，此时利率不断升高，则助推了中国外汇市场的波动，反之偏宽松的货币政策则有利于控制人民币外汇波动风险。而日本和韩国想要通过货币政策来干预本国外汇市场是行不通的，原因可能是多方面的，最重要的一点应该是日本、韩国两国对美元依赖性高，导致中央银行货币政策的约束力下降，甚至不起作用。中国、日本、韩国三国外汇市场汇率样本的交叉—相关矩阵结果显示，人民币与日元及韩元的汇率都有某些自身序列相关性，并且人民币汇率依赖于日元汇率和韩元汇率的历史值，而日元汇率和韩元汇率却不受人民币汇率影响，二者之间有依赖关系。三国汇率具有 IGARCH 效应，持续性比较强。汇率协同波动性方面，中日、中韩与日韩都具有显著的持续性，不过只有日韩汇率收益率的协同波动性受新息的显著影响。其中，中国与韩国之间汇率协同变动的持续性最长，其次是日元和韩元汇率、人民币及日元汇率。三元 GARCH 模型估计得到的两两汇率的相关系数时变特征明显，在波动增加时，两国汇率之间的相关性增强，存在显著的汇率风险传染效应。单独来看，人民币及日元汇率的相关系数总体较小，人民币及韩元汇率相关系数为正且不断增加，日元与韩元汇率在 2013 年以前基本都存在负向的相关性，后期相关系数转为正值，总体表现相对稳定。引入货币政策干预以后，相关国家汇率之间协同波动性的持续性稍有降低。中国政策干预对人民币及日元汇率、人民币和韩元汇率的协同波动性都是有效的，不过干预方向正好相反；日本和韩国货币政策仅分别对人民币及日元汇率、人民币和韩元汇率协同波动性有效，对于日元与韩元汇率协同波动性却没有效果。也就是说，人民币及日元汇率和人民币和韩元汇率对外汇市场协同波动的货币政策联合干预是有作用的，而日元与韩元汇率对外汇市场协同波动的干预没有效果。

10.4　资产价格波动的系统性金融风险贡献研究结果

(1)通货膨胀率过程存在结构不稳定性，包含结构变点，并在高通货膨胀区域内，存在单位根过程。通货膨胀率的动态过程除了受不确定性波动因素的影响之外，主要受 AR 过程的结构性变化所驱动，即以其 AR 系数之和度量的通货膨胀惯性并非稳定不变，其脱离稳定状态的变化可直接驱动通货膨胀率过程。虽然通货膨胀惯性存在相对稳定的区制状态，但是在高通货膨胀过程中，通货膨胀惯性会向上震荡，并形成峰状特征，这种特征在不同国家的实证分析中普遍存在，有助于分析通货膨胀风险。美国近期通货膨胀惯性产生了区制变动，与其基准利率政策高度相关，证实了 Fuhrer(2011)的通货膨胀惯性模型的有效性，警示利率工具频繁使用的代价。利率工具在加速实现政策效果的同时，也导致了通货膨胀惯性的不稳定，甚至在金融危机期间短暂失效，打破了通货膨胀惯性所代表的广泛意义上中长期整体价格的稳定性，暴露出单一目标货币政策框架的缺陷。我国的通货膨胀惯性也明显对近期的利率政策做出了值得关注的响应，显示我国已经初步形成了较为敏感和有效的市场化利率体系与传导机制，提升我国货币政策效率的同时，也凸显了组合政策工具与完善宏观审慎政策框架的重要性。合理的政策滞后期效应，使我国的通货膨胀惯性在被货币政策短暂影响后，可以有足够的时间有效恢复。2014 年至 2015 年，我国中央银行多次降低存款准备金率、降息等系列货币政策工具的采用，辅以综合利用其他多种提供流动性的工具，可在维持通货膨胀惯性基本稳定的状态下，实现抵御通货紧缩的作用。

(2)资产价格泡沫引发对信贷泡沫的担忧，放任其发展而事后清理泡沫破灭后果的做法将付出巨大的成本。应该结合有针对性的信贷调控政策，对房价泡沫加以关注，对信贷泡沫提前进行管理。传统 ADF 检验方法在处理带有结构变化的时间序列数据时存在不足。本小节提出贝叶斯非参数的 IMS-ADF 检验方法，可以解决其不足并给出时变估计的概率度量方法，用于房价泡沫的间接检验方法，对我国主要大中城市的房价泡沫进行实证分析。结果表明，一线城市的泡沫不存在破灭风险，经济增长也已摆脱房价的影响。部分二线城市的泡沫存在破灭风险，逆周期性的宏观审慎管理有针对性地抑制房价泡沫的产生，增加银行抵御风险的能力，避免在消化泡沫的过程中，房价动态对经济增长的非对称影响。部分房价增长率相对稳定的二线和三线城市，房价对经济增长依然具有持续的影响关系，房地产有稳定经济增长的作用，因而房价泡沫的管控还需要采取差异化的调控政策。

(3) 根据上证主板、深证中小板、深证创业板的检验结果，我们知道主板市场检验出的泡沫数量最多，因此主板市场对于价格的变化的反应更为灵敏，消化泡沫的能力更为突出，没有形成诸如中小板和创业板 2010 年 7 月～2015 年 5 月的超级泡沫；而相比于其他两个板块所检验出的中小板泡沫的持续时间最长，长达59 个月，这说明中小板市场消化泡沫的能力较差；相比于其他两个板块创业板的泡沫规模最大，其后验概率最大值为 0.8，由此可知创业板市场的泡沫积聚问题最为严重，由于创业板市场的体量较小泡沫膨胀的速度快，在 2015 年 6 月股市震荡导致的泡沫破裂后，创业板泡沫又迅速膨胀，目前我国创业板仍处于小规模的泡沫膨胀之中。相比于主板市场，中小板和创业板的泡沫问题更为严重，从检验出的两个超级泡沫可以看出这两个板块的泡沫风险更为严重。

10.5　货币政策变动的系统性金融风险贡献研究结果

(1) 估计的中国货币政策冲击具有一定的正负交替性和持续性，并且总体呈现偏宽松的货币政策冲击；研究中将货币政策冲击设定为零与真实货币政策下汇率变动进行比较，发现中国货币政策冲击确实对人民币汇率变动产生了一定影响；进一步地将货币政策利率变量以外的冲击设定为零，发现只有利率影响的汇率变动幅度变小，也就是说中国货币政策起到了稳定人民币币值的作用，不过实体经济的传递效应可能在某些时点放大汇率波动。估计的美国货币政策冲击同样具有更为频繁的正负交替性，货币政策冲击同样偏宽松；将美国货币政策冲击设定为零时发现与真实值相比，基本没有变化，即美国货币政策冲击可能对美元汇率变动没有影响；将美国货币政策利率变量以外的冲击设定为零，发现实体经济对汇率变动的影响较显著，只有利率变化影响的汇率变动路径同样较稳定，美国货币政策稳定币值的政策目标得到有效的实现。原因是多方面的，一方面可能是美元汇率本身稳定性较好，货币政策对其干预的传导机制较弱；另一方面可能是美国货币政策实施过程中，特别注重稳定币值的政策目标，通过相关手段主动减少对美元汇率的干预。相对于美国货币政策冲击，中国货币政策冲击能够更大程度地影响汇率变动，并且不同时点偏紧或者宽松的货币政策冲击对汇率的影响不同。二者都将利率变量以外的冲击设定为零，估计得出人民币对美元汇率条件预测值变动和真实的差别较大，尤其是 2012 年人民币再次大幅升值期间，中国货币政策加速人民币升值而美国货币政策放缓了人民币升值。总体而言，两国货币政策都基本实现了稳定币值的政策目标，不过美国货币政策在这方面似乎更为有效，这可能与美元的国际货币主导地位有关。

(2)结合反映消费、投资的 M2 与 M1 增速之差、与房地产开发新增固定资产与金融机构新增人民币贷款的趋势变化判断我国资产市场、虚拟经济的泡沫堆积情况，并通过四元时变 Granger 因果分析，最终得到 M2 与 M1 增速之差、CPI、房地产开发新增固定资产与金融机构新增人民币贷款相关系数的时变估计，即四变量间正向传导与反向倒逼的核心传导结构。结合 M2 与 7 天银行间同业拆借加权利率、实际利率的趋势变化甄别我国 2003 年以来的货币政策周期，并通过三元时变 Granger 因果分析，最终得到 M2、CPI、7 天银行间同业拆借加权利率相关系数的时变估计，即三变量间正向传导与反向倒逼的核心传导结构。我国 M2 增速近年来居高不下，由此产生巨大的流动性是否最终流向了房地产市场与股票市场并导致房价高企、股市繁荣是学术界普遍关心的问题。通过分析，并对 M2 和房地产开发新增固定资产、M2 与 GDP 增速之差和上证综合指数进行 Granger 因果时变参数估计，认为被实体经济消化的流动性并不是造成房地产市场非理性繁荣的重要原因，未被实体经济消化的流动也并不是以股票市场为代表的统计口径下虚拟经济过热的重要原因。

(3)央票发行利率和定期存款利率引导了银行间同业拆借利率和银行间债券回购利率，同时，作为货币政策短期利率工具，央票发行利率相对于定期存款利率更具有市场性，对货币市场利率的影响更具有时变效应，所以适合作为货币市场的基准利率。货币市场利率和资本市场利率的传导过程中，作为货币市场基准利率的央票发行利率的调控能有效地影响货币市场其他利率和资本市场收益率，顺畅地传递了货币政策信息，对市场的流动性产生了调节作用。具有市场性的货币政策工具央票发行利率可以通过影响货币市场的流动性，进而影响中长期利率，分别对债券市场和股票市场产生了影响。债券市场和股票市场的市场信息也会给予央行调控货币政策工具参考信息。利率市场化进程中，有必要建立货币市场基准利率，以提升货币政策当局对市场传递政策信息和稳定市场利率的作用。

(4)线性 Granger 因果关系检验结果表明，SHIBOR7 和负的中债综合指数收益率之间存在互为因果的 Granger 关系，而 SHIBOR7 和负的上证综合指数收益率之间是单向 Granger 因果关系。二元 POT 极值模型刻画了 SHIBOR7 和负的中债综合指数收益率、SHIBOR7 和负的上证综合指数收益率之间的关联性,标志着银行间市场流动性的 SHIBOR7 和代表债券市场的负的中债综合指数收益率、代表股票市场的负的上证综合指数收益率的尾部之间存在正关联的渐近相依性,说明极端情况下银行间市场和债券市场、股票市场间存在"跷跷板"效应。最后通过银行间市场和债券市场、股票市场的极值点定位极端事件的时段,在 2011 年和 2013 年中及 2013 年末的时候市场间的"跷跷板"效应比较明显,银行间市场流动性相对紧缺。银行流动性紧张除了客观因素外,我国房地产市场的调控政策对银行间市场流动性影响较大。

10.6 银行体系稳健性变化的系统性金融风险贡献研究结果

(1)对我国银行的信贷行为及其分布特征的研究结果表明,我国商业银行在货币政策冲击下有着不同的信贷行为反应,规模越大的银行对货币政策的变化信贷行为的反应越小,而规模越小的银行受到货币政策的变化的影响越明显。并且银行对货币政策的变化信贷行为的反应具有时变性。通过扩大样本的范围进行的稳健性检验也表明,滞后一期和滞后二期的利率参数在三组银行间具有明显差异,说明三组银行贷款行为受到货币政策的影响存在组间效应,第一组银行的贷款规模变化受到利率变化的影响最小,而第二组和第三组受到的影响较大,但三组银行贷款受利率的总体影响差异较小。区制转移和参数估计结果表明,宏观经济环境较好时,货币政策对银行贷款的影响较大;宏观经济环境较差时,货币政策的变化对银行贷款规模具有正向影响且较小。这可能由于样本银行基本为我国大中型商业银行,普遍受到政府的隐性保护,对银行业有较高的资本要求,当宏观经济环境较差时具有较强的抵御能力。

(2)对于国有商业银行和股份制商业银行,银行治理效率因子均会对银行稳健性产生正向冲击,对银行稳健性水平的提高具有积极意义,银行治理非效率因子对银行稳健性具有较弱的负向影响,而银行稳健性对银行治理效率因子均具有较小的正向影响。这说明,提高银行治理水平能够对银行稳健性产生积极影响,而银行治理的非效率性会损害银行稳健性;而银行稳健性水平对银行治理效率具有较小的正向促进作用,说明银行在稳健性较高,即面临风险水平较低的情况下能更好地提升银行治理效率。股份制商业银行的银行稳健性指标对银行治理非效率因子具有负向影响,说明股份制商业银行稳健性水平较高时,能够抑制银行治理的非效率性，促进银行治理效率的提升；而国有商业银行的银行稳健性指标对银行治理非效率因子的影响最初的负向冲击转为正向冲击，这说明，国有商业银行治理对银行稳健性变动的反应更慢，并且可能由过度调整导致银行治理非效率性的加剧。同时，股份制商业银行中银行稳健性对银行治理效率因子的影响更大，银行稳健性对非效率因子的方差贡献率也比国有商业银行大。这说明，国有商业银行的银行治理应对环境变化的能力更差，这可能是因为国有商业银行受到更多的制度约束，内部人控制问题也更加突出。国有商业银行非效率因子自身的方差贡献率非常高，受到银行稳健性的影响较小且对银行稳健性的反应较为缓慢，说明国有商业银行治理的非效率性具有黏性，银行治理应对外部环境变化的能力较差，国有商业银行的层级化更为严重，可能导致银行治理需要更多的时间应对银行稳健性的变化。另外，国有商业银行中银行稳健性自身的方差贡献率较高，而股份制商业银行治理效率因子对稳健性的贡献更高，这说明，股份制商业银行能够更好地通过提升银行治理效率来增强银行的稳健性。而国有商业银行的银行治理效率因子对银行稳健性的影响较小，则可能由于政府对国有银行的干预较为严重，这种行政干预对银行治理目标的实现产生了负面影响。

(3) 利率对银行稳健性存在负向影响，广义货币增长率对银行稳健性的正向影响更加显著，银行稳健性程度也会由企业的运行反向影响实体经济的增长，但总体来说这种影响非常微弱。仅考虑货币政策与银行稳健性的关系时，各滞后项的系数虽具有时变性，但没有明显的区制转移特征。考虑到多个变量之间可能存在的挤出效应，进一步分析贷款者资产负债表渠道在货币政策向银行稳健性传导过程的效果，分别建立利率和货币供给量经由银行信用风险向银行稳健性传导的多元时变模型，发现信用风险在利率变化影响银行稳健性的过程中具有重要的传导作用，使利率对稳健性的影响系数出现了大幅增加；广义货币增长率对银行稳健性存在滞后一阶和滞后二阶的正向影响，货币供给增加为经济运行提供了更多流动性，也往往使贷款者从其他途径获得资金的可能性更大，货币供给和信用风险共同作用时广义货币增长率对银行稳健性的影响降低，同时银行稳健性的 AR 系数有所增加，表示银行出于维持稳定而进行的政策调整导致了顺周期性的产生，也使得银行稳健性自身的黏性增加。利率和货币供给的区制转移都仅在金融危机时期发生，说明样本期间我国经济环境仅在该时段产生了对银行而言不同于平时的、剧烈的变化。

参 考 文 献

巴曙松, 朱元倩. 2010. 压力测试在银行风险管理中的应用[J]. 经济学家, (2): 70-79.

鲍勤, 孙艳霞. 2014. 网络视角下的金融结构与金融风险传染[J]. 系统工程理论与实践, (9): 2202-2211.

蔡昉. 2010. 人口转变、人口红利与刘易斯转折点[J]. 经济研究, 45(4): 4-13.

曹麟, 彭建刚. 2014. 基于宏观压力测试方法的逆周期资本监管框架研究[J]. 国际金融研究, (7): 62-71.

曹廷求, 王裕瑾. 2011. 商业银行治理结构与治理绩效关系相关研究进展[J]. 理论学刊, (5): 73-75.

曹阳, 李剑武. 2006. 人民币实际汇率水平与波动对进出口贸易的影响[J]. 世界经济研究, (8): 56-59.

常婷婷, 乔忠, 李拓. 2011. 基于 SUR 的商业银行信用风险宏观压力测试研究[J]. 统计与决策, (11): 23-26.

钞小静, 惠康. 2009. 中国经济增长质量的测度[J]. 数量经济技术经济研究, (6): 75-86.

陈国进, 马长峰. 2010. 金融危机传染的网络理论研究述评[J]. 经济学动态, (2): 116-120.

陈国进, 张贻军, 王景. 2009. 再售期权、通胀幻觉与中国股市泡沫的影响因素分析[J]. 经济研究, (5): 106-117.

陈国进, 张贻军. 2009. 异质信念、卖空限制与我国股市的暴跌现象研究[J]. 金融研究, (4): 80-91.

陈浪南, 赵旭, 罗融. 2015. 欧洲主权债务危机对我国经济增长影响的实证研究——基于经济全球化的视角[J]. 国际金融研究, (2): 45-54.

陈磊, 侯鹏. 2011. 量化宽松、流动性溢出与新兴市场通货膨胀[J]. 财经科学, (10): 48-56.

陈守东, 孔繁利, 胡铮洋. 2007. 基于极值分布理论的 VaR 与 ES 度量[J]. 数量经济技术经济研究, 24(3): 118-124.

陈守东, 林思涵, 刘洋, 等. 2016a. 中国股市泡沫的实证研究[R]. 工作论文.

陈守东, 刘洋. 2015. 通胀率动态与通胀惯性度量[J]. 南方经济, (10): 15-32.

陈守东, 刘洋. 2016. 经济增长的稳定性测度与经验分析[J]. 山东大学学报(哲学社会科学版), (4): 35-45.

陈守东, 马辉, 穆春舟. 2009a. 中国金融风险预警的 MS-VAR 模型与区制状态研究[J]. 吉林大学社会科学学报, 49(1): 110-119.

陈守东, 孙彦林, 刘洋. 2015b. 货币政策对流动性去向的动态影响[J]. 财经科学, (10): 1-13.

陈守东, 孙彦林, 毛志方. 2017. 新常态下中国经济增长动力的阶段转换研究[J]. 西安交通大学学报(社会科学版), 37(1): 17-24.

陈守东, 王淼. 2011. 我国银行体系的稳健性研究——基于面板 VAR 的实证分析[J]. 数量经济技术经济研究, (10): 64-77.

陈守东, 王妍. 2011. 金融压力指数与工业一致合成指数的动态关联研究[J]. 财经问题研究, (10): 39-46.

陈守东, 王妍, 唐亚晖. 2013. 我国金融不稳定性及其对宏观经济非对称影响分析[J]. 国际金融研究, (6): 56-66.

陈守东, 杨东亮. 2010. 中国银行体系脆弱性的动态分析与预测[J]. 吉林大学社会科学学报, (4): 111-119.

陈守东, 杨东亮, 田艳芬. 2011. 基于平滑区制转移模型的银行体系脆弱性动态变化研究[J]. 数量经济研究, (1): 1-14.

陈守东, 杨莹, 马辉. 2006. 中国金融风险预警研究[J]. 数量经济技术经济研究, 23(7): 36-48.

陈守东, 张丁育. 2015. 我国银行治理特征与银行稳健性的关系研究[J]. 南京农业大学学报(社会科学版), (1): 99-107.

陈守东, 章秀, 刘洋. 2015a. 货币市场利率和资本市场利率的多元时变因果关系研究[J]. 西安交通大学学报(社会科学版), 35(4): 17-22.

陈守东, 章秀, 易晓溦. 2016b. 基于二元 POT 极值模型的货币市场与资本市场相依性分析[J]. 统计与决策, (6): 153-156.

陈守东, 田艳芬, 邵志高, 等. 2009b. 国际金融危机对我国银行体系脆弱性的冲击效应[J]. 重庆工商大学学报(西部论坛), (4): 60-72.

陈晓莉, 孙晓红. 2012. 美国数量宽松货币政策对中国宏观经济的影响分析[J]. 经济科学, (1): 12-26.

陈学彬. 2005. 中国商业银行薪酬激励机制分析[J]. 金融研究, (7): 76-94.

陈忠阳, 刘志洋. 2014. Basel Ⅲ 逆周期资本缓冲机制表现好吗?——基于国际与中国的实证分析[J]. 吉林大学社会科学学报, (3): 48-57, 172.

成思危. 2008. 流动性过剩的状况及其对策[J]. 党政干部文摘, (1): 8.

程郁, 陈雪. 2013. 创新驱动的经济增长——高新区全要素生产率增长的分解[J]. 中国软科学, (11): 26-39.

崔畅, 刘金全. 2006. 我国股市投机泡沫分析——基于非线性协调整关系的实证检验[J]. 财经科学, (11): 24-30.

崔光灿. 2006. 资产价格、金融加速器与经济稳定[J]. 世界经济, (11): 59-69, 96.

戴国强, 梁福涛. 2006. 中国金融市场基准利率选择的经验分析[J]. 世界经济, 29(4): 3-11, 95.

邓超, 陈学军. 2014. 基于复杂网络的金融传染风险模型研究[J]. 中国管理科学, (11): 11-18.

邓创, 席旭文. 2013. 中美货币政策外溢效应的时变特征研究[J]. 国际金融研究, (9): 10-20.

丁剑平, 沈根祥. 2006. 2000~2005 年主要区域货币汇率波动特征的研究[J]. 世界经济, 29(3): 74-81.

丁庭栋, 赵晓慧. 2012. 不同行业与金融系统的波动溢出效应分析[J]. 统计与决策, (3): 162-166.

董裕平. 2009. 防范同质化加剧系统性金融风险——美国次贷危机的警示[J]. 国际金融研究,

(7): 37-42.

杜清源, 龚六堂. 2005. 带 "金融加速器" 的 RBC 模型[J]. 金融研究, (4): 16-30.

方福前, 吴江. 2009. 三类冲击与人民币实际汇率波动——与日元、韩元比较[J]. 财贸经济, (12): 38-44.

方意, 方明. 2012. 中国货币市场基准利率的确立及其动态关系研究[J]. 金融研究, (7): 84-97.

封北麟, 王贵民. 2006. 货币政策与金融形势指数 FCI: 基于 VAR 的实证分析[J]. 数量经济技术经济研究, (11): 142-150.

冯芸, 吴冲锋. 2002. 货币危机早期预警系统[J]. 系统工程理论方法应用, (1): 8-11.

付江涛, 王方华. 2004. 货币危机预警指标体系的构建及实证分析[J]. 世界经济研究, (12): 17-23, 8.

高国华. 2013. 基于系统性风险的银行资本监管及其宏观经济效应[D]. 上海交通大学博士学位论文.

高国华, 潘英丽. 2011. 银行系统性风险度量——基于动态 CoVaR 方法的分析[J]. 上海交通大学学报, (12): 1753-1759.

高山. 2011. 我国货币政策传导机制有效性的实证研究——以汇率传导渠道为视角[J]. 海南金融, (5): 18-22, 36.

高铁梅, 杨程, 谷宇. 2013. 央行干预视角下人民币汇率波动的影响因素研究——基于中美两国经济的实证分析[J]. 财经问题研究, (2): 45-53.

宫晓琳. 2012. 未定权益分析方法与中国宏观金融风险的测度分析[J]. 经济研究, (3): 76-87.

宫小琳, 卞江. 2010. 中国宏观金融中的国民经济部门间传染机制[J]. 经济研究, (7): 79-90.

辜胜阻, 刘江日. 2012. 城镇化要从 "要素驱动" 走向 "创新驱动"[J]. 人口研究, (6): 3-12.

谷家奎, 陈守东. 2015. 货币政策冲击对汇率变动的影响——基于结构动态因子模型的中美比较分析[J]. 上海金融, (7): 3-11.

谷家奎, 陈守东. 2016. 区域货币联动与政策干预: 中日韩实证分析[J]. 数量经济研究, (1): 87-104.

谷宇, 高铁梅. 2007. 人民币汇率波动性对中国进出口影响的分析[J]. 世界经济, 30(10): 49-57.

管清友. 2014. 货币政策新常态: 总量稳定、结构优化[J]. 股市动态分析, (22): 24-26.

郭立甫, 高铁梅, 姚坚. 2013. 基于 Copula 函数和极值理论的金融传染度量——测度美国次贷危机对重要经济体的传染效应[J]. 数学的实践与认识, (3): 42-55.

郭庆旺, 赵志耘. 2014. 中国经济增长 "三驾马车" 失衡悖论[J]. 财经问题研究, (9): 3-18.

韩艾, 郑桂环, 汪寿阳. 2010. 广义动态因子模型在景气指数构建中的应用——中国金融周期景气分析[J]. 系统工程理论与实践, 30(5): 803-811.

韩国高, 陈喻喆, 高铁梅. 2011. 中、美、日实际均衡汇率模型的构建及实证研究[J]. 数量经济技术经济研究, 28(1): 76-88.

何德旭, 郑联盛. 2009. 影子银行体系与金融体系稳定性[J]. 经济管理, (11): 20-25.

何启志, 范从来. 2011. 中国通货膨胀的动态特征研究[J]. 经济研究, (7): 91-101.

何小钢, 张宁. 2015. 中国经济增长转型动力之谜: 技术、效率还是要素成本[J]. 世界经济, (1): 25-52.

贺力平, 樊纲, 胡嘉妮. 2008. 消费物价指数与生产者价格指数: 谁带动谁?[J]. 经济研究, 43(11): 16-26.

胡祖六. 1998. 东亚的银行体系与金融危机[J]. 国际经济评论, (Z3): 13-17.

华晓龙. 2009. 基于宏观压力测试方法的商业银行体系信用风险评估[J]. 数量经济技术经济研究, (4): 117-128.

黄聪, 贾彦东. 2010. 金融网络视角下的宏观审慎管理——基于银行间支付结算数据的实证分析[J]. 金融研究, (4): 1-14.

黄佳, 曹雪锋. 2006. 银行间支付结算体系的系统性风险研究[J]. 武汉金融, (2): 43-44.

黄金老. 2001. 论金融脆弱性[J]. 金融研究, (3): 41-49.

贾康, 冯俏彬, 苏京春. 2014. "理性预期失灵": 立论、逻辑梳理及其"供给管理"矫正路径[J]. 财政研究, (10): 2-11.

贾康, 苏京春. 2015. "三驾马车"认知框架需对接供给侧的结构性动力机制构建——关于宏观经济学的深化探讨[J]. 全球化, (3): 63-69, 117, 132.

贾彦东. 2011. 金融机构的系统重要性分析——金融网络中的系统风险衡量与成本分担[J]. 金融研究, (10): 17-33.

简志宏, 向修海. 2012. 修正的倒向上确界 ADF 泡沫检验方法——来自上证综指的证据[J]. 数量经济技术经济研究, (4): 110-122.

蒋贤锋, 王贺, 史永东. 2008. 我国金融市场中基准利率的选择[J]. 金融研究, (10): 22-36.

蒋鑫. 2009. 影响商业银行信用风险的宏观经济因素分析[J]. 现代经济信息, (12): 25-26.

金文莉. 2012. 中国金融系统风险分析及其防范措施研究[J]. 特区经济, (6): 54-56.

康立, 龚六堂, 陈永伟. 2013. 金融摩擦、银行净资产与经济波动的行业间传导[J]. 金融研究, (5): 32-46.

柯异沛, 黄静, 屠梅曾. 2011. 房价波动、信贷扩张与金融稳定[J]. 上海管理科学, 33(4): 15-20.

赖娟, 吕江林. 2010. 基于金融压力指数的金融系统性风险的测度[J]. 统计与决策, (19): 128-131.

李成, 马文涛, 王彬. 2010a. 金融市场条件与货币政策关系的解析——基于四元 VAR-GARCH(1,1)-BEKK 模型的分析[J]. 经济评论, (2): 71-80, 119.

李成, 马文涛, 王彬. 2010b. 我国金融市场间溢出效应研究——基于四元 VAR-GARCH(1,1)-BEKK 模型的分析[J]. 数量经济技术经济研究, (6): 3-19.

李成, 王彬, 黎克俊. 2010c. 次贷危机前后中美利率联动机制的实证研究[J]. 国际金融研究, (9): 4-11.

李江, 刘丽平. 2008. 中国商业银行体系信用风险评估——基于宏观压力测试的研究[J]. 当代经济科学, 30(6): 66-73, 124.

李克文, 郑录军. 2005. 高管人员激励机制与商业银行经营绩效[J]. 南开学报, (1): 71-76.

李良松. 2011. 构建中国金融压力指数探析[J]. 上海金融, (8): 64-67, 47.

李玲玲. 2013. 收入差距、有效需求不足与经济增长放缓——兼论"中等收入陷阱"[D]. 暨南大学博士学位论文.

李萍, 冯梦黎. 2016. 利率市场化对我国经济增长质量的影响: 一个新的解释思路[J]. 经济评论, (2): 74-84, 160.

李涛, 刘明宇. 2012. 资本充足率、银行信贷与货币政策传导——基于中国 25 家银行面板数据的分析[J]. 国际金融研究, (11): 14-22.

李文泓. 2009. 关于宏观审慎监管框架下逆周期政策的探讨[J]. 金融研究, (7): 7-24.

李妍. 2009. 宏观审慎监管与金融稳定[J]. 金融研究, (8):52-60.

李永立, 吴冲. 2014. 基于多变量的 Granger 因果检验方法[J]. 数理统计与管理, 33(1): 50-58.

李占风, 袁知英. 2009. 我国消费、投资、净出口与经济增长[J]. 统计研究, 26(2): 39-42.

廖岷, 杨元元. 2008. 全球商业银行流动性风险管理与监管的发展状况及其启示[J]. 金融研究, (6): 69-79.

刘熀松. 2005. 股票内在投资价值理论与中国股市泡沫问题[J]. 经济研究, (2): 45-53.

刘金全, 隋建利. 2010. 中国货币增长不确定性与经济增长关系检验(1980-2008)[J]. 中国社会科学, (4): 74-86, 221-222.

刘莉亚. 2005. 银行危机早期预警模型的比较分析[J]. 当代经济管理, 27(5): 141-144.

刘鹏, 鄢莉莉. 2012. 银行体系、技术冲击与中国宏观经济波动[J]. 国际金融研究, (3): 69-76.

刘瑞翔, 安同良. 2011. 中国经济增长的动力来源与转换展望——基于最终需求角度的分析[J]. 经济研究, (7): 30-41, 64.

刘湘云, 高明瑞. 2010. 基于变结构 Copula 模型的金融危机传染效应实证分析——以中美股票市场为例[J]. 南京邮电大学学报(社会科学版), 12(2): 64-69, 101.

刘晓倩. 2013. 金融不稳定对我国宏观经济影响的研究[D]. 中国海洋大学硕士学位论文.

刘洋. 2016. 中国经济增长转换阶段经济特征研究——无限状态 Markov 区制转移模型及应用[D]. 吉林大学博士学位论文.

刘洋, 陈守东. 2016a. 混合分层结构 Gibbs 算法与时变因果关系检验及应用[J]. 数理统计与管理, (2): 243-252.

刘洋, 陈守东. 2016b. 房价泡沫及其对经济增长的非对称影响[R]. 工作论文.

刘遵义. 1995. 下一个墨西哥在东亚吗? [R]. 联合国世界经济 1995 年秋季会议.

刘遵义, Cheng L K, Fung K C, 等. 2010. 非竞争型投入占用产出模型及其应用——中美贸易顺差透视(英文)[J]. 中国社会科学(英文版), (1): 35-54.

栾惠德. 2007. 带有结构突变的单位根检验——文献综述[J]. 数量经济技术经济研究, 24(3): 152-161.

栾惠德, 侯晓霞. 2015. 中国实时金融状况指数的构建[J]. 数量经济技术经济研究, 32(4): 137-148.

罗瑜. 2012. 我国货币市场与债券市场的传导性分析——商业银行资产配置视角[J]. 管理世界, (2): 169-170.

吕江林. 2010. 我国城市住房市场泡沫水平的度量[J]. 经济研究, (6): 28-41.

吕炜, 刘晨晖. 2012. 财政支出, 土地财政与房地产投机泡沫——基于省际面板数据的测算与实证[J]. 财贸经济, (12): 21-30.

马辉. 2009. 中国金融风险指标体系构建与预警研究[D]. 吉林大学博士学位论文.

马骏. 2014. 新常态与宏观调控精细化[J]. 股市动态分析, (31): 23-25.

麦勇, 徐瞳舟, 李勇. 2009. 金融危机对恒生指数样本公司交易性外汇需求的影响——兼论人民币跨境贸易结算试点[J]. 上海经济研究, (11): 21-27.

穆争社. 2005. 论信贷配给对宏观经济波动的影响[J]. 金融研究, (1): 74-81.

南旭光, 孟卫东. 2007. 基于等比例危险模型的金融危机预警[J]. 重庆大学学报(自然科学版), 5: 138-142.

潘敏, 李义鹏. 2008. 商业银行董事会治理: 特征与绩效——基于美国银行业的实证研究[J].金融研究, (7)：133-144.

潘明清, 张俊英. 2010. 消费、投资及出口需求对中国经济增长的动态冲击效应研究[J]. 消费经济, (4)：6-9.

庞晓波, 王姗姗, 王克达. 2015. 金融危机国际传染研究述评——基于传染病学视角[J]. 浙江社会科学, (8)：130-139, 151.

彭红枫, 鲁维洁. 2010. 中国金融市场基准利率的选择研究[J]. 管理世界, (11)：166-167.

钱良信. 2011. 金融发展、资本形成与经济增长[D]. 安徽大学博士学位论文.

钱小安. 2007. 流动性过剩与货币调控[J]. 金融研究, (8)：15-30.

秦朵. 2012. 计量经济学发展史中的经济周期研究[J]. 金融研究, (2)：1-17.

渠慎宁, 吴利学, 夏杰长. 2012. 中国居民消费价格波动：价格粘性、定价模式及其政策含义[J]. 经济研究, (11)：88-102.

任碧云, 王越凤. 2007. 中国流动性过剩原因辨析[J]. 经济理论与经济管理, (2)：19-25.

仟宇航, 孙孝坤, 程功, 等. 2007. 信用风险压力测试方法与应用研究[J]. 统计与决策, (14)：101-103.

沈利生. 2009. "三驾马车"的拉动作用评估[J]. 数量经济技术经济研究, (4)：139-151.

沈悦, 李善燊, 马续涛. 2012. VAR宏观计量经济模型的演变与最新发展——基于2011年诺贝尔经济学奖得主Smis研究成果的拓展脉络[J]. 数量经济技术经济研究, (10)：150-160.

史建平, 高宇. 2009. KLR金融危机预警模型研究——对现阶段新兴市场国家金融危机的实证检验[J]. 数量经济技术经济研究, (3)：106-117.

宋凌峰, 叶永刚. 2011. 中国区域金融风险部门间传递研究[J]. 管理世界, (9)：172-173.

宋群英. 2011. 基于Copula函数的系统重要性银行的传染性研究[J]. 金融与经济, (10)：12-17.

苏国强. 2008. 经济增长、流动性过剩与投资过热[J]. 江西财经大学学报, (2)：20-23.

隋建利, 刘金全, 闫超. 2013. 现行汇率机制下人民币汇率收益率及波动率中有双长期记忆性吗?[J]. 国际金融研究, (11)：56-69.

孙才仁, 宋志红, 孙婧. 2013. 论驱动经济转型发展的"新三驾马车"[J]. 证券市场导报, (3)：11-16, 24.

孙彦林, 陈守东, 刘洋. 2016. 泡沫挤出视角下的民间投资下滑[J]. 财经科学, (12)：1-10.

孙彦林, 陈守东, 刘洋. 2017. 中国金融周期成分与随机冲击[J]. 金融论坛, (2)：35-45.

谭政勋, 王聪. 2015. 房价波动, 货币政策立场识别及其反应研究[J]. 经济研究, 50(1)：67-83.

汤婷婷, 方兆本. 2011. 商业银行信用风险与宏观经济——基于压力测试的研究[J]. 当代经济科学, (4)：66-71, 126.

唐川, 陈灵, 陈章. 2011. 金融系统多层复杂结构建模研究[J]. 华中师范大学学报(自然科学版), 45(3)：401-406.

唐亮, 万相昱. 2013. 基于价格黏性对流动性过剩的内生化解释[J]. 21世纪数量经济学, 14：136-150.

田敏, 高柳, 马雷. 2013. 货币政策资产负债表渠道传导效应实证研究[J]. 商业时代, (4)：51-52.

田祥宇, 闫丽瑞. 2012. 银行信贷、货币渠道与资产价格——兼论货币政策中介工具的选择[J]. 财贸经济, (9)：70-75.

涂正革, 谌仁俊. 2011. "三驾马车"的协整分析[J]. 山东经济, 27(3)：33-40.

万晓莉. 2008. 中国1987~2006年金融体系脆弱性的判断和测度[J]. 金融研究, (6)：80-93.

王爱俭, 林楠. 2007. 人民币名义汇率与利率的互动关系研究[J]. 经济研究, 42(10): 56-67.

王彬. 2009. 金融形势指数与货币政策——基于中国数据的实证研究[J]. 当代经济科学, (4): 20-27, 124.

王春雷, 黄素心. 2010. 三驾马车的拉动作用及扩大内需的政策选择[J]. 统计与决策, (18): 119-121.

王辉. 2011. 次贷危机后系统性金融风险测度研究述评[J]. 经济学动态, (11): 119-123.

王俊. 2012. 资产价格波动与金融不稳定性: 传导机制与政策选择[J]. 南方金融, (2): 4-8.

王淼, 陈守东. 2013. 董事会治理对我国银行稳健性的影响[J]. 经济与管理研究, (3): 82-87.

王少平, 胡进. 2009. 中国 GDP 的趋势周期分解与随机冲击的持久效应[J]. 经济研究, (4): 65-76.

王少平, 朱满洲, 胡朔商. 2012. 中国 CPI 的宏观成分与宏观冲击[J]. 经济研究, (12): 29-42.

王小广. 2007. 近期物价上涨幅度较大的原因分析[J]. 宏观经济管理, (10): 10-11, 18.

王晓曦. 2010. 我国政府融资平台的制度缺陷和风险机理研究[J]. 财政研究, (6): 59-61.

王妍. 2014. 中国金融不稳定的计量研究[D]. 吉林大学博士学位论文.

王妍. 2015. 金融不稳定性能够预测未来的宏观经济表现吗?[J]. 数量经济研究, (1):51-63.

王妍, 陈守东. 2012. 中国金融压力与经济增长的动态关联研究[J]. 金融论坛, 17(2): 16-23.

王妍, 陈守东. 2014a. 尾部极值分布下的系统性金融风险度量及影响因素分析[J]. 数理统计与管理, 33(6): 1010-1020.

王妍, 陈守东. 2014b. 系统性金融风险研究——基于金融不稳定的视角[J]. 数量经济研究, (2): 12-21.

王一萱, 屈文洲. 2005. 我国货币市场和资本市场连通程度的动态分析[J]. 金融研究, (8): 112-122.

王永巧, 刘诗文. 2011. 基于时变 Copula 的金融开放与风险污染[J]. 系统工程理论与实践, 31(4): 778-784.

王志强, 熊海芳. 2011. 美国量化宽松政策效果及其对中国的影响[J]. 社会科学辑刊, (6): 123-129.

韦艳华, 张世英. 2007. 多元Copula-GARCH模型及其在金融风险分析上的应用[J]. 数理统计与管理, 26(3): 432-439.

温信祥. 2006. 资本充足率对信贷、经济及货币政策传导的影响[J]. 经济问题探索, (4): 7-12.

吴婷, 段明明. 2009. 宏观经济因素与商业银行信用风险——实证与压力测试[J]. 市场周刊(理论研究), (12): 78-79, 101.

吴新生. 2012. 季风效应、制度空间依赖与欧债危机传染——基于空间面板数据模型的经验研究[J]. 世界经济与政治论坛, (3): 96-105.

武康平, 胡谍. 2011. 房地产价格在宏观经济中的加速器作用研究[J]. 中国管理科学, 19(1): 29-35.

武鹏. 2013. 改革以来中国经济增长的动力转换[J]. 中国工业经济, (2): 5-17.

夏健明, 陈元志. 2005. 实物期权理论评述[J]. 上海金融学院学报, (1): 4-13.

夏新斌. 2012. 我国流动性过剩与货币政策调控[D]. 湖南大学博士学位论文.

向书坚, 郑瑞坤. 2012. 增长质量、阶段特征与经济转型的关联度[J]. 改革, (1): 33-40.

肖卫国, 赵阳. 2013. 美国非常规货币政策对中国经济的影响——基于零利率下限和符号约束的 VAR 分析[J]. 经济管理, (6): 12-19.

谢赤, 刘潭秋. 2003. 人民币实际汇率中的马尔可夫转换行为[J]. 统计研究, (9): 50-52.

谢家智, 王文涛. 2013. 金融发展的经济增长效率及其分布特征[J]. 中国经济问题, (1): 72-80.

熊启跃, 黄宪. 2015. 资本监管下货币政策信贷渠道的"扭曲"效应研究——基于中国的实证[J]. 国际金融研究, (1): 48-61.

徐明东, 刘晓星. 2008. 金融系统稳定性评估: 基于宏观压力测试方法的国际比较[J]. 国际金融研究, (2): 39-46.

许伟, 陈斌开. 2009. 银行信贷与中国经济波动: 1993-2005[J]. 经济学（季刊）, (3): 969-994.

许文彬. 2008. 经济增长、产业结构演进与流动性过剩[J]. 财经问题研究, (8): 40-45.

许友传. 2012. 商业银行对货币政策的信贷行为反应与分布特征[J]. 上海经济研究, (9): 3-11, 29.

颜建晔, 杨小玄, 殷琳. 2014. 主权债务危机预警模型及跨国传染效应——基于 probit 面板估计[J]. 浙江社会科学, (12): 18-29, 131, 155.

杨飞. 2014. 次贷危机和欧债危机对新兴市场的传染效应研究——基于 DCC-MVGARCH 模型的检验[J]. 国际金融研究, (6): 40-49.

杨继红, 王浣尘. 2006. 我国货币政策是否响应股市泡沫的实证分析[J]. 财贸经济, (3): 38-40.

杨军, 姜彦福. 2003. 国有商业银行改革的关键:完善银行治理结构[J]. 清华大学学报(哲学社会科学版), (3): 47-52, 58.

杨小军. 2011. 货币政策传导的价格效应"价格之谜"在中国的经验证据[J]. 南京邮电大学学报（社会科学版）, 13 (1): 34-43.

杨子晖, 赵永亮, 柳建华. 2013. CPI 与 PPI 传导机制的非线性研究: 正向传导还是反向倒逼[J]. 经济研究, 48(3): 83-95.

姚余栋, 李连发, 辛晓岱. 2014. 货币政策规则、资本流动与汇率稳定[J]. 经济研究, 49(1): 127-139.

姚余栋, 谭海鸣. 2011. 中国金融市场通胀预期——基于利率期限结构的量度[J]. 金融研究, (6): 61-70.

叶五一, 缪柏其. 2009. 基于 Copula 变点检测的美国次级债金融危机传染分析[J]. 中国管理科学, 17(3): 1-7.

易纲. 2009. 中国改革开放三十年的利率市场化进程[J]. 金融研究, (1): 1-14.

易晓溦. 2015. 基于 TVP-VAR 扩展模型的货币政策动态计量研究[D]. 吉林大学博士学位论文.

易晓溦, 陈守东, 刘洋. 2014. 中国金融状况指数构建及货币市场稳定性研究[J]. 上海经济研究, (8): 3-15.

应展宇. 2007. 美国商业银行治理: 政治经济视角的一个历史考察[J]. 国际金融研究, (6): 32-41.

于建科, 韩靓. 2009. 次贷危机中国传染效应实证研究——基于 copula 的非参数检验[J]. 未来与发展, (5): 19-22.

于震, 张超磊. 2015. 日本宏观审慎监管的政策效果与启示——基于信贷周期调控的视角[J]. 国际金融研究, (4): 34-44.

余倩. 2007. 货币危机预警模型研究[D]. 西南财经大学硕士学位论文.

余元全, 余元玲. 2008. 股价与我国货币政策反应: 基于泰勒规则的实证研究[J]. 经济评论, (4): 51-57.

俞世典, 陈守东, 黄立华. 2001. 主要股票指数的联动分析[J]. 统计研究, (8): 42-46.

原鹏飞, 魏巍贤. 2010. 房地产价格波动的宏观经济及部门经济影响——基于可计算一般均衡模型的定量分析[J]. 数量经济技术经济研究, (5): 88-103.

云鹤, 胡剑锋, 吕品. 2012. 金融效率与经济增长[J]. 经济学季刊, 11(2): 595-612.

张成思. 2008. 中国通胀惯性特征与货币政策启示[J]. 经济研究, (2): 33-43.

张成思. 2010. 长期均衡、价格倒逼与货币驱动——我国上中下游价格传导机制研究[J]. 经济研究, 45(6): 42-52.

张丁育. 2016. 货币政策传导渠道与商业银行稳健性[D]. 吉林大学博士学位论文.

张丁育, 陈守东. 2015. 利率与银行贷款行为的规模分布效应研究[J]. 学习与探索, (5): 119-122.

张国. 2015. 中国经济新常态的问题、挑战和对策研究综述[J]. 财经科学, (5): 76-85.

张国梁. 2008. 主要货币汇率波动的连锁反应——VEC模型检验[J]. 学术交流, (11): 166-170.

张浩, 陈昭. 2008. 中国货币流动性分析——基于单位根与协整的实证分析[J]. 统计与信息论坛, 23(1): 47-52.

张建华, 涂涛涛. 2007. 结构突变时间序列单位根的伪检验[J]. 数量经济技术经济研究, 24(3): 142-151.

张金城. 2014. 货币政策调控、流动性管理与宏观经济稳定[J]. 国际金融研究, (3): 7-20.

张瑾. 2012. 基于金融风险压力指数的系统性金融风险评估研究[J]. 上海金融, (9): 53-57, 117.

张军扩, 余斌, 吴振宇. 2014. 增长阶段转换的成因、挑战和对策[J]. 管理世界, (12): 12-20, 37.

张凌翔, 张晓峒. 2011. 通货膨胀率周期波动与非线性动态调整[J]. 经济研究, (5): 17-31.

张梦露, 吴凤. 2015. 欧债危机对中国经济的影响——基于欧债危机演进测度的研究[J]. 武汉大学学报(哲学社会科学版), (3): 80-85.

张乃丽. 2015. 日本经济长期低迷的新解说: 基于供给的视角[J]. 山东大学学报(哲学社会科学版), (3): 104-114.

张欣, 崔日明. 2013. 基于非对称随机波动模型的人民币汇率波动特征研究[J]. 国际金融研究, (1): 28-37.

张雪春. 2007. 流动性过剩: 现状分析与政策建议[J]. 金融研究, (8): 1-14.

张雪莹. 2012. 存款准备金率调节对市场利率的影响效应研究[J]. 数量经济技术经济研究, (12): 136-146.

张屹山, 张代强. 2008. 我国通货膨胀率波动路径的非线性状态转换——基于通货膨胀持久性视角的实证检验[J]. 管理世界, (12): 43-50.

张莹. 2015. 货币流动性政策影响房地产价格波动的实证研究[J]. 统计与决策, (12): 121-123.

张瀛, 王弟海. 2013. 货币政策、汇率制度与贸易不平衡[J]. 金融研究, (7): 16-30.

章秀. 2016. 我国系统性金融风险的计量研究[D]. 吉林大学博士学位论文.

赵进文, 高辉. 2004. 中国利率市场化主导下稳健货币政策规则的构建及应用[J]. 经济学(季刊), (S1): 41-64.

赵鹏, 曾剑云. 2008. 我国股市周期性破灭型投机泡沫实证研究——基于马尔可夫区制转换方法[J]. 金融研究, (4): 174-187.

赵文胜, 张屹山. 2012. 货币政策冲击与人民币汇率动态[J]. 金融研究, (8): 1-15.

赵鑫铖. 2015. 中国经济增长稳定性评价及其影响因素分析[J]. 工业技术经济, 34(1): 37-48.

赵振全, 于震, 刘淼. 2007. 金融加速器效应在中国存在吗? [J]. 经济研究, (6): 27-38.

郑振龙, 莫天瑜. 2011. 政策利率引导市场利率的走势吗——央票发行利率与央票市场利率双向互动关系研究[J]. 财贸经济, (1): 49-55, 136.

中国银行国际金融研究所课题组. 2010. 金融危机监测指标体系研究[J]. 国际金融研究, (3): 73-82.

周德才, 冯婷, 邓姝妹. 2015. 我国灵活动态金融状况指数构建与应用研究——基于 MI-TVP-SV-VAR 模型的经验分析[J]. 数量经济技术经济研究, (5): 114-130.

周国红. 2001. 金融系统风险研究与控制的混沌理论探索[J]. 浙江大学学报 (人文社会科学版), 31(3): 84-88.

周天芸, 周开国, 黄亮. 2012. 机构集聚、风险传染与香港银行的系统性风险[J]. 国际金融研究, (4): 77-87.

周小川. 2011. 金融政策对金融危机的响应——宏观审慎政策框架的形成背景、内在逻辑和主要内容[J]. 金融研究, (1): 1-14.

朱元倩, 苗雨峰. 2012. 关于系统性风险度量和预警的模型综述[J]. 国际金融研究, (1): 79-88.

祖明宇. 2016. 基于无限隐性马尔科夫区制转换模型对中国股市泡沫的研究[D]. 吉林大学硕士学位论文.

Acharya V V, Pedersen L, Philippon T, et al. 2009. Regulating systemic risk[A]//Acharya V V, Richardson M. Restoring Financial Stability: How to Repair a Failed System[C]. Hoboken: John Wiley & Sons: 283-304.

Acharya V V, Pedersen L, Philippon T, et al. 2010. Measuring systemic risk[R]. Working Paper, No. 1002, Federal Reserve Bank of Cleveland.

Adrian T, Brunnermeier M K. 2009. CoVaR: a method for macroprudential regulation[R]. Working Paper, Federal Reserve Bank of New York and Princeton University.

Adrian T, Brunnermeier M K. 2011. CoVaR[R]. NBER Working Paper, No. 17454.

Adrian T, Shin H S. 2009. The shadow banking system: implications for financial regulation[R]. Federal Reserve Bank of New York Staff Report, No. 382.

Adrian T, Shin H S. 2010. Liquidity and leverage[J]. Journal of Financial Intermediation, 19(3): 418-437.

Aggarwal R, Mougoue M. 1998. Common stochastic trends among Asian currencies: evidence for Japan, Aseans, and the Asian tigers[J]. Review of Quantitative Finance and Accounting, 10(2): 193-206.

Aghion P, Bolton P, Dewatripont M. 2000.Contagious bank failures in a free banking system[J]. European Economic Review, 44(4/5/6): 713-718.

Ahmad J, Harnhirun S. 1995. Unit roots and cointegration in estimating causality between exports and economic growth: empirical evidence from the Asean countries[J]. Economics Letters, 49(3): 329-334.

Aikman D, Paustian M. 2006. Bank capital, asset prices and monetary policy[R]. Bank of England, Working Paper No. 305.

Albert J H, Chib S. 1993. Bayes inference via Gibbs sampling of autoregressive time series subject to Markov mean and variance shifts[J]. Journal of Business & Economic Statistics, 11(1): 1-15.

Alessi L, Detken C. 2009. 'Real time'early warning indicators for costly asset price boom/bust cycles: a role for global liquidity[R]. European Central Bank Working Paper, No. 1039.

Alfaro R A, Drehmann M. 2009. Macro stress tests and crises: what can we learn?[J].BIS Quarterly Review, (12): 29-42.

Aliaga-Diaz R, Olivero M P. 2011. The cyclicality of price-cost margins in banking: an empirical analysis of its determinants[J]. Economic Inquiry, 49(1): 26-46.

Allen F, Gale D. 2000. Financial contagion[J]. Journal of Political Economy, 108(1): 1-33.

Allen F, Gale D. 2004a. Financial fragility, liquidity and asset prices[J]. Journal of the European Economic Association, 2(6): 1015-1048.

Allen F, Gale D. 2004b. Financial intermediaries and markets[J]. Econometrica, 72(4):1023-1061.

Alvarez H, Steinbüchel A. 2002. Triacylglycerols in prokaryotic microorganisms[J]. Applied Microbiology and Biotechnology, 60(4): 367-376.

Alvarez L J, Dhyne E, Hoeberichts M, et al. 2006. Sticky prices in the euro area: a summary of micro evidence[J]. Journal of the European Economic association, 4(2/3): 575-584.

Andres P, Vallelado E. 2008. Corporate governance in banking: the role of the board of directors[J]. Journal of Banking and Finance, 32: 2570-2580.

Ang A, Bekaert G. 2002. International asset allocation with regime shifts[J]. Review of Financial Studies, 15(4): 1137-1187.

Ang A, Piazzesi M. 2003. A no-arbitrage vector autoregression of term structure dynamics with macroeconomic and latent variables[J]. Journal of Monetary Economics, (4): 745-787.

Arezki R, Candelon B, Sy A N R. 2011. Sovereign rating news and financial market spillovers: evidence from the European debt crisis[R]. IMF Working Paper, No. 11/68.

Arghyrou M G, Kontonikas A. 2012. The EMU sovereign-debt crisis: fundamentals, expectations and contagion[J]. Journal of International Financial Markets, Institutions & Money, (4): 658-677.

Arnold B, Borio C, Ellis L, et al. 2012a. Systemic risk, macroprudential policy frameworks, monitoring financial systems and the evolution of capital adequacy[J]. Journal of Banking & Finance, 36(12): 3125-3132.

Arnold V L, Gusein-Zade S M, Varchenko A N. 2012b. Singularities of Differentiable Maps. Vol 2: Monodromy and Asymptotics of Integrals[M]. New York: Springer Science & Business Media.

Asea P K, Blomberg B S. 1998. Lending cycles[J]. Journal of Econometrics, 83: 89-128.

Avesani R G, Pascual A G, Li J.2006.A new risk indicator and stress testing tool: a multifactor th-to-default CDS basket[R]. IMF Working Paper, No.06/105.

Bai J. 2003. Inferential theory for factor models of large dimensions[J]. Econometrica, 71(1): 135-171.

Bai J, Ng S. 2008. Large dimensional factor analysis[J]. Foundations and Trends® in Econometrics, 3(2): 89-163.

Balakrishnan R, Danninger S, Elekdag S, et al. 2011. The transmission of financial stress from advanced to emerging economies[J]. Emerging Markets Finance and Trade, 47(2): 40-68.

Bauer M D, Neely C J. 2014. International channels of the Fed's unconventional monetary policy[J]. Journal of International Money and Finance, (44): 24-46.

Beal M J, Ghahramani Z, Rasmussen C E. 2002. The infinite hidden Markov model[J]. Advances in Neural Information Processing Systems, (14): 577-584.

Beck T, Levine R, Loayza N. 2000. Finance and the sources of growth[J]. Journal of Financial Economics, 58(1): 261-300.

Beirlant J. 2004. Statistical size distribution in economic and actuarial sciences[J]. Fechnometrics, 99(468): 1206-1207.

Benati L. 2008. Investigating inflation persistence across monetary regimes[J]. The Quarterly Journal of Economics, 123(3): 1005-1060.

Berg A, Pattillo C. 1999. Predicting currency crises: the indicators approach and an alternative[J]. Journal of International Money and Finance, 18(4): 561-586.

Berge T J, Cao G. 2014. Global effects of US monetary policy: is unconventional policy different?[J]. Economic Review, (QI): 1-10.

Berger A N, Clarke G R, Cull R, et al. 2005. Corporate governance and bank performance: a joint analysis of the static, selection, and dynamic effects of domestic, foreign, and state ownership[J]. Journal of Banking and Finance, 29(8/9): 2179-2221.

Berger A N, Herring R J, Szegö G P. 1995. The role of capital in financial institutions[J]. Journal of Banking & Finance, 19(3): 393-430.

Bergin P R. 2006. How well can the new open economy macroeconomics explain the exchange rate and current account?[J]. Journal of International Money and Finance, 25(5): 675-701.

Berkowitz D, Pistor K, Richard J F. 2003. Economic development, legality, and the transplant effect[J]. European Economic Review, 47(1): 165-195.

Bernanke B S. 2009. The crisis and the policy response[J]. Stamp Lecture, London School of Economics, 13: 2009.

Bernanke B S, Blinder A S. 1988. Credit, money, and aggregate demand[J]. The American Economic Review, 78: 435-439.

Bernanke B S, Blinder A S. 1992. The federal funds rate and the channels of monetary transmission[J]. The American Economic Review, 82: 901-921.

Bernanke B S, Boivin J. 2003. Monetary policy in a data-rich environment[J]. Journal of Monetary Economics, 50: 525-546.

Bernanke B S, Boivin J, Eliasz P. 2005. Measuring the effects of monetary policy: a factor-augmented vector autoregressive (FAVAR) approach[J]. Quarterly Journal of Economic, 120: 387-422.

Bernanke B S, Gertler M. 1986. Agency costs, collateral, and business fluctuations[R]. NBER Working Paper, No 2015.

Bernanke B S, Gertler M. 1989. Agency costs, net worth, and business fluctuations[J]. The American Economic Review, 79(1): 14-31.

Bernanke B S, Gertler M. 1995. Inside the black box: the credit channel of monetary policy transmission[R]. National Bureau of Economic Research, 9(4): 27-48.

Bernanke B S, Gertler M, Gilchrist S. 1999. The financial accelerator in a quantitative business cycle framework[J]. Handbook of Macroeconomics, 1: 1341-1393.

Bernanke B S, Kuttner K N. 2005. What explains the stock market's reaction to federal reserve policy[J]. The Journal of Finance, 60(3): 1221-1257.

Bertay A C, Gong D, Wagner W. 2015. Securitization and economic activity: the credit composition channel[R]. CEPR Discussion Paper, No.10664.

Betts C, Devereux M B. 2002. Exchange rate dynamics in a model of pricing-to-market[J]. Journal of International Economics, 50(1): 215-244.

Beveridge S, Nelson C R. 1981. A new approach to decomposition of economic time series into permanent and transitory components with particular attention to measurement of the 'business cycle'[J]. Journal of Monetary Economics, 7(2): 151-174.

Bianchi J, Mendoza A. 2011. Overborrowing, financial crises and 'macro-prudential' policy[R]. IMF Working Paper, No. 11/24.

Billo M, Gallot L, Lerda A, et al. 2010. F-theoretic vs microscopic description of a conformal SYM theory[J]. Journal of High Energy Physics, (11): 1-43.

Billio M, Getmansky M, Lo A W, et al. 2010. Econometric measures of systemic risk in the finance and insurance sectors[R]. National Bureau of Economic Research.

Black F. 1995. Interest rates as options[J]. The Journal of Finance, 50(5): 1371-1376.

Blanchard O J. 1989. A traditional interpretation of macroeconomic fluctuations[J]. The American Economic Review, 79(5): 1146-1164.

Blanchard O J, Quah D. 1988. The dynamic effects of aggregate demand and supply disturbances[J]. American Economic Review, 79(4): 655-673.

Blanchard O J, Watson M W. 1982. Bubbles, rational expectations and financial markets[R]. NBER Working Paper, No.945.

Blaschke W, Majnoni G, Peria M S M, et al. 2001. Stress testing of financial systems: an overview of issues, methodologies, and FSAP experiences[R]. IMF Working Paper, No. 01/88.

Bollerslev T. 1986. Generalized autoregressive conditional heteroskedasticity[J]. Journal of Econometrics, 31(3): 307-327.

Bordo M D, Dueker M J, Wheelock D C. 2002. Aggregate price shocks and financial instability: a historical analysis[J]. Economic Inquiry, 40(4): 521-538.

Borgy V, Clerc L, Renne J P. 2009. Asset-price boom-bust cycles and credit: what is the scope of macro-prudential regulation?[R]. Banque de France Working Paper, No.263.

Borio C E V. 2003. Towards a macroprudential framework for financial supervision and regulation[J]. CESifo Economic Studies, 49(2): 181-215.

Borio C E V. 2007. Change and constancy in the financial system: implications for financial distress and policy[R]. BIS Working Paper, No. 237.

Borio C E V. 2011. Central banking post-crisis: what compass for uncharted waters?[R]. BIS Working Paper, No. 353.

Borio C E V. 2014. The financial cycle and macroeconomics: what have we learnt?[J]. Journal of Banking & Finance, 45: 182-198.

Borio C E V, Drehmann M. 2009a. Assessing the risk of banking crises–revisited[J]. BIS Quarterly Review, (3): 29-46.

Borio C E V, Drehmann M. 2009b. Towards an operational framework for financial stability: "fuzzy" measurement and its consequences[R]. BIS Working Paper, No. 284.

Borio C E V, Filosa R. 1994. The changing borders of banking: trends and implications[R]. BIS Working Paper, No. 23.

Borio C E V, Furfine C, Lowe P. 2001. Procyclicality of the financial system and financial stability: issues and policy options[R]. BIS Working Paper, No. 1.

Borio C E V, Lowe P W. 2002a. Asset prices, financial and monetary stability: exploring the nexus[R]. BIS Working Paper, No. 114.

Borio C E V, Lowe P W. 2002b. Assessing the risk of banking crises[J]. BIS Quarterly Review, (12): 43-54.

Borio C E V, van den Bergh P. 1993. The Nature and Management of Payment System Risks: An International Perspective[M]. Basel: Bank for international settlements.

Boss M. 2002. A macroeconomic credit risk model for stress testing the Austrian credit portfolio[J]. Financial Stability Report, 4: 64-82.

Boss M, Krenn G, Puhr C, et al. 2006. Systemic risk monitor: a model for systemic risk analysis and stress testing of banking systems[R]. Financial Stability Report.

Bowman D, Londono J M, Sapriza H. 2014. US unconventional monetary policy and transmission to emerging market economies[R]. FRB International Finance Discussion Paper No.1109.

Brooks C, Katsaris A. 2005. Trading rules from forecasting the collapse of speculative bubbles for the S&P 500 composite index[J]. Journal of Business, 78(5): 2003-2036.

Brunnermeier M K. 2009. Deciphering the liquidity and credit crunch 2007–2008[J]. The Journal of Economic Perspectives, 23(1): 77-100.

Bry G, Boschan C. 1971. Cyclical analysis of time series: selected procedures and computer programs[R]. New York: NBER.

Burns A F, Mitchell W C. 1946. Measuring business cycles[R]. New York: NBER.

Cai F, Lu Y. 2013. Population change and resulting slowdown in potential GDP growth in china[J]. China & World Economy, 21(2): 1-14.

Calomiris C W, Mason J R. 2003a. Consequences of bank distress during the great depression[J]. The American Economic Review, 93(3): 937-947.

Calomiris C W, Mason J R. 2003b. Fundamentals, panics, and bank distress during the depression[J]. The American Economic Review, 93(5): 1615-1647.

Calvo G A, Leiderman L, Reinhart C M. 1996. Inflows of capital to developing countries in the 1990s[J]. The Journal of Economic Perspectives, 10(2): 123-139.

Canova F, de Nicoló G. 2002. Monetary disturbances matter for business fluctuations in the G-7[J]. Journal of Monetary Economics, 49(6): 1131-1159.

Capuano C. 2008. The option-iPoD: the probability of default implied by option prices based on entropy[R]. IMF Working Paper, No. 08/194.

Cardarelli R, Elekdag S, Lall S. 2011. Financial stress and economic contractions[J]. Journal of Financial Stability, 7(2): 78-97.

Carson C S, Ingves S. 2003. Financial soundness indicators[R]. IMF Board Paper.

Carter C K, Kohn R. 1994. On Gibbs sampling for state space models[J]. Biometrika, 81(3):

541-553.

Caruana J. 2010. Macroprudential policy: working towards a new consensus[J]. BIS Speech.

Castro V. 2013. Macroeconomic determinants of the credit risk in the banking system: the case of the GIPSI[J]. Economic Modelling, 31: 672-683.

Cecchetti S G, Debelle G. 2006. Has the inflation process changed?[J]. Economic Policy, 21(46): 311-352.

Cecchetti S G, Li H. 2008. Measuring the impact of asset price booms using quantile vector autoregressions[J]. Brandeis University Working Paper Series, (2): 1-48.

Chan-Lau J A. 2009. Co-risk measures to assess systemic financial linkages[R]. IMF Working Paper.

Chan-Lau J A, Espinosa M, Giesecke K, et al. 2009. Assessing the systemic implications of financial linkages[R]. International Monetary Fund Global Financial Stability Report, Vol 2.

Chant J. 2003. Financial stability as a policy goal[A]//Chant J, Lai A, Illing M, et al. Essays on Financial Stability[C]. Ottawa: Bank of Canada: 1-24.

Chari V V, Kehoe P J, McGrattan E R. 2002. Can sticky price models generate volatile and persistent real exchange rates?[J]. The Review of Economic Studies, 69(3): 533-563.

Chen Y. 1999. Banking panics: the role of the first-come, first-served rule and information externalities[J]. Journal of Political Economy, 107(5): 946-968.

Chiang T C, Jeon B N, Li H. 2007. Dynamic correlation analysis of financial contagion: evidence from Asian markets[J]. Journal of International Money and Finance, 26(7): 1206-1228.

Chib S. 1996. Calculating posterior distributions and modal estimates in Markov mixture models[J]. Journal of Econometrics, 75(1): 79-97.

Chib S. 2001. Markov chain Monte Carlo methods: computation and inference[J]. Handbook of econometrics, 5: 3569-3649.

Chou W L. 2000. Exchange rate variability and China's exports[J]. Journal of Comparative Economics, 28(1): 61-79.

Christiano L J, Eichenbaum M, Evans C L. 2005. Nominal rigidities and the dynamic effects of a shock to monetary policy[J]. Journal of political Economy, 113(1): 1-45.

Christiano L J, Motto R, Rostagno M. 2010. Financial factors in economic fluctuations[R]. ECB Working Paper, No. 1192.

Cifuentes R, Ferrucci G, Shin H S. 2005. Liquidity risk and contagion[J]. Journal of the European Economic Association, 3(2/3): 556-566.

Claessens S, Ghosh S R, Mihet R. 2013. Macro-prudential policies to mitigate financial system vulnerabilities[J]. Journal of International Money and Finance, 39(155): 153-185.

Claessens S, Kose M A, Terrones M E. 2011. Financial cycles: What? How? When?[R]. IMF Working Paper, No.11/76.

Claessens S, Kose M A, Terrones M E. 2012. How do business and financial cycles interact?[J]. Journal of International economics, 87(1): 178-190.

Clarida R, Gali J. 1994. Sources of real exchange-rate fluctuations: how important are nominal shocks?[J]. Carnegie-Rochester Conference Series on Public Policy, 41: 1-56.

Cogley T, Sargent T J. 2001. Evolving post-World War II US inflation dynamics[J]. NBER

Macroeconomics Annual, 16: 331-373.

Cornett M, McNutt J, Tehranian H. 2009. Corporate governance and earnings management at large U.S. bank holding companies[J]. Journal of Corporation Finance, 15 (4): 412-430.

Corsetti G, Pesent P, Roubini N. 1999. Paper tigers? a model of the Asian crisis[J]. European Economic Review, 43 (7): 1211-1236.

Cox D R, Oakes D. 1984. Analysis of Survival Data[M]. London: Chapman and Hall.

Crockett A. 1996. The theory and practice of financial stability[J]. De Economist, 144 (4): 531-568.

Crockett A. 1997. Why is financial stability a goal of public policy?[J]. Economic Review, 82 (4): 5-22.

Crockett A. 2000. Marrying the micro-and macro-prudential dimensions of financial stability[R]. BIS Speech.

D'Agostino A, Gambetti L, Giannone D. 2013. Macroeconomic forecasting and structural change[J]. Journal of Applied Econometrics, (1): 82-101.

Davig T, Hakkio C. 2010. What is the effect of financial stress on economic activity?[J]. Federal Reserve Bank of Kansas City, Economic Review, 95 (2): 35-62.

Davis E P, Karim D. 2010. Macroprudential regulation-the missing policy pillar[J]. National Institute Economic Review, 211 (1): 67-80.

de Bandt O. 1994. Competition among financial intermediaries and the risk of contagious failures[R]. Banque de France Working Paper, No. 30.

de Bandt O, Hartmann P. 2000. Systemic risk: a survey[R]. European Central Bank Working Paper, No. 35.

de Nicoló G, Favara G, Ratnovski L. 2012. Externalities and macroprudential policy[J]. Social Science Electronic Publishing, 12 (5): 36-57.

Demirguc-Kunt A, Detragiache E. 1998. Financial liberalization and financial fragility[R]. IMF Working Paper, No. 98/83.

Diamond D W, Dybvig P H. 1983. Bank runs, deposit insurance, and liquidity[J]. Journal of Political Economy, 91 (3): 401-419.

Diamond D W, Rajan R G. 2001. Liquidity risk, liquidity creation, and financial fragility: a theory of banking[J]. Journal of Political Economy, 109 (2): 287-327.

Diba B T, Grossman H I. 1988a. Explosive rational bubbles in stock prices?[J]. The American Economic Review, 78 (3): 520-530.

Diba B T, Grossman H I. 1988b. The theory of rational bubbles in stock prices[J]. Economic Journal, 98 (392): 746-754.

Dickey D A, Fuller W A. 1979. Distribution of the estimators for autoregressive time series with a unit root[J]. Journal of the American Statistical Association, 74 (366): 427-431.

Dickey D A, Fuller W A. 1981. Likelihood ratio statistics for autoregressive time series with a unit root[J]. Econometrica: Journal of the Econometric Society, 1981: 1057-1072.

Diebold F X, Mariano R S. 2002. Comparing predictive accuracy[J]. Journal of Business & Economic Statistics, 20 (1): 134-144.

Dionísio A, Menezes R, Mendes D A. 2006. Entropy-based independence test[J]. Nonlinear

Dynamics, 44(1): 351-357.

Dornbusch R. 1976. Expectations and exchange rate dynamics[J]. Journal of Political Economy, 84(6): 1161-1176.

Doz C, Giannone D, Reichlin L. 2012. A quasi–maximum likelihood approach for large, approximate dynamic factor models[J]. Review of Economics and Statistics, 94(4): 1014-1024.

Drehmann M, Borio C E V, Tsatsaronis K. 2012. Characterising the financial cycle: don't lose sight of the medium term![R]. BIS Working Paper, No.380.

Drehmann M, Patton A J, Sorensen S. 2007. Non-linearities and stress testing[J]. Risk Measurement and Systemic Risk.

Droumaguet M, Woźniak T. 2012. Bayesian testing of Granger causality in Markov-switching VARs[R]. European University Institute Working Paper, No. ECO2012/06.

Drumond I. 2009. Bank capital requirements, business cycle fluctuations and the Basel Accords: a synthesis[J]. Journal of Economic Surveys, 23(5): 798-830.

Duisenberg W F. 2001. Europés contribution to the stability of financial markets[J]. Intereconomics, 36(2): 59-61.

ECB. 2010. Macro-prudential policy objectives and tools[J]. Financial Stability Review, (1): 129-137.

Egoavil M. 2003. The intersection of corporate governance and operational risk[J]. Bank Accounting and Finance, 16(5): 43.

Ehrmann M, Fratzscher M, Rigobon R. 2011. Stocks, bonds, money markets and exchange rates: measuring international financial transmission[J]. Journal of Applied Econometrics, 26(6): 948-974.

Eichengreen B, Rose A K, Wyplosz C. 1994. Speculative attacks on pegged exchange rates: an empirical exploration with special reference to the European monetary system[R]. NBER Working Paper, No. 4898.

Engle R F, Bollerslev T. 1986. Modelling the persistence of conditional variances[J]. Econometric Reviews, 5(1): 1-50.

Evans G W. 1991. Pitfalls in testing for explosive bubbles in asset prices[J]. The American Economic Review, 81(4): 922-930.

Faust J, Rogers J H. 2003. Monetary policy's role in exchange rate behavior[J]. Journal of Monetary Economics, 50(7): 1403-1424.

Feltham G A, Ohlson J A. 1995. Valuation and clean surplus accounting for operating and financial activities[J]. Contemporary accounting research, 11(2): 689-731.

Fender I, McGuire P. 2010. Bank structure, funding risk and the transmission of shocks across countries: concepts and measurement[J]. BIS Quarterly Review, (9): 63-79.

Ferguson R. 2003. Should financial stability be an explicit central bank objective?[R]. BIS Papers, No. 18.

Ferguson T S. 1973. A Bayesian analysis of some nonparametric problems[J]. The Annals of Statistics, 1(2): 209-230.

Fisher I. 1933. The debt deflation theory of great depressions[J]. Econometrica, 1: 337-357.

Flood R P, Garber P M. 1980. Market fundamentals versus price-level bubbles: the first tests[J].

Journal of Political Economy, 88(4): 745-770.

Flood R P, Garber P M, Scott L O. 1984. Multi-country tests for price level bubbles[J]. Journal of Economic Dynamics and Control, 8(3): 329-340.

Foglia A. 2009. Stress testing credit risk: a survey of authorities' aproaches[J]. International Journal of Central Banking, 5(3): 9-45.

Forbes K J, Rigobon R. 2002. No contagion, only interdependence: measuring stock market comovements[J]. The Journal of Finance, 57(5): 2223-2261.

Forni M, Giannone D, Lippi M, et al. 2009. Opening the black box: structural factor models with large cross sections[J]. Econometric Theory, 25(5): 1319-1347.

Forni M, Hallin M, Lippi M, et al. 2000. The generalized dynamic-factor model: identification and estimation[J]. Review of Economics and Statistics, 82(4): 540-554.

Forni M, Hallin M, Lippi M, et al. 2004. The generalized dynamic factor model consistency and rates[J]. Journal of Econometrics, 119(2): 231-255.

Fox E, Sudderth E, Jordan M, et al. 2011. A sticky HDP-HMM with application to speaker diarization[J]. Annals of Applied Statistics, (5): 1020-1056.

Francq C, Zakoian J M. 2001. Stationarity of multivariate Markov—switching ARMA models[J]. Journal of Econometrics, 102(2): 339-364.

Frankel J A, Rose A K. 1996. Currency crashes in emerging markets: an empirical treatment[J]. Journal of International Economics, 41(3): 351-366.

Fratzscher M, Duca M L, Straub R. 2012. A global monetary tsunami? On the spillovers of US quantitative easing[R]. CEPR Discussion Paper, No. 9195.

Freixas X, Parigi B M, Rochet J C. 2000. Systemic risk, interbank relations, and liquidity provision by the central bank[J]. Journal of Money, Credit and Banking, 32（3）: 611-638.

Friedman M. 1970. A theoretical framework for monetary analysis[J]. Journal of Political Economy, 78(2): 193-238.

Friedman M. 1977. Nobel lecture: inflation and unemployment[J]. Journal of Political Economy, 85(3): 451-472.

Froot K A, Obstfeld M. 1989. Intrinsic bubbles: the case of stock prices[R]. NBER Working Paper, No. 3091.

Froot K A, Obstfeld M. 1991. Exchange-rate dynamics under stochastic regime shifts: a unified approach[J]. Journal of International Economics, 31(3/4): 203-229.

Fruhwirth-Schnatter S. 1994. Data augmentation and dynamic linear models[J]. Journal of Time Series Analysis, 15(2): 183-202.

Fruhwirth-Schnatter S. 2008. Comment on article by Rydén[J]. Bayesian Analysis, 3(4): 689-698.

Fruhwirth-Schnatter S, Kaufmann S. 2002. Bayesian clustering of many short time series[R]. Mimeo, Vienna University of Economics and Business Administration, and Oesterreichische Nationalbank, Paper No.4650.

Fruhwirth-Schnatter S, Kaufmann S. 2006. How do changes in monetary policy affect bank lending? An analysis of Austrian bank data[J]. Journal of Applied Econometrics, 21: 275-305.

Fuhrer J C. 1995. The persistence of inflation and the cost of disinflation[J]. New England Economic

Review, (1): 3-17.

Fuhrer J C. 2011. Inflation persistence[A]//Friedman B M, Woodford M. Handbook of Monetary Economics[C]. Vol 3A. Amsterdam: North-Holland: 423-486.

Fuhrer J, Moore G. 1995. Inflation persistence[J]. Quaterly Journal of Economics ,110 (1): 127-129.

Furfine C H. 1999. The microstructure of the federal funds market[J]. Financial Markets, Institutions & Instruments, 8 (5): 24-44.

Gadancez B, Jayaram K. 2008. Measures of financial stability—a review[A]//Irving Fisher Committee. Proceedings of the IFC Conference on "Measuring financial innovation and its impact"[C]. Basel: Bank for International Settlements: 365-380.

Gali J, Gertler M. 1999. Inflation dynamics: a structural econometric analysis[J]. Journal of Monetary Economics, 44 (2): 195-222.

Gambacorta L, Marques-Ibanez D. 2011. The bank lending channel: lessons from the crisis[J]. Economic Policy,4: 135-182.

Garas A, Argyrakis P, Rozenblat C, et al. 2010. Worldwide spreading of economic crisis[J]. New Journal of Physics, (11): 30-43.

Gavin M, Hausmann R. 1996. The roots of banking crises: the macroeconomic context[R]. IDB Working Paper, No. 262.

Geanakoplos J. 2010. The leverage cycle[J]. NBER Macroeconomics Annual, 24 (1): 1-66.

Gerdesmeier D, Reimers H, Roffia B. 2009. Asset price misalignments and the role of money and credit[R]. ECB Working Paper Series, No. 1068.

Getmansky M, Lo A W, Makarov I. 2004. An econometric model of serial correlation and illiquidity in hedge fund returns[J]. Journal of Financial Economics, 74 (3): 529-609.

Geweke J. 1977. The dynamic factor analysis of economic time series[A]//Aigner D J, Goldberger A S. Latent Variables in Socio–Economic Models[C]. Amsterdam: North-Holland: 365-383.

Geweke J. 1999. Using simulation methods for Bayesian econometric models: inference, development, and communication[J]. Econometric Reviews, (1): 1-73.

Giannone D, Reichlin L, Sala L.2004. Monetary policy in real time[J]. NBER Macroeconomics Annual, 19: 161-224.

Giordano R, Pericoli M, Tommasino P. 2013. Pure or wake-up-call contagion? Another look at the EMU sovereign debt crisis[J]. International Finance, (2): 131-160.

Glover B, Richards-Shubik S. 2014. Contagion in the European sovereign debt crisis[R]. NBER Working Paper, No. 20567.

Goldstein M, Turner P. 1996. Banking crises in emerging economies: origins and policy options[R]. BIS Economic Papers, No. 46.

Goodhart C, Hofmann B. 2001. Asset prices, financial conditions, and the transmission of monetary policy[R]. Stanford University: Conference on Asset Prices, Exchange Rates, and Monetary Policy.

Gordon R J. 1990. What is new-Keynesian economics?[J]. Journal of Economic Literature, 28 (3): 1115-1171.

Gorea D, Radev D. 2013. The euro area sovereign debt crisis: can contagion spread from the periphery to the core?[R]. Gutenberg School of Management and Economics Discussion Paper, No. 1208.

Gorton G. 1985. Bank suspension of convertibility[J]. Journal of Monetary Economics, 15(2): 177-193.

Gorton G, Metrick A. 2010. Regulating the shadow banking system[J]. Brookings Papers on Economic Activity, (2): 261-297.

Gourinchas P O, Valdes R, Landerretche O. 2001. Lending booms: Latin America and the world[R]. NBER Working Paper, No. 8249.

Goyenko R Y, Ukhov A D. 2009. Stock and bond market liquidity: A long-run empirical analysis[J]. Journal of Financial and Quantitative Analysis, 44(1): 189-212.

Granger C W J. 1969. Investigating causal relations by econometric models and cross-spectral methods[J]. Econometrica, (37): 424-438.

Granger C W J. 1988. Causality, cointegration, and control[J]. Journal of Economic Dynamics & Control, 12(2):551-559.

Greenspan A. 2002. Economic volatility, speech at a symposium sponsored by the Federal Reserve Bank of Kansas City[R]. Jackson Hole, Wyoming.

Gregory O J, Amani M, Tougas I M, et al. 2012. Stability and microstructure of indium tin oxynitride thin films[J]. Journal of the American Ceramic Society, 95(2): 705-710.

Grilli V, Roubini N. 1996. Liquidity models in open economies: theory and empirical evidence[J]. European Economic Review, 40(3): 847-859.

Gürkaynak R S. 2008. Econometric tests of asset price bubbles: taking stock[J]. Journal of Economic Surveys, 22(1): 166-186.

Gurley J G, Shaw E S. 1960. Money in a Theory of Finance[M]. Washington D C: Brookings Institution.

Hakkio C S, Keeton W R. 2009. Financial stress: what is it, how can it be measured, and why does it matter?[J]. Economic Review-Federal Reserve Bank of Kansas City, 94(2): 5.

Haldane A. G. 2009. Rethinking the financial network[R]. Speech Delivered at the Financial Student Association, Amsterdam.

Hall S G, Psaradakis Z, Sola M. 1999. Detecting periodically collapsing bubbles: a Markov-switching unit root test[J]. Journal of Applied Econometrics, 14(2):143-154.

Hamilton J D. 1989. A new approach to the economic analysis of nonstationary time series and the business cycle[J]. Econometrica, 57(2): 357-384.

Hamilton J D. 1990. Analysis of time series subject to changes in regime[J]. Journal of Econometrics, 45(1/2): 39-70.

Hanson S G, Kashyap A K, Stein J C. 2011. A macroprudential approach to financial regulation[J]. The Journal of Economic Perspectives, 25(1): 3-28.

Hart O. 1995. Firms, Contracts, and Financial Structure[M]. Oxford: Clarendon Press.

Hatzius J, Hooper P, Mishkin F S, et al. 2010. Financial conditions indexes: a fresh look after the financial crisis[R]. NBER Working Paper, No. w16150.

Havrylchyk O. 2010. A macroeconomic credit risk model for stress testing the South African banking sector[R]. South African Reserve Bank Working Paper, No. 3579.

Heemeijer P, Hommes C, Sonnemans J, et al. 2009. Price stability and volatility in markets with positive and negative expectations feedback: an experimental investigation[J]. Journal of Economic Dynamics and Control, 33 (5) : 1052-1072.

Helbling T, Huidrom R, Kose M A, et al. 2011. Do credit shocks matter? A global perspective[J]. European Economic Review, 55 (3) : 340-353.

Hicks J R. 1950. A Contribution to the Theory of Trade Cycle[M]. Oxford: Oxford University Press.

Hodrick R J, Prescott E C. 1997. Postwar US business cycles: an empirical investigation[J]. Journal of Money, Credit, and Banking, 1997: 1-16.

Hoggarth G, Reis R, Saporta V. 2002. Costs of banking system instability: some empirical evidence[J]. Journal of Banking & Finance, 26 (5) : 825-855.

Holz M. 2005. A financial conditions index as indicator for monetary policy in times of low, stable inflation and high financial market volatility[R]. The 9th workshop of Macroeconomics and Macroeconomic Policies.

Honohan P. 1997. Banking system failures in developing and transition economies: diagnosis and prediction[R]. BIS Working Paper, No. 39.

Horta P, Mendes C, Vieira I. 2010. Contagion effects of the subprime crisis in the European NYSE Euronext markets[J]. Portuguese Economic Journal, 9 (2) : 115-140.

Huang X, Zhou H, Zhu H B. 2009. A framework for assessing the systemic risk of major financial institutions[J]. Journal of Banking and Finance, 33 (11) : 2036-2049.

Illing M, Liu Y. 2006. Measuring financial stress in a developed country: an application to Canada[J]. Journal of Financial Stability, 2 (3) : 243-265.

IMF. 2006. Financial soundness indicators: compilation guide[R]. Monetary and Financial Systems and Statistics Departments, Washington.

IMF. 2009. Republic of Latvia: first review and financing assurances review under the stand-by arrangement, requests for waivers of nonobservance of performance criteria, and rephasing of purchases under the arrangement[R]. IMF Country Report, No. 09/297.

IMF, FSB. 2011. Macro-prudential policy tools and frameworks[R]. Progress Report to G20.

Ishwaran H, James L F. 2001. Gibbs sampling methods for stick-breaking priors[J]. Journal of the American Statistical Association, 96 (453) : 161-173.

Jacklin C J, Bhattacharya S. 1988. Distinguishing panics and information-based bank runs: welfare and policy implications[J]. Journal of Political Economy, 96 (3) :568-592.

Jeanne O, Korinek A. 2010. Managing credit booms and busts: a Pigouvian taxation approach[R]. NBER Working Paper, No. 16377.

Jensen M J, Maheu J M. 2010. Bayesian semiparametric stochastic volatility modeling[J]. Journal of Econometrics, 157 (2) : 306-316.

Jensen M J, Maheu J M. 2013. Bayesian semiparametric multivariate GARCH modeling[J]. Journal of Econometrics, 176 (1) : 3-17.

Jimborean R. 2009. The role of banks in the monetary policy transmission in the new EU member states[J]. Economic Systems, 33: 360-375.

Jiménez G, Salas V, Saurina J. 2006. Determinants of collateral[J]. Journal of Financial Economics, 81(2): 255-281.

Jiménez G, Saurina J. 2006. Credit cycles, credit risk, and prudential regulation[J]. International Journal of Central Banking, 2(2): 66-92.

Jochmann M. 2015. Modeling U.S. inflation dynamics: a bayesian nonparametric approach[J]. Econometric Reviews, (34): 537-558.

Kaminsky G L, Reinhart C M. 1999. The twin crises: the causes of banking and balance-of-payments problems[J]. The American Economic Review, 89(3): 473-500.

Kashyap A K, Stein J C. 1995. The role of banks in the transmission of monetary policy[J]. NBER Reporter, 100(2): 6-9.

Kashyap A K, Stein J C, Wilcox D W. 1993. Monetary policy and credit conditions: evidence from the composition of external finance[J]. The American Economic Review, 83: 78-98.

Kaufman G. 1996. Bank failures, systemic risk, and bank regulation[J]. Cato Journal, 16(1): 17-45.

Kaufman R J. 1999. Stress signaling from the lumen of the endoplasmic reticulum: coordination of gene transcriptional and translational controls[J]. Genes & Development, 13(10): 1211-1233.

Kearney C, Patton A J. 2000. Multivariate GARCH modeling of exchange rate volatility transmission in the European monetary system[J]. Financial Review, 35(1): 29-48.

Keeley M C. 1990. Deposit insurance, risk, and market power in banking[J]. The American Economic Review, 1990: 1183-1200.

Keen B. D. 2007. Sticky price and sticky information price-setting models: what is the difference?[J]. Economic Inquiry, 45(4): 770-786.

Keynes J M. 1936. The General Theory of Employment, Money and Interest[M]. London: Macmillan.

Khandani A E, Lo A W. 2011. Illiquidity premia in asset returns: an empirical analysis of hedge funds, mutual funds, and US equity portfolios[J]. The Quarterly Journal of Finance, 1(2): 205-264.

Kim C J, Nelson C R. 1999. State-Space Models with Regime Switching[M]. Cambridge: MIT Press.

Kim S, Roubini N. 2000. Exchange rate anomalies in the industrial countries: a solution with a structural VAR approach[J]. Journal of Monetary Economics, 45(3): 561-586.

Kim S, Roubini N. 2008. Twin deficit or twin divergence? Fiscal policy, current account, and real exchange rate in the US[J]. Journal of International Economics, 74(2): 362-383.

Kindleberger C P. 1987. Bubbles[A]//Eatwell J, Milgate M, Newman P. The New Palgrave: A Dictionary of Economics[C]. New York: Stockton Press.

Kindleberger C P. 1996. Manias, Panics and Crashes[M]. Cambridge: Cambridge University Press.

Kivinen J J, Sudderth E B, Jordan M I. 2007. Learning multiscale representations of natural scenes using Dirichlet processes[R]. 2007 IEEE 11th International Conference on Computer Vision.

Kiyotaki N, Moore J. 1997. Credit cycles[J]. Journal of Political Economy, 105(2): 211-248.

Kodres L E, Pritsker M. 2002. A rational expectations model of financial contagion[J]. The Journal of Finance, 57(2): 769-799.

Kollmann R. 2002. Monetary policy rules in the open economy: effects on welfare and business cycles[J]. Journal of Monetary Economics, 49(5): 989-1015.

Kritzman M, Li Y, Page S, et al. 2011. Principal components as a measure of systemic risk[J]. The

Journal of Portfolio Management, 37(4): 112-126.

Kritzman M, Page S, Turkington D. 2010. In defense of optimization: the fallacy of 1/N[J]. Financial Analysts Journal, 66(2): 31-39.

krugman P. 1991. Increasing returns and economic geograpgy[J]. The Journal of Political Economy, 99(3): 483-499

Krugman P. 1999. Balance sheets, the transfer problem, and financial crises[A]//Isard P, Razin A, Rose A K. International Finance and Financial Crises[C]. Dordrecht: Springer: 31-55.

Kupiec P, Nickerson D. 2004. Assessing systemic risk exposure from banks and GSEs under alternative approaches to capital regulation[J]. The Journal of Real Estate Finance and Economics, 28(2): 123-145.

Kwiatkowski D, Phillips P C B, Schmidt P, et al. 1992. Testing the null hypothesis of stationarity against the alternative of a unit root: how sure are we that economic time series have a unit root?[J] Journal of Econometrics, 54(1): 159-178.

Kyle A S, Xiong W. 2001. Contagion as a wealth effect[J]. The Journal of Finance, 56(4): 1401-1440.

Lack C P. 2003. A financial conditions index for Switzerland[J]. Monetary Policy in a Changing Environment, 19: 398-413.

Lagunoff R, Schreft S L. 2001. A model of financial fragility[J]. Journal of Economic Theory, 99(1/2): 220-264.

Large A. 2003. Financial stability: maintaining confidence in a complex world[J]. Bank of England Financial Stability Review, (2): 170-174.

Leeper E M, Sims C A, Zha T, et al. 1996. What does monetary policy do?[J]. Brookings Papers on Economic Activity, (5): 1-78.

Lehar A. 2005. Measuring systemic risk: a risk management approach[J]. Journal of Banking and Finance, 29(10): 2577-2603.

Levin A T, Piger J M. 2004. Is inflation persistence intrinsic in industrial economics?[R]. European Central Bank Working Paper, No.334.

Lipton M, Lorsch J. 1992. A modest proposal for improved corporate governance[J]. Business Lawyer, (2): 59-77.

Longin F, Solnik B. 2001. Extreme correlation of international equity markets[J]. The Journal of Finance, 56(2): 649-676.

Loutskina E, Strahan P E. 2009. Securitization and the declining impact of bank finance on loan supply: evidence from mortgage originations[J]. The Journal of Finance, 64(2): 861-889.

Luciani M. 2015. Monetary policy and the housing market: a structural factor analysis[J]. Journal of Applied Econometrics, 30(2): 199-218.

Mankiw N G, Reis R. 2002. Sticky information versus sticky prices: a proposal to replace the New Keynesian Phillips curve[J]. The Quarterly Journal of Economics, 117(4): 1295-1328.

Markwitz A. 1952. Hearing Problems in Cerebral Palsied Children[M].

Marshall A, Marshall M P. 1879. The Economics of Industry[M]. London: Macmillan.

Mason D M. 1982. Some characterizations of almost sure bounds for weighted multidimensional empirical distributions and a Glivenlo-Cantelli theorem for sample quantiles[J]. Zeitschrift Fur Wahrschein lichkeitstheorie Und Verwandte Gebiete, 59(4):505-513.

Matesanza D, Ortegab G J. 2015. Sovereign public debt crisis in Europe: a network analysis[J]. Physica A: Statistical Mechanics and its Applications, (15): 756-766.

Matousek R, Sarantis N. 2009. The bank lending channel and monetary transmission in central and Eastern European countries[J]. Journal of Comparative Economics, 37: 321-334.

McCulley P A. 2007. Teton reflections[R]. PIMCO Global Central Bank Focus.

Merton R C. 1973. Theory of rational option pricing[J]. The Bell Journal of Economics and Management Science, 1973: 141-183.

Merton R C. 1974. On the pricing of corporate debt: the risk structure of interest rates[J]. Journal of Finance, 29(2): 449-470.

Merton R C, Bodie Z. 1995. A conceptual framework for analyzing the financial system[J]. The Global Financial System: A Functional Perspective, 1995: 3-31.

Mink M, Haan J D. 2013. Contagion during the Greek Sovereign debt crisis[J]. Journal of International Money and Finance, (34):102-113.

Minsky H P. 1975. John Maynard Keynes[M]. New York: Columbia University Press.

Minsky H P. 1982a. Can "it" Happen Again: Essays on Instability and Finance[M]. Armonk: M. E. Sharpe.

Minsky H P. 1982b. The Financial Fragility Hypothesis: Capitalist Process and Behavior of the Economy in Financial Crisis[M]. Cambrige: Cambrige University Press.

Minsky H P. 1986. Stabilizing an Unstable Economy[M]. New Haven: Yale University Press.

Minsky H P. 1992. The Financial Instability Hypothesis[R]. The Jerome Levy Economics Institute Working Paper.

Mishkin F S. 1995. Symposium on the monetary transmission mechanism[J]. The Journal of Economic Perspectives, (6): 3-10.

Mishkin F S. 1999. Lessons from the Asian crisis[J]. Journal of International Money and Finance, 18(4): 709-723.

Mishkin F S. 2007. Inflation dynamics[J]. International Finance, 10(3): 317-334.

Mishkin F S. 2010. Monetary policy flexibility, risk management, and financial disruptions[J]. Journal of Asian Economics, 21(3): 242-246.

Mishkin F S. 2011. Monetary policy strategy: lessons from the crisis[R]. Sixth ECB Central Banking Conference.

Mishkin F S. 2012. Central banking after the crisis[R]. 16 th Annual Conference of the Central Bank of Chile.

Missio S, Watzka S. 2011. Financial contagion and the European debt crisis[R]. CESifo, Working Paper, No. 3554.

Mönch E. 2012. Term structure surprises: the predictive content of curvature, level, and slope[J]. Journal of Applied Econometrics, 27(4): 574-602.

Moretti M, Stolz S M, Swinburne M. 2008. Stress testing at the IMF[R]. IMF Working Paper, No. 08/206.

Morgan P J. 2011. Impact of US quantitative easing policy on emerging Asia[R]. ADBI Working Paper Series, No.321.

Morley J C, Nelson C R, Zivot E. 2003. Why are the Beveridge-Nelson and unobserved-components decompositions of GDP so different?[J]. Review of Economics and Statistics, 85(2): 235-243.

Morrison C. 2009. The Fundamental of Risk Measurement[M]. New York: McGraw Hill.

Müller J. 2006. Interbank credit lines as a channel of contagion[J]. Journal of Financial Services Research, 29(1): 37-60.

Nakajima J, West M. 2013. Bayesian analysis of latent threshold dynamic models[J]. Journal of Business & Economic Statistics, 31(2): 151-164.

Neely C J. 2011. The large-scale asset purchases had large international effects[R]. Federal Reserve Bank of St. Louis Working Paper Series No. 2010-018E.

Nobay B, Paya I, Peel D A. 2010. Inflation dynamics in the US: global but not local mean reversion[J]. Journal of Money, Credit and Banking, 42(1): 135-150.

Obstfeld M, Rogoff K. 1994. Exchange rate dynamics redux[R]. NBER Working Paper, No. w4693.

Obstfeld M, Rogoff K. 1995. The mirage of fixed exchange rates[R]. NBER Working Paper, No. w5191.

Padoa-Schioppa T. 2002. Central banks and financial stability: exploring the land in between[R]. Second ECB Central Banking Conference on "The Transformation of the European Financial System".

Pedroni P. 2013. Structural panel VARs[J]. Econometrics, 2: 180-206.

Pericoli M, Sbracia M. 2003. A primer on financial contagion[J]. Journal of Economic Surveys, 17(4): 571-608.

Perotti E, Suarez J. 2009. Liquidity insurance for systemic crises[J]. CEPR Policy Insight, 31: 1-3.

Pettis M. 2013. The Great Rebalancing: Trade, Conflict, and the Perilous Road Ahead for the World Economy[M]. Princeton: Princeton University Press.

Phillips P C B, Perron P. 1988. Testing for a unit root in time series regression[J]. Biometrika, 75(2): 335-346.

Phillips P C B, Shi S P, Yu J. 2013. Testing for multiple bubbles: historical episodes of exuberance and collapse in the S&P 500[J]. Working Papers, 56(4): 1043-1078.

Phillips P C B, Wu Y, Yu J. 2007. Explosive behavior and the Nasdaq bubble in the 1990s: when did irrational exuberance escalate asset values?[R]. HKIMR Working Paper, No. 22/2007.

Phillips P C B, Wu Y, Yu J. 2011. Explosive behavior in the 1990s Nasdaq: when did exuberance escalate asset values?[J]. International Economic Review, 52(1): 201-226.

Pickands J. 1981. Multivariate extreme value distributions[R]. The 43rd Session of the International statistical Institute.

Pivetta F, Reis R. 2007. The persistence of inflation in the United States[J]. Journal of Economic Dynamics and Control, 31(4): 1326-1358.

Poon S H, Rockinger M, Tawn J. 2004. Extreme value dependence in financial markets: diagnostics, models, and financial implications[J]. Review of Financial Studies, 17(2): 581-610.

Pozsar Z, Adrian T, Ashcraft A B, et al. 2010. Shadow banking[R]. Federal Reserve Bank of New

York Staff Reports, No. 458.

Premsingh M. 2010. Financial Conditions Index for India[R]. SSRN 1527397.

Prescott E C. 1986. Theory ahead of business-cycle measurement[R]. North-Holland: Carnegie-Rochester conference series on public policy.

Primiceri G. 2005. Time varying structural vector autoregressions and monetary policy[J]. Review of Economic Studies, (3): 821-852.

Psaradakis Z, Ravn M O, Sola M. 2005. Markov switching causality and the money-output relationship[J]. Journal of Applied Econometrics, (20): 665-683.

Reinhart C M, Rogoff K S. 2009. The aftermath of financial crises[R]. NBER Working Paper, No. 14656.

Reis R. 2006. Inattentive consumers[J]. Journal of Monetary Economics, 53 (8): 1761-1800.

Ricks M. 2010. Shadow banking and financial regulation[R]. Columbia Law and Economics Working Paper, No. 370.

Rigobon R, Sack B. 2003a. Measuring the reaction of monetary policy to the stock market[J]. The Quarterly Journal of Economics, 118 (2): 639-669.

Rigobon R, Sack B. 2003b. Spillovers across US financial markets[R]. NBER Working Paper, No. 9640.

Rigobon R, Sack B. 2004. The impact of monetary policy on asset prices[J]. Journal of Monetary Economics, 51 (8): 1553-1575.

Roca E D, Selvanathan E A, Shepherd W F. 1998. Are the ASEAN equity markets interdependent[J]. ASEAN Economic Bulletin,15 (2):109-120.

Rochet J C, Tirole J. 1996a. Controlling risk in payment Systems[J]. Journal of Money, Credit and Bank, 28 (4): 832-862.

Rochet J C, Tirole J. 1996b. Interbank lending and systemic risk[J]. Journal of Money, Credit and Banking, 28 (4): 733-762.

Rodriguez J C. 2007. Measuring financial contagion: a copula approach[J]. Journal of Empirical Finance, 14 (3): 401-423.

Roubini N. 2008. The Rising Risk of a Systemic Financial Meltdown: The Twelve Steps of Financial Disaster[M]. London: Market Oracle.

Sachs J, Tornell A, Velasco A. 1996. The collapse of the Mexican peso: what have we learned?[J]. Economy Policy, 11 (22): 13-56.

Salge M. 2012. Rational bubbles: Theoretical Basis, Economic Relevance, and Empirical Evidence with a Special Emphasis on the German Stock Market[M]. Berlin/Heidelberg: Springer Science & Business Media.

SaõÈd S E, Dickey D A. 1984. Testing for unit roots in autoregressive-moving average models of unknown order[J]. Biometrika, (7): 599-607.

Schinasi G J. 2004. Private finance and public policy[R]. IMF Working Paper, No. 04/120.

Schneider M. 1999. Borrowing constraints in a dynamic model of bank asset and liability Management[R]. University of Rochester, Department of Economics. Mimeograph.

Schoenmaker D. 1996. Contagion risk in banking[R]. L.S.E. Financial Markets Group Discussion

Paper, No. 239.

Scholl A, Uhlig H. 2008. New evidence on the puzzles: results from agnostic identification on monetary policy and exchange rates[J]. Journal of International Economics, 76(1): 1-13.

Schröder M, Schüler M. 2003. Systemic risk in European banking: evidence from bivariate GARCH models[R]. ZEW Discussion Paper, No. 03-11.

Schwarcz S L. 2008. Systemic risk[J]. Georgetown Law Journal, 97: 193.

Segoviano Basurto M, Goodhart C. 2009. Banking stability measures[R].IMF Working Paper, No. 09/4.

Shephard N. 1994. Partial non-Gaussian state space[J]. Biometrika, 81(1): 115-131.

Shi S, Song Y. 2014. Identifying speculative bubbles using an infinite hidden Markov model[J]. Journal of Financial Econometrics, 8(18): 1-26.

Shiller R J. 1980. Do stock prices move too much to be justified by subsequent changes in dividends?[R]. NBER Working Paper, No. w0456.

Shiller R J. 1988. The probability of gross violations of a present value variance inequality[J]. Journal of Political Economy, 96(5):1089-1092.

Shin H S. 2008. Risk and liquidity in a system context[J]. Journal of Financial Intermediation, 17(3): 315-329.

Sims C A. 1980. Macroeconomics and reality[J]. Econometrica: Journal of the Econometric Society, 48(1): 1-48.

Sims C A. 1986. Are forecasting models usable for policy analysis?[J]. Quarterly Review, 10(1): 2-16.

Sims C A. 1992. Interpreting the macroeconomic time series facts: the effects of monetary policy[J]. European Economic Review, 36(5): 975-1000.

Sims C A, Waggoner D F, Zha T. 2008. Methods for inference in large multiple-equation Markov-switching models[J]. Journal of Econometrics, 146(2): 255-274.

Sinai A. 1992. Financial and real business cycles[J]. Eastern Economic Journal, 18(1): 1-54.

Smets F. 1997. Financial asset prices and monetary policy: theory and evidence[R]. BIS Working Paper, No. 47.

Smith B D. 1991. Bank panics, suspensions, and geography: some notes on the 'contagion of fear' in banking[J]. Economic Inquiry, 29(2): 230-248.

Solow R M, Taylor J B, Friedman B M. 1999. Inflation, Unemployment, and Monetary Policy[M]. Cambridge: MIT Press.

Song Y. 2014. Modelling regime switching and structural breaks with an infinite hidden Markov model[J]. Journal of Applied Econometrics, 29(5): 825-842.

Sorge M. 2004. Stress-testing financial systems: an overview of current methodologies[R]. BIS Working Paper, No.165.

Stein J C. 1998. An adverse-selection model of bank asset and liability management with implications for the transmission of monetary policy[J]. Journal of Economics, 29: 466-486.

Stock J H. 2001. Evolving post-World War II US inflation dynamics: comment[J]. NBER Macroeconomics Annual, 16: 379-387.

Stock J H, Watson M W. 1989. New indexes of coincident and leading economic indicators[J]. NBER Macroeconomics Annual, 4: 351-393.

Stock J H, Watson M W. 1991. A probability model of the coincident economic indicators[A]//Lahiri K, Moore G H. Leading Economic Indicators: New Approaches and Forecasting Records[C]. Cambridge: Cambridge University Press: 63-90.

Stock J H, Watson M W. 1996. Evidence on structural instability in macroeconomic time series relations[J]. Journal of Business & Economic Statistics, (14): 11-30.

Stock J H, Watson M W. 2002. Forecasting using principal components from a large number of predictors[J]. Journal of the American Statistical Association, 97: 1167-1179.

Stock J H, Watson M W. 2003. Understanding changes in international business cycle dynamics[R]. NBER Working Paper, No. 9859.

Stock J H, Watson M W. 2005. Implications of dynamic factor models for VAR analysis[R]. NBER Working Paper, No. 11467.

Stock J H, Watson M W. 2006. Forecasting with many predictors[J]. Handbook of Economic Forecasting, 1: 515-554.

Stock J H, Watson M W. 2011. Dynamic factor models[A]//Clements M P, Hendry D F. Oxford Handbook of Economic Forecasting[C]. Oxford: Oxford University Press: 35-60.

Sunirand P. 2003. The role of bank capital and the transmission mechanism of monetary policy[R]. LSE Financial Markets Group Discussion Paper, No. 433.

Swiston A. 2008. A US financial conditions index: putting credit where credit is due[R]. IMF Working Paper, No. 08/161.

Tarashev N, Zhu H. 2008. Market perceptions of systemic risk in the banking industry[J]. BIS Quarterly Review, (3): 6-8.

Taylor J B. 2000. Low inflation, pass-through, and the pricing power of firms[J]. European Economic Review, 44(7): 1389-1408.

Teh Y W, Jordan M I, Beal M J, et al. 2006. Hierarchical Dirichlet processes[J]. Journal of the American Statistical Association, 101: 1566-1581.

Temzelides T. 1997. Evolution, coordination, and banking panics[J]. Journal of Monetary Economics, 40(1): 163-183.

Tirole J. 1985. Asset bubbles and overlapping generations[J]. Econometrica: Journal of the Econometric Society, 53(6): 1071-1100.

Tobin J. 1981. The monetarist counter-revolution today-an appraisal[J]. The Economic Journal, 91(361): 29-42.

Trichet J C. 2010. Macroprudential regulation as an approach to contain systemic risk: economic foundations, diagnostic tools and policy instruments[R]. European Central Bank: Speech at the 13th Conference of the ECB-CFS Research Network.

Uhlig H. 2005. What are the effects of monetary policy on output? Results from an agnostic identification procedure[J]. Journal of Monetary Economics, 52(2): 381-419.

Uhlig H, Ahmadi P A. 2012. Measuring the dynamic effects of monetary policy shocks: a bayesian favar approach with sign restriction[R]. Society for Economic Dynamics. Meeting Paper, No.

1060.

van den Heuvel S J. 2002a. Does bank capital matter for monetary transmission?[J]. Economic Policy Review, 8(1): 259-265.

van den Heuvel S J. 2002b. The bank capital channel of monetary policy[R]. The Wharton School of the University of Pennsylvania Working Paper.

van Norden S, Vigfusson R. 1998. Avoiding the pitfalls: can regime-switching tests reliably detect bubbles?[J]. Studies in Nonlinear Dynamics & Econometrics, 3: 1-22.

Virolainen K. 2004. Macro stress testing with a macroeconomic credit risk model for Finland[R]. Bank of Finland Discussion Paper, No.18.

Warne A. 2000. Causality and regime inference in a Markov switching VAR[R]. Sveriges Riksbank Working Paper Series.

West K D. 1987. A specification test for speculative bubbles[J]. Quarterly Journal of Economics, 102(3): 553-580.

West M, Harrison P M. 1997. Bayesian Forecasting and Dynamic Models[M]. New York: Springer Verlag.

Wilson T C. 1997a. Portfolio credit risk[J]. Economic Policy Review, 4(3): 71-81.

Wilson T C. 1997b. Portfolio credit risk (II): the second part of an article explaining how macroeconomic variables can be used to assess credit risk[J]. Risk, 10: 56-62.

Wold H. 1938. A study in the analysis of stationary time series[J]. Journal of the Royal Statistical Society, 102(2): 295-298.

Woodford M. 2012. Inflation targeting and financial stability[R]. NBER Working Paper, No.17967.

Wu J C, Xia F D. 2014. Measuring the macroeconomic impact of monetary policy at the zero lower bound[R]. NBER Working Paper, No. 20117.

Yu Y D. 2009. Asia: China's policy responses to the global financial crisis[J]. Journal of Globalization and Development, 1(1): 12-13.

附　　录

混合分层结构的 Gibbs 算法的主要步骤如下。

(1) 采用 Chib(1996) 的向前滤波与向后抽样算法 (Forward-Filtering, Backward-Sampling) 耦合 sticky HDP-HMM 分层结构的 Dirichlet 过程与分层结构的共轭分布族过程，模拟出区制状态序列潜变量的后验边缘分布，抽取代表区制状态序列的 S 向量。

(2) 通过 sticky HDP-HMM 的分层 Dirichlet 过程，抽取转移概率 ω。

(3) 采用 Kim 和 Nelson(1999) 计算共轭分布族后验分布的方法，计算 β、σ^2、μ、Σ 等参数的后验边缘分布。

(4) 迭代执行 (1) 至 (3) 步骤 M_0 次，作为预烧期。然后继续迭代执行 (1) 至 (3) 步骤 M 次，用于后验分析过程。本小节在实证分析中采用的预烧期 M_0 均为 10 000 次，M 均为 50 000 次。

(5) 计算 M 次迭代过程中，每一时点所有产生的 AR 结构的 AR 系数之和，统计出 10%、50% 与 90% 的分位数估计，其中 50% 的中位数作为 AR 系数之和的后验中值估计。

(6) 计算 M 次迭代过程中，每一时点所有产生的 AR 结构的截距项，统计出 10%、50% 与 90% 的分位数估计，其中 50% 的中位数作为截距项的后验中值估计。

(7) 计算 M 次迭代过程中，每一时点所有产生的 AR 结构中随机扰动项 ε 的方差 σ^2，统计出 10%、50% 与 90% 的分位数估计，其中 50% 的中位数作为波动方差的后验中值估计。

(8) 计算 M 次迭代过程中，每一时点与其前一时点分别处于不同区制状态的比率，作为区制结构断点的后验估计。

(9) 用 Durand-Kerner 算法，计算 M 次迭代过程中，每一时点所有产生的 AR 结构的最大特征根，统计出 10%、50% 与 90% 的中位数估计，其中 50% 的中位数作为最大特征根的后验中值估计与单位根过程的检验。

　　(10)统计 M 次迭代过程中，由 sticky HDP-HMM 分层 Dirichlet 过程检测出的区制状态数量，通过直方图显示出区制数量的后验分布。

　　(11)用标准 K-Means 算法，参照 Fruhwirth-Schnatter 的方式完成滞后项系数之和的后验区制识别（Fruhwirth-Schnatter，2008）。